Wie kam die Katze auf das Sofa?

Johanna Fürstauer

Wie kam die Katze auf das Sofa?

Eine Kulturgeschichte

Residenz Verlag

Bibliografische Information der Deutschen Bibliothek
Die Deutsche Bibliothek verzeichnet diese Publikation in der Deutschen Nationalbibliografie; detaillierte bibliografische Daten sind im Internet über http://dnb.d-nb.de abrufbar.

www.residenzverlag.at

Umschlaggestaltung: www.boutiquebrutal.com
Umschlagillustration: Joe P. Wannerer
Redaktion: Johannes Schmid
Grafische Gestaltung/Satz: Silvia Wahrstätter, www.vielseitig.co.at
Schrift: Simoncini Garamond
Gesamtherstellung: CPI Moravia

ISBN 978 3 7017 3238 8

Inhaltsverzeichnis

Vorwort

„Der Mensch ist in dem Maß zivilisiert, in dem er imstande ist, die Katze zu verstehen“, behauptete George Bernard Shaw. Und auch wenn wir hinter seinem entschiedenen Urteil ein ironisches Augenzwinkern des großen Zynikers vermuten können, so ist es doch eine Tatsache, dass über die Katze, ihr geheimnisvolles Wesen, ihre zwielichtige Natur und nicht zuletzt ihr ambivalentes Verhältnis zum Menschen mehr geschrieben worden ist als über alle anderen Tiere. Pferd und Hund, die beiden anderen vierbeinigen Begleiter des Menschen auf seinem Weg durch die Zivilisation, mussten eingefangen und gezähmt werden, um sich ihrem „Herrn und Meister“ dienstbar zu erweisen. Sie hatten es im Lauf einer langen Entwicklung weitgehend verlernt, ohne die Fürsorge und den Schutz des Menschen zu existieren. Bei der Katze liegen die Dinge anders. Sie hat von sich aus die Initiative ergriffen, sich den menschlichen Siedlungen anzunähern. Es bedurfte keiner besonderen Anstrengung, sie häuslich zu machen. Sie sah darin ihren Vorteil und begann, den Menschen zu schätzen, weil sie die Annehmlichkeiten zu schätzen wusste, die ihr von ihm geboten wurden. Was freilich nicht heißt, dass sie bereit gewesen wäre, dafür mehr als nur ein Jota ihrer Eigenständigkeit zu opfern. Wenn ein Tier Persönlichkeit hat, dann die Katze. Und sie wird sie niemals aufgeben, um ihrem Menschen zu gefallen. Was sie gibt, gibt sie freiwillig. Umgekehrt kommt ihr die Nähe des Menschen sehr entgegen, und sie lässt sich seine Zuwendungen mit einem ausgeprägten Hang zum Luxus gerne gefallen. In gewisser Weise ist die Katze das animalische Spiegelbild des kultivierten Menschen.

Wenn wir Mensch und Katze auf ihrem gemeinsamen Weg durch die Zeit nachspüren, zeigt sich, dass es die Katze im Gefolge und an der Seite des Menschen nicht immer gut hatte. Auf Epochen, in denen sie sogar göttliche Ehren genoss, folgte ein umso tieferer Sturz in den Abgrund grausamer Verfolgung. Sie wurde einmal als Paria unter den Haustieren verachtet und dann wieder als Familienmitglied geschätzt und verwöhnt. Allen Widersprüchlichkeiten und Widrigkeiten zum Trotz hat sie ihren Platz in der menschlichen Gesellschaft aber immer wieder zu erobern und zu behaupten gewusst. Bis heute ist sie zur beliebtesten tierischen Lebensgefährtin des Menschen aufgestiegen. Längst hat sie den Hund in der Beliebtheitsskala hinter sich gelassen und ist dort gelandet, wo jener nur selten sein darf: – auf dem Sofa und im Bett des Menschen.

Im Verlauf einer äußerst fruchtbaren Symbiose, die die Katze mit dem Menschen eingegangen ist, hat sie sich ihm in vielfacher Weise als nützlich erwiesen. Nicht, weil sie ihm dienstbar geworden wäre, sondern weil sie das tut, was ihrer Natur entspricht, weil sie immer nur Katze bleibt. In der Welt der praktischen Erfordernisse wurde sie dank ihres ausgeprägten Jagdinstinkts und ihres speziellen Beuteschemas zur Hüterin von Kornkammern und Bibliotheken. Und in einem anderen, feinstofflicheren Bereich erwarb sie sich einen Ruf als Trösterin der Vereinsamten und Muse der Schöpferischen, als eine Hausgenossin, die Wohlbefinden um sich verbreitet und durch ihr geheimnisvolles Wesen ihren Menschen Anregungen zu größerem Gedankenreichtum bietet. „Die Katze liebt die Schönheit", erklärte einst Albertus Magnus. Ja, und sie ist selbst ein Wesen, das in seinem Erscheinen wie in seinen Bewegungen Schönheit darstellt – „eine in sich vollkommene Kreatur", wie Leonardo da Vinci feststellte.

Eine Kulturgeschichte der Katze verfolgt den langen und oft recht verschlungenen Weg, den Mensch und Katze seit ihrer ersten Begegnung miteinander zurückgelegt haben. Sie geht der Frage nach: Wie hat sich der Mensch mit der Katze arrangiert? Wie wirkt sich das, was wir Zivilisation nennen, auf die Lebensumstände des Tieres aus?

Die Katze und ihre Stellung in den einzelnen Kulturepochen ist der eine wesentliche Aspekt einer Betrachtung, aus der wir viel über die Katze erfahren können, aber auch über die Menschen, die unter den unterschiedlichsten Umständen und Voraussetzungen mit ihr gelebt haben. Der andere Aspekt einer Kulturgeschichte lenkt den Blick auf die Spuren dieser Symbiose zwischen Mensch und Katze, die sich in der Geschichte und Entwicklung der Künste zeigen.

Die Fähigkeit, Kunst zu schaffen, ist eines der wichtigsten Unterscheidungsmerkmale, die menschliche und tierische Welt voneinander trennen. Die Kluft ist tief und mehr als einen Katzensprung breit. Katzen können keine Gedichte schreiben, keine Bilder malen, keine Musik komponieren. Und doch sind sie „kunstbegabter“ als jedes andere Tier: Sie können durch ihre sanfte und beharrliche Anwesenheit schöpferische Menschen dazu herausfordern, Gedichte zu schreiben, Bilder zu malen und Musik zu komponieren. Die Katze ist die Muse unzähliger Dichter, das bevorzugte Modell bedeutender Maler, eine Melodie, die sich in den Noten mancher Komponisten widerspiegelt. Zu vielen Werken hat sie den Anstoß gegeben, in vielen, die ohne sie nicht entstanden wären, finden wir ihre Fährte wieder. Es nimmt daher auch nicht Wunder, dass es im Verlauf ihrer langen Geschichte immer die Künstler waren, und unter ihnen vor allem die Dichter, die sich auf ihre Seite schlugen und sie gegen alle Anfeindungen und Missverständnisse verteidigten, wohl, weil sie in ihr etwas von sich selber sahen.

TEIL I

Die Katze und die Zeiten

Das Paradies wird mir keines sein,
wenn mich darin nicht meine Katzen erwarten.
Anonyme Grabinschrift

Kapitel 1

Göttin auf vier Pfoten

Etliche Jahrmillionen trennen den ersten Auftritt katzenähnlicher Wesen in der Arena der Evolution von der Entstehung des „Urmenschen", Jahrmillionen, die sowohl in der körperlichen Konstitution als auch im Charakter der heutigen Hauskatze ihre Spuren hinterlassen und ihr eine Art von magischem Glanz verliehen haben. Manche Kenner meinen, sie sei das ausgereifteste Modell der gesamten Tierwelt. Die Wissenschaft ist den Urahnen unserer heutigen Hauskatze bisher noch nicht wirklich auf die Spur gekommen; da und dort ein paar Knochenfunde – es bedarf schon einiger Fantasie, um sich die Lebensweise und das Umfeld dieser ersten katzenartigen Tiere vorzustellen.

Immerhin hatte man für sie schon bald einen eigenen Namen: „Dinictis" war zwar noch keine richtige Katze, aber immerhin von der Größe her einem heutigen Luchs vergleichbar, mit einem relativ kleinen Gehirn, dafür aber mit einem prächtigen Raubtiergebiss ausgestattet. Da sie klein und wendig war, schien sie für den Überlebenskampf in einer ganz und gar nicht freundlich gesinnten Umwelt bestens gerüstet und entwickelte sich zu einem Musterexemplar von Schönheit und Lebenstüchtigkeit: Vor rund fünf Jahrmillionen betrat die Nubische Falbkatze (*felis silvestris nubica*) den Schauplatz ihres künftigen Wirkens; ihre großspurigen Verwandten wie Löwe und Tiger folgten erst etliche Jahrmillionen später.

Vermutlich wäre es nie zu der Symbiose zwischen Mensch und Katze gekommen, wenn Ersterer in seiner Entwicklung ein nomadisierender Jäger geblieben wäre. Die Katze wäre in diesem Fall wohl eher als Jagdkonkurrent betrachtet worden, was ihr nicht zu ihrem Vorteil gereicht hätte. Doch die Menschen wurden sesshaft, sie verließen sich nicht mehr auf die zufälligen Erträge der Jagd. Mit der Erfindung des Feuers und des Ackerbaus nahm der Mensch sein Schicksal in die eigenen Hände. Er begann mit dem Bau von Ansiedlungen und der Vorratshaltung für schwierige Zeiten.

Die Katze, hübsch anzusehen in ihrem goldgelben oder silbergrauen Fell und von graziösem Körperbau und geschmeidigen Bewegungen, beobachtete die Vorgänge rund um die entstehenden Menschensiedlungen mit Neugierde und erheblichem Misstrauen. Natürlich war den robusten Zweibeinern, die mit so tückischen Hilfsmitteln wie Fallen und allem möglichen Hieb- und Stichgerät selbst größere Tiere zur Strecke bringen konnten als die, welche dem Beuteschema der schönen „Mau“ entsprachen, nicht zu trauen. Andererseits zeigte es sich, dass ihre Vorratskammern jede Menge von Kleingetier anlockten, das durchaus dem Fressgeschmack der Katze zusagte. Außerdem boten diese Menschensiedlungen eine ganze Reihe von nicht zu unterschätzenden Vorteilen: Schutz vor den Unbilden der Witterung, ein in kalten Nächten wärmendes Feuer, gelegentlich ein von Menschenhand gespendeter Leckerbissen oder ein Schälchen Milch für eine dürstende Streunerin. Und überhaupt, war da nicht etwas wie eine geheime Anziehung zwischen Mensch und Katze, ein Band der Empathie zwischen beiden, ein Funke, der von einem zum andern übersprang?

Vorsichtig riskierte die Katze erste Annäherungsversuche. Das soll in Jericho geschehen sein, jener biblischen Stadt, deren Mauern unter dem Schall von Trompeten zusammengebrochen waren, wie der Chronist im Alten Testament berichtet. Archäologen fanden die Knochen von Mensch und Katze friedlich vereint unter dem Schutt der Geschichte. Ob zufälliges Zusammentreffen oder erste Anzeichen einer frühen Symbiose, das ist eine Frage, die weder Historiker noch Biologen bisher klar entscheiden konnten.

Anders in Ägypten, dem sagenumwobenen Land, in dem die Totenstädte an Prunk jene der Lebenden bei Weitem übertrafen, und deren imaginäre Götterwelt den gesamten Mittelmeerraum inspirierte. Ägypten war mehr als alle übrigen Gebiete des so genannten Fruchtbaren Halbmonds von den Launen der Natur abhängig. Das Schicksal des Landes stand und fiel mit den jährlichen Regenfällen am oberen Nil. Selbst ein so ausgeklügeltes Bewässerungssystem wie das der Ägypter, die ein Netz von Kanälen über das gesamte Land zogen, reichte nicht aus, um Dürrezeiten zu verhindern. Wenn der Nil nicht ausreichend anschwoll, war die Katastrophe vorgegeben. Die biblischen *Reichen und Mageren Jahre* waren durchaus eine historische Realität. Um letztere zu überstehen, war Vorratshaltung eine Lebensnotwendigkeit. In den alten Königsstädten Memphis und Theben hütete die Priesterschaft großer Himmelsgötter wie Ra und Isis die riesigen Vorratskammern an Getreide, aus welchen die Lebensadern der Bevölkerung gespeist wurden.

Die für das Gedeihen des Volkes wichtige Götterwelt war von einer verwirrenden Vielfalt, doch spiegelt sich darin in jedem Fall der Ablauf der Jahreszeiten wider. In Ägypten waren es deren drei: Überschwemmung, Aussaat und Ernte. Auch der Kreislauf von Tag und Nacht, Licht und Finsternis, Geburt und Tod fand sich in den Gottheiten des Himmels, wie der Himmlischen Dreieinigkeit von Isis, Osiris und deren Sohn Horus sowie in Ra, dem großen Sonnengott, verkörpert. Dessen ewiger Widersacher war der Totengott Seth, der in den Jenseitsstädten der Nekropolen über die Abgeschiedenen herrschte. Der findige Toth wurde als Beschützer der Künste angerufen, die zwielichtige Hathor als Göttin der Geschlechtslust wie auch des männermordenden Krieges verehrt. Neben diesen „Himmelsgottheiten“ zeigen sich Elemente des Göttlichen noch in vielen Formen und Masken, wobei Tiergestalten eine wichtige Rolle spielen. Unter ihnen fand sich die katzenköpfige Göttin Bastet oder Bast, die vor allem in der ihr geweihten Stadt Bubastis ihre Kult- und Weihestätte hatte. Damit kommen wir wieder zur Katze, die vor etwa 5.000 Jahren ihren spektakulären Einzug ins Land der Pharaonen hielt. In einem beispiellosen Aufstieg auf der Karriereleiter brachte sie es bis zum Rang einer veritablen Gottheit.

Zunächst war es wohl eine Art von Zweckgemeinschaft, die Menschen und Katzen miteinander verband. Die Katzen entdeckten, dass die Vorratskammern und Häuser der Menschen ihre liebste Beute, Ratten, Mäuse und sonstiges Getreide fressendes Kleingetier, in Scharen anzogen. Sie brauchten sich also nur vor deren Schlupflöchern auf die Lauer zu legen, und schon wuchs ihnen Nahrung in Fülle zu, ohne dass sie sich lange auf die Suche nach Beute begeben mussten. Die Menschen wieder sahen, dass diese seltsamen Geschöpfe, die den Kampf mit den unliebsamen Nagern mit so viel Lust und Ausdauer auf sich nahmen, sich als äußerst nützlich erwiesen. Es lag also durchaus im allgemeinen Interesse, mit den emsigen Mäusefängern eine nähere Beziehung einzugehen und sie durch eine freundschaftliche und aufmerksame Behandlung häuslich werden zu lassen. Nicht auszudenken, was geschehen wäre, wenn die erfolgreichen Jäger plötzlich wieder in der Wildnis verschwunden wären! Also versuchte man, sie mit allen möglichen Zuwendungen an die menschliche Gesellschaft zu gewöhnen und an „ihr Haus“ zu binden, was umso leichter fiel, als „Mau“ oder „Miu“, wie sie genannt wurde, durch ihre graziöse Erscheinung und ihren raffinierten Charme dem stark ausgeprägten ästhetischen Empfinden der Ägypter sehr entgegenkam.

So konnte es nicht ausbleiben, dass die Priesterschaft, die in den heiligen Städten ihre Verantwortung für die riesigen Vorratshäuser wahrzunehmen hatte, ihre so erfolgreichen Helferinnen bald in den Rang einer Gottheit erhoben. Der Kult der Bastet oder Bast entstand etwa im 9. vorchristlichen Jahrhundert, zu einer Zeit, als man mit „Heiligsprechungen“ in der ägyptischen Sakralwelt etwa so locker umging wie mehr als eineinhalb Jahrtausende später im mittelalterlichen Rom.

Ähnlich wie die als „Himmelsgöttin“ ranghöhere Hathor verkörperte Bastet eine Geschlechts- und Fruchtbarkeitsgottheit, was bei dem ungestümen Paarungsverhalten ihrer irdischen Vertreter, der Katzen, nicht weiter verwunderlich ist. Darüber hinaus wurde sie auch als eine Art Mondgöttin verehrt; auch dies in voller Übereinstimmung mit den Wesenszügen der Katze, deren Vorliebe für nächtliche Streifzüge und „Mondgesänge“ allgemein bekannt ist. Allerdings wurde in der ägyptischen Mythologie die Katze gelegentlich selbst dem Sonnengott Ra zugeordnet. Der tritt dann als der „Sonnenkater“ zu seinem Kampf mit der todbringenden Aphophis-Schlange an.

In Bubastis, der Stadt der tausend Katzen, verehrte man Bastet in Gestalt einer großen Frauenfigur mit dem Kopf einer Katze, die, mit kostbaren Ohrringen und sonstigem Schmuck versehen, gebieterischen Blicks auf ihre ehrfürchtigen Anbeter herabschaute. Umgeben von Weihrauchschwaden und Votivgaben aller Art, für die der Fantasie keine Grenzen gesetzt waren, stand sie gleichsam als ein Garant für die Erfüllung der zahllosen Wünsche, die an sie herangetragen wurden. Bastet war eine den Menschen wohl gesonnene, im Großen und Ganzen freundliche, zuweilen aber auch launenhafte Gottheit, ganz wie es dem Naturell der Katzen entsprach. Zwar war da immer ein Rest an Unberechenbarkeit, sie konnte durchaus Krallen zeigen, doch durch die Besänftigungsrituale, die ihr in Bubastis zuteil wurden, entwickelte sie eine Vorliebe für die Menschen, die ihr auf so angenehme Weise huldigten. So wurde Bastet zur liebenswürdigen Helferin in vielen Nöten. Zu ihrem großen Frühlingsfest zog alle Welt nach Bubastis, darunter Scharen von unfruchtbaren oder noch kinderlosen Frauen, die die geschlechtsfreudige Göttin um Kindersegen anflehten und sie mit oft reichen Opfergaben freundlich zu stimmen suchten. Dieses Frühlingsfest der Bastet fand in einer Zeit statt, in der die irdischen Vertreterinnen der Göttin ihrerseits rollig und jaulend über Land streunten, um ihre Paarungsbereitschaft kundzutun. Unter den Besuchern des Festes scheint es oft nicht weniger locker zugegangen zu sein. Diodoros, griechischer Chronist aus dem ersten vorchristlichen Jahrhundert, beschreibt das Treiben um die katzenköpfige Gottheit in beeindruckender Weise:

Man begab sich nach Bubastis, Männer und Weiber untereinander, zu Wasser, auf Booten. In jedem Boot befand sich eine große Anzahl von Personen beiderlei Geschlechts. Während der ganzen Fahrt klapperten einige Frauen mit Kastagnetten, während die Männer auf den Flöten bliesen. Die übrigen, Männer wie Weiber, lachten, sangen und klatschten in die Hände. Sooft sie an einem Ort vorbeikamen, näherte man sich dem Ufer. Einige schickten sich an zu tanzen, dabei hoben manche Frauen ihre Gewänder und zeigten schamlos ihre Blöße. In Bubastis angekommen, zogen sie singend und tanzend zum Heiligtum, wo sie ihre Opfergaben darbrachten.[1]

Diese Opfergaben bestanden zumeist aus kleinen Katzenfiguren und Kuchen, die die Form einer weiblichen Vulva hatten. Viele der Besucher brachten ihre im Vorjahr verstorbenen Katzen als Mumien mit, damit sie in der Nähe des Tempels beigesetzt würden.

In Herodot, dem „Vater der Geschichtsschreibung", begegnen wir nicht nur einem sprachgewaltigen Historiker, sondern auch dem ersten Reiseschriftsteller Griechenlands, der die Lage in Ägypten mit einem Blick überschaute, als er feststellte: „Ägypten ist ein Geschenk des Nils." Er war auch der erste Historiker, der sich näher mit der Katze beschäftigte, die für ihn ein rätselhaftes Tier gewesen sein muss. Im 2. Buch seiner *Historien* schreibt er:

Obwohl die Zahl dieser Tiere groß ist, gäbe es doch noch viel mehr, wenn ihnen nicht gewisse Unglücksfälle zustießen. Wenn nämlich die Kätzinnen niedergekommen sind, wollen sie mit den männlichen Tieren nicht mehr zusammenkommen. Ihre Sorge gilt dann nur noch den Kleinen. Die Kater aber suchen ihre Gesellschaft, und weil sie damit keinen Erfolg haben, greifen sie zu einer List: sie stehlen der Mutter ihre Kinder und töten sie. Die Kätzinnen, die so ihrer Kleinen beraubt sind, wollen wieder welche, weil diese Tiere ihre Jungen sehr lieben. Deshalb suchen sie dann die Kater wieder auf.[2]

Herodot überliefert auch eine weitere Kuriosität und berichtet von Katzen, die sich bei einem Brand förmlich in die Flammen stürzten. Er schreibt:

Wenn es zu einem Brand kommt, geschieht etwas Absonderliches: Anstatt zu löschen, stehen die Leute in einiger Entfernung abseits und versuchen, ihre Katzen von dem Feuer fernzuhalten. Diese aber schlüpfen zwischen den Menschen durch oder springen über sie hinweg und stür-

zen sich in die Flammen. Wenn das geschieht, geraten die Ägypter in große Trauer.

Leider ist nicht zu ermitteln, wie Herodot zu dieser Vorstellung kam. Heutige Katzen zeigen jedenfalls eher eine bestimmte Begabung als „Feuermelder“. Immer wieder wird von Fällen berichtet, in denen eine Katze zur Lebensretterin wurde, weil sie einen Brand rechtzeitig entdeckte, wenn sie ihn, auch das soll vorkommen, nicht überhaupt vorausgeahnt hatte.

Es ging in Bubastis, wie wir schon gesehen haben, auch um Fruchtbarkeit. Die katzenköpfige Göttin und ihre Priesterschaft hatten offenbar Verständnis für die Sorgen unfruchtbarer Frauen, wie wir desgleichen von Herodot erfahren:

Wenn eine Frau keine Kinder bekam, begab sie sich zum Tempel der Bastet, brachte eine Opfergabe dar und offenbarte sich einem Priester. Der riet ihr, die Göttin anzurufen und die Nacht in ihrem Tempel zu verbringen. Dort wies man ihr eine hinter einem Vorhang verborgene Nische als Lagerstätte an. Man reichte ihr einen Trank von den berauschenden Getränken, die der Göttin geweiht waren, sodass sie davon in eine Art Trance geriet. Sie träumte dann wohl, ein Gott in Gestalt eines riesigen Katers teile das Lager mit ihr. Es waren aber die Priester, die den Frauen beilagen. Wenn diese dann schwanger wurden, was häufig der Fall war, schrieben sie dies dem Wirken der Bastet zu.[3]

Auch Plutarch, ein weiterer bedeutender Autor der Antike, hat sich mehrmals zum Thema Katze geäußert. Mehr noch, in seinen Äußerungen werden jene Grundzüge erstmals erkennbar, die sie in den folgenden Jahrhunderten im Urteil des Menschen beibehalten hat. Im Zusammenhang mit der Beschreibung eines ägyptischen Musikinstruments, des Sistrum[4], heißt es an einer Stelle:

Am Kopf dieses Instruments ist eine Katze mit einem menschlichen Gesicht angebracht, und auf dem Boden, unter den beweglichen Teilen, befindet sich auf der einen Seite ein Bildnis der Isis, auf der anderen das der Nephtis. Diese beide symbolisieren Geburt und Tod, die Katze aber steht wegen ihres gefleckten Fells, ihrer nächtlichen Umtriebe und ihrer Fruchtbarkeit für den Mond. [...] Aber die Pupillen der Katze scheinen bei Vollmond zu wachsen und sich zu vergrößern, während sie sich zusammenziehen und kleiner werden, wenn das Nachtgestirn abnimmt.[5]

Das enthält im Kern alles, was in künftigen Jahrhunderten über die Magie der Katze, ihre Rätselhaftigkeit, ihre Diabolik gesagt werden wird. In der besonderen Beziehung zwischen Katze und Mond wird allzu deutlich: Sie ist das wollüstige Sinnentier, die Verkörperung der Versuchung. Die Augen der Katze, die des Nachts sehen, entleihen ihre geheimnisvolle Sehkraft dem Mond. Ihr Blick ist stark genug, jedes Dunkel zu durchdringen. Jahrhunderte später wird der Soldat, Seemann und Dichter Camões[6], Verfasser des bedeutendsten portugiesischen Epos, der *Lusiaden*, seine Katze anflehen, ihm mit dem Licht ihrer Augen zu leuchten, damit er ein Gedicht zu Ende schreiben könne – er habe kein Geld, Kerzen zu kaufen.

Doch so weit sind wir noch nicht! Ohne Zweifel hatte die Katze im antiken Ägypten den absoluten Höhepunkt ihrer Karriere unter den Menschen erreicht. Besser ist es ihr nie wieder ergangen. Sie konnte ein weitgehend freies, ungebundenes Leben führen, was ganz und gar ihrem Naturell entsprach, und sie war dabei aller Nahrungssorgen enthoben und wurde von ihren Menschen beschützt, liebkost und nach Kräften verwöhnt. Tatsächlich scheint es den Katzen in einem Maße wohl gegangen zu sein, dass sie ein großer Teil der Bevölkerung nur beneiden konnte.

In den Häusern der Reichen wurde den Sklaven zwar oft jeder Bissen zugezählt, der verwöhnten „Mau“ hingegen las man jeden Wunsch von den Augen ab. Aber auch die nur wenig begüterte Landbevölkerung tat ihr Bestes, um ihre Katze bei Laune zu halten, zumal man oft genug daran glaubte, dass sie magische Kräfte besitze und Wünsche erfüllen oder Unheil heraufbeschwören könne, je nachdem, wie man sie behandelte. Man versicherte sich deshalb auch ihres Schutzes, indem man Amulette mit dem Bildnis der Katzengöttin oder einer ihrer Katzen trug. Man traute der Katze so gut wie alles zu: Jungverheiratete Frauen, die sich Nachkommenschaft erhofften, trugen Amulette, die eine Katzenmutter mit ihren Jungen zeigten; die

Anzahl der Kätzchen zeigte an, wie viele Kinder die Frau haben wollte. Diodoros schreibt:

Sie setzten großes Vertrauen in die Fähigkeiten einer lebenden Katze, sie vor allem Bösen beschützen zu können. Und wer nicht das Glück hatte, eines dieser Tiere zu besitzen, versuchte, wenigstens ein Amulett zu bekommen, und suchte Zuflucht in der Zauberei, in Zaubersprüchen und der Anrufung der Götter. Da jeder Dämon ihm in seinem ungeschütztem Zustand Schaden zufügen konnte, betete man zu Ra und Bastet, um die dunklen Mächte von sich fernzuhalten.[7]

Außer in Bubastis wurden die Katzengöttin und ihr miauendes Gefolge auch an mehreren anderen Orten verehrt. So gab es im Tempel von Heliopolis eine große Katzenstatue, die je nach Sonnenstand ihre Pupillen verengen oder erweitern konnte, so wie dies auch bei den lebenden Katzen der Fall ist. Die ägyptische Priesterschaft hatte im Übrigen, wie römische Autoren berichten, ein beachtliches Arsenal von Tricks parat, um die Gläubigen in der „Gottesfurcht" zu erhalten.

Als Gemeinwesen war Ägypten, vereinfacht gesagt, ein Beamtenstaat unter theokratischer Leitung. „Schreiber" nahmen in der sozialen Hierarchie einen wichtigen Rang ein, über ihnen standen nur noch die Priester. Beide, Priester und Schreiber, die eine Art von Beamtenadel bildeten, waren für die Gesetzgebung verantwortlich und schufen ein bis ins kleinste Detail geordnetes Regelwerk. Der Bevölkerung wurde damit ein enges Korsett angelegt, das allerdings weniger den persönlichen Lebensstil betraf als vielmehr soziale Aspekte – etwa auch den Schutz der heiligen Tiere. Dazu hören wir von Diodoros:

Wer ein heiliges Tier mit Willen tötet, oder auch unabsichtlich, der wird von der herzuströmenden Menge oft ohne Urteilsspruch auf das Grausamste zu Tode gebracht. Darum bleiben die, die ein totes Tier auf der Straße finden, aus Furcht weit weg von ihm und rufen laut, unter Wehklagen und Beteuerungen, dass sie es tot gefunden hätten. Wird ein Übeltäter aber beschuldigt, nachdem er vor Gericht gestellt wurde, wird er selbst zum Tod verurteilt, wenn er die Tat absichtlich begangen hat.

Und er berichtet weiter:

In den Städten tut man diesen Tieren Gelübde, und Eltern scheren ihren Kindern den ganzen Kopf oder einen Teil davon und wiegen das Haar mit Silber auf, das bekommen die Pfleger in den Tempeln für die Betreuung der Tiere. Diese werden in den Tempelräumen versorgt, erhalten die ausgesuchteste Nahrung und werden mit den besten Salben gesalbt.

Das mag übertrieben sein, zeugt aber in jedem Fall von der Verehrung, die man der Katze im alten Ägypten entgegenbrachte. Wenn eine Katze starb, herrschte in „ihrer Familie" große Trauer. Die Bewohner rasierten sich die Augenbrauen ab, wie sie es auch nach dem Tod eines Menschen taten, und wer es sich leisten konnte, ließ seine Katze als Mumie bestatten. Diese Katzenmumien wurden nicht anders als die menschlichen in Grabkammern eingeschlossen. Reiche Familien ließen sich dafür auch Behältnisse aus Edelmetall anfertigen. Viele nahmen ihre Katzenmumien bei ihrer Wallfahrt nach Bubastis mit, um sie dort im Tempelbezirk begraben zu lassen. Später wurden sie durch kleine Statuetten ersetzt, die die dahingegangenen Katzen zeigten. Diese Darstellungen sind meist von großer Lebendigkeit. Die Tiere wurden in allen möglichen Situationen und möglichst lebensecht dargestellt, etwa wenn sie auf eine Maus lauern oder in sitzender Stellung, mit um die Hinterpfoten geringeltem Schwanz. Meist waren sie mit Ohrringen oder sonstigem Schmuck versehen. Viele dieser Statuetten, aber auch ein großer Teil der Mumien, gelangten im Zuge der Ausgrabungen im 19. und frühen 20. Jahrhundert in die europäischen Museen. In England seien, wie man sagt, ganze Wagenladungen von Katzenmumien gelandet. Was nicht in Museen seinen Platz fand, wurde bei Versteigerungen oder auf Märkten verkauft. Viele Engländer fanden es schick, eine echte Katzenmumie oder auch ein zierliches Grabfigürchen aus Bubastis in ihren Salons herzeigen zu können. Allerdings sollen mehrere Tonnen an Katzenmumien auch schlichtweg zu Düngemittel verarbeitet worden sein.

Weil der Wohlstand Ägyptens zu einem großen Teil von den gigantischen Getreideexporten abhing, mit denen man den gesamten

Mittelmeerraum belieferte, hüteten die Ägypter ihre Katzen, die eifrigen Beschützer ihrer Vorratskammern, mit großer Akribie. Katzenschmuggel gehörte zu jenen Verbrechen, die nicht toleriert wurden. Wenn man einen Fremden mit einer Katze erwischte, bedeutete das für ihn unweigerlich einen „Marsch ohne Wiederkehr" in die berüchtigten Bergwerke, wo er sich zu Tode schuften musste. Dennoch versuchten vor allem Seeleute immer wieder, wenn sie in den Küstenstädten anlegten, sich des heiß begehrten Tieres zu bemächtigen.

Natürlich waren es Katzenpärchen, auf die man es abgesehen hatte, damit in anderen Ländern neue Katzenpopulationen aufgebaut werden konnten, ein Vorhaben, das nur in seltenen Fällen gelang. Am erfolgreichsten scheinen auf diesem Gebiet die Phönizier gewesen zu sein. Sowohl Herodot als auch Diodoros berichten, wie es diesen geschickten Seefahrern gelungen sei, Katzen auf ihre Schiffe zu locken. Die Tiere, von denen man sich in der damals bekannten Welt wahre Wunderdinge erzählte, wurden für exorbitante Summen verkauft, und dementsprechend zuvorkommend wurden sie auch behandelt. Katzen waren für die Menschen im Mittelmeerraum nicht nur ein heiß begehrter Luxus, sondern auch ein probates Mittel zur Sicherung des Lebensstandards. Wo Katzen lebten, hatten Mäuse und Ratten keine Chance. Die Katze war immer auch eine Art von Gesundheitspolizei, die des Öfteren den Ausbruch von Seuchen verhinderte. Herodot berichtet ausführlich über die zornigen Reaktionen der Ägypter auf die Katzendiebstähle ihrer Nachbarn. Als bekannt wurde, dass einige der griechischen Inselkönige erfolgreich Katzen züchten ließen, rüsteten sie Schiffe aus und sandten sie zu einer Strafexpedition, um die Tiere, die sich inzwischen natürlich rasant vermehrt hatten, nach Ägypten zurückzuschaffen.

Die Verehrung, die die Ägypter ihren Katzen entgegenbrachten, erwies sich zumindest einmal im Lauf ihrer Geschichte als äußerst verhängnisvoll. Bei seinem Feldzug gegen das Reich am Nil verfiel der Perserkönig Kambyses II., der durch Spione von der „Heiligkeit" der ägyptischen Katzen erfahren hatte, auf den listigen Einfall, sämtliche Katzen der besetzten Umgebung der von ihm belagerten Stadt Pelusion einfangen zu lassen. Sie wurden mit Netzen und Gurten auf den Schilden des im Anmarsch befindlichen Invasionsheeres befestigt. Vor die Wahl gestellt, die heiligen Tiere bei einem Gegenangriff zu töten oder die Stadt zu übergeben, entschloss sich der Pharao zur Aufgabe. Das Heer des Kambyses konnte Pelusion ohne einen Schwertstreich einnehmen, und da die Stadt als Schlüssel zum Land am Nil galt, war das Schicksal des Reiches besiegelt.

Auch im ersten vorchristlichen Jahrhundert wurde der Tod einer Katze, der diesmal von einem römischen Gesandten verschuldet worden war, zum Anlass für eine bewaffnete Intervention. In Alexandria hatte ein römischer Beamter im Senatorenrang versehentlich eine Katze mit seinem Streitwagen überfahren. Daraufhin wurde er von der aufgebrachten Volksmenge, die darin ein schlechtes Omen sah, buchstäblich in Stücke gerissen, ein Umstand, der den Zorn der Römer erregte. An einem römischen Senator vergriff man sich nicht! Die Legionen marschierten, und Ägypten wurde mehr oder weniger zu einem römischen Protektorat. Schrieb die Katze damals etwa Weltgeschichte?

Alle Katzen sind sterblich. Sokrates ist sterblich.
Also ist Sokrates eine Katze!
Eugène Ionesco

Kapitel 2

Auf den Spuren der Legionen

Die außerordentliche Nützlichkeit, aber auch das angenehme Äußere und einschmeichelnde Wesen der Katze führten schließlich zu ihrer „Globalisierung“ in der damals bekannten Welt. Diese ging einher mit der Ausdehnung des römischen Imperiums nach Ost und West. Wo immer die Adler der Legionen sich ausbreiteten, fand sich in ihrem Gefolge nicht nur die Pax Romana, ein Friede durch Waffengewalt, sondern auch die römische Zivilisation. Sie brachte den unterworfenen Völkern Rechtsprechung und technische Errungenschaften, Straßen und Brücken und die viel bewunderten Aquädukte sowie lateinische Sprache, Schrifttum, Staatskult und Lebensart. Andererseits nahm sie selbst viel von dem auf, was die unterworfenen oder zum Protektorat gewordenen Gebiete an Eigenem hatten. Im Fall von Ägypten war es die vielfältige und zuweilen durchaus skurril wirkende Götterwelt, die einen starken Einfluss auf die rationalen Römer ausübte und zu einer Vielzahl von obskuren Geheimkulten führte. Aber auch der elegante, von Luxus geprägte Lebensstil der späten Ägypter erregte das nachahmende Interesse der Römer. Ja, und natürlich auch die Katze!

Die Katze kam, allen Versuchen eines Embargos zum Trotz, auf vielerlei verschlungenen Wegen nach Rom. Waren es ursprünglich vor allem phönizische Kaufleute gewesen, die mit den Katzen, die sie heimlich auf ihre Schiffe schmuggelten, einen neuen Handelszweig eröffnet hatten, so waren es bald auch die römischen Legionäre, die dafür sorgten, dass die Katze schließlich in ihrer Welt heimisch wurde. Wer sollte einen Römer auch daran hindern, sich zur Erinnerung an seine Milizjahre in Ägypten eine hübsche „Mau" mit nach Hause zu nehmen? Die Frauen daheim wussten ein solches Präsent wohl zu schätzen, und wo die Katze einmal Fuß gefasst hatte, dort breitete sie sich dank ihrer außerordentlichen Fruchtbarkeit auch schnell aus. Selbst Caesar, ein Mann, der sich bekanntlich gut auf Frauen verstand, brachte möglicherweise seiner vernachlässigten römischen Gattin Calpurnia eine hübsche Katze oder einen niedlichen Jungkater mit, nachdem er sich schweren Herzens aus den Armen der schönen Cleopatra gelöst hatte.

Mit deren Staatsbesuch in Caesars Rom verbreitete sich vor allem in der Damenwelt das Interesse an der Katze, aber auch an ägyptischen Tierkulten. Denn natürlich kam Cleopatra mit einer großartigen Gefolgschaft an Göttern und deren Priestern, wobei Bastet nicht fehlen durfte. Für die Römer, die ihre Gottheiten weitgehend von den Griechen übernommen hatten und sie als Statuen von menschlichem Aussehen verehrten, für die aber ihre eigenen uralten Gottheiten wie die Laren und Penaten ursprünglich formlose Wesen waren, während sie Tiere als *res*, als eine Sache, betrachteten, muss die Verehrung von Tiergottheiten schlichtweg unbegreiflich gewesen sein. Die konservativen römischen Senatoren verurteilten diese Tierkulte als unrömisch und drängten, wie der wortgewaltige Cicero in seinen Reden, immer wieder darauf, die „Anbetung von Katzen, Ibissen und anderem Getier"[8] auf römischem Boden zu verbieten. Doch diese Kultformen überlebten, vor allem infolge des Interesses der Damenwelt, und mutierten schließlich zu Geheimsekten, in denen vor allem die Unterwelt-Gottheiten eine wichtige Rolle spielten.

Spätestens, seit man in Rom Cleopatras luxuriöse Hofhaltung in deren Gastvilla kennengelernt hatte, war es für die römischen Damen eine Frage des guten Tones, eine oder auch mehrere Katzen zu halten. Die Damen mit den großen Namen – Servilia, Fulvia, Clodia und wie sie alle hießen – wetteiferten dann wohl in der Haltung schöner Katzen. Selbst die Vestalischen Jungfrauen hatten solche in ihrem Tempelhaus; freilich nur weibliche, da das Haus der Vesta, der Hüterin des heiligen Herdfeuers, für alles Männliche verboten war. Der Nachwuchs an kleinen Katern wurde erbarmungslos ausgemustert und ertränkt. Die Katzen der Vesta mussten sich ihre Partner also wohl oder übel außerhalb des Hauses suchen.

Sicher ist, dass etwa zu Lebzeiten Caesars die Katze das Wiesel als Mäuse- und Rattenvertilger ablöste. Früher hatte man in Rom vielfach Wiesel zu diesem Zweck gehalten, doch waren diese kleinen marderartigen Tiere viel unzuverlässiger. Sie richteten nicht selten in den Häusern Schäden an und verbreiteten zudem einen scharfen Raubtiergeruch, der sie als Mitbewohner nicht gerade beliebt machte. Abgesehen von den Villen der Reichen mit ihren ausgedehnten Gärten muss man sich das antike Rom als ein Gewirr von mehr oder minder engen Straßenzügen vorstellen, an denen die so genannten „insulae" errichtet waren, mehrstöckige Mietshäuser, die sich um einen Innenhof gruppierten; in ihnen teilten sich die weniger begüterten Einwohner der Stadt kleine Handwerker- und Kaufmannsläden im Erdgeschoß sowie größere und kleinere Wohnungen, oft auch nur einzelne Räume, in den Obergeschoßen. In den meisten dieser ebenso bunten wie fast immer baufälligen Gebäude gehörte es zu den fragwürdigen Gewohnheiten der Bewohner, dass ihr Unrat oft genug dort landete, wo er eigentlich nicht hingehörte. Man kann sich ohne großen Aufwand an Fantasie vorstellen, dass diese Wohnkomplexe ein wahres Dorado für die gefräßigen und nicht ungefährlichen Nager darstellten und die Katze daher in der Urbs Romana ein überreiches Betätigungsfeld fand. Die großen kräftigen Tiere nahmen es durchaus mit den größten Rattenschwärmen auf, die nicht nur das römische Kanalsystem, sondern auch die großen Getreidespeicher bevölkerten. Da es alljährlich eine der wichtigsten Aufgaben des Senats war, dafür zu sorgen, dass sich in der übervölkerten Stadt der Getreidepreis in Grenzen hielt, war es notwendig, für ein ausgeklügeltes System der Vorratshaltung zu sorgen, was ohne die tatkräftige Mithilfe der Katzen kaum möglich gewesen wäre. Diese waren also, wie schon in ihrem Herkunftsland Ägypten, sowohl Luxus- als auch Nutztiere. Zu göttlichen Ehren brachten sie es in Rom allerdings nicht.

Nachdem sie dort einmal heimisch geworden waren, schien dies ihrer Verbreitung in Richtung Westen äußerst förderlich. Zunächst waren es wohl die Städte Latiums und der übrigen italienischen Halbinsel, in denen sich die Katze schneller ein „römisches Bürgerrecht" eroberte, als dies bei den menschlichen Einwohnern der Fall war, die mehrere fürchterliche Kriege brauchten, bis sie ihr Ziel schließlich erreichten.

Nicht immer waren die Römer mit den Allüren der neu eingebürgerten „catta" einverstanden. (Die Bezeichnung *cattus* oder *catta* soll übrigens von dem bissigen Epigramm-Dichter Martial erfunden worden sein. Die Griechen nannten sie *aílouros*, die „Schwanzwedlerin". In lateinischen Texten wurde sie auch *musio* oder *murilegus*, die „Mäusefängerin", genannt.) Viele Römer nahmen der Katze vor allem ihren Umgang mit Vögeln übel. Sie liebten es nämlich, in großen Volieren Singvögel, aber auch Rebhühner zu halten, was sowohl die Neugierde, als auch den Appetit der zugezogenen Jägerin erregte. So entrüstet sich Agenthius, ein Philosoph des 6. Jahrhunderts:

Wie kann die Katze, die meinen Lieblingsvogel getötet hat, hoffen, in meinem Haus zu leben? Nein, mein geliebtes Rebhuhn, ich lasse dich nicht ungerächt! Auf deinen Überresten werde ich die Übeltäterin opfern, die dir das Leben geraubt hat.[9]

Ein gewisser Damocharis[10], ein Grieche, stimmt in das Klagelied ein:

Du hast übel gehandelt und bist wie einer der Hunde des Actäon. Du betrübst deinen Herrn, als wenn du ihn selbst verzehrt hättest! Du Schlimme träumst nur von Rebhühnern, während im Haus die Mäuse tanzen und die delikatesten Leckerbissen auffressen! [11]

Wie es scheint, ist sie den schlechten Ruf, den sie sich als Vogelmörderin bei den alten Römern erworben hatte, bis in unsere Zeit nicht losgeworden.

Auf ihrem Weg nach Norden und Westen folgte die Katze den Legionen, notwendigerweise, denn sie wurde gebraucht. Wo diese auch hinzogen, siedelte sich in den folgenden Jahrhunderten auch die Katze an. Nachdem Caesar durch seine Kriege die Provinz Gallien befriedet hatte, wurde sie in den römisch-gallischen Siedlungen, welche die Keimzellen der späteren Städte waren, schnell heimisch und wachte dort wie überall, wo man sie aufnahm, darüber, dass Mäuse und Ratten nicht überhand nahmen. Einige römische Legionen scheinen die Katze sogar als Wappentier verwendet zu haben. Palliot, ein französischer Drucker und Heraldiker des 17. Jahrhunderts, berichtet von einer Legion „Ordines Augustei“, die eine meergrüne Katze auf silbernem Grund als Wappen hatte, und von einer anderen, „Felices Seniores“, einer Legion der „Altgedienten“, heißt es, sie habe eine halbe rote Katze auf ihren Schildern gehabt. Schon 200 Jahre v. Chr. muss die Katze im republikanischen Rom eine gewisse Rolle gespielt haben. Als Tiberius Gracchus seine römischen Landsleute dazu veranlasste, der Göttin der Freiheit, Libertas, einen Tempel zu errichten, wurde diese darin als Frauengestalt dargestellt, der zu Füßen eine große Katze ruhte – gleichsam als Symbol der Freiheit selbst.

Weil die Legionen nicht nur über Land, sondern auch zu Schiff unterwegs waren, setzte die unternehmungslustige „Mau“, die bei den Römern *cattus* genannt wurde, sogar in die geheimnisvollen Nebelreiche Britanniens über, wo sie von den dort ansässigen Druiden jedenfalls freundlicher willkommen geheißen wurde als die römischen Invasoren. Es scheint, dass die Völker gälischen und keltischen Ursprungs eine besondere Antenne für das geheimnisvoll-magische Wesen der Katze hatten.

Wiewohl die Katze im Allgemeinen dem Wasser lieber misstraut, hatte sie doch als Schiffskatze einen beachtlichen Ruf zu verteidigen. Sie war, nachdem das ägyptische Embargo einmal durchbrochen war, auf so gut wie allen Routen des Mittelmeers als unentbehrliche Begleiterin unterwegs. Die Phönizier waren wohl die ersten, die den Bann gebrochen hatten, und sie waren es auch, die in den Hafenstädten einen schwungvollen Handel mit der pelzigen Ware trieben. Für die Schiffe, die in den Mittelmeerhäfen anlegten, war die Mitnahme von Schiffskatzen ein absolutes Muss, um ihre Handelsgüter vor Mäuseschäden zu bewahren. Aber nicht immer waren die Absichten, die man den Katzen entgegenbrachte, die besten. Manche Händler spezialisierten sich darauf, ihnen in des Wortes wahrstem Sinne das Fell über die Ohren zu ziehen. Pelzmützen und Verbrämungen aus Katzenfellen waren vor allem in Griechenland eine begehrte Handelsware.

Der spitzzüngige Komödiendichter Aristophanes, der sich in seinen Stücken bekanntlich kein Blatt vor den Mund nahm, beschreibt schon im 4. Jahrhundert vor Christus die Finessen eines Pelzhändlers, der sich auf Katzenpelze spezialisiert hatte. In manchen Gegenden Griechenlands und Kleinasiens wurden die Tiere zu diesem Zweck sogar gezüchtet. Erst mit der Ausbreitung des Islam im Vorderen Orient erhielt die Katze wieder einen prominenten Platz in der Gesellschaft. Dank Mohammeds Vorliebe für dieses Tier wurde es verboten, sie mutwillig zu töten.

Im Norden hatte die Katze unterdessen den Limes übersprungen, jene Grenzlinie, welche die zivilisierte romanisierte Welt von den Wäldern der Germanen trennte. Dort hatten längst wilde Kleinkatzen wie der Luchs und die Nordische Waldkatze ihre Reviere abgesteckt. Letztere war von Körperbau und Farbe her eine enge Verwandte der Hauskatze, sodass eine Paarung gelegentlich vorkommen konnte, wobei sich wohl auch Mischformen ergaben. Im Übrigen gelangte die Katze, sei sie nun halb wild oder zahm gewesen, auch bei den Germanen in die Mythologie, als Gespann für den Himmelswagen, mit dem die Frühlings- und Fruchtbarkeitsgöttin Freya, die Gattin des Lichtgottes Baldur, zu ihrem Göttersitz nach Asgard fuhr.

Die enge Verbindung der antiken heidnischen Götter mit ihren heiligen Tieren wurde diesen schon bald nach der Einführung des noch jungen Christentums als römische Staatsreligion zum Verhängnis. Zwar war der Kult einiger exotischer, vor allem ägyptischer Gottheiten zugunsten einer Art von Staatsreligion, die im so genannten Kaiseropfer gipfelte, schon in der Spätphase des römischen Imperiums als „unrömisch“ angesehen und verbannt worden. Mit dem jungen Christentum ging diese Entwicklung noch weiter. Die von den Juden übernommene streng monotheistische Ausrichtung musste notwendigerweise zur Ablehnung des gesamten antiken Götterkosmos führen. Allerdings gingen die Verkünder der neuen Lehre nicht so weit, die antike Götterwelt bloß als Chimäre zu betrachten, die nur in der Vorstellung ihrer Verehrer existierte. Vielmehr wurde sie gleichsam in ihr Gegenteil verkehrt und pervertiert. Die Folge war eine „Kulturrevolution“ von enormem Ausmaß. Auf die Christenverfolgungen, die sich zur Verteidigung der antiken Staatsreligion als äußerst ungeeignet erwiesen hatten, folgte eine Art von Bildersturm der neuen, von Kaiser Konstantin geförderten Religion, des Christentums. Mit der planmäßigen Zerstörung von Tempeln und Götterstandbildern, die im Übrigen in der Spätzeit des Römischen Reiches kaum mehr als Glaubenssymbole betrachtet wurden, sondern vielmehr Sinnbilder für das römische Lebensgefühl waren, gingen der Menschheit unzählige bedeutende Kunstwerke und Zeugnisse jener alten Kulturen verloren.

Mit dem Höllensturz der alten Gottheiten stürzten auch die ihnen verbundenen „heiligen Tiere“ von ihrem Piedestal. Man reduzierte sie nicht auf ihren natürlichen Stellenwert als „Mitgeschöpfe“, nein, sie mutierten vielmehr als Helfershelfer dieses neu etablierten dämonischen Kosmos. Weil der Ziegenbock einst als Verkörperung des alten Hirtengottes Pan gegolten hatte, wurde er nun zu einer Erscheinungsform des allgegenwärtigen Teufels und seiner Dämonen. Und weil die Katze als heiliges Tier der ägyptischen Fruchtbarkeitsgöttin Bastet und als Begleiterin der griechischen Mondgöttin Artemis oder der römischen Diana betrachtet worden war, wurde sie etliche Jahrhunderte später zum „Hexentier“, das die schon um ihres Geschlechts willen gefährlichen Frauen zum Hexensabbat begleitete und ihnen bei ihren Umtrieben hilfreich zur Seite stand, wie nicht nur das leichtgläubige Volk, sondern leider auch die in Philosophie und Theologie bewanderten Doctores zu wissen glaubten.

Doch noch war es nicht soweit. Die Katze hatte, was immer die frommen Dogmatiker auch sagen mochten, eine starke Lobby in den frühchristlichen Anachoreten und bei den Einsiedlermönchen, wie wir sie aus dem nordafrikanischen und kleinasiatischen Raum kennen. Das gilt aber auch für die Klostergemeinschaften Irlands und der englischen Inselwelt, deren Mitglieder als Erste aufbrachen, um den Völkern des europäischen Kontinents unter Einsatz ihres Lebens das „lumen Christi“, das Licht des Glaubens, zu bringen. Ihnen allen war die Katze eine willkommene und notwendige Gefährtin ihres entsagungsreichen Lebens. Die „Klosterkatze“ war unter dem segensreichen Einfluss der Religion gleichsam zu einem „frommen Tier“

geworden, dem man ohne Bedenken auch den Zugang zu heiligen Räumen gewähren konnte. Der Umgang mit Weihwasser und Weihrauch hatte sie gleichsam „entdämonisiert". Was nicht hieß, dass sie damit auch völlig domestiziert worden wäre. Im Gegenteil, sie ging noch immer ihre eigenen Wege, trieb sich nächtens auf Dächern und wilden Pfaden herum, doch überzeugte sie die Menschen, mit denen sie ihr Leben teilte, von ihren guten Seiten, zumal sie unentbehrlich schien, wenn es etwa galt, die Kostbarkeiten einer Klosterbibliothek vor dem vernichtenden Mäusebiss zu bewahren.

Anders stand es um die „weltliche Katze". Sie lebte schließlich in einer nicht sakralen und daher teuflischen Einflüssen zugänglichen Umwelt, und es war nicht gewiss, ob sie sich nicht bei der einen oder anderen Gelegenheit in einen Dämon verwandelte. Die Gefahr war umso größer, als die Katze in erster Linie dem innerhäuslichen Bereich angehörte, der dem Weiblichen zugeordnet wurde. Katze und Frau – das war eine Beziehung, die den frommen Kirchenvätern nicht geheuer war.

Gott hat die Katzen geschaffen, damit der Mensch das Vergnügen habe, den Tiger zu streicheln.
Joseph Mércy (im Gespräch mit Victor Hugo)

Kapitel 3

Zwischen Kirchenbank und Gottesacker

Die christliche Missionierung des Abendlandes bewegte sich in zwei Richtungen: von Süd nach Nord durch die Klostergründungen des Benediktinerordens und seiner Ableger und von West nach Ost durch das iro-schottische und angelsächsische Mönchstum. In beiden Fällen ging die Ausbreitung des neuen Glaubens Hand in Hand mit einer Neu-Kultivierung und Erschließung weiter Teile des Kontinents. Die Klostergründungen wurden zu wichtigen kulturellen Zentren: Ihnen verdanken wir lateinisches Schrifttum, die Erkenntnisse der antiken Literatur und Wissenschaft, Rechtsvorschriften aller Art, aber auch die Beschäftigung mit Künsten und Kunsthandwerk sowie wesentliche Impulse für die Landwirtschaft und vor allem den Weinbau.
Was wir von den Anfängen des Mittelalters wissen, war aus den Codices und Scripturen zu erfahren, die in den Klöstern verfasst und aufbewahrt wurden. Diese Klöster überzogen weite Teile Europas wie ein Netz und waren für die Herrschenden jener Epoche unverzichtbar, weil sie nicht nur für die Ordnung, sondern weitgehend auch für den Wohlstand des Landes sorgten. Da die Angehörigen der geistlichen Stände so gut wie die Einzigen waren, die die Kunst des Schreibens und Lesens beherrschten, waren sie auch für die Aufrechterhaltung des politischen Systems unverzichtbar. Alkuin etwa, der Kanzler Kaiser Karls des Großen und einer der größten Gelehrten seiner Zeit,

war ebenso ein Mönch wie die meisten Mitglieder seiner Reichskanzlei, und das galt auch noch für die späteren Kaiser des Mittelalters: Rechtswesen und Verwaltung lagen fast ausschließlich in der Hand des Klerus.

Aus Klosterchroniken und anderen in Klöstern überlieferten Schriften stammt unser gesamtes Wissen über die frühen Jahrhunderte nach dem Zerfall des Römischen Reiches. Heiligenlegenden und so genannte Pönitenzbücher[12] geben uns wertvolle Aufschlüsse über das soziale und gesellschaftliche Leben, aber auch über die Beziehung zwischen Mensch und Tier in jenen fernen Zeiten.

Die Katze war in den irischen Klostergemeinschaften schon sehr früh verbreitet, ebenso wie bei der Landbevölkerung oder in den größeren Ansiedlungen. Überall dort, wo sie heimisch geworden war, gehörte sie zum täglichen Leben – in erster Linie wegen der Schäden, welche die Mäuse- und Rattenhorden sonst angerichtet hätten. Sie wurde, zumindest im ursprünglich keltischen Bereich, auch keineswegs als dämonisches Wesen betrachtet, dem man mit Misstrauen zu begegnen hatte. Vielmehr war sie eine freundliche Helferin. In der Legende eines heiligen Samson etwa wird sie als Lebensretterin gezeigt: Als dieser von einem Widersacher vergiftet werden sollte, stürzte sie sich auf das für ihn bestimmte Essen und starb an den Folgen des Giftes. Im *Book of Lismore*[13], einer Sammlung mittelalterlicher Geschichten, übernimmt eine Katze die Rolle der hilfsbereiten Dienerin:

Drei junge Mönche gingen einst auf Pilgerschaft, um auf einer entlegenen Insel eine Kirche zu bauen. Sie hatten auf dieser Wanderschaft neben ihrem festen Glauben nur drei Brote und eine junge Katze bei sich. Als die Brüder nun ihr Ziel erreicht hatten und die Kirche zu bauen begannen, überkam sie plötzlich Hunger. Ihre Begleiterin, die Katze, verschwand darauf und kam erst nach einiger Zeit wieder: sie brachte ihnen einen Lachs, den sie gefangen hatte. Das wiederholte sich an drei aufeinander folgenden Tagen; das von den Brüdern neu gegründete Kloster wurde schließlich „Zu den drei Lachsen" genannt und war lange Zeit eine anerkannte Wallfahrtsstätte.[14]

Auch in den schon erwähnten Pönitenzbüchern der irischen und gallischen Mönche ist Einiges über den Umgang der Menschen mit der Katze zu erfahren. Diese Pönitenzbücher stellten Richtlinien für die Beichtväter im Umgang mit den Gläubigen dar. Soweit sie aus dem irisch-keltischen Raum stammen, fällt auf, dass die Hygiene- und Reinigungsvorschriften darin breiten Raum einnehmen. Tatsächlich waren die irischen Klostergemeinschaften für ihre Bäder und die Reinlichkeit ihrer Anwesen bekannt. So ist dieser Quelle auch vieles über den Umgang mit Nahrungsmitteln zu entnehmen. Etwa war es verboten, das Fleisch von Haustieren – von Hunden, Katzen und Pferden – zu essen. Auch sollte eine Speise, von der ein Hund oder eine Katze genascht hatte, nicht mehr gegessen werden. Geschah dies doch, wurden dafür mehrere Fasttage als Buße vorgeschrieben. Auch ein Tier, das Blut geleckt hatte, sollte nicht mehr mit Speisen in Berührung kommen dürfen.

Im gälisch-irischen Gewohnheitsrecht finden sich etliche Bestimmungen, die in der Zeit zwischen dem 5. und 9. Jahrhundert das Verhältnis zur Katze regelten, die damals in der Gesellschaft wohl gelitten war. Sie hatte ihren festen Platz, es gab rechtliche Vorschriften, die ihren Preis ebenso bestimmten wie die Verantwortung, die ihr Eigentümer für sie hatte. In einem von den Brehons[15], den irischen „Rechtsgelehrten", verfassten Kodex heißt es, ein Familienvater müsse seinen Kindern die jungen Katzen und Hunde zum Spielen überlassen, bis sie zur Jagd groß genug seien. Auch sei der Eigentümer einer Katze nicht für den Schaden verantwortlich, den sie in der Nacht anrichte, wohl aber für Schäden, die sie untertags verursache. Die Katze wurde also rechtlich gesehen einem bestimmten Eigentümer oder Anwesen zugeordnet. Auch wurden Katzen damals offenbar nur in Ausnahmefällen verschenkt. Sie hatten ihren bestimmten Preis, der sich nach ihrem Alter, aber auch nach der sozialen Stellung ihres Besitzers richtete. Von einer ordentlichen Katze erwartete man, dass sie „scharfsichtig sei, sich auf den Mäusefang verstehe und ihre Jungen sorgsam aufziehe, statt sie zu fressen"[16], was damals offenbar häufig vorgekommen sein muss. Für den Diebstahl oder die Tötung einer Katze, die die Getreidespeicher des Königs bewachte, war umfangreicher Schadenersatz vorgesehen: Sie wurde in ihrer ganzen Länge mit Weizen aufgewogen. War der nicht vorhanden, betrug ihr Wert „ein Mutterschaf mit seinem Lamm und seiner Wolle“[17]. Es scheint, dass die Katze als Hüterin des Getreides in einer Gegend mit riesigen Schafherden, aber wenig Anbaumöglichkeiten für den kostbaren Weizen einen außerordentlich hohen Stellenwert hatte.

In manchen Gegenden wurde der Wert von Tieren danach berechnet, ob ihre Milch für den Menschen genießbar war. Da fiel die Katze natürlich durch. Doch etwa um die Wende zum ersten Jahrtausend war sie zumindest in Westeuropa schon ein weit verbreitetes Haustier mit Familienanschluss. In Gegenden mit vorwiegend ländlicher Struktur besiedelte sie mit ihrer zahlreichen Nachkommenschaft die Bauernhöfe und sorgte dafür, dass die eingebrachte Ernte kein Raub der gefräßigen Nagetiere wurde. In den Städten nahm sie es neben der allgegenwärtigen Mäuseplage auch mit den Rattenscharen auf, die vor allem wegen der oft katastrophalen hygienischen Verhältnisse zahlreiche verheerende Seuchen verursachten. Katzen wurden also zunächst wohl als nützliche Haustiere betrachtet. Eine Katze, der die Lust am Mausen vergangen war, hatte für ihren Besitzer unter normalen Umständen keinen Wert mehr und konnte ohne Bedenken „abgeschafft“ werden. Alternde Katzen hatten in der harten Welt der mittelalterlichen Gesellschaft, in der Bresthafte und Aussätzige bettelnd über Land zogen und überzählige Kinder an einer Klosterpforte abgelegt wurden, in der Hoffnung, dass man sich dort ihrer annehmen würde, wenig Chancen auf ein Gnadenbrot.

Hatte die Bauernkatze zu nahezu allen Zeiten ein hartes Leben, so hatten es die Kloster- und Kirchenkatzen bei Weitem besser. Es scheint, dass die Lebensweise der Mönche, ihr geordnetes Nebeneinander von Tätigkeit und Meditation, eine gewisse Affinität zu jener der Katze aufweist. Auch sie liebt die Abgeschiedenheit und Stille, sie weiß die von der Ordensregel geforderte Gemessenheit der Mönche, die ruhige Gelassenheit in all ihrem Tun durchaus zu schätzen. Unterliegt doch auch ihr eigener Tagesablauf bestimmten Regeln, freilich solchen, die sie sich selbst gegeben hat, mit denen sie ihre Jagd-, Fress- und Ruhezeiten bestimmt. Für all ihre Lebensäußerungen hat sie, genau wie die Mönche, ihre festgesetzten Zeiten, und nichts kann sie mehr irritieren, als wenn sie darin gestört wird.

Eine Geschichte wie die folgende scheint typisch für ihren zeitlichen Ordnungssinn:

Es ist in den Klöstern üblich, die Stunde der Mahlzeit durch den Klang einer Glocke anzuzeigen. Die Klosterkatze, die auch vorher nichts bekam, überhörte es niemals. Eines Tages aber fand sie sich in einer Kammer eingesperrt, und so läutete die Glocke für sie vergebens. Als sie nun einige Stunden später entdeckt und aus ihrem Gefängnis befreit wurde, lief sie hungrig zu der Stelle, wo sie ihr Futter vorgesetzt bekam, und fand nichts. Am Nachmittag hörte man dann zu einer ungewöhnlichen Stunde die Glocke läuten. Man lief hin, um zu sehen, was das bedeutete, und fand die Katze, die sich am Glockenseil festhielt und die Glocke, so gut sie konnte, zum Klingen brachte, um eine Mahlzeit für sich auftragen zu lassen.[18]

Noch etwas hat die Katze mit den Mönchen gemeinsam: einen gewissen Hang zu gemäßigtem Wohlleben. Auf jeden Fall scheinen die alten Klosterkatzen gut genährt und rundlich gewesen zu sein, was ihnen zuweilen eine neidische Bemerkung der oft gar nicht auf Rosen gebetteten Landbevölkerung eintrug. Da hieß es etwa:

Die Klosterkatz' und ihre frommen Herrn,
die bleiben keinem vollen Teller fern.[19]

Der Aufenthalt der Katzen in den Klöstern wurde im Übrigen schon im 6. Jahrhundert von allerhöchster Stelle ausdrücklich empfohlen. Papst Gregor I., genannt der Große, riet den Ordensvorstehern der sich rasch vermehrenden Mönchsgemeinschaften, zur Sicherung des Ernteertrags wie des Bücherbestands in den aufblühenden Bibliotheken eine genügend große Anzahl von Katzen zu halten. Dieser Papst muss ein großer Katzenfreund gewesen sein, denn es heißt in seiner Vita, dass er jedes Mal, wenn er sich zu Exerzitien in ein Kloster zurückzog, seine Katze mitgenommen habe.

Natürlich fanden die schlauen Tiere bald heraus, dass ihnen die Klöster einen idealen Aufenthaltsort boten. Hier hatten sie alles, was sie im Leben zu schätzen wussten: eine angenehme Umgebung, ausreichende Nahrung, Raum für ausgedehnte Promenaden in den Kreuzgängen und die Zuwendung ihrer menschlichen Mitbewohner. Welche Katze hätte da nicht Benediktiner oder gar Kartäuser sein wollen? Mit kleinen Abstrichen vielleicht. Einige von ihnen sind dies ja ohnehin, zumindest vom Namen her, und gelegentlich wird sogar behauptet, die Kartäuserkatze sei tatsächlich eine Mönchszüchtung. Historische Untersuchungen verweisen dies freilich in den Bereich der Legende. Bei näherer Betrachtung werden wir im Blauen Kartäuser wohl eine der vielen, meist zufälligen Mutationen einer orientalischen Rasse erkennen müssen.

Zwischen den Mönchen und ihren Katertieren scheint es oft so etwas wie eine Komplizenschaft gegeben zu haben, die zuweilen sogar literarischen Niederschlag fand. Die Angehörigen dieser Klostergemeinschaften liebten ihre Katzen, weil die sie weder in ihrer Zurückgezogenheit störten, noch sich in ihren Gebetsstunden unehrerbietig verhielten, weil sie ihnen nicht streitsüchtig und widerspenstig begegneten, aber ihrem Bedürfnis nach irdischem Trost und Zärtlichkeit entgegenkamen. Es existieren auch heute noch einige Zeugnisse dieser Komplizenschaft zwischen Mönch und Katze, so etwa, wenn der anonyme Schreiber einer kostbaren bibliophilen Handschrift immer wieder das Konterfei einer Katze in seine kunstvollen Illuminationen und Arabesken einschmuggelte. Manchmal finden sich selbst Gedichte und kleine Kommentare, die am Rand eines größeren Textes eingefügt wurden. Als selbständiges Manuskript präsentiert sich eine *Hymne an Pangur*, die von einem irischen Schreiber im 8. Jh. verfasst wurde, wahrscheinlich im Kloster Reichenau; darin heißt es unter anderem:

Ich und mein weißer Kater Pangur,
wir haben beide das gleiche Geschick:
Er ist Tag und Nacht der Maus auf der Spur,
ich finde beim Suchen nach Worten mein Glück.
[…]
So ist's erfreulich, mit anzusehn,
wie gut bei der Arbeit wir uns verstehn.

Wie sind wir glücklich in unserem Heim,
auf diese Art unsern Geist zu zerstreun.[20]

In diesen Zeilen drückt sich zweifellos eine tief empfundene freundschaftliche Verbindung zwischen Mensch und Katze aus, eine Beziehung, die von asketischeren Vertretern des frühchristlichen Klerus nicht immer gutgeheißen worden sein mag, die aber vor allem im irisch-angelsächsischen Mönchswesen gar nicht so selten vorkam. Beispielhaft dafür ist auch ein Text des hl. Aldhelm, Abt des Klosters von Malmesbury und Erzbischof von Sherbourne. In seinen Schriften findet sich eine Passage, in der er der wachsamen Katze selbst das Wort erteilt:

Als getreue Wächterin schütze ich das Haus und wache die ganze Nacht, in der Dunkelheit stöbere ich die geheimsten Verstecke auf und vertilge das Ungeziefer, das sich darin verbirgt. Dank meiner scharfen Augen finde ich die verborgensten Winkel der frechen Diebe, die haufenweise den Weizen verwüsten. Ihnen bringe ich in aller Stille Verderben und Tod. Als unstete Jägerin durchforsche ich die Schlupfwinkel wilder Tiere, doch ohne sie zu verfolgen wie die Hunde, die bellen und einen grausamen Krieg gegen mich führen.[21]

Das geruhsame Dasein der Klosterkatzen wurde gelegentlich durch fromme Überlegungen asketischer veranlagter Naturen gestört. Im Mittelpunkt dieser Überlegungen stand die Frage, ob es für einen Mönch nicht gefährlich sei, sich durch die Anhänglichkeit an eine so einfache Kreatur von der Gottesliebe ablenken zu lassen. In einigen Schriften der spätrömischen Zeit, aber auch in späteren Texten wie der so genannten Goldenen Legende (*legenda aurea*) des Jacobus de Voragine[22] aus dem 13. Jahrhundert wird diese Frage mehrmals erörtert. So auch in folgender Geschichte:

Einst lebte ein tugendhafter Einsiedler. Er hatte kein Eigentum, außer einer Katze, die er zuweilen auf seine Knie setzte, um sie zu streicheln. Dieser Einsiedler bat einst Gott, er möge ihm den Platz zeigen, der ihm in der ewigen Seligkeit beschieden sei, damit er für sein entsagungsvol-

les Leben belohnt werde. Gott eröffnete ihm, er werde an der Seite des Papstes Gregor sitzen. Darüber war nun der Einsiedler sehr betrübt, denn er sagte sich, dass seine Armut nicht genüge, um ihm im Himmel einen Platz über einem Mann zu geben, der soviel irdische Reichtümer sein eigen nannte. Doch der Herr sagte zu ihm: Der Reiche ist nicht der, der den Reichtum besitzt, sondern vielmehr jener, der ihn begehrt. Du kannst deine Armut nicht am Reichtum von Gregor messen, denn du findest mehr Vergnügungen an den Liebkosungen deiner Katze als jener an seinen Schätzen, die er nur zum Nutzen der Allgemeinheit verwendet.[23]

Diese Geschichte tadelt den Einsiedler für die Liebe, die er seiner Katze entgegenbringt, nur indirekt, doch klingt dieses Thema immer wieder an. So sollte es in Nonnenkonventen ausschließlich Nutztiere geben. Katzen kamen nur insoweit in Frage, als sie zur Vertilgung der Mäuse unentbehrlich waren. Das Verhältnis zwischen Mensch und Tier sollte sich einer strengen Auslegung des Schöpfungsberichts zufolge auf die Unterordnung des Tieres beschränken, denn Tiere hatten ihre Existenzberechtigung allein in ihrem Nutzen für den Menschen. Dass sich die Katze in dieses selbstgefällige Verdikt nur schwer fügte, wurde ihr im Verlauf der folgenden Jahrhunderte noch oft zum Verhängnis.

Mit dem Auftreten des heiligen Franz von Assisi begann sich eine erste Wende in der Beziehung zwischen Mensch und Tier innerhalb des christlichen Glaubens abzuzeichnen. Der heilige Franz war einer der Ersten, die nicht nur den Schöpfer, sondern auch dessen gesamte Schöpfung mit Liebe und Hingabe betrachteten und seine Mitgeschöpfe in Dankbarkeit anerkannten. Von nun an hatten es die fanatischen Asketen schwerer, den freundschaftlichen Umgang des Menschen mit liebenswerten Kreaturen wie der Katze als sündhaft zu verdammen.

In den Klöstern des südlichen Mittelmeers, auf den griechischen Inseln und vor allem auf Zypern betätigten sich die Klosterkatzen, ähnlich wie im Orient, als erfolgreiche Schlangenjäger. In einem Bericht des Reisenden Villamonte heißt es:

Die Schlangen sind auf Zypern von schwarz-weißer Färbung, mindestens sieben Fuß lang und gegen sechs Zoll dick. Sie werden von den zum Kloster gehörigen Katzen gejagt und getötet. Mittags ruft die Glocke des Klosters die kühnen Jäger zum Mahl, das sie gemeinsam mit den Mönchen einnehmen. Aber sobald sie ihr Futter vereinnahmt haben, ziehen sie gleich wieder aus, um die Verfolgung ihrer Feinde aufzunehmen.[24]

Die Klosterkatze verstand es durchaus, ihr Terrain über alle Widrigkeiten der Zeit hinweg zu behaupten. Sie fand auch zu Zeiten, in denen sie eher als Teufels- und Dämonentier denn als ein Geschöpf Gottes angesehen wurde, in den Klöstern eine unbestrittene Heimstatt und behauptet diese bis in unsere Tage. In seinem Dokumentarfilm *Die große Stille* über die Kartäusermönche in der Grande Chartreuse bei Grenoble hat der Regisseur Philip Gröning das Leben der dort heute noch ansässigen Kartäusermönche auf sehr eindrucksvolle Weise dargestellt. Dieser Orden wurde 1084 vom heiligen Bruno von Köln[25] gegründet und ist als einer der strengsten Schweigeorden bekannt geworden. Seine Mitglieder verpflichten sich, von notwendigen Mitteilungen abgesehen, zu völligem Stillschweigen, um sich ganz der geistlichen Kontemplation zu widmen. Der Film zeigt u.a., wie einer der Brüder auf dem Dachboden des Klosters mehr als ein halbes Dutzend Katzen mittels eines Pfeifsignals zur Mahlzeit ruft. Die von allen Seiten herbeilaufenden Katzen erweisen sich als sehr zutraulich und umschmeicheln den Mönch, der ihnen ihre Futterration zuteilt und auch mit ihnen spielt. In dieser Filmpassage zeigt sich deutlich ein vertrautes, freundschaftliches Verhältnis des Klosterbruders zu den Katzen, wie es so ähnlich auch in früheren Zeiten bestanden haben mag.

Dass freilich eine Klosterkatze ihre Ordensgemeinschaft zuweilen auch arg in Verlegenheit bringen kann, beweist eine Geschichte, die sich im Erzstift St. Peter in Salzburg, einem der ältesten Klöster auf deutschem Boden, kurz nach dem Zweiten Weltkrieg zugetragen hat. Anlässlich eines Jubiläums wurden illustre Gäste erwartet, für die in jener kargen Zeit ein Festmahl veranstaltet werden sollte. Wochenlang hatten die Brüder dafür ihre Fleischrationen an Lebensmittelmarken gespart. Doch noch bevor der Braten zubereitet werden konnte, hatte sich die Klosterkatze in die Speisekammer verirrt und sich dort so gründlich über die knappen Fleischvorräte hergemacht, dass sich die Gäste schließlich mehr oder weniger mit fleischloser Kost begnügen mussten. Ersatz für das Diebesgut hatte nicht beschafft werden können. Ähnliche Diebereien wurden den Katzen zu allen Zeiten vorgeworfen, und zuweilen hatten sie dafür harte Strafen zu erleiden. Doch in den meisten Fällen wurden ihnen solche Missetaten verziehen.

Ähnlich wie die Klosterkatze spielte lange Zeit auch die Pfarrhaus- oder Kirchenkatze eine besondere Rolle. Auch sie hatte in erster Linie für die Beseitigung von Mäusen und Ratten in Pfarrhaus, Kirche und Kirchhof zu sorgen. Ohne ihre Hilfe wären sowohl die liturgischen Gewänder und Insignien als auch Messbücher und sonstige wichtige Dokumente wie die von den Pfarreien geführten Taufbücher und Kirchenregister durch die gefräßigen Nager in ständiger Gefahr gewesen. Vor allem in Irland und im angelsächsischen Raum gehörten die Kirchenkatzen so sehr zum lebenden Inventar ihrer Kirche, dass sie nicht selten dort auch begraben wurden. Oft bekamen sie nicht nur ein Grab, sondern wurden sogar durch ein Monument geehrt. So etwa in der St. Pauls Cathedral[26], wo eine Katze namens Winnie in der Krypta, inmitten bedeutender historischer Persönlichkeiten, beigesetzt wurde, weil dies ihr Lieblingsaufenthalt gewesen war. In den Pfarrbüchern und Chroniken mancher einstiger Londoner Kirchspiele finden sich nicht nur die dort eingesetzten Geistlichen, sondern auch deren Katzen namentlich erwähnt. In einigen Kirchen wie etwa in Gloucestershire und Shropshire sind Katzenskulpturen auf den Taufsteinen angebracht, und an der Kathedrale von Winchester hält die Skulptur einer Katze mit Maus die Erinnerung an eine besonders agile Kirchenkatze wach. Eine Berühmtheit unter ihresgleichen soll auch eine Kirchenkatze von St. Mary in Radcliffe gewesen sein, die dafür bekannt war, dass sie die Predigten ihres Pfarrherrn, an seine Füße geschmiegt, mit lautem Schnurren begleitete. In vielen Kirchen wurden Katzen nicht nur toleriert, sie wurden förmlich eingeladen. So bekamen sie in Exeter Cathedral sogar einen eigenen Katzeneingang, durch den sie nach Belieben ein und aus konnten. Die Gemeinde entschloss sich zu dieser Maßnahme, weil die hungrigen Kirchenmäuse sich an den ledernen Blasbälgen der Orgel vergangen hatten. Im Übrigen ist im anglikanischen England eine Katze, die es sich während des Gottesdienstes in einer Kirchenbank gemütlich macht und vor sich hindöst, keine Seltenheit, und es gibt kaum jemand, der daran Anstoß nehmen würde.

Und noch ein Betätigungsfeld hatte die Kirchenkatze seit dem Mittelalter: Sie war auch Friedhofskatze, denn die Friedhöfe waren eng an die Kirche als ihren Mittelpunkt geschmiegt. Mit ihren grauen, die Zeit überdauernden Steingräbern, zwischen die Buchs- und Taxushecken gepflanzt waren, die mancherlei Getier als Unterschlupf dienten, legten sie Zeugnis für den Glauben an eine bevorstehende Auferstehung ab. Von einer ordentlichen Kirchenkatze erwartete man, dass sie die Mäuse und Ratten in Zaum hielt, damit die sich nicht an den Skeletten der Verstorbenen vergriffen und so deren unversehrte leibliche Auferstehung gefährdeten. Oft genug fand die Kirchenkatze bei ihren Kontrollgängen Gesellschaft ihrer näheren oder entfernteren Verwandtschaft aus der Umgebung. Die Mäusepopulation war schließlich zahlreich und reichte durchaus hin, nicht nur eine Katze zu ernähren – auch wenn es in dieser Hinsicht oft genug zu Revierstreitigkeiten mit irgendwelchen Eindringlingen gekommen sein mag.

Im 18. Jahrhundert veränderte sich das Bild. Die Städte wuchsen, und der eng begrenzte Raum rund um eine Kirche reichte nicht aus, alle Toten eines Sprengels aufzunehmen. Es wurden neue Friedhöfe angelegt, unabhängig von ihrer kirchlichen Zugehörigkeit, und anstelle der emsigen Kirchenkatze trat die Sippschaft der Friedhofskatzen, zumeist herrenlose Streuner, die es sich auf diesen neuen Gottesäckern mit ihren zahlreichen Gräbern mehr oder minder wohl sein ließen. Mäuse, denen sie den Garaus machen sollten, gab es in Fülle, und für den Rest sorgte die Gemeinde der Friedhofsbesucherinnen. Auf den Friedhöfen der wachsenden Großstädte fanden sich täglich Dutzende von trauernden Wohltäterinnen ein, die den Trost, den sie aus der sanften und unaufdringlichen Gegenwart der Katzen empfingen, ihrerseits damit vergalten, sie zusätzlich mit Nahrung zu versorgen und sich auch sonst um ihr Wohlbefinden zu kümmern.

Jean-Louis Hue, ein ausgewiesener Katzenkenner, beschreibt in seinem Buch *Le Chat dans tous ses états* diese fruchtbare Symbiose am Beispiel des legendären Friedhofs von Montmartre in Paris:

Den Friedhofskatzen hat die Natur eine seltene und großzügige Spezies beigestellt, die füttert, pflegt, umhegt und tröstet: die Katzenfreundinnen. [...] Der Friedhof von Montmartre zählt außer seinen einundzwanzig Abteilungen einundsechzig Katzenkantinen. [...] Kurz vor der Essenszeit, wenn die Speisen dampfend durch die Reihen getragen werden, setzen sich die Katzen nacheinander auf die Steinmäuerchen, ein noch zurückhaltendes Publikum, das seinen Platz nicht bezahlt hat und sich die Möglichkeit vorbehält, das Hasenpanier zu ergreifen. [...] Das Menü riecht nicht nach schlechter Küche. Die Katzen kommen herbei, reiben sich das Kinn an den Kanten der Gräber, drücken weich und geschmeidig ihren überschwänglichen Dank aus. Sie tanzen zu Tisch.[27]

Ein anderer Katzenkenner aus Paris, Frédéric Vitoux, beschreibt die enge Verbindung zwischen den Friedhofskatzen und den Verstorbenen so:

Sie bewegen sich inmitten der Gräber der Verstorbenen, schleichen von einer Kapelle oder einem Grabstein zum nächsten. Sie stören den Frieden dieses Ortes nicht, im Gegenteil, sie organisieren ihn vielmehr, sie bewahren ihn. Sie sind die schützenden Gottheiten und auch die tröstenden Schatten. In ihren aufmerksamen Augen glimmen Funken des Misstrauens wie des Mitgefühls. Misstrauen gegenüber den Lebenden – Mitgefühl für die Toten [...] Die Friedhofskatzen wechseln selten das Revier, das sie einmal als das ihre adoptiert haben. Und so stoßen sie immer wieder auf mitfühlende Seelen, die sich um ihre Ernährung kümmern und dafür den Trost ihrer stillen lebendigen Gegenwart empfangen. Im Schatten einer Zypresse oder Ulme wird so der lange Schlaf der Toten unter ihrem Grabstein durch die sanfte und ruhige Gegenwart der Friedhofskatzen weniger hart.[28]

Auch in südlicheren Gegenden zeigen die Katzen heute noch keine Scheu, sich in den Kirchen selbst häuslich niederzulassen. So erzählt etwa ein Reisebericht des Italienreisenden Fridolin Hofmann:

Von Venedig bis Rom sah ich wohlgenährte Sakristeikatzen auf den Balustraden der Seitenaltäre oder sogar auf der Kommunionbank sitzen.

Und auch während des Gottesdienstes ließen sie sich nicht in ihrer Behaglichkeit stören. Ruhig stolzierten sie unter den Klängen der Orgel dahin, und die Leute sind sogar so artig, ihre Hände mit dem Gebetbuch zu lüften, um die Spaziergänger ungehindert passieren zu lassen.[29]

Eines der schönsten Denkmäler für eine solche Kirchenkatze ist in der Abtei-Kirche von Monte Oliveto Maggiore bei Siena zu bewundern. Es handelt sich um ein Chorpult in einer Arkade, in deren Mittelpunkt eine große Katze vor einer angedeuteten bewaldeten Landschaft sitzt und ihre nachdenklichen Augen auf den Beschauer richtet, der von der Natürlichkeit des Ausdrucks und der Lebendigkeit der Darstellung überrascht wird. Dieses kleine Meisterwerk wurde um 1520 von einem Mönch, Fra Raffaele da Brescia, geschaffen. Es ist höchst ungewöhnlich, eine Katze in der Kirche an so prominenter Stelle zu finden, die unmittelbar zum Gottesdienst in Beziehung steht, weil dort das Evangeliar und die Choralbücher für den Messgebrauch aufliegen. Fra Raffaele muss ein Mönch von besonderer Intuition gewesen sein, um einen so intimen Zusammenhang zwischen dem Bildnis einer Katze und der Gegenwart liturgischer Bücher herzustellen. Er wusste wohl um die innere Verwandtschaft zwischen dem gelehrten Mönch und intuitiven Künstler, der nur in seine Arbeit vertieft ist, und der Katze, in deren großen, rätselhaften Augen sich die Geheimnisse der Welt widerzuspiegeln scheinen.

Die Katze bewundert den Menschen nur,
wenn er noch ein Stück Holz auf den Kamin legt.
Rámon Gómez de la Serna

Kapitel 4

Mitbürger und Hausgenossen

Die Kultur des Frühmittelalters war vor allem eine Kultur der Klöster. Im Hochmittelalter stand das Rittertum im Mittelpunkt des gesellschaftlichen Lebens, und erst im Spätmittelalter und der so genannten Renaissance waren es die Städte, die zu einer sehr lebendigen und bunten Blüte gelangten. Das begann in Italien, wo sich die Stadtkultur auf dem Humus der alten Römersiedlungen schneller entfalten konnte als irgendwo sonst auf dem Kontinent. Mit einer gewissen zeitlichen Verzögerung übernahm die Stadt dann auch im übrigen Europa im Verlauf einiger Jahrhunderte die kulturelle und gesellschaftliche Führungsposition. Träger dieser Entwicklung waren neben dem rasch aufstrebenden Handel das in Zünften geordnete Handwerkswesen und die mit der Erfindung der Buchdruckerkunst rasch sich vermehrende Zahl der weltlichen Gelehrten, unter denen bald auch viele Naturwissenschaftler waren.

Die mittelalterliche Stadt unterschied sich allerdings sehr wesentlich von unseren heutigen Städten. Sie bestand aus einem Konglomerat von Häusern, in denen gelebt und gearbeitet wurde. In den zumeist engen und von unsäglichem Unrat bedeckten Gassen fanden sich Werkstätten zahlreicher Handwerksberufe neben Ladengeschäften. Die größeren Anwesen wohlhabender Handelsherren sowie des Adels markierten neben den öffentlichen Gebäuden wie den Gerichten, den Kirchen und den Klosteranlagen die Zentren des städtischen Lebens. An größeren Plätzen waren öffentliche Brunnen errichtet, und auch die Instrumente der städtischen Gerichtsbarkeit wie Pranger und Galgen durften nicht fehlen. Die meisten Häuser hatten Innenhöfe mit Gärten, und in vielen Fällen war es durchaus üblich, darin auch Tiere zu halten. Des Morgens wurden die Schläfer nicht nur vom vielstimmigen Geläut der Glocken, sondern auch von krähenden Hähnen, meckernden Ziegen und blökenden Schafen geweckt. In vielen Höfen hielt man auch Pferde oder doch wenigstens Esel, um die notwendige Mobilität zu gewährleisten. Und natürlich gab es jede Menge Hunde und Katzen – Letztere gehörten zum Hausinventar.

Die Gasthäuser und Herbergen bestanden meist aus mehreren ineinander verschachtelten Gebäudekomplexen mit einer geräumigen Toreinfahrt. Der dahinter liegende Hof bot reichlich Raum für alle Arten von Fahrzeugen, vom einfachen Karren bis zur Karosse. Meist war ein Stallkomplex angeschlossen, in dem die Reisenden ihre Pferde unterstellen konnten; und natürlich gab es auch Vorratsschuppen für das Futter der Tiere. Die Katze, die für jeden Haushalt so gut wie obligatorisch war, bewegte sich mehr oder weniger frei inmitten dieses geordneten Chaos. Sie ging ihrer ursprünglichen Profession nach, fing Ratten, Mäuse und andere Schädlinge. Doch ihr eigentlicher Aufenthalt war das Haus, die Wohnung der Menschen. In manchen Anwesen gab es gleichzeitig mehrere Katzen, die meist von ein und derselben Mutter stammten, aber unterschiedlichen Alters waren. Sowohl Hunde als auch Katzen wurden damals wie heute vielfach als Familienmitglieder betrachtet, obwohl dies von manchen, zumeist geistlichen Autoritäten, aber auch von den Medizinern der Zeit oft getadelt wurde. Für die Hunde bestanden, weil sie als Jagd- und Wachhunde verwendet wurden, strengere Verhaltensregeln, doch die Katze, die nach Belieben im ganzen Hauswesen umherstreifen konnte, assistierte oft genug mit gierigem Blick bei den Mahlzeiten, von denen so mancher Happen für sie abfiel, und räkelte sich danach vielfach hinter den geschlossenen Vorhängen eines geräumigen Kastenbettes. Aus den Versromanen der Zeit erfahren wir Einiges über die Lebensgewohnheiten von Mensch und Katze. So heißt es etwa in der Klage eines jungen Gatten[30], man möge sich beeilen, bei Tisch die Platten abzuräumen, damit sich die Katzen nicht darüber hermachen könnten. Bei den gemeinsamen Mahlzeiten wurden die Speisen auf Platten aus Holz oder Metall aufgetragen. Waren keine Teller zur Hand, verwendete man dicke Brotscheiben, die man mit Fleisch und Gemüse belegte und die den Saft aufsaugten – etwa wie Vorläufer unserer heutigen Pizza.

Auf Illustrationen und Gemälden aus dem 12. und 13. Jahrhundert sind Katzen, aber auch Hunde häufig unter oder neben dem Tisch zu sehen. Es scheint, dass sich die Tiere durchaus darauf eingerichtet hatten, bei den Mahlzeiten zu betteln, anstatt sich durch den Mäusefang zu ernähren. Manche Katzenbesitzer beklagten sich bitter über die Faulheit ihrer vierbeinigen „Kammerjäger", die lieber am warmen Feuer dösten als ihre Pflicht zu tun.

Lange Zeit glaubte man mit dem berühmten Gelehrten Albertus Magnus, Farbe und Konsistenz des Katzenfells hänge von der Ernährung des Tieres ab. Katzen, die sich ausschließlich von ihrer Jagdbeute ernährten, seien im Allgemeinen meist grau getigert – sie galten als „gewöhnlich". Wer es sich leisten konnte und auf die Schönheit seiner Katze stolz war, kaufte beim Metzger Leber und Fleisch oder fütterte sie mit Geflügelresten. Am beliebtesten waren zu jener Zeit weiße Katzen, doch wurden auch solche mit rötlichem oder sehr dunkel getigertem Fell gerne gesehen. Der schwarzen Katze hingegen begegnete man auch in den Städten mit großem Misstrauen. Sie war von Anfang an Gegenstand des allgegenwärtigen Aberglaubens.

Obwohl sich die Katze im gesamten Anwesen frei bewegte, wenn sie ihrem „Beruf" nachkommen wollte, hatte sie doch zu allen Zeiten zwei Lieblingsaufenthalte: die Küche, in der es immer warm war und nach Essen duftete, und die Schlafkammer, in der sie es sich oft herrlich bequem machen konnte – unerlaubter Weise, aber unbemerkt, weil die Bettvorhänge der geräumigen Kastenbetten meist zugezogen waren. Fast alle Türen hatten entweder Ausschnitte oder Katzenklappen, durch welche die Tiere ungehindert ein und aus gehen konnten. In manchen komplexeren Gebäuden waren sogar lange, gewundene Gänge in das Gemäuer eingefügt, um den im Haus umherstreifenden Tieren den Zugang zu allen Räumlichkeiten zu ermöglichen. Im Übrigen scheint es so, dass sich die Katzen in jenen alten Zeiten nicht anders verhielten als heute auch. In einer seiner Novellen schildert Boccaccio etwa, wie ein frecher Müllerskater seine Herrin, die Witwe des Müllers, des Morgens weckte, indem er laut miaute, Gegenstände zu Boden warf und auf ihrem Bett die gewagtesten Sprünge vollführte, bis sich die geplagte Müllerin endlich entschloss aufzustehen.

Wie in unseren Tagen auch wurden Katzen manchmal Gegenstand eines Nachbarschaftsstreits. Meistens ging es dabei um Schäden, welche eine von einem Anwesen zum benachbarten vagabundierende Katze verursacht hatte, oder auch um ungeklärte Besitzverhältnisse, wenn ein eigenwilliges Tier sich entschlossen hatte, sein ursprüngliches Heim zu verlassen und in die Nachbarschaft zu wechseln. In jedem dieser Fälle musste Schadenersatz geleistet werden, der von Stadt zu Stadt verschieden hoch ausfiel. Doch scheint es dank der enormen Fruchtbarkeit der Muttertiere in den meisten Städten schon sehr früh eine größere Anzahl von Streunern gegeben zu haben, die durch die Hinterhöfe und Gassen streiften und sich gelegentlich auch ungebeten in einem Anwesen niederließen. Dabei kam es häufig zu richtigen Katzenduellen, weil die hauseigenen Tiere keine Rivalen in ihrem Revier dulden wollten.

Ab der Mitte des 14. Jahrhunderts beschäftigten sich in den Städten mit namhaften Universitäten auch Naturwissenschaftler ausführlicher mit der Katze, wie etwa der gelehrte Naturforscher und Theologe Konrad von Megenberg. Er beschreibt sie in seinem *Buch der Natur*, das noch in späteren Jahrhunderten mehrmals nachgedruckt wurde, so:

Musio oder murilegus oder Cattus ist eine Katze, ein sehr listiges Thier. Es sieht so scharff, daß es die Maus auch in der Dunkelheit wahrnimmt. In der Brunst wird es leicht wild. Zuweilen kämpfen mehrere Katzen hefftig gegeneinander, weil jede ihren gewohnten Platz zum Mäusefangen haben will. Am Maule haben sie lange Haare; wenn sie die verliert, schwindet auch ihr Mut. Droht eine zahme Katze zu verwildern, schneide man ihr die Ohren ab! Sie wird dann zuhause bleiben, weil sie es nicht aushalten kann, wenn es ihr in die Ohren regnet.[31]

Vermutlich wird diese wahrhaft barbarische Methode nicht oft angewendet worden sein, weil die Tiere dadurch völlig entstellt worden wären. Weniger brutale Methoden rieten, der Katze am Abend die Pfoten mit Butter einzureiben, damit sie häuslich bliebe. Ob dieses Hausmittel den gewünschten Effekt hatte, wird allerdings nicht berichtet. Es ist eher anzunehmen, dass die solcherart traktierte Katze die Butter ableckte und dann doch ihrer Wege ging.

Es scheint, dass die Gelehrten der Zeit im Hinblick auf die Anhänglichkeit der Katze sehr unterschiedlicher Meinung waren. Der Italiener Geronimo Cardano behauptete zum Beispiel, dass sie ein sehr scheues Tier sei, das sich den Liebkosungen der Menschen entziehe; dies umso mehr, als sich manche Menschen ihren Katzen gegenüber sehr launenhaft erwiesen. Der französische Novellist Gautier le Leu schildert in einer seiner Novellen, *La Veuve*, wie eine Frau, die sich nach dem Tod ihres offenbar sehr potenten ersten Gatten wieder verheiratet hatte, ihren Kater verprügelte, wenn sie mit den sexuellen Leistungen ihres zweiten Mannes unzufrieden war. Ob sich das Tier dazu bequemte, ihrem Ruf trotzdem zu folgen, wird allerdings nicht berichtet.

Mit der beginnenden Neuzeit waren es vor allem die Naturwissenschaftler unter den Gelehrten, die sich mit Wesen und Verhalten der Tiere im Allgemeinen und der Katze im Besonderen beschäftigten. Die Erfindung des Buchdrucks machte es zudem möglich, die gewonnenen Erkenntnisse zu veröffentlichen. So kam es zu bedeutenden enzyklopädischen Werken wie etwa dem von Michael Herr, in dem der Autor viele der damals verbreiteten Ansichten über die Katze niedergelegt hat. Darin heißt es unter anderem:

Wenn die Katzen sich paaren, machen sie ein ungewöhnliches und grauenhaftes Geschrei, weil das Weibchen bei der Paarung leidet. Man sagt, daß die Katze mit Schmerzen empfange, aber ohne Schmerzen gebäre.[32]

Die Erfahrung zeigt, dass Katzen zwar außergewöhnlich schnell gebären, aber nicht ohne Schmerzen. Und soweit es die Kopulation selbst betrifft, ist nur der Rückzug des Katers schmerzhaft, weil sein Penis mit kurzen scharfen Stacheln versehen ist, die alle nach hinten gerichtet sind und der Katze einen kurzen, aber heftigen Schmerz zufügen, für den sie sich zuweilen mit Ohrfeigen revanchiert. Eine weitere wichtige Beobachtung trifft aber auch heute noch auf viele Katzen zu:

Die Katze denkt an ihre Heimstätte und liebt sie. Deshalb pflegt sie, wenn man sie an einen anderen Ort bringt, stets ihre alte Heimstätte wieder aufzusuchen.[32]

Tatsächlich gibt es über die Jahrhunderte unzählige Geschichten von Katzen, die über einen weiten räumlichen Abstand hinweg immer wieder ihr altes Zuhause aufgesucht haben, selbst wenn sie gemeinsam mit ihren Angehörigen übersiedelt waren.

Bemerkenswert unter den vielen naturwissenschaftlichen Schriften des 15. und 16. Jahrhunderts ist die vierbändige *Historia animalium* des Schweizer Gelehrten Conrad Gesner. Der 1516 geborene und 1565 an der Pest verstorbene Autor hatte sich als äußerst fruchtbarer Forscher und Begründer des Zürcher Botanischen Gartens einen Namen gemacht. Er muss ein großer Katzenfreund gewesen sein, denn im Gegensatz zu anderen Autoren der Zeit, die stets das unheimliche, ja dämonische Wesen der Katze in den Vordergrund stellten, findet er fast nur freundliche Worte für sie:

Ein possierliches Tier ist die Katze, und dem Menschen ganz angenehm. Sie putzt sich mit ihrer rauhen Zunge und den vorderen Tappen, hat auch gern, wenn man sie über den Rücken bestreicht und sanfte anrühret. So possierlich und spielheftig sind sie, daß sie auch zuzeiten mit ihrem eigenen Schatten oder Bildnis in einem Spiegel oder Wasser, und auch mit ihrem eigenen Schwanz spielen. So man sie streichelt, liebkosen sie einen und geben das große Wohlgefallen, das sie davon haben, mit einem lieblichen Geräusch kund, das man an einigen Orten Spulen, an anderen aber Schnurren oder auch Spinnen nennt. Auch sitzen sie gern zum Faulenzen auf den Herdstätten in der Küche oder beim Stubenofen, dieweil sie die Wärme lieben, aus welcher Ursach sie sich oft den Balg verbrennen.[33]

Manche Bürgerkatze brachte es zu erheblicher Berühmtheit und wurde sogar von bedeutenden Malern zusammen mit ihren Besitzern porträtiert. Doch keine übertraf Dick Whittingtons Katze, die in London förmlich zur Legende wurde. Dabei ist nicht einmal sicher, ob sie überhaupt existiert hat. Dass Richard Whittington, der es in London mehrmals zum Lord Mayor brachte, ein Katzenfreund war und wahrscheinlich auch Katzen besessen haben wird, entspricht wohl dem berühmten Körnchen Wahrheit, das jeder Legende zugrunde liegt. Der zufolge kam er als armer Waisenknabe in den Haushalt eines Londoner Handelsherrn. Weil seine Schlafstätte auf dem Dachboden voller Mäuse war, kaufte er sich für einen Penny eine Katze, die mit der unliebsamen Nachbarschaft rasch aufräumte. Sein Lehrherr rüstete später ein Schiff aus und erlaubte auch seinem Gesinde, Waren an Bord zu bringen und auf eigene Rechnung zu verkaufen. Der junge Whittington nahm seine Katze mit an Bord. Die Besatzung erlitt Schiffbruch, und Whittington samt Katze wurde an eine afrikanische Küste gespült, in ein Land, in dem eine große Mäuseplage herrschte. Der Großeinsatz seiner Katze brachte ihm Reichtum und Ehren. Er kehrte ohne Katze nach London zurück, vermehrte seinen Wohlstand und wurde einer der wichtigsten Handelsherren der Stadt, der es auch zu politischen Würden brachte. In Wirklichkeit war er allerdings von seinem in Gloucester lebenden Vater zu einem befreundeten Londoner Kaufmann in die Lehre geschickt worden. Wie weit er sein Glück tatsächlich seiner Katze verdankte, mag dahingestellt bleiben. Jedenfalls existiert von ihm heute noch ein Porträt mit Katze, die allerdings – Legenden haben das so an sich – rund 150 Jahre später eingefügt worden sein soll. Immerhin hat es Dick Whittingtons Katze auch zu einem Denkmal im Londoner Stadtteil Islington gebracht – und zum Logo für das London Museum.

Nicht immer meinten es die Stadtbewohner gut mit den Katzen, die oft auch als Pelzlieferanten herhalten mussten. Chroniken aus dem 13. und 14. Jahrhundert berichten, dass besonders schöne Katzen von Dieben oft in Fallen gefangen und an Kürschner verkauft worden seien, die den Balg sachgerecht verarbeiteten und auf den Märkten feilboten. In manchen Fällen verlegten sich die Bauern in städtischer Umgebung förmlich darauf, Katzen zu züchten und ihre

Felle zu verkaufen. Es bestand unter den städtischen Bürgern ein starkes Verlangen, zumindest „niedriges Rauwerk“ wie Hasen- und Katzenfelle zu tragen, wenn ihnen schon durch die strengen Kleidervorschriften der Zeit „edle Pelze“ wie Luchs, Wildkatze und Zobel verboten waren. Einen mit Hasen- oder Katzenfell verbrämten Mantel hingegen konnte sich auch der gemeine Mann durchaus leisten, wenn er finanziell gut genug gestellt war. Die besseren Kürschner boten freilich in erster Linie Wildkatzen an, die bei der Jagd erlegt worden waren, doch nicht selten mussten auch die Hauskatzen ihre Haut zu Markte tragen. Dies übrigens nicht nur aus Gründen der Eitelkeit, denn man glaubte lange Zeit, im Katzenfell auch ein wirksames Mittel gegen Rheumaschmerzen gefunden zu haben. Tatsächlich ist dieser Irrtum auch heute noch weit verbreitet.

Vor allem auf den Jahrmärkten, die zu den Höhepunkten im städtischen Leben des Mittelalters gehörten, war Rauwerk aus Katzenfellen sehr beliebt. Sie waren im Gegensatz zu den teuren Wildkatzen viel günstiger im Preis und zudem wegen ihrer Buntheit sehr geschätzt. Häufig wurden sie auch als Bestandteil einer Theatergarderobe gekauft. Die zahlreichen Wanderbühnen, die von Stadt zu Stadt zogen und Abwechslung in das oft eintönige städtische Leben brachten, hatten auf diesem Gebiet einen beachtlichen Bedarf. Katzenfelle wurden gelegentlich auch zu Bettdecken und Kissen verarbeitet. Meistens verwendete man allerdings dafür die Felle von Schafen, die besser wärmten, während die Decke aus Katzenfell eher einem ästhetischen Bedürfnis diente: Sie war hübscher anzuschauen. Im Übrigen scheinen die Katzen selbst keine Hemmungen gehabt zu haben, es sich in den sorgsam bearbeiteten Pelzen ihrer Artgenossen wohl sein zu lassen.

Kam schon in Friedenszeiten die Hauskatze immer wieder in Gefahr, ihr Fell der menschlichen Eitelkeit zu opfern, so wurde sie in Kriegszeiten manchmal de facto ausgerottet. In den Städten etwa, die zur Zeit des Hundertjährigen Krieges oder während der immer wieder aufflackernden Feindseligkeiten zwischen Kaiser Karl V. und Franz I. von Frankreich ausgiebigen Belagerungen ausgesetzt waren, gab es keine einzige Katze mehr; freilich auch kaum noch Menschen, denn die waren buchstäblich verhungert. So heißt es in einer Chronik des Boncompagnus de Signa über die Belagerung von Ancona im Jahr 1173:

Diejenigen, die zurückgeblieben waren, litten unbeschreiblichen Hunger; sie aßen mit Begier alles, was ihnen in den Weg kam, sogar Ekelfleisch schreckte sie nicht. Ja, was bisher noch nie vorgekommen war: einige von ihnen aßen sogar Hunde- und Katzenfleisch und stritten sich verzweifelt um die wenigen Mäuse, die noch übrig geblieben waren.[34]

Solche und ähnliche Berichte tauchen in Chroniken der Zeit immer wieder auf. Sie beweisen, dass Katzen im Allgemeinen nur in äußersten Notsituationen als Nahrung verwendet wurden. Fast alle Autoren betrachten es als eine Barbarei, ohne zwingende Notwendigkeit das Fleisch von Pferden, Hunden und Katzen zu essen, weil diese doch als Gefährten des Menschen betrachtet wurden. Die allgemeine Redensart, nach der Katzen auf dem Tisch nichts zu suchen hatten, meinte wohl in erster Linie: im gebratenen Zustand. Allerdings scheint die strikte Ablehnung, die der Katze auf dem Speiseplan bis ins 15. Jahrhundert hinein galt, sich seltsamerweise in späterer Zeit, vermutlich unter dem immer wiederkehrenden Zwang der Hungersnöte, etwas gelockert zu haben. So meinte zum Beispiel ein Mediziner der berühmten Universität von Montpellier, Jacques Dubois, über die Ernährung in Notzeiten, es sei unter besonderen Umständen zu tolerieren, wenn Tiere wie Hund und Katze, die grundsätzlich nicht zum Verzehr bestimmt seien, dann doch gegessen würden. Ein deutscher Arzt, Jacob Strutz, der 1582 ein Buch über Ernährungsfragen veröffentlichte, versicherte, dass in Notzeiten von schlechten Ernten und Kriegen die Spanier und Italiener auf gut genährte Katzen zurückgriffen.

Bevor wir uns moralisch allzu sehr entrüsten, ist daran zu erinnern, dass die Kriegsgenerationen des 20. Jahrhunderts gelegentlich auch durchaus bereit waren, sich einen so genannten „Dachhasen“ als willkommene Abwechslung von den durch die Lebensmittelkarten verordneten Hungerrationen schmecken zu lassen, begleitet sogar von recht makabren Witzen. Auch in der Literatur machen sich manche Novellisten über die „Katzenfresser“ lustig. So wird in einer Geschichte von Franco Sacchetti ein Doktor Dolcebene, der als Gourmet bekannt ist, von einer Gesellschaft übermütiger Studenten zu einem Mahl eingeladen, bei dem ihm angebliche Kaninchenpastete vorgesetzt wird.

Nach dem Essen begannen alle zu miauen und „muscita, muscita" zu rufen. Der Gast wurde blaß, doch nahm er sich zusammen und sagte, es habe sehr gut geschmeckt, um ihnen nicht die Gelegenheit zu geben, ihn auszulachen.[35]

Es scheint, dass in den südlicheren Ländern Europas der Genuss von Katzenfleisch weniger Tadel hervorrief als im Norden. So schrieb etwa der italienische Naturwissenschaftler Ulisse Aldrovandi zu diesem Thema:

Die Katze, der gefürchtetste Feind der Mäuse, konnte den Fallen der Gefräßigkeit nicht entrinnen. Einige Gourmands halten ihr Fleisch für sehr delikat, doch weigern sie sich, ihr Gehirn zu essen, von dem es heißt, daß es giftig sei und krank mache.[36]

Die Unsitte des Katzenessens ging offenbar von Spanien aus. Am Beginn des 16. Jahrhunderts verfasste ein gewisser Ruperto de Nola, der Küchenmeister beim spanischen König von Neapel war, das erste Kochbuch in spanischer Sprache[37], in dem „gebratene Katze" keine unwesentliche Rolle spielte. Es enthielt mehrere Rezepte für die Zubereitung von Braten und Pasteten aus Katzenfleisch, die ganz und gar nicht von der Not diktiert wurden. In manchen Gegenden wie dem Languedoc dürfte die Katze auf dem Speiseplan keine Seltenheit gewesen sein, denn man nannte die Bewohner pejorativ *Lous mango cats*: die Katzenfresser.

Beschließen wir dieses traurige Kapitel des gastronomischen Missbrauchs unserer liebenswerten Hausgefährtin, geraten wir schon in das nächste: die verhängnisvolle Rolle, die der Katze in der mittelalterlichen Medizin aufgezwungen wurde. Die Gelehrten der medizinischen Zunft griffen dabei weitgehend auf die Kenntnisse zurück, die durch die antiken Texte überliefert wurden. So beriefen sich Ärzte des Mittelalters auf oft abenteuerliche Rezepte, die sich bei Plinius dem Älteren niedergeschrieben finden. In ihnen spielte zum Beispiel

Katzenkot, der mit Rosenwasser und Harz vermischt wurde, bei der Behandlung innerer und äußerer Geschwüre eine Rolle. Die ägyptischen Ärzte, die oft auch als Magier galten, verschrieben auch Amulette mit Katzenkot und der Klaue einer Eule als Heilmittel gegen das so genannte Vier-Tage-Fieber. Die Heilmittel des Mittelalters bestanden im Allgemeinen aus dreierlei Materie: pflanzliche, tierische und mineralische Substanzen wurden oft miteinander vermischt, wobei man den kostbarsten, wie etwa zerriebenen Edelsteinen, die höchste Heilkraft zuschrieb. Im Fall der Katze wurden nicht nur ihr Kot, sondern auch ihr Fett, ihr Rückenmark und andere Teile ihres Körpers für medizinische Zwecke verwendet. Sie sollten unter anderem bei Podagra, einer gichtähnlichen Krankheit, helfen. Gegen Arthritis wurden im 13. Jahrhundert mehrere Rezepte auf der Basis von Katzenfett vermischt mit etlichen pflanzlichen Ingredienzien empfohlen. Vor allem dem Katzenfett schrieb man im gesamten Mittelalter eine heilende Wirkung bei vielen Krankheiten zu. Man sagte, wenn man eine Krankheit nicht durch dieses bewährte, natürlich mit allen möglichen Zutaten angereicherte Heilmittel beheben könne, sei sie praktisch unheilbar.

Erstaunlich ist in diesem Zusammenhang, dass die medizinische Wissenschaft der Zeit nicht nur die heilenden Wirkungen solcherlei Heilmittel beschrieb, sondern auch ihr Gegenteil. So war zum Beispiel der berühmte spanisch-jüdische Arzt Moise Maimonides in seinem *Tractatus de regimine sanitatis* der Meinung, dass Kleidung aus Katzenfellen Auszehrung bewirke.

Man sagt, daß Kleidung aus Katzenfellen zu krankhafter Auszehrung führe. Auch soll ihr Geruch und ihr Atem Krankheiten verursachen, weshalb man ihnen aus dem Weg gehen soll.[38]

Allgemein verbreitet scheint die Ansicht gewesen zu sein, daß das Gehirn der Katze gefährliche Giftstoffe enthalte, weil sie Kröten und Schlangen belecke. Noch im 17. Jahrhundert führte Athanasius Kircher das Katzengehirn in einer Reihe von giftigen Stoffen an. Montaigne erwähnt in seinen Schriften sogar einen Fall, in dem eine Frau starb, weil sie glaubte, man habe ihr Katzenhirn zu essen gegeben.

Auch in den Gerichtsakten mehrerer Jahrhunderte scheinen Vergiftungen durch Katzenhirn immer wieder auf. Dem mittelalterlichen Volksglauben zufolge wurden Katzen vor allem Kleinkindern gefährlich, indem sie sich auf sie legten und sie erstickten. Der Pariser Arzt Ambroise Paré erklärte dazu:

Die Katze ist ein Tier, das vor allem Wiegenkindern gefährlich werden kann. Denn sie legt sich auf ihr Gesicht und erstickt sie so. Aus diesem Grund soll man sich wohl in acht nehmen und Kleinkinder nicht mit der Katze allein lassen.[39]

Unverständlicherweise spuken solche Vorstellungen noch heute in manchen Köpfen herum und bieten oft einen Vorwand, sich einer Katze zu entledigen, um einem Kind Platz zu machen.

Noch im 16. Jahrhundert wurde die Katze von den meisten Vertretern der medizinischen Zunft für gesundheitsgefährdend gehalten. So heißt es etwa bei Antonius Guainierius, der den Wissensstand seiner Zeit in dieser Hinsicht zusammenfasste:

Ihr Atem ist giftig und als ansteckend berüchtigt. Ich kannte Personen, die nicht gut schlafen konnten, wenn sie nicht ihre Katze im Bett hatten. Weil sie aber immer dem Atem dieser Tiere ausgesetzt waren, wurden sie schwindsüchtig und siechten dahin, bis sie schließlich starben. Vor kurzem erst verstarben nahezu alle Mönche eines Klosters, die eine große Anzahl von Katzen ernährten. Auch der Blick der Katze ist giftig. Es gibt Leute, die bei ihrem Anblick in große Angst verfallen; das geschieht manchmal auch, wenn sie sie nur miauen hören. Doch glaube ich, daß das nicht vom Gift der Katze herrührt, sondern daß es besondere Anlagen sind, durch die solche Leute in so große Furcht vor der Katze verfallen.[40]

Tatsächlich scheint der Autor hier eine Art von Phobie zu beschreiben, wie man sie oft gegenüber anderen Tieren, etwa Spinnen oder Schlangen, auch heute noch antreffen kann. Möglicherweise spielte in solchen Fällen auch die Furcht vor dem angeblich bösen Blick der Katze eine Rolle. Vielerorts, wie im süditalienischen und im spanischen Raum, glaubte man nämlich, dass der Blick vor allem schwarzer Katzen Unglück bringe. Man versuchte sich dagegen durch Amulette, oft aber auch durch eine Art von Schutzzauber zu helfen.

Wie abenteuerlich die „wissenschaftlichen" Vorstellungen vom Wesen der Katze oft waren, beweist ein Text der als Heilerin gepriesenen Äbtissin Hildegard von Bingen:

Die Katze hat eher ein kaltes als ein warmes Wesen und sie zieht die schlechten Säfte des Körpers an. Auch verabscheut sie die Geister der Luft nicht, sondern zieht sie eher auf sich. Und sie hat eine natürliche Beziehung zu Schlangen und Kröten. Während der heißen Sommermonate ist die Katze heiß und trocken und leckt an Schlangen und Kröten, um sich an ihren Säften zu erfrischen. Sie könnte sonst nicht überleben. Und von diesen Säften wird sie innerlich giftig. Ihr Fleisch und ihr Gehirn werden dadurch vergiftet. Sie bleibt nicht freiwillig bei den Menschen, außer bei jenen, die sie ernähren. Während der Zeit, da sie Kröten und Schlangen beleckt, ist ihre Hitze krankheitserregend. Trächtige Katzen erwecken bei den Menschen die sexuelle Begierde.[41]

Bleibt die Frage, wann die fantasievolle Dame eine Katze an einer Kröte lecken gesehen haben mag. Albertus Magnus, eine Koryphäe unter den Geistesgrößen des Mittelalters, ist da realistischer. Er vergleicht als einziger seiner Zeit den Körperbau der Katze mit dem ihrer größeren Verwandten:

Ihre Art, zu beißen, ist der des Löwen sehr verwandt. Wie jener hat sie Raubtierzähne und Krallen, die sie ausfahren und einziehen kann. Aber sie ist auch ein Tier von scheuem Wesen – und sie liebt die Schönheit.[42]

Mit dieser letzten Bemerkung macht er Manches von dem wieder gut, was zu seiner Zeit zu Unrecht von der Katze behauptet wurde.

Der Mensch ist in dem Maß zivilisiert,
in dem er imstande ist, die Katze zu verstehen.
George Bernard Shaw

Kapitel 5

Geheimnisse und Sünden

Über die Katze ist im Mittelalter mehr als über alle anderen Tiere geschrieben worden. Für die Autoren der Zeit, die zumeist Moralisten waren, war sie eine Art von Gegenentwurf zum Menschen: Während der Mensch rational ist, ist sie emotionell und geheimnisvoll. Sie spiegelt vor allem seine Schwächen wider, die bei ihr oft genug geradezu ihre Stärken sind. Die Katzenliteratur des Mittelalters meint, wenn sie von der Katze spricht, fast immer zugleich den Menschen. In den Jahrhunderten vor der Aufklärung ist sie nahezu immer moralisierend. Sie meint nicht so sehr das Tier, sondern vielmehr dieses als Spiegel menschlicher Eigenschaften, Neigungen und Laster, oder auch gesellschaftlicher Verhältnisse. Im *Roman de Renard* zum Beispiel, der in mehreren Versionen aus dem 12. und 13. Jahrhundert überliefert ist, werden zwei völlig gegensätzliche Typen einander gegenübergestellt. In Renard, dem Fuchs, begegnen wir dem Gesetzlosen, der sich außerhalb der menschlichen Gesellschaft bewegt. Er ist ein Wilder, der in seiner Wildheit aber zugleich naiv ist. Kater Tybert hingegen ist ein schlimmer Finger, der zwischen den Welten hin- und herpendelt. Zwar erkennt auch er keinen Herrn an, doch er versteht es auf listige Weise, sich bei den Menschen Liebkind zu machen. Er ist verträglich, bringt zu bestimmten Zeiten eine Annährung an sie zustande und geht mit ihnen Zweckgemeinschaften ein, die in erster

Linie seinem Vorteil dienen. Er überlistet seinen zufälligen Reisekameraden Renard, wenn es „um die Wurst" geht, die er schließlich allein verzehrt, und – noch schlimmer – er verrät jenen, indem er ihn in die Stadt zu einem vornehmen Herrn führt, in dessen Küche er ihn sich so vollfressen lässt, dass er nicht mehr entkommen kann, als er gefangen werden soll. Mit einem Wort, Tybert, der Kater, erweist sich als schlechter Charakter, der ein angenehmes Wesen zur Schau trägt, um damit seinen Vorteil zu erreichen.

Zahlreiche Katzengeschichten der Zeit bringen das sozial unverträgliche Verhalten der hohen Geistlichkeit und anderer privilegierter Gruppen auf den Punkt. So etwa die Erzählung vom Katzenbischof, der den Mäusen seinen Segen verspricht, doch die klugen Mäuse ziehen es vor, auf diesen zu verzichten und sich lieber zu verstecken. Eine weitere Fabel dieser Art, *Die Katze, die sich zum Mönch machte*, erzählt von einem Kater, der im Refektorium seines Herrn, des Bischofs, Tabula rasa unter den Mäusen gemacht hatte. Nur eine einzige Ratte war übrig geblieben und widerstand seinen verführerischen Reden. Sie glaubte ihm die Mönchsrolle nicht, denn: „Ein Mönch kann unmöglich so grausam sein!" Darauf der Kater lakonisch: „Wenn ich will, bin ich Mönch, wenn nicht, bin ich eben ein Kanoniker."

Solche und ähnliche Geschichten waren meist als literarischer Protest gegen die Laster der höheren Geistlichkeit gedacht. Für viele Moralisten und Prediger der Zeit war die Katze gleichsam ein Spiegel der Sieben Todsünden. Sie galt als unmäßig, faul, missgünstig und eitel, dazu als ausschweifend, als Heuchlerin und obendrein noch als grausam! Vor allem ihre angebliche Heuchelei wurde ihr immer wieder zum Vorwurf gemacht, was sich auch in manchen Redensarten niederschlug, etwa wenn es hieß: „Die Katze weiß, wem sie den Bart leckt." Selbst die Gewohnheit, ihren Kot zu vergraben, wurde negativ ausgelegt: Sie sei mit jenen Heuchlern zu vergleichen, die einen Schaden verstecken, den sie zuvor verursacht haben. In einer französischen Novelle vergleicht eine Dame die Liebhaber, die mit schmeichlerischen Worten lügen, mit einer Katze, die eine harmlose Miene und ein weiches Fell zur Schau trägt, aber: „Man ziehe sie am Schwanz, schon fährt sie ihre Krallen aus und zerkratzt dir die Hände, wenn du sie nicht losläßt!"[43] Nun, was sonst sollte die arme Katze tun?

In den italienischen Novellen der Zeit berufen sich genäschige Frauen öfters auf ihre Katze, um ihre eigenen Verfehlungen zu vertuschen. Als Lieblingsspeisen der naschhaften Tiere wurde Speck, Schinken, Milch und Käse angeführt, jedoch: „Ist die Katze ausgehungert, ist sie weniger wählerisch und begnügt sich selbst mit einer Kruste Brot." Freilich, darauf sollte man sich nicht verlassen, denn: „Was man für den Morgen aufhebt, frisst abends oft die Katze." Im *Narrenschiff* des Sebastian Brant heißt es dazu gar: „Nur die Schulden frisst die Katze nicht!" Sie hat sie allerdings auch nicht verursacht.

Viele Sprichwörter gelten auch der angeblichen Faulheit der Katze. „Sie liebt den Fisch, will sich aber die Pfoten nicht nass machen", hieß es mit einem tadelnden Seitenblick auf Generationen von Lateinschülern, die ihr Studium möglichst ohne Anstrengung hinter sich bringen wollten. Auch für die Gewohnheit mancher Studenten, tagsüber zu schlafen und nachts um die Häuser zu ziehen, musste die Katze herhalten, denn „sie schläft bei Tag, weil sie nachts jagen will". Immerhin war man wohl oder übel der Meinung, dass eine Katze durch gemachte Erfahrungen klug werden könne. So heißt es etwa: „Die versengte Katze fürchtet das Feuer."

Zwar fürchten alle Tiere das Feuer, doch die Katze hat dazu ein eher ambivalentes Verhältnis: Sie liebt nämlich die Wärme so sehr, dass sie zuweilen auf alle Vorsicht vergisst und sich den Pelz ansengt. Gelegentlich wurde ihr das Fell auch ganz absichtlich an manchen Stellen von ihrem Besitzer angesengt, sowohl um Diebe davon abzuhalten, sie an einen Pelzhändler zu verschachern, als auch, um eine Streunerin zuhause zu halten, ein Verfahren, das manche „Frauenliebhaber" auch auf diese übertragen sehen wollten.

Soweit es die Katze betraf, kupierte man ihr in manchen Gegenden auch den Schwanz, um sie am Streunen zu hindern. Das konnte allerdings zu fatalen Gleichgewichtsstörungen beim Springen führen und stellte im Übrigen eine üble Verstümmelung des Tieres dar. Jedenfalls glaubte man, wenn die Katze ihres schönen Aussehens beraubt wäre, würde sie im Haus bleiben und dort ihrer Profession des Mäusefangs eifriger nachgehen. Es ist zu hoffen, dass solche barbarischen Maßnahmen nicht allzu häufig vorkamen. Die Moralisten sahen im Bild der versengten Katze wohl mehr das einer freizügigen und eitlen Frau, die sich in ihrem Putz bewundern ließ. Der Gatte, dem dies missfiel, solle sie in einen groben Kittel stecken, dann würde sie zuhause bleiben und sich nicht mehr auf der Straße blicken lassen. Sehr wahrscheinlich, dass sich der Mann damit keinen Gefallen getan haben würde.

Grundsätzlich wurde sowohl in der Literatur jener Epoche als auch in den Sermonen der Prediger das Verhalten der Katze zu anderen Tieren als Beispiel für die gesellschaftlichen Verbindungen der Menschen untereinander gesehen. Das gilt natürlich im Besonderen für die Beziehung zwischen Katze und Maus. Sie wird oft zum Gleichnis für die Beziehung zwischen Starken und Schwachen. Am Los der Maus, die von der Katze gefressen wird, spiegelt sich das Schicksal des von Mächtigen bedrohten kleinen Mannes, der zu guter Letzt doch gefressen, d.h. den Ansprüchen und Interessen der Großen geopfert wird.

Katze und Maus stellen sowohl in der Literatur als auch in der Bildersprache der Zeit eine untrennbare Einheit dar. In den so genannten *Bestiarien*, die die legendären Eigenschaften der Tiere wie auch ihre Beziehungen untereinander beschreiben, findet sich die Katze schon in der Schöpfungsgeschichte mit der Maus verbunden: Adam ruft die Tiere beim Namen und teilt ihnen damit gleichzeitig ihre Aufgabe zu. Die Katze tritt in diesen lateinischen Texten unter dem Namen „museo" oder „murilegus" in Erscheinung, was etwa einer Berufsbezeichnung entspricht: Mausefalle oder Mäusetöterin. Die Tiere werden in den Bestiarien oft nicht nur mit ihren hervorstechendsten Merkmalen geschildert, sondern sie präsentieren sich auch als deren Verkünder. So belehrt in einem *Dialog der Geschöpfe* aus dem Jahr 1326 eine selbstbewusste Katze, die eben dabei ist, ihr Fell zu putzen, ein Schwein, das sich währenddessen im Schlamm wälzt:

Die Natur hat mich zum Richter über die Mäuse gesetzt. Ich habe ihnen ihr Urteil gesprochen. Und für dich – pass gut auf – bin ich dazu da, deine schlimmen Sitten zu korrigieren; indem ich mein Fell belecke und sorgsam reinige, gebe ich dir ein Beispiel, wie du dem Schmutz entrinnen kannst. Und so wie ich die Mäuse mit dem Griff meiner Krallen für ihre Missetaten bestrafe, so sage ich dir: Wenn dir dein Leben lieb ist, entflieh dem Schmutz und steig ins Bad, das dich reinigen kann.[44]

Der Hintergrund dieses Sermons war für den, der die Sprache der Zeit verstand, klar: Die Katze nimmt darin den Platz der göttlichen Gerechtigkeit ein, das Schwein ist der Mensch, der sich in seinem Sündenpfuhl wälzt und dem geraten wird, sich im Bad der Reue zu reinigen, wenn er sein Leben, also seinen Eintritt in die himmlische Seligkeit, retten will.

Gelegentlich wird das Kräfteverhältnis zwischen Maus und Katze auch einmal umgekehrt, wie in dem fantasievollen Mäusekrieg (*Katomyomachia*) des Byzantiners Theodoros Prodromos aus dem 12. Jahrhundert, in dem sich, nach antikem Vorbild, die von der Katze attackierten Mäuse zu einem Heer zusammenschließen und gegen ihre Feindin zu Felde ziehen. Diese wird allerdings, ehe es zu einer Entscheidungsschlacht kommt, von einem herabstürzenden Balken erschlagen. Der Sieg der Mäuse scheint vor diesem Hintergrund doch eher fragwürdig. In einigen Fällen wurde dieser Mäusekrieg von rebellierenden Volksgruppen als aufmunterndes Beispiel für den Kampf um eine mehr oder weniger gerechte Sache verwendet.

Neben der Katze ist der Hund das älteste Haustier des Menschen. In der mittelalterlichen Weltsicht wurden die beiden Tiere fast ausschließlich in ihrer Beziehung zu ihren menschlichen Herren gesehen. In den Schriften des Philosophen Sydrac ist jedes der beiden

annehmbar. Aber die Katze ist dem Menschen näher, denn sie darf in seinem Bett schlafen. Sie ist dazu geschaffen, sich im Innern des Hauses frei zu bewegen, und hat dabei größere Freiheiten als der Hund; denn der darf sich nur am Tor oder im Freien aufhalten, wenn es notwendig ist. Folglich ist die Katze edler als der Hund.[45]

Diese Meinung teilten längst nicht alle seine Zeitgenossen. Sie könnte aus dem Orient übernommen worden sein, wo die Katze seit Mohammeds Tagen eine privilegierte Stellung innehatte.

Viele gelehrte Autoren des Mittelalters beschäftigten sich ausdrücklich mit der angeblichen Feindschaft zwischen Hund und Katze. Doch in der Realität scheint es damit nicht so weit her gewesen zu sein, dass sie nicht durch gemeinsame Interessen hätte überwunden werden können. So zeigen Gemälde aus dem 14. und 15. Jahrhundert oft genug Hund und Katze friedlich vereint unter oder neben dem gedeckten Tisch, wie sie um Futter betteln.

In der allgemeinen Wertschätzung übertraf der Hund zumeist die Katze. Zum einen, weil es schon relativ früh kostbare Zuchttiere gab, deren Erwerb teuer war und die daher sorgsam behandelt werden mussten. Und dann war der Hund als Jagdgefährte des Mannes eben der männlichen Einflusssphäre zugeordnet und konnte zu allen möglichen Aufgaben erzogen werden. Die Katze hingegen hielt sich vorwiegend im Inneren des Hauses auf und wurde daher eher der Welt des Weiblichen zugerechnet, die in einer von Männern bestimmten Ordnung nicht so viel galt.

Eine besondere Beziehung bestand in der Vorstellung des mittelalterlichen Menschen auch zwischen der Katze und dem Vogel. Vögel waren in der Antike häufig in Volieren gehalten worden, weil sich ihre Besitzer an ihren melodischen Gesängen erfreuen wollten. Dass sie dabei gelegentlich zur leichten Beute für die aus Ägypten immigrierten Katzen wurden, nahmen die Vogelliebhaber diesen übel. Im Mittelalter waren Vögel wie die Tauben, aber auch Lerchen und andere Singvögel ein Symbol der zum Himmel strebenden Seele. Die Taube wurde sogar als Symbol Gottes, nämlich des Hl. Geistes angesehen. Der Raub eines Vogels galt daher eindeutig als Freveltat. Die Katze, die sie, in ihrem Selbstverständnis ganz und gar unschuldig, beging, machte sich dadurch zu einem Werkzeug böser Dämonen oder des Teufels persönlich. Vogelraub wurde vor allem für die Prediger zum Symbol für die Bemühungen Satans, die zum Himmel strebende Seele in seine Fänge zu bekommen und zu vernichten.

In vornehmen Haushalten wurden, zumeist in den südlichen Ländern Europas, oft kleine Affen als umhätschelte Haustiere gehalten, zum Plaisir der Damen, wie es hieß. Sie waren zum Teil in Käfigen untergebracht, zum Teil waren sie aber auch so zahm, dass sie, hübsch ausstaffiert und meist mit Glöckchen oder Schellen geschmückt, frei in den Wohnräumen umherstreifen konnten. Mit der Katze verband sie nicht nur ihre Lust am Spielen und ihr Verlangen nach Zärtlichkeiten, sondern auch ihr schlechter Ruf. Der Affe – meist handelte es sich um ausgesucht kleine Exemplare der Gattung – galt als eine Art Gegenentwurf zum Menschen, ein Geschöpf Satans, wie es in einem Bestiarium aus dem 13. Jahrhundert heißt:

Es existiert ein sehr unerfreuliches Tier, hässlich und abstoßend. Das ist der Affe, für den aber die Herren von hohem Rang eine große Zuneigung hegen. Dieser Affe ist, wie man sehen kann, ungemein missgestaltet. Er hat meiner Meinung nach eine Beziehung zum Teufel, dem er auch ähnlich sieht.[46]

Es fragt sich, wo der Autor den Teufel gesehen haben mag.

„Die Katze gehört zur Frau“, sagt ein altes Sprichwort. Küche, Spinnrocken und Bett sind typische Orte der weiblichen Betätigung – und wo wäre die genäschige und wärmehungrige Katze besser aufgehoben als in der Küche und im kuscheligen Bett? Und auch Spinnrocken oder Stickrahmen, jene typischen Werkzeuge weiblicher Arbeit, wecken das Interesse und die Neugierde der Katze, die es liebt, mit Garnknäueln und Fäden zu spielen und damit Verwirrung zu stiften. Auf Gemälden, die die Häuslichkeit der heiligen Familie zeigen, findet sich nicht selten eine Katze, die der Madonna am Spinnrad Gesellschaft leistet und sich damit vergnügt, Wolle und Fäden durcheinander zu bringen. Und nicht zuletzt wird auch der ganz spezifische „Katzengesang“, das Summen äußersten Wohlbehagens, das Schnurren, von dem Geräusch des sich drehenden Spinnrades hergeleitet und in manchen Gegenden Deutschlands sogar als „Spinnen“ bezeichnet.

Vergleiche zwischen Katze und Frau dienen meistens dazu, ihre Laster zu benennen. Es scheint, dass Männer, die es mit ihrer Herrschaft über „das Weib“ nicht immer leicht hatten, zumeist nicht gewillt waren, an beiden ein gutes Haar zu lassen. „Trau einer Frau so wenig wie die Maus der Katze“, heißt es da etwa. In einem anonymen italienischen Text aus dem 13. Jahrhundert wird ein Vergleich zwischen der Frau und der Katze angestellt, der für beide nicht eben schmeichlerisch ausfällt, denn „ihre Natur ist gleichermaßen unmäßig, diebisch, treulos und heuchlerisch“. Der unbekannte Autor muss trübe Erfahrungen gemacht haben, denn er beklagt sich bitter:

Die Katze hat alles, was man auch bei der Frau finden kann, und nichts davon fehlt ihr. Ich, der darüber Bescheid weiß, denke Tag und Nacht darüber nach. Oft, wenn man glaubt, dass ich schlafe, liege ich wach und sinne darüber nach: Hat die Katze ein struppiges Fell und ist mager, verzeiht man ihr, wenn sie stiehlt, und sagt, die Arme, sie tut's nur aus Hunger, doch ist ihr Fell seidig und rundlich ihr Körper, was macht sie sich dann die Pfoten mit Übeltaten noch schmutzig?[47]

Die Unmäßigkeit der oft gescholtenen Eva hat hier auch eine sexuelle Dimension: Sie steht für den sexuellen Hunger der Frau, über den sich vor allem die Novellisten immer wieder lustig machten. So etwa in einer Novelle von Franco Sacchetti aus dem 14. Jahrhundert, in der ein frisch verheirateter Mann seine schüchterne Frau zu einem Katz-und-Maus-Spiel überredet, bei dem sein männliches Geschlecht die Rolle der Maus einnimmt. Binnen kurzem ist die Frau von diesem reizvollen Spiel so begeistert, dass sie ihren Mann bei jeder Gelegenheit auffordert: „Geliebter Mann, können wir nicht wieder mausen?“ Tatsächlich ist die Bezeichnung „mausen“ im Lauf der Zeit zu einem weit verbreiteten Synonym für die einschlägige Tätigkeit geworden, ebenso wie das im deutschen Sprachraum geläufigere „vögeln“.

Auch für Liebeszauber aller Art war die Katze zuständig. So glaubten etwa die Burschen in manchen Gegenden, sie könnten ein Mädchen in sie verliebt machen, wenn sie ihm am Johannistag Wein zu trinken gäben, in das sie Haare vom Schwanz einer Katze gemischt hatten. Auch hieß es, eine Katze, die dem Bräutigam auf dem Weg zu seiner Hochzeit begegne, verheiße eine glückliche Ehe, und auch, wenn einem Mädchen auf dem Weg zum Tanz eine gescheckte Katze über den Weg lief, würde sie bald einen Mann zum Heiraten finden. Mädchen, die die Katzen liebten, stand dem Volksmund zufolge eine glückliche Heirat bevor, doch wenn ein Mann dasselbe tat, hieß es, er würde für immer ein Junggeselle bleiben.

Sowohl Eva als auch die Katze sind in den Augen des Mannes jener Epoche Geschöpfe des Instinkts und der „Fleischlichkeit“, denen nicht zu trauen ist. Vielmehr verkörpern sie eine Summe weiblicher Laster. Unter ihnen spielen Eitelkeit und Eigenliebe eine wesentliche Rolle. Thomas de Cantiprato, einer der bedeutendsten Enzyklopädisten des 13. Jahrhunderts, beschreibt in seinem *Liber de natura rerum* die Eigenliebe der Katze und deren Folgen:

Die Katze empfindet für sich selbst eine so große Liebe, dass sie sich, wenn sie in einem Teich oder einem Tümpel ihr Spiegelbild entdeckt, kopfüber ins Wasser stürzt, um gleichsam mit sich selbst zu spielen, worauf sie, durch die Illusion getäuscht, oft elend ertrinkt.[48]

Während die Katze in der mittelalterlichen Literatur fast immer als Sinnbild Evas und ihrer Schwächen betrachtet wird, mutiert sie in der Malerei zuweilen zu einem Begleittier der Jungfrau Maria. Sie wird dadurch zwar nicht zu einem Symbol geistiger Reinheit – diese Rolle übernehmen in der Marien-Ikonographie die Taube und das mythische Einhorn –, doch einige Maler vor allem des 14. und 15. Jahrhunderts setzen die Katze in ihre frommen Gemälde, wohl um ihnen dadurch ein Flair von intimer Häuslichkeit zu verleihen.

Im Umkreis von Venedig war die Beziehung der Katze zur Jungfrau Maria so ausgeprägt, dass man die dort weit verbreitete Syrische Katze „Katze der Madonna“ nannte, weil „sie auf ihrer Stirn für gewöhnlich eine Zeichnung in Form eines M hat. Man erzählt sich in Venedig, die Hl. Jungfrau habe ein solches Tier bei sich in Nazareth gehalten“, wie der italienische Bibliothekar, Bibliograf und Katzenkenner Giuseppe Fumagalli 1890 in *Popularità di gatti* behauptete.

Diese syrisch orientalischen Katzen tauchten in der Literatur des frühen 16. Jahrhunderts zum ersten Mal in Italien auf. Der italienische Wissenschaftler Gerolamo Cardano beschreibt sie

„als nicht übermäßig gefräßig, von sanftem Wesen, doch geschickt zum Mäusefang. Sie sind besonders klug und gelehrig, weil sie aus einem heißen Klima kommen, das sie temperamentvoller macht als solche, die aus kälteren Gegenden stammen.“[49]

In ihrer ikonografischen Beziehung sowohl zur sündhaft weltlichen als auch zur geheiligt geistigen Weiblichkeit deckt die Katze das Erscheinungsbild der Frau nach beiden Seiten ab: Als Tier Evas verkörpert sie Luxus, Wollust und die Sieben Todsünden, als Katze der

Hl. Jungfrau symbolisiert sie häusliche Intimität und zärtlich-mütterliche Fürsorge.

Auch als Tier der Narren und Gaukler erlangte die mittelalterliche Katze ein gewisses Ansehen. Narren spielten damals durchaus eine wichtige Rolle in der Gesellschaft. Sie durften ungestraft selbst hohen und höchsten Herrschaften unbequeme Wahrheiten ins Gesicht sagen. Unter dem Deckmantel ihrer Narrheit konnten sie politisch wichtige Ratschläge erteilen, vor allem aber waren sie beliebte Entertainer, welche die großen Herren, aber auch das gemeine Volk durch ihre Possen bei Laune halten konnten. Narren fanden sich oft in Begleitung von Katzen, denen sie verschiedene Kunststücke beigebracht hatten, mit denen sie ihr Publikum verblüffen konnten. War der Hofnarr eine spezielle Art von Zelebrität, über die man sich zwar lustig machte, die man insgeheim aber sogar mit einer gewissen Scheu betrachtete, so war der Volksnarr die Attraktion aller Jahrmärkte, oft aber auch ein Ventil für den unterdrückten Volkszorn, den man sonst nicht in Worten aussprechen durfte. Der Narr durfte es, man erwartete es sogar von ihm. Die Narren trugen Schellen an ihren Kappen, die aus Katzenfell gemacht waren. Für die Sketche und Theaterstücke, die sie aufführten, nahmen sie häufig die Rolle von Katzen an und verkleideten sich auch als solche. Auch improvisierte Scherzfragen des Narren waren äußerst beliebt, und großen Anklang fanden Anspielungen auf das intime Putzverhalten der Katze. Da hieß es dann etwa: „Welches Tier trägt den Schwanz zwischen den Augen?“, und der Narr antwortete: „Das ist die Katze, die sich den Hintern putzt!“

Die Katze, die mit hochgereckter Pfote ihren Intimbereich beleckt, war für die Narren eine unerschöpfliche Quelle für skatologische Anspielungen und Witze, mit denen sie ihr Publikum zu Lachstürmen hinreißen konnten. Die als offenbar obszön-komisch empfundene Putzhaltung der Katze fand sich sogar in der Kunst verewigt. So zeigten die Simse gotischer Kathedralen neben Skulpturen von Fabelwesen und Dämonenfratzen gelegentlich auch die einer sich putzenden Katze.

Die Katze und der Narr waren in der Gesellschaft des späten Mittelalters wie der Renaissance ein zusammengehörendes Paar. Beide waren nicht an die allgemein gültigen Verhaltensweisen gebunden, sie durften gesellschaftliche Grenzen ungestraft übertreten; beide bewegten sich gleichsam außerhalb der festgesetzten Ordnung und wurden deshalb zu Komplizen.

In einer Zeit, die so von abergläubischen Vorstellungen erfüllt war wie das Mittelalter (aber auch die Jahrhunderte danach), konnte es nicht ausbleiben, dass man dem magischen Tier, der Katze, die Fähigkeit zuschrieb, künftige Ereignisse vorauszusehen. Nicht selten hielt man sie, wenn sie unverhofft in einem Raum auftauchte, für einen Dämon oder eine „Erscheinung". Ab dem 14. Jahrhundert wurde sie oft als eine Art von Todesbotin empfunden. Diese Rolle hatte in der Antike allerdings die Maus innegehabt. Die Römer glaubten nämlich, wenn Mäuse ins Schuhwerk eines Legionärs gelangten, würde dieser nicht mehr lange zu leben haben.

Für die Autoren mancher Heiligenbiographien des Mittelalters bedeutete der Eintritt einer schwarzen Katze ins Sterbezimmer, dass ein Dämon auf die Seele des Sterbenden lauerte: Er konnte durch die heiligen Handlungen des Sterbesakraments in die Flucht geschlagen werden. Doch auch ganz reale Katzen wurden und werden zum Teil noch heute in einer speziellen Weise in Verbindung mit dem Tod gebracht. So wusste Gerolamo Cardano zu berichten, dass beim Tod seines Vaters dessen Lieblingskatze sich aufrichtete, sich mit den Pfoten auf dem Bettrand abstützte, ohne indessen auf das Bett zu springen, wie sie es sonst zu tun pflegte, und den Sterbenden lange und mit großer Aufmerksamkeit betrachtete. Als der seinen letzten Seufzer tat, stieß sie ein großes Geheul aus und verschwand, ohne jemals zurückzukehren.

Dass Katzen auf den Tod in einer besonderen Weise reagieren, hat sich, über die Jahrhunderte hinweg, bis in unsere Tage immer wieder bewahrheitet. Aus unzähligen Zeugnissen von Personen, die bei solchen Sterbeszenen dabei gewesen waren, ist immer wieder zu erfahren, dass Katzen den Vorgang des Sterbens mit großem Interesse verfolgen und oft schon eine ganze Weile früher ihr Verhalten gegenüber dem Todeskandidaten verändern. Manche Tiere, die es gewohnt waren, im Bett mit den Menschen zu schlafen, mieden dieses plötzlich, oder umgekehrt, sie suchten einen noch stärkeren Kontakt. In vielen Fällen entwickelte die Katze eine ganz besondere Affinität zu einem schwerkranken Familienmitglied und wich bis zu dessen Hinscheiden kaum von seinem Bett.

Für seine Todesfühligkeit berühmt geworden ist ein amerikanischer Kater namens Oscar, dessen Geschichte durch viele Zeitungen ging. Er war von den Bewohnern eines Pflegeheims in Providence, USA, adoptiert worden und drehte tagtäglich seine Runden im dritten Stock des Hauses, wo die Schwerkranken untergebracht waren. Er besaß offenbar eine ausgeprägte Fähigkeit, den Tod eines Patienten vorauszufühlen. Wenn jemand im Sterben lag, schlich er sich in dessen Zimmer, kuschelte sich an ihn und blieb tröstend und zärtlich bei ihm, bis er seinen letzten Atemzug getan hatte. Danach entfernte er sich diskret, so als ob er seine Aufgabe erfüllt habe. Der Dienst habende Arzt schrieb darüber:

Niemand starb auf der dritten Etage, wo Oscar daheim war, ohne dass der Patient seinen Besuch empfangen hätte. Allein seine Anwesenheit auf dem Kopfkissen eines Kranken war ein sicheres Indiz dafür, dass er bald sterben würde. Bis jetzt hat er 24 Todesfälle auf diese Weise angezeigt, und er irrte sich nie.[50]

Ähnliche Zeugnisse finden sich in der langen Geschichte zwischen der Katze und ihren Menschen immer wieder. Sie lassen sich wissenschaftlich nicht erklären. Kann sein, dass der Tod für sie einen ganz besonderen Geruch hat, dass sie ihn gleichsam „riecht". Sicher scheint, sie erfühlt den Tod, sowohl ihren eigenen als auch den von Menschen, mit denen sie verbunden ist. Aber das Erstaunlichste daran ist, dass sie darauf mit Empathie reagiert, dass sie für einen Sterbenden gleichsam zu einer Art von feinfühliger Tröstung in letzter Stunde werden kann. „Oscar", schreibt der französische Katzenfreund Frédéric Vitoux, „begleitet und wacht. Er weiß. Er ist wie ein Wegweiser zwischen dem Leben und dem Tod, zwischen der Welt und dem Jenseits." Wie er wurden im Verlauf von Jahrhunderten immer wieder Katzen für Sterbende, die sie in ihre Obhut genommen haben, zu sanften Todesboten auf vier Pfoten, die den letzten Weg aller Kreatur erleichtern können.

Es sprach einst der Prophet: Die Katzen sind nicht unrein und sie stören nicht das Gebet; vielmehr gehören sie den Hütern und den Dienern an.
aus dem Hadith

Kapitel 6

Mohammeds Liebling

Verlassen wir für eine Weile unsere abendländisch-christliche Vergangenheit, um einzutauchen in die geheimnisvoll-fantastische Welt des islamischen Orients. Seit seiner Gründung durch Mohammed hatte die neue Religion des Islam mit überraschender Geschwindigkeit sowohl die Länder des Nahen Ostens als auch die Küsten Nordafrikas und sogar Teile Spaniens erobert, ja selbst bis ins ferne Indien ihre Spuren hinterlassen.

Die islamische Eroberung Jerusalems und seiner Umgebung, aber auch weiter Teile Kleinasiens betraf jüdisch-christliches Kernland, das Heilige Land, das als die unmittelbare Heimat Jesu und seiner Apostel seit der Ausbreitung des Christentums Schwärme von Pilgern angezogen hatte, deren Ziel es war, wenigstens einmal im Leben die heiligen Stätten zu besuchen, um dort Vergebung für ihre Sünden zu erlangen. Durch den Islam wurde der Zugang zu den heiligen Stätten nicht nur erschwert, sondern vielfach unmöglich gemacht. Die Christengemeinden, die einst von den Aposteln und ihren Mitstreitern gegründet worden waren, gerieten unter zunehmenden Druck; das Königreich Jerusalem drohte im Ansturm islamischer Heere unterzugehen. Die Kreuzzüge, die zu einem wesentlichen Element abendländischer Politik wurden, sollten Jerusalem befreien und den Zugang zu den heiligen Stätten offen halten. Pilgerfahrten, Kreuzzüge und der rege Orienthandel der Kaufleute sorgten ungeachtet aller Auseinandersetzungen und Gefahren doch für unzählige Berührungspunkte mit der Welt des Islam. Das betraf auch den Umgang mit der Katze. Von der hatte man jedenfalls im islamischen Orient eine wesentlich höhere Meinung als im christlichen Abendland.

Die Tiere, die heute in den Straßenschluchten, den Slums und auf den Müllhalden übervölkerter Millionenstädte des Nahen und fernen Ostens zu Hunderttausenden ein elendes Dasein fristen, haben wenig gemeinsam mit den geheimnisumwitterten exotischen Schönheiten, die sich seit den Tagen des Propheten Mohammed im gesamten Orient einer besonderen Beliebtheit erfreuten. Im Gegensatz zu den Hunden, die von den nomadisierenden Beduinenstämmen als Jagdgefährten und zur Bewachung der Herden geschätzt, im Übrigen aber als „unrein“ gemieden wurden, betrachtete man die Katze, das Lieblingstier des Propheten, gleichsam als heilig. Zwar wird sie, anders als das Pferd, dem sogar eine Sure gewidmet ist, im Koran nicht erwähnt, doch ranken sich zahlreiche Legenden und Sagen um das Tier, dem laut Volksglauben sogar das Paradies offen stehen soll. Der Prophet muss eine besondere Vorliebe für dieses „sanfte Raubtier“ gehabt haben, das er zeitlebens überaus zuvorkommend behandelte. So soll er mit seiner durstigen Lieblingskatze Muessa sogar das Wasser für seine rituelle Reinigung geteilt haben. Als er sie einmal auf dem Ärmel seines Gewandes eingeschlafen fand, trennte er diesen kurzerhand ab, um die exzentrische Schläferin nicht zu stören. Auch soll er sich bei ihr als Geburtshelfer betätigt haben, nachdem sie beschlossen hatte, ihre Jungen auf seinem Mantel zu werfen.

Lange Zeit galt die Katze als ein frommes Tier, das auf seine Art an der rituellen Reinigung der Gläubigen und an ihren Gebetszeiten teilnahm, wie manche Auslegungen der Religionsgelehrten behaupten. Vom Propheten selbst soll der Ausspruch stammen: „Wer seine Katze liebt, ist stark im Glauben und wird im Paradies dafür belohnt werden.“

In vielen Moscheen wurden die Katzen, die dort Zutritt hatten, von den Wächtern sogar gefüttert, damit sie heimisch wurden. Auch störte sich niemand, wenn sie darauf bestanden, auf den ausgelegten Gebetsteppichen Siesta zu halten. Noch im 19. Jahrhundert brachten besondere Katzenfreunde ihre vierbeinigen Gefährten zum Freitagsgebet mit, und sogar bei der Hadsch, der großen Wallfahrt nach Mekka, verzichteten viele Pilger nicht auf ihre Lieblinge, die dann in Körben mit auf die Reise gingen und von eigenen Pilgervätern betreut wurden.

Mohammed erließ auch ein eigenes Gesetz zum Schutz der Katzen: „Wer ein Katzenleben gefährdet oder gar es mutwillig beendet, hat strenge Strafen zu erwarten", bestimmte er. Über jene, die eine Katze unabsichtlich ums Leben gebracht hatten, verhängten die geistlichen Gerichte hohe Bußen, etwa ein beachtliches Quantum an Getreide oder Salz, das als Spende für die Armen verwendet wurde.

Mildtätigkeit gegenüber Katzen galt förmlich als Eintrittskarte in das Paradies. So erzählte der im 10. Jahrhundert in Bagdad lebende Mystiker Schibli von einem Traum, in dem er seinen kürzlich verstorbenen Freund Abu Bekr über seinen Eintritt ins Jenseits befragte. Dieser antwortete ihm:

Allah hat mich gefragt: Weißt du, warum ich dir deine Fehler vergeben habe? Ich sagte: Wohl wegen meiner guten Werke, wegen meiner Frömmigkeit, wegen meiner aufrichtigen Gebete und wegen meines Fastens? – Nein, sagte der Herr, deshalb habe ich dir nicht vergeben. Ich fragte: Warum dann hast du mir vergeben? – Da sprach Allah: Erinnerst du dich, wie du in den Gassen von Bagdad ein frierendes Kätzchen fandest, es aufhobst und in deinen Pelz stecktest, um es vor der grausamen Kälte zu beschützen? Ich sage dir: Weil du mit diesem Kätzchen Erbarmen gezeigt hast, habe auch ich mich deiner erbarmt.[51]

Die Katzen bedankten sich ihrerseits für das Wohlwollen, das ihnen vom Propheten und seinen Jüngern entgegengebracht wurde, indem sie sie gegen ihre Feinde aus dem Tierreich beschützten und ihnen zuweilen sogar das Leben retteten. So berichtet der persische Dichter Dschalal ad-Din ar-Rumi, wie der Prophet durch eine Katze seines Freundes Abu Huraira vor dem Biss einer Schlange gerettet worden sei:

Schon hatte sich die Schlange um seinen Leib gewunden, da öffnete Abu Hureira seinen Korb. Eine schwarze Katze sprang heraus, stürzte sich auf die Schlange und tötete sie. Der dankbare Prophet strich ihr über den Rücken und verlieh ihr so die Gabe, selbst aus großer Höhe immer auf die Pfoten zu fallen. Denn die Erde soll nicht berühren, was der Prophet berührt hat.[52]

Es scheint, dass die Katze im Orient schon immer einen hervorragenden Ruf als Schlangenvertilgerin hatte. Oft diente sie professionellen Schlangenjägern als ambitionierte Jagdgefährtin, die es meisterhaft verstand, ihre Opfer zu erlegen, ohne sich dabei selbst in Gefahr zu bringen. Dieser Kampf gegen die Schlangen – und zuweilen auch Skorpione – wurde sowohl in Indien und Persien als auch an der afrikanischen Mittelmeerküste vielfach von geistlichen Bruderschaften und Eremiten geführt, bei denen sich die Katzen aus diesem Grund besonderer Beliebtheit erfreuten.

Wiewohl sich der Islam von Anbeginn an den so genannten „Ungläubigen" gegenüber aggressiv und intolerant zeigte – ein Umstand, der im Verlauf weniger Jahrhunderte zur Eroberung weiter Gebiete Nordafrikas und des Vorderen Orients führte –, spielten im Inneren mystische Strömungen, Kontemplation und eine außerordentliche Gelehrsamkeit eine wichtige Rolle. Die Spaltung in zwei feindliche Glaubensrichtungen, Sunna und Schia, kurz nach dem Tod des Propheten im Zuge eines Erbfolgekriegs führte zu deutlich unterschiedlichen kulturellen Entwicklungen; so etwa lehnten die arabischen Sunniten Abbildungen des Menschen und der von Allah geschaffenen Natur als frevelhaft ab und wandten sich einem ausschließlich ornamentalen Kunststil zu, während die fantasievolle und farbenprächtige Illustrationskunst der persisch-indischen Malerei bis hin ins Abendland bewundert wurde. Beiden Ausprägungen des Islam aber ist eines gemeinsam: die Entstehung von klosterähnlichen Bruderschaften, wie etwa der Sufis bei den indischen (heute pakistanischen) Moslems und den Derwischgemeinschaften, bei denen es sich zumeist um so genannte Bettelorden handelte, wie sie vor allem in Marokko und anderen Gebieten Nordafrikas zuhause waren, wo sie auch heute noch weit verbreitet sind. Häufig entstanden solche Bruderschaften um die Person eines Meisters oder „Heiligen", der sich durch seine asketische Lebensführung, seine tiefsinnig-philosophische Auslegung des

Koran und anderer religiöser Schriften sowie durch seine Gelehrsamkeit auszeichnete. In vielen dieser Gemeinschaften wie auch in den Behausungen allein lebender meditierender Eremiten eroberte die Katze bald einen festen Platz als angenehme und nützliche Hausgenossin. „Sie macht das Gebet nicht ungültig, denn sie gehört zum Haus", lesen wir in einer Auslegung religiöser Vorschriften. Sie beschützte die Ansiedlungen der Bruderschaften wie die Behausungen der Eremiten, bewahrte ihre Vorräte vor den allgegenwärtigen Mäusen und die Menschen vor Schlangen und Skorpionen. Von Sidi Heddi, dem Begründer und langjährigen Leiter des Heddawa-Ordens, wird erzählt:

Als er mit seinen Jüngern an den Ort im Gebirge kam, wo er sein Haus gründen wollte, bemerkte er zu seinem Schrecken, dass die Gegend von Schlangen und Skorpionen besiedelt war. Er sandte einen Boten zu seinem Lehrer, Sidi Maschisch, der ein großer Katzenfreund war, und fragte ihn um Rat, wie er diese gefährliche Nachbarschaft loswerden sollte. Sidi Maschisch schickte ihm eine weiße Katze und befahl ihm, sie und ihre Nachkommen liebevoll zu behandeln, dann würden sie ihn von der Plage befreien. Sidi Heddi befolgte diesen Rat, und die Katze bekam viele Junge. Gemeinsam räumten sie unter den Schlangen und Skorpionen auf.[53]

Alle Katzen, die das Kloster je bevölkert haben – zeitweilig an die dreihundert –, sollen von dieser „heiligen Katze" abstammen. Weil die Heddawa auch heute noch in aufgelassenen Gärten und verfallenden Gebäuden leben, wo sie die Nachbarschaft der Schlangen zu fürchten haben, ist ihnen die Gemeinschaft mit den Katzen besonders wichtig.

Ihre Beziehung zu den Katzen beruht aber nicht allein auf praktischen Überlegungen, sie ist auch eine sehr innige. So wird den Katzen eine Art von sechstem Sinn für religiöse Empfindungen zugeschrieben. Wenn einer der größten Katzenfreunde seiner Zeit, Sidi Maschisch, seinen Jüngern predigte oder für sie den Koran auslegte, fand er sich gleich auch von seinen Katzen umringt, die andächtig seiner Stimme lauschten. Von seiner Lieblingskatze wird erzählt, sie sei einst von der Wucht seiner Worte so beeindruckt gewesen, dass sie ihm ohnmächtig zu Füßen gesunken sei. Er selbst nannte seine Katzen seine Freunde und Familie und beteuerte, er werde nicht eher sterben, als bis er einen würdigen Nachfolger zu ihrer Betreuung gefunden habe. Der begegnete ihm schließlich in der Person von Sidi Heddi. Die Katzen, die in dessen Bruderschaft lebten, wurden mit menschlichen Namen gerufen. Jedes Mitglied adoptierte eine bestimmte Katze, die dann dessen Leben mit ihm teilte, ihn auf seinen Bettelgängen begleitete und, auf einem kleinen Teppich an einer belebten Stelle des Marktplatzes sitzend, die Vorübergehenden um milde Gaben anbettelte, indem sie nach Leibeskräften miaute. Auch teilte sie das Lager ihres Menschen, wenn sie nicht nachts, ihrem Jagdtrieb folgend, durch Gärten und Höfe schlich. Morgens und abends pflegte sie sich pünktlich zu den Mahlzeiten einzustellen, die sie gemeinsam mit ihren menschlichen Brüdern einnahm.

Viele dieser Klosterkatzen scheinen außerordentlich gelehrig gewesen zu sein. Vom Lieblingskater des indischen Meisters Ashraf Dschahangir wird berichtet, er habe in seinem Konvent sozusagen das Amt des Pförtners bekleidet. Wenn er bemerkte, dass eine Pilgergruppe das Kloster aufsuchen wollte, kündigte er deren Zahl durch sein Miauen an, sodass der Koch wusste, wie viele Portionen für die Gäste vorzubereiten waren. Eines Tages schien sich der Kater geirrt zu haben, und es war eine Portion zu wenig vorhanden. Als der Meister ihn deshalb tadelte, rechtfertigte er sich, indem er jeden der Gäste beschnupperte und einem von ihnen flugs auf den Schoß sprang, um ihn unter lautem Miauen ausgiebig zu bespritzen. So entlarvte er ihn als Ungläubigen, der sich unter die Pilger gemischt hatte. Der Frevler soll vom Verhalten dieses Tieres so beeindruckt gewesen sein, dass er sich auf der Stelle bekehrte und schließlich sogar als Novize in den Orden eintrat.[54]

Groß war die Trauer im Konvent, wenn eine der Katzen starb. Derjenige, der sie adoptiert hatte, bereitete ihr ein Grab mit dem Blick nach Mekka, wie dies auch bei den Menschen geschieht, wickelte sie in ein Leichentuch und senkte sie mit den rituellen Worten: „Möge Allah dir Frieden schenken und uns auch!“ in die Erde. Zu jedem Konvent gehört ein eigener Katzenfriedhof, und selbst auf den großen Friedhöfen wie dem von Sidi Abu Abdallah in Rabat ist eine Abteilung für die Katzen reserviert.

Oft wurde das Verhalten der Katze als Lehrbeispiel für die Menschen betrachtet. Eine sehr bezeichnende Geschichte dazu erzählt der persische Dichter Fariduddin Attar über den berühmten Grammatiker Ibn Babschada, der im 11. Jahrhundert lebte:

Als er eines Tages mit zwei Freunden auf dem Dach der großen Moschee von Bagdad beim Essen saß, gesellte sich ihm eine Katze zu, die um Futter bettelte. Er gab ihr einen Bissen, und sie lief damit davon. Nach kurzer Zeit kam sie wieder, um zu betteln, und das wiederholte sich mehrmals. Die Freunde wurden neugierig und gingen ihr heimlich nach, um sie zu beobachten. Sie kamen schließlich an ein verfallenes Haus, auf dessen Dach eine blinde Katze saß und kläglich miaute, bis ihr ihre sehende Gefährtin einen Bissen vor die Pfote legte. Da sagte der Gelehrte: „Allah benützt diese Katze, um die Blinde mit Nahrung zu versorgen. Wie würde er dann mich in Not versinken lassen?" Von dieser Stunde an gab er all seine Ämter und Beschäftigungen auf und überließ sich bis an sein Ende seinem Gottvertrauen.[55]

Auch die weltliche Obrigkeit wollte in der Obsorge für die Katzen nicht zurückstehen. So stiftete zum Beispiel der Mameluckensultan Azuhir Bayar im 14. Jahrhundert in Kairo einen Katzengarten, dessen Erträge der Versorgung der in der Stadt wild lebenden Katzen dienten. Als dieses Areal durch zahlreiche Teilverkäufe immer kleiner wurde und seinen Zweck nicht mehr erfüllen konnte, wurde der oberste Kadi beauftragt, sich der Versorgung der Katzen anzunehmen. Noch um die Mitte des 19. Jahrhunderts fand jeden Nachmittag im Hof des Gerichtsgebäudes eine große Fütterung statt, zu der sich Scharen von Katzen aus der näheren Umgebung einfanden. Sie revanchierten sich, indem sie ihre Reviere weitgehend von Mäusen und Ratten freihielten.

In den Häusern wohlhabender Kaufleute war häufig ein eigener Sklave damit beauftragt, für die Betreuung und Fütterung der hauseigenen Katzen zu sorgen, aber auch herrenlosen Tieren, die in den Gassen streunten, eine Mahlzeit zu reichen. Katzen zu füttern wurde in der Vorstellung der Moslems lange Zeit als so verdienstvoll betrachtet wie das Spenden von Almosen. Manche Katzenliebhaber setzten sogar in ihrem Testament ein eigenes Legat zur Fütterung herrenloser Katzen aus, um sich dadurch ein Verdienst für das Paradies zu erwerben. Voll Verwunderung schrieb Joseph Pitton de Tournefort, ein Botaniker im Dienst Ludwigs XIV., der in dessen Auftrag die Türkei bereiste:

Die Mildtätigkeit der Mohammedaner gilt auch den Tieren. Sie meinen damit ein Gott wohlgefälliges Werk zu tun. Man wird mir vielleicht nicht glauben, dass es dort rechtmäßig verfasste testamentarische Stiftungen gibt, denen zufolge an festgesetzten Tagen der Woche eine bestimmte Anzahl von Katzen und Hunden gefüttert werden sollen. Trotz dieser Mildtätigkeit verabscheuen die Türken aber die Hunde und lassen sie nicht in ihre Häuser. Dagegen lieben sie die Katzen wegen deren Reinlichkeit und auch wegen ihres würdevollen Benehmens.[56]

Die Katze war orientalischen Städtebewohnern notwendig, weil ohne sie eine ausreichende Vorratshaltung gar nicht möglich gewesen wäre, und sie wurde geliebt, weil sie es durch ihr einschmeichelndes Wesen und ihren Charme hervorragend verstand, die Aufmerksamkeit und Gunst ihrer menschlichen Mitbewohner zu wecken. Hinzu kam – das legen die literarischen Zeugnisse nahe – das geheimnisvolle Flair des Religiösen, ja sogar Mystischen, das sie als Lieblingstier des Propheten schätzenswert erscheinen ließ.

In den goldenen Städten des Orients wie Bagdad oder Damaskus, den Schauplätzen von *Tausendundeine Nacht*, waren die Karawanseraien und Gasthöfe, aber auch die ummauerten kasernenartigen Höfe der großen Sklavenmärkte mit unzähligen Katzen bevölkert. Die Piratenkapitäne, die das Mittelmeer und seine Küsten unsicher machten, besaßen in den großen muslimischen Städten offizielle Niederlassungen, in denen sie die aufgebrachte Prise – vor allem Frauen aus aller Herren Länder – bis zu den großen Versteigerungen gefangen hielten. In den Quartieren dieser unglücklichen Opfer, die für die Harems von mehr oder weniger begüterten Käufern bestimmt waren, wurden oft besonders große und wilde Katzen, die zumeist einer

Kreuzung mit Wildkatzen entstammten, zur Einschüchterung und Bewachung der künftigen Sklavinnen eingesetzt.

Eine ungleich sanftere Wesensart zeigten jene Katzen, die ihr Dasein innerhalb der luxuriösen, aber jedem fremden Männerauge verschlossenen Haremswelt selbst zubrachten. Ihre Aufgabe war es, den gelangweilten Odalisken die Zeit zu vertreiben und ihrem Bedürfnis nach Trost und Zärtlichkeit entgegenzukommen. Weil sich innerhalb des Harems kein männliches Wesen aufhalten durfte, teilten die Kater das Schicksal der menschlichen Eunuchen, die den Haremsbewohnerinnen zugleich Diener und Wächter waren. In der eleganten, parfumgeschwängerten und oft mit jedem erdenklichen Luxus ausgestatteten Haremswelt stolzierten so die prächtigsten Exemplare orientalischer Nobelkatzen einher und verteilten ihre Aufmerksamkeiten nach Lust und Laune auf die kasernierten Damen, wobei aus ihrer Sicht die Besitzverhältnisse keine Rolle spielten. Von einer Sultanin namens Zobëide wird berichtet, sie habe ihre Lieblingskatze erdolcht, nachdem sie diese beim Schmusen mit einer Sklavin ertappt hatte, die die unbarmherzige Katzenliebhaberin anschließend zu Tode peitschen ließ, weil sie es gewagt hatte, ihr ihre Katze streitig zu machen. Ähnliche Eifersuchtsszenen scheinen in der schwülen Atmosphäre der Harems nicht selten vorgekommen zu sein, wie manche Märchenerzähler und Dichter zu berichten wissen. Für die nach Zärtlichkeit schmachtenden Damen, deren Leben sich in einer endlosen Warteschleife bewegte, boten die Katzen, mit denen sie ihre Zeit und oft genug auch ihr Lager teilten, eine willkommene Gesellschaft. Sie halfen ihnen, die Langeweile zu überwinden, die ihren eintönigen Tagesablauf bestimmte. Gelegentlich kam es sogar zur offenen Rivalität zwischen dem Haremsgebieter und den Lieblingstieren einer der bevorzugten Frauen. Von einem persischen Herrscher des 17. Jahrhunderts wird berichtet, er habe im Gemach einer neu erworbenen Odaliske, die er zu seiner Nebenfrau machen wollte, diese, von einem halben Dutzend Katzen umgeben, auf ihrem Lager ruhend vorgefunden. Als er die Tiere ungeduldig wegscheuchen wollte, stürzten sich diese auf ihn und verteidigten ihren angestammten Platz so entschieden, dass der Gebieter darüber zornig wurde und befahl, ihnen die Köpfe abzuschlagen. Doch ein Eunuch warf sich ihm zu Füßen und flehte ihn an, den Propheten nicht durch die Tötung dieser ihm wohlgefälligen Tiere zu beleidigen. Der Herrscher ließ sich durch dieses Argument zwar besänftigen, doch verbannte er die widerspenstigen Tiere ein für allemal aus seinem Harem. Die so ihrer anmutigen und vorwitzigen Gespielinnen beraubten Odalisken seien bald darauf in eine tiefe Melancholie verfallen, die all ihre Reize verblassen ließ, wie der Chronist weiter berichtet.

Die in den Harems bedeutender Persönlichkeiten lebenden Katzen waren die reinsten Luxusgeschöpfe und gehörten meist der Gruppe der orientalischen Langhaarkatzen an, wie die robusten türkischen Angora- oder die eleganten, extrem lang behaarten Perserkatzen, unter denen schneeweiße Exemplare besonders geschätzt wurden. Diese Tiere brauchten eine ausdauernde Fellpflege, wenn sie ihre volle Pracht entfalten sollten, und so waren einige Sklavinnen stundenlang damit beschäftigt, die anspruchsvollen Schönheiten zu bürsten und zu kämmen. Oft wurden sie mit kostbaren Juwelen und Halsbändern aus Edelsteinen geschmückt, und so manche extravagante Dame gefiel sich darin, ihre Lieblingskatzen mit Schuhen aus rotem Saffianleder herauszuputzen. Ein Dichter am Hof von Aleppo, Sanaubari, beschreibt den Schmuck eines „schwärzlichen Katers mit weißem türkischem Schnurrbart und getigertem Kleid, mit dem Aussehen eines Löwen" so:

Sie legten ihm Ohrringe an und ein zierliches Halsband und malten die Pfoten ihm hinten und vorne mit Henna; so wandelt er bald mit dem kostbaren Halsschmuck von Bräuten.[57]

Kein Wunder, dass der gestiefelte Kater, der es im 17. Jahrhundert auch im Abendland zu märchenhafter Berühmtheit brachte, sich zuerst in den Harems des Orients herumtrieb.

Neben den langhaarigen Katzendiven aus der Türkei und aus Persien war es vor allem die grazilere Siamkatze, die die Herzen der orientalischen Damenwelt im Sturm eroberte. Diese glatthaarige Schönheit mit ihrem bräunlich-silbrigen Fellkleid und den violetten Augen wurde von Kaufleuten aus Indien in die Welt des Vorderen Orients importiert. In ihrer Heimat galt sie Hindus und Moslems als heiliges Tier, das als Wächterin von Tempeln und Moscheen verehrt wurde.

Übrigens waren all diese selbstbewussten Katzendiven und eitlen Beaus von Anfang an nicht das Ergebnis aufwendiger Zuchtversuche, sondern vielmehr Kinder einer launenhaften Natur, die durch mehr oder minder zufällige Paarungen ihr spezielles Aussehen bekamen. Erst im 17. Jahrhundert, als die orientalische Katze in all ihren Spielarten das Interesse der abendländischen Damenwelt weckte und in den europäischen Salons und Boudoirs ein und aus zugehen begann, verlegten sich geschäftstüchtige Kaufleute aus dem Orient auf geplante Zuchtversuche. Diese wurden freilich längst nicht so rigoros durchgeführt, wie dies etwa seit Ende des 19. Jahrhunderts in den USA und in England der Fall war, wo bestimmte Standards erreicht werden sollten, die wegen der damit verbundenen exzessiven Inzucht oft zu folgenschweren Erbschäden führten.

Interessant erscheint in diesem Zusammenhang die Beschreibung, die der römische Aristokrat und Weltreisende Pietro della Valle in seinem Briefwechsel mit dem Neapolitaner Medizinprofessor Mario Schipano von der Khorossankatze lieferte.

Diese Rasse, die ursprünglich aus der Provinz Khorossan stammt, ist in ihrem Aussehen anders geartet als die syrische, die bei uns schon in hohem Ansehen steht. Deshalb will ich diese neue Rasse nach Rom bringen. Von Größe und Gestalt gleichen diese Katzen unseren gewöhnlichen. Ihre Schönheit liegt in ihrer Farbe und ihrem Fell. Sie sind am ganzen Körper von einem sanften Grau, ohne Streifen und Flecken, aber mit helleren und dunkleren Stellen. An Kopf und Rücken ist ihr Fell dunkler, an Kehle, Brust und Pfoten aber beinahe weiß. Dazu kommt, ihr Haarkleid ist sehr leicht, glänzend und seidig und dazu so lang, dass es an Hals, Brust und Pfoten Locken bildet, auch wenn man es nicht kämmt. Kurzum ist diese Katze unter Katzen das, was unter Hunden die Spaniolen sind. Am schönsten ist ihr Schwanz, der sehr lang ist. Seine Behaarung gleicht der eines Eichhörnchens, sodass er, wenn sie ihn aufrecht trägt, einem hohen Helm ähnelt, was sehr anmutig wirkt.[58]

Im Orient wurde auch große Aufmerksamkeit auf den Charakter und die Wesensäußerungen der Katze gelegt, wobei man ihr nicht selten geheimnisvolle, ja magische Kräfte zuschrieb. An manchen Herrscherhöfen wurden Gelehrte damit beauftragt, das Wesen der Katze zu erforschen und herauszufinden, wie weit sie als lernfähig oder sogar als menschenähnlich zu betrachten sei. Meist wurde sie in den Schriften dieser Gelehrten sehr positiv beurteilt. So schrieb der mittelalterliche Dichter Ta'älibl:

Dieses Tier weiß die Wohltaten, die der Mensch ihm erweist, wohl zu schätzen. Und es weiß, was recht ist, und bekommt ein schlechtes Gewissen, wenn es einen Fehltritt begangen hat. Die Katze frisst den Bissen, den man ihr gibt, an Ort und Stelle, doch wenn sie ihn gestohlen hat, läuft sie mit ihm davon und bringt ihre Beute in Sicherheit, um sie dort zu fressen, wo keiner es sieht. Wenn man sie wegjagen will, weil sie etwas angestellt hat, bringt sie ihren Herrn durch Zärtlichkeit und Schmeicheln dazu, ihr zu verzeihen. Auch verteidigt sie ihr Zuhause gegen andere Katzen, weil sie befürchtet, ihr Besitzer könnte ihr einen Eindringling vorziehen.[59]

Die genaue Naturbetrachtung, die vielen Gelehrten eigen war, führte zu ausführlichen Beschreibungen von Geschlechtlichkeit und Mutterliebe der Katze, aber auch ihrer speziellen Charaktereigenschaften. So heißt es zum Beispiel:

Gegen Ende des Winters gerät die Kätzin in Brunst und sie schreit so lange, bis sie einen Kater gefunden hat. Sie wird nach der Begattung stark und kühn, denn die Kühnheit des Katers wird durch den Akt der Begattung auf sie übertragen, sodass der Kater schließlich vor ihrer Angriffslust davon läuft, nachdem er sie bestiegen hat. Ehe die Kätzin nach fünfzig Tagen ihre Jungen bekommt, sucht sie im ganzen Haus einen sicheren Platz für sie. Sie durchsucht jeden Winkel, bis sie den geeigneten Ort gefunden hat. Weil sie weiß, dass ihr Feind, der Kater, herumläuft, um ihre Jungen zu töten und zu fressen, wechselt sie diese Plätze auch öfter und trägt ihre Jungen im Maul von einem Ort zum anderen.

Viele Autoren der Zeit haben anhand erstaunlicher Beispiele gezeigt, wie irrig die Behauptung ist, Katzen seien nicht gelehrig. Das Gegenteil wurde oft genug bewiesen, nicht zuletzt durch die Kunst indischer Gaukler, die es fertigbrachten, Katzen und Mäuse miteinander Freundschaft schließen zu lassen, sodass etwa die Maus auf der Katze reiten und sie gefahrlos ins Ohr beißen konnte. Katzen, die mit Tieren aufwachsen, die auf freier Wildbahn durchaus auf ihrem Speisezettel stehen, werden sie, wie die Erfahrung zeigt, zumeist in Ruhe lassen, wenn sie dem „eigenen Haus" angehören. Sie halten dann ihre Raubtiernatur in Zaum und betrachten etwa einen zahmen Vogel als nicht zu ihrem Beuteschema gehörig. Allerdings ist die Verlässlichkeit solcher Jagdhemmungen nicht erwiesen. Es ist eben nicht auszuschließen, dass sich ihre Natur schließlich doch durchsetzt. In *Tausendundeine Nacht* wird ein sehr typisches Beispiel dafür beschrieben: Eine Katze verliebt sich in einen schönen jungen Mann, und sie geht zu einem Dschinn[60], um ihn zu bitten, sie in eine Frau zu verwandeln. Der tut ihr den Gefallen, ihr heimlicher Geliebter verliebt sich seinerseits in sie, und die beiden werden ein Paar. Weil sich der Dschinn aber überzeugen will, ob die verwandelte Katze auch den Charakter einer Menschenfrau angenommen habe, lässt er heimlich eine Maus in ihr Schlafzimmer, als das Paar gerade beim Liebesspiel ist. Augenblicklich stürzt sich die ehemalige Katze auf die gewohnte Beute: Ihre Natur geht mit ihr durch.

Tausendundeine Nacht, arabaisch *alf laila wa-laila*, die berühmteste unter den zahlreichen Märchensammlungen, wurde etwa im zehnten Jahrhundert erst in persischer, dann auch in arabischer Sprache aufgezeichnet. Die Sammlung entstand um eine Rahmenhandlung, die aus dem Indischen stammt. Darin heiratet der einst von seiner Gattin betrogene Herrscher von Samarkand jeden Tag eine andere Frau und lässt sie am nächsten Morgen töten, um sicherzugehen, dass er keinem neuerlichen Betrug aufgesessen ist. Als die Reihe an Scheheresade, die kluge Tochter des Wesirs kommt, hält sie ihren blutdürstigen Gatten Nacht für Nacht durch ihre faszinierende Erzählkunst in Spannung und rettet so ihr Leben. Ihre Geschichten waren nicht nur in der gesamten Welt des Orients verbreitet, sondern eroberten auch das Abendland. Viele der Märchen aus *Tausendundeine Nacht* tauchten im 17. und 18. Jahrhundert in Frankreich und Italien auf, darunter auch die berühmteste Katzengeschichte: *Der gestiefelte Kater*.

Nicht selten tritt die Katze als Glücksbringer auf, manchmal ist sie auch ein verkappter Dschinn, der den Menschen nicht immer wohl gesonnen ist. Zuweilen wird sie selbst das Opfer geheimer Kräfte wie in der Geschichte vom braven Ibrahim. Der geht auf Wanderschaft, um sein Glück zu machen, und gibt sein letztes Geld für das Begräbnis eines Armen aus, den sonst keiner geziemend begraben lassen wollte. Wenig später trifft er einen Fremden an der Wegkreuzung, der ihm rät, in die nächste Moschee zu gehen und von den Dienern eine schwarze Katze zu kaufen. Die solle er töten und ihr Gehirn in eine Flasche füllen. Danach solle er den blinden König des Nachbarlandes aufsuchen, denn der hatte seine Tochter und sein halbes Königreich demjenigen versprochen, der ihn heilen könne. Versagte einer bei dem Versuch, müsse er aber sterben. Ibrahim nimmt seinen Mut zusammen, folgt dem Rat und ist fortan ein gemachter Mann.

In einer anderen Geschichte aus *Tausendundeine Nacht* sind es die weißen Schwanzhaare einer schwarzen Katze, durch die eine von einem Dschinn besessene Prinzessin geheilt wird. Der arme Junge, der solches vollbracht hat, wird zum königlichen Schwiegersohn. Und wenn sie nicht gestorben sind …

Nicht immer aber kam die Katze bei den Dichtern gut weg. So fand Ubayd-i-Zakani beißenden Spott für ihre angebliche geheuchelte Frömmigkeit, hinter der sich ein grausam skrupelloses Raubtier verbirgt. Sein *Mäusekrieg* gehört zu den bekanntesten Texten zum Thema Katz und Maus. Er stellt die Katze darin gleich zu Beginn als eine wahre Furie vor:

Das Schicksal schuf einst, nach eigenem Plan,
einen Drachen von Katze im Lande Kerman.
[…]
Es trieb die Lust eines Tags und ihr Magen
zu einer Schenke sie hin, dort Mäuse zu jagen.[61]

Nachdem eine beschwipste Maus damit geprahlt hat, ihr den Kopf abzuschneiden, stürzt sich die erzürnte Katze auf sie und frisst sie trotz deren Bitten um Barmherzigkeit schnurstracks auf.

Zur Moschee ging sie später mit wiegendem Schritt.
Nachdem sie den Ritus der Waschung vollzogen,
sprach sie Litaneien wie ein Mullah verlogen:
„Allmächtiger, Reue fühl ich zum Glücke,
reiß keine Maus mehr mit Zähnen in Stücke.“[61]

Die Katze tut tränenreiche Buße in der Moschee, worauf eine hinter der Kanzel verborgene Maus ihren Brüdern die frohe Botschaft bringt:

O freut euch, die Katze ward fromm und übt Reue.
Enthaltsam hält sie dem Islam nun Treue.
Die Löbliche flehte und seufzte, oh weh,
und netzte mit Tränen die ganze Moschee.[61]

Im Fortgang der Geschichte zeigt sich, wie scheinheilig diese Tränen waren, denn als sich ihr die Mäuse nun gutgläubig nähern, fährt sie wie der Blitz unter sie und zerreißt mehr als ein Dutzend mit ihren Prankenhieben.

Im Allgemeinen war die Katze jedoch, wie fast überall in der Welt, auch im Orient das Lieblingstier der Dichter. In den Werken vieler orientalischer Lyriker werden ihre Schönheit und ihre guten Eigenschaften gepriesen und in Totenklagen ihr Verlust bedauert. Es scheint, dass die Besitzer besonders schöner Katzen ihren Stolz so weit trieben, dass sie bei prominenten Dichtern Preisgedichte auf ihre Lieblinge in Auftrag gaben, die sie bei passenden Gelegenheiten rezitieren ließen. Im Übrigen steht nicht immer fest, ob die so viel gepriesene Katze bei solchen Gelegenheiten nicht ein verkapptes Spiegelbild des Weiblichen darstellen soll. Die Liebeslyrik des Orients ist bis auf den heutigen Tag durchtränkt von solchen Vergleichen, und sehr oft weiß der Leser nicht, wem die Anbetung gilt, der Katze oder nicht doch vielleicht einer geheimnisvollen Frau. Dies umso mehr, als es für den Moslem als schwere Sünde gilt, wenn ein Mann seine Begierde auf eine Frau richtet, die nicht „sein Eigentum" ist. Da mag es für manchen ein willkommener Ausweg sein, die Katze als Objekt der Bewunderung vorzuschieben. Auch in unseren Tagen finden sich noch zahlreiche Katzentexte türkischer oder arabischer Herkunft, die ganz unzweifelhaft das Bild einer Frau zeichnen, die dann gleichsam in der unverfänglichen Maske einer Katze erscheint, wie dies wohl im *Klagelied auf eine Katze* des syrischen Dichters Nizar Qabbani anklingt:

Zwei Jahre kannte ich dich, des Guten Quelle,
und allen zog ich vor dein Angesicht. [...]
Du wurdest wild, du wardst zur Straßenkatze!
Umflogst als Nachtigall mein Herz du nicht?
Nicht Offenbarung mehr ist deine Schönheit,
Anbetungsort nicht mehr dein Angesicht.[62]

Es mutet seltsam an, sich eine Katze als Inspiration für diese Zeilen vorzustellen.

Wo immer die Katze ihre Heimat gefunden haben mag, stets begegnen wir im Volksglauben auch ihrer dunklen, magischen Seite. Schon lange vor Mohammed und der Entstehung des Islam herrschte im gesamten Orient die Vorstellung, dass so genannte Dschinn, geheimnisvolle dämonische Wesen mit der Kraft, den Menschen zu schaden oder ihre Wünsche zu erfüllen, häufig in Katzengestalt erschienen. Die Beduinen der arabischen Wüstengebiete fürchteten besonders den Wüstendämon, der in Gestalt einer schattenhaften Katze auftrat und die Kamele in die Irre führte, sodass Mensch und Tier verschmachten mussten. Auch im Islam sind solche Vorstellungen bis heute erhalten geblieben.

Vor allem von schwarzen Katzen glaubte man auch im Orient, dass sie häufig verkappte Dämonen seien. Der Überlieferung zufolge verstanden sich manche fromme „Heilige" und Eremiten auf Beschwörungsformeln, die ihnen Macht über die Dschinn verliehen, sodass diese ihre Wünsche erfüllen mussten. In manchen Gegenden glaubte man, dass selbst „Heilige" in Gestalt einer schwarzen Katze erschienen, oder auch, dass sie besonders gefährliche Dschinn in den

Körper einer Katze bannen könnten. Da allen Dschinn die Macht verliehen sein sollte, den Menschen Schaden zuzufügen oder aber ihre Wünsche zu erfüllen, hütete man sich besonders davor, eine zugelaufene Katze oder eine, die einen Pilgerweg kreuzte, schlecht zu behandeln oder sie gar zu schlagen. Vielmehr wurden sie gestreichelt und mit Leckerbissen verwöhnt, wobei man ihre Fürbitte zur Erlangung eines angestrebten Zieles erflehte.

Groß war in der Vorstellung der Einfluss solcher Geisterkatzen auf die Künste. So heißt es, habe ein berühmter Sänger am Hof zu Bagdad, Ibrahim Al-Mausili, einst im Traum eine weiße und eine schwarze Katze gesehen. Letztere habe ihm wieder und wieder ein wunderschönes Lied vorgesungen, sodass er es beim Erwachen auswendig konnte. Der Sänger trug es später mit großem Erfolg seinem höfischen Auditorium vor. Eine Sängerin des Hofes sei von dem Lied so bezaubert gewesen, dass sie es unbedingt lernen wollte. Als Mausili schließlich ihrem Drängen nachgab und es ihr beibrachte, wurde sie wahnsinnig. Der erzürnte Dschinn wollte nicht, dass jemand anders das Lied singen sollte, das er Mausili im Traum geschenkt hatte.

In der persischen wie in der indisch-islamischen Malerei wurde die Geisterkatze fast immer in Katzengestalt mit Flügeln dargestellt. Auch das Staatssiegel des persischen Herrschers zeigte eine ähnliche Form, die aber in diesem Fall wohl einen geflügelten Löwen darstellen sollte. Die nahe Verwandtschaft zwischen Löwe und Katze wurde in der Mythologie oft so erklärt, dass die Katze die mütterliche Tante des Löwen gewesen sei. Sie habe, so erzählt man, dem Löwen Vieles beigebracht. Nur, auf die Bäume zu klettern und zu miauen, habe sie ihn nicht gelehrt.

Eine nicht unbedeutende Rolle spielte die Katze – mehr oder weniger zu ihrem Verhängnis – bei der Herstellung von magischen Heilmitteln. Es wurden nämlich noch aus der vorislamischen Zeit bestimmte Zauberpraktiken übernommen, die für die betroffenen Katzen tödlich endeten. „Wer das Fleisch einer schwarzen Katze isst, gewinnt Zauberkräfte", hieß es in manchen Schriften der Magier. Auch wenn es im islamischen Bereich verboten war, Katzen zu töten oder ihnen Schaden zuzufügen, geschah dies doch heimlich oft genug, wenn man aus ihren Organen magische Arzneien zu gewinnen suchte. So lesen wir zum Beispiel: „Bestreiche die Augen mit Katzengalle, so wirst du wie sie des Nachts sehen können", oder: „Man mische ihre Galle mit Salz und Kümmel und streiche die Mischung auf Wunden und Furunkel, so werden sie heilen."[63] Auch hieß es, dass die Männer die Liebe vieler Frauen gewinnen könnten, wenn sie Katzenblut trinken.

Es mutet übrigens seltsam an, dass die Katze, die im gesamten Bereich des Islam durchaus geschätzt und wohl gelitten war, in volkstümlichen Sprichwörtern eher schlecht wegkam. So sagte man etwa von einem Mann, der einem anderen einen eigennützigen Rat erteilt: „Er rät so, wie es die Katze mit der Maus tut." Von der diebischen Katze hören wir: „Wenn die Katze sich daran gewöhnt, dass der Topf offen ist, wird sie ungeduldig und holt sich ihr Essen selbst", oder auch: „Die Freundschaft zwischen Katz und Hund währt bis zum Fleischerladen." Meistens finden sich in solchen Sprichwörtern die negativen Eigenschaften der Katze hervorgehoben, etwa ihre Lust an Diebereien oder ihre Grausamkeit bei der Mäusejagd. Das Verhältnis zur Katze, das darin zum Ausdruck kommt, scheint also bei breiteren Volksschichten doch eher ein ambivalentes gewesen zu sein.

Wie auch immer, das ändert nichts an der Grundstimmung, die das Verhalten gegenüber der Katze prägte. Berichte europäischer Ethnologen und Historiker aus dem 19. Jahrhundert beweisen hinlänglich den hohen Stellenwert, den die Katze viele Jahrhunderte lang in der muslimischen Gesellschaft hatte. So berichtete der deutsche Ethnologe Heinrich Brugsch, der in der zweiten Hälfte des 19. Jahrhunderts jahrelang im Niltal und vor allem in Kairo lebte, folgende Einzelheiten:

Auch die heutigen Ägypter behandeln die Katze als Lieblingstier im Haus. Niemand wird sie verfolgen oder misshandeln, und es ist eine bekannte Tatsache, dass in Kairo eine fromme Stiftung besteht, an deren Spitze sich der so genannte Katzenscheich befindet. Aus ihren Mitteln werden die Kosten für ein Asyl und den Unterhalt herrenloser Katzen bestritten. Die Haremsdamen, die in den Häusern der Reichen leben, lieben es, ihre Lieblingskatzen mit goldenen und silbernen Ohrringen zu schmücken, ganz so, wie ihre Vorfahren, die alten Ägypter. Aus meinen Unterhaltungen mit den Einwohnern der Gegenden, in denen ich lebte, habe ich mich oft davon überzeugt, dass man der Meinung ist, diese oder jene Hauskatze, vor allem, wenn sie besonders groß oder schön gezeichnet ist, beherberge einen guten Dämon in ihrem Leib. Man hätschelt sie deshalb auf das Zärtlichste, setzt ihr Milch und allerhand Leckerbissen vor und hält mit dem Hauskater wunderliche Zwiegespräche, um ihn zu veranlassen, seinem Besitzer den Ort versteckter Schätze zu verraten. Ich selbst hatte Müh und Not, meine große und tüchtige Hauskatze vor diebischen Nachstellungen zu schützen.[64]

Im späten 19. Jahrhundert gingen die goldenen Zeiten für die orientalische Katze allerdings langsam zu Ende. Der Niedergang des Osmanischen Reiches und der zunehmende Einfluss europäischer Kultur führten zu einem Verfall vieler Traditionen. Städte wie Kairo oder Istanbul gerieten durch den Massenansturm im Zuge einer allgemeinen Landflucht und der damit verbundenen Industrialisierung in den Sog eines unkontrollierbaren Wachstums. Die Annäherung an europäische Lebensformen, die in der Türkei vor allem durch die laizistisch-militärische Staatsreform Kemal Atatürks angestoßen wurde, verdrängte vieles von der historisch gewachsenen Substanz. Und auch die Katze verlor im Verlauf dieser Entwicklung ihren Stellenwert. Alles in allem ist die orientalische Katze, die einst von Weisen und Frommen, Mächtigen und Reichen geschätzt und geliebt und der Obhut einer in festen Traditionen verwurzelten Bevölkerung anvertraut war, heute eher auf die Stufe eines Paria herabgesunken. Ein fragwürdiger Fortschritt!

Durch die Entwicklung und den zunehmenden Einsatz giftiger Chemikalien wuchs der Katze als Vertilgerin von Ratten und Mäusen, die sich nach wie vor in Stadt und Land breit machten, eine Konkurrenz zu, die sie selbst in ihrem ureigensten Arbeitsfeld weitgehend überflüssig werden ließ. Dass sie sich trotzdem rasant vermehrte, weil kaum jemand daran dachte, Katzen kastrieren zu lassen, machte sie in den Städten nicht gerade beliebter. Ein Teil der unwillkommenen Kätzchen wurde auf die eine oder andere Art getötet, andere wurden, wenn sie etliche Monate alt waren, kurzerhand auf die Straße gesetzt, wo sie sehen mochten, wie sie sich durchschlugen. So kommt es, dass Horden von ungewollten Streunerkatzen vor allem in den ärmeren Stadtvierteln vor Metzgerläden und Kebabbuden um einen Bissen betteln und im Übrigen zusehen müssen, wie sie den Hunde- und Katzenfängern entkommen, die im Auftrag der Stadtverwaltungen die Tiere einfangen und in Auffangstationen bringen sollen, wo sie, wenn sie nicht in wenigen Tagen einen neuen Besitzer finden, unbarmherzig vergast werden. Auch sonst tun die heimatlosen Samtpfoten gut daran, dem Menschen mit einigem Misstrauen zu begegnen, denn für nicht wenige von ihnen stellt selbst eine abgemagerte Streunerin noch eine erfreuliche Bereicherung des kargen Speiseplans dar. Dazu kommt der schwunghafte Handel, der in manchen Basaren mit Katzenfellen betrieben wird, von denen man annimmt, dass sie ein bewährtes Heilmittel gegen Rheuma, Ischias und andere Schmerzen sind. Zwar finden manche Streuner auch heute noch in der Umgebung der Moscheen Schutz vor Verfolgung und eine angemessen gefüllte Futterschüssel, doch für viele von ihnen gibt es kaum einen sicheren Zufluchtsort. Tierschutzorganisationen und Heime, in denen herrenlose Tiere aufgenommen werden könnten, sind selten. In der Urlaubszeit fallen diese heimatlosen Katzen in Horden in die großen Ferienzentren und Freizeitklubs am Meer ein. Die Urlaubslaune, in der sich die meisten Touristen befinden, veranlasst so manchen von ihnen, die bettelnden Tiere mit großzügigen Leckerbissen vom All-inclusive-Büffet zu verwöhnen. Und besonders anschmiegsame Exemplare erschmeicheln sich, in einen Käfig verpackt, oft auch eine Passage in ein besseres Leben.

Die Katze: eine Träumerin, deren Philosophie Schlafen und Schlafen lassen heißt.
Saki

Kapitel 7

Fernöstliches Zwischenspiel

Wir wissen nicht viel über die Vergangenheit der chinesischen Katze. Lange Zeit war das Reich der Mitte den „fremden Barbaren" ja verschlossen gewesen, und als es endlich von christlichen Missionaren und reisenden Kaufleuten besucht werden durfte, waren diese so überwältigt von der Fülle exotischer Eindrücke, dass die Katze, wiewohl sie in Literatur und Malerei durchaus präsent war, weitgehend ihrer Aufmerksamkeit entging. Gelehrte, die sich etwa seit dem 18. Jahrhundert ausführlich mit der chinesischen Kultur beschäftigten, konnten sich nicht darüber einigen, seit wann es in China Katzen gegeben haben könnte, auch nicht, auf welchem Weg sie dort heimisch geworden sein mögen. Die Frage, ob sie mit Handelsschiffen aus dem fernen Ägypten eingewandert waren, blieb unbeantwortet. Oder hatten die Chinesen selbst eine eigene Wildkatzenart gezähmt und zur Hauskatze gemacht?

Das chinesische Wort für Katze, „Mao", findet sich in der chinesischen Literatur bereits um etwa 800 v. Chr., in der Zeit von Kaiser Hsüan. Beschriftete Tuschzeichnungen beweisen eindeutig, dass damit die Katze gemeint ist, während der Tiger mit dem Wort „Hu" bezeichnet wurde. Beide zusammen verteidigten in diesen frühen Darstellungen die Ernteerträge und Vorräte. Mao zog gegen die Mäuse und Ratten zu Felde, und Hu machte den Horden der Wildschweine den Garaus, die die Felder verwüsteten.

Die Kultur des alten China war in erster Linie landwirtschaftlich geprägt. Die Städte, allen voran das kaiserliche Peking, die Verbotene Stadt, waren durch Palast- und Tempelgärten sowie durch weiträumige Plätze großzügig und durchlässig gegliedert. Die Bauweise der Häuser – es gab wesentlich mehr Holz- und Luftziegelbauten als Steinhäuser – war ein Grund mehr, warum man die allgegenwärtigen Mäuse und Ratten bekämpfen musste. Sie verzehrten nicht nur die Vorräte, sondern richteten auch an den Gebäuden beträchtliche Schäden an. Es ist also anzunehmen, dass die Chinesen ihre Katzen, die sie gegen die gefräßigen Nager schützten, gut behandelten und in Ehren hielten.

Von großer Bedeutung waren die Katzen für die Seidenraupenzucht, die einen der wesentlichen Wirtschaftszweige Chinas darstellte. In den weitläufigen Maulbeerpflanzungen gab es Dutzende von Katzen, die keine andere Aufgabe hatten, als die Seidenraupen in den verschiedenen Stadien ihrer Entwicklung vor den Mäusen zu beschützen, wofür sie eine tägliche Futterration erhielten.

Neben den üblichen „Nutzkatzen" wurden in den kaiserlichen Palästen, aber auch in den prunkvollen Villen der Mandarine, der kaiserlichen Beamten und anderer Personen von Rang, besonders schöne Katzen als Gesellschafter für die meist isoliert im Haus lebenden Frauen und Kinder gehalten. Diese Tiere waren oft verwöhnte und mit Raffinesse gepflegte Schönheiten, die allerdings viel von der ursprünglichen Freiheit der Katze eingebüßt hatten. Sie wurden etwa zu einem Spaziergang in den Gärten des Hauses an der Leine geführt, wie wir aus manchen bildlichen Darstellungen erfahren können. Es scheint, dass zwischen der Haus- und der Wildkatze ziemlich genau unterschieden wurde. In einem Text aus dem 17. Jahrhundert lesen wir:

Mao gleicht dem Tiger, ist aber klein und wird im Haus gehalten, um Mäuse zu fangen und das Haus von allen Schädlingen frei zu halten. Li ist eine große Katze, die in der Wildnis lebt. Statt sich nützlich zu machen, stiehlt sie den Menschen die Hühner.[65]

Infolge der intensiven Rattenplage waren die Katzen offenbar über Jahrhunderte eine gesuchte Handelsware. In den Städten gab es eigene Läden, deren Inhaber Experten in allen Katzenfragen waren. So soll in der Stadt Cheng-tu ein Händler gelebt haben, der sich einen Ruf als besonderer Katzenkenner erworben hatte. Dieser Ye-pai-tse soll auf den ersten Blick erkannt haben, ob eine Katze als Mäusefängerin etwas taugte. Und er soll eine Art von Kriterienkatalog erstellt haben, demzufolge ein guter Mauskater einen kurzen gedrungenen Körper mit einem Tigerkopf haben sollte. Sein Schwanz sollte mindestens so lang sein wie der Körper. Tiere mit einem lang gestreckten Körper wurden als „würdelos" bezeichnet. Von ihnen hieß es, sie würden ihrem Haus nicht treu bleiben, sondern immer wieder auf Wanderschaft gehen und sich ihren Aufenthaltsort selbst suchen. Und von Katzen mit einem langen Schädel sagte man, sie würden lieber auf Hühner- als auf Mäusejagd gehen. Man vermutete auch, dass eine Katze, die beim Schlafen schnarchte, eine gute Jägerin sei, die noch im Schlaf von Mäusen träume. Als wichtiges Zeichen von Gesundheit galt eine gleichmäßig rote Nase, die sich obendrein kalt anfühlen sollte. Zeigte eine Katze auch im Stehen ihre Krallen, war dies ein Zeichen dafür, dass sie sich lieber auf den Dächern herumtrieb, als ihren Pflichten im Haus nachzukommen. Soweit es die Luxuskatzen betraf, die im Haus gehalten wurden, erwartete man, dass ihre Augen goldfarben und glänzend waren, dazu klar wie Wasser. Die Ohren einer schönen Katze sollten lang und dicht und auch ständig in Bewegung sein. Von Katzen mit dünnen, durchscheinenden Ohren glaubte man, dass sie die Kälte nicht gut vertrügen. Ihr Schnauzbart sollte lang und steif sein, das Fell dicht und eine deutliche Zeichnung aufweisen. Besonders geschätzt wurden Tiere, deren Brust weiß war, der übrige Körper aber dunkel gestromt. Auch weiße Katzen mit einem schwarzen Schwanz galten als exotische Schönheiten.

Ein Problem, das altchinesische Katzenexperten offenbar immer wieder beschäftigte, war die Frage, wie man Katzen im Haus halten konnte. Eine Katze, die über die Dächer strich und bei einem Nachbarn landete, wurde nämlich von diesem als Geschenk betrachtet und konnte nicht mehr zurückgefordert werden. Einem geltenden Gesetz zufolge konnte sie vom Nachbarn für sich beansprucht werden, wenn es ihm gelang, sie einzufangen. Die chinesischen Richter hatten aus diesem Grund immer wieder mit Streitigkeiten zu tun, bei denen es um den Besitzanspruch auf eine Katze ging. Die unsichere Rechtslage und die Wanderlust der Katzen waren zwei gute Gründe, warum viele Katzenbesitzer ihre Tiere an einer Leine hielten, was sich freilich auf den Mäusefang ungünstig auswirkte. Doch glaubte man damals, dass eine gute Mäusefängerin magische Kräfte habe. Es genüge schon ihre bloße Anwesenheit, um die Mäuse zu vertreiben. Auch wurde vermutet, dass Mäuse und Ratten den Grad der Gefahr, die von einer Katze ausging, am Geruch ihrer Pfotenausdünstung erkennen könnten.

Im chinesischen Mittelalter war eine Stadt namens Kinechownan für ihre Katzenzucht besonders berühmt. Katzen, die von dort kamen, erzielten höchste Preise. Natürlich wurde dabei auch mancher Schwindel getrieben. Katzenhändler, die mit ihrer Ware von Markt zu Markt zogen, beschworen, dass ihre Katzen aus Kinechownan stammten, obwohl sie aus der eigenen häuslichen Zucht kamen. Von den Kinechownan-Katzen erzählte man sich wahre Wunderdinge. Sie sollen sich unter anderem darauf verstanden haben, Mäuselöcher so zu verstopfen, dass nur noch ein Ausgang übrig blieb, vor dem sie dann geduldig warteten. Die Zauberkatzen aus jener Gegend sollen jedenfalls eine besonders üppige Palette von Tricks gekannt haben, um ihre Jagdbeute zu überlisten und zur Strecke zu bringen. Darüber hinaus seien sie so klug gewesen, dass sie von sich aus eine ganze Reihe von Kunststücken erfunden hätten, die von Gauklern und den sehr geschickten chinesischen Jongleuren aufgegriffen und auf den Marktplätzen vorgeführt wurden. Katzendressuren galten im alten China, wo man an allem Kunstvoll-Artifiziellen in besonderer Weise interessiert war, als bedeutender Anziehungspunkt für ein unterhaltungssüchtiges Publikum. Auch in den sehr beliebten Schattenspielen, die in gewisser Weise Vorläufer unseres Kinos waren, traten häufig Katzen auf, deren anmutige Schattenbewegungen die Zuschauer immer aufs Neue entzückten. Es gab ganze Zyklen von zumeist improvisierten Schattenspielgeschichten, in denen die Katze eine wichtige Rolle innehatte. Selbst in echten Theateraufführungen, bei denen bekanntlich nur Männer als Schauspieler auftreten durften, konnte man so manche spielbegabte Katze, ob weiblich oder männlich, als Darstellerin bewundern.

Katzen waren auch ein beliebtes Motiv für die chinesischen Künstler, die sie in Tuschzeichnungen sowie in Lack- und Porzellanmalereien verewigten. Auch als Porzellanfigurine erfreute sich die Katze der allgemeinen Sympathie. Sie wurde vor allem im 18. Jahrhundert ein ebenso beliebter wie teurer Ausfuhrartikel und zierte die europäischen Salons einer extravaganten Gesellschaft, die sich auf ihre Chinoiserien viel zugute hielt. Ein Chinesisches Kabinett mit entsprechenden Originalen war für so manchen abendländischen Aristokraten der ganze Stolz seiner Sammlerleidenschaft. Aber auch das gut betuchte Bürgertum wollte auf das eine oder andere Stück chinesischer Kunst nicht verzichten – und die Katze bot sich wegen ihrer anmutigen Formen als ein besonders beliebtes Objekt an. Die chinesischen Maler waren berühmt für ihre ausdrucksstarken Naturbilder, in denen Pflanzen und Tiere auf reizvolle Weise miteinander verbunden wurden. Die Katze findet sich wohl wegen ihres kontemplativen Wesens besonders häufig auf solchen Darstellungen.

In chinesischen Wohnungen traf man oft so genannte „Katzenlichter". Das waren Katzenköpfe aus Porzellan, in die man ein Licht stellen konnte, das die Pupillen wie bei einer richtigen Katze zum Leuchten brachte. Angeblich wurden solche Katzenlampen zur Abschreckung der Mäuse verwendet.

Vielseitig ist das Repertoire an abergläubischen Vorstellungen, die mit der Katze in Verbindung gebracht werden. So glaubte man, dass sie einen Verstorbenen wieder zum Leben erwecken könne, wenn sie freiwillig über sein Totenbett ging. Von einer Wunderkatze aus Tibet hieß es, sie sei ein Zauberkater, ein Katzenkönig, den man nicht selbst auf die Jagd schicken musste. Vielmehr genügte es, wenn er sich allein in einem Raum befand. Dann versammelten sich alle Mäuse des Hauses wie hypnotisiert um ihn und fielen nach wenigen Augenblicken tot um. Auch wurde von einem Mann erzählt, der im Kampf ein Auge verloren hatte. Sein Arzt setzte ihm darauf ein Katzenauge ein, und er konnte von da an wie eine Katze auch des Nachts sehen. Verbreitet war vor allem auf dem Land der Glaube an die rächende Kraft der Katze. So wurde etwa die Geschichte von einem Taubenzüchter erzählt, der eine fremde Katze dabei ertappte, wie sie sich mit einer seiner Tauben aus dem Staub machen wollte. Er ergriff sie und schlug ihr die Pfote ab, sodass sie elend zugrunde gehen musste, worauf seine Frau, die gerade schwanger war, Kinder geboren habe, deren Hände und Füße Missbildungen aufwiesen. Dies sei die Strafe für seine Untat an der Taubendiebin gewesen.[65]

Verhängnisvoll für die Katze erwies sich oft die chinesische Medizin, in der zahlreiche Heilmittel auf der Basis von Katzenfett hergestellt wurden. Aber auch ihrem Blut und Kot schrieb man heilbringende Wirkungen zu, und natürlich auch dem Katzenfell, von dem man in China heute noch annimmt, dass es Rheumaerkrankungen lindern könne, eine Vorstellung, die auch in Europa lange Zeit vielen Katzen zum Verhängnis wurde. Selbst heute werden noch Katzenfelle zu therapeutischen Zwecken aus China eingeführt. Am schlimmsten freilich hatte der große Verwandte der Katze, der Tiger, unter dem medizinischen Aberglauben zu leiden. Bis heute hat sich in breiten Bevölkerungsschichten der Glaube erhalten, dass die Hoden des Tigers die männliche Potenz bis ins hohe Alter erhalten und sogar steigern können, was beinahe zur Ausrottung der großen Raubkatze geführt hätte, so groß war die Nachfrage nach diesem obskuren Potenzmittel.

Mit den kulturellen Veränderungen, die vor allem im Lauf des 20. Jahrhunderts über das Reich der Mitte hereinbrachen, wandelten sich die Lebensbedingungen der chinesischen Volksmassen auf unvorstellbar radikale Weise. Die so genannte Kulturrevolution fegte einen großen Teil der alten Traditionen hinweg und führte zur Zerstörung unersetzlicher kultureller Werte. Auch die Katze hatte darunter zu leiden. Sie ist heute nicht mehr das bevorzugte Objekt von Dichtern und Künstlern, sondern wird in Käfigen auf die Märkte gekarrt, wo sie ähnlich wie die Gänse, gemeinsam mit ihren Leidensgefährten, den Hunden, als Schlachttier verkauft wird. Das „moderne China“ ist dadurch in den Zustand einer für europäische Begriffe schwer erträglichen Barbarei geraten, die dem abendländischen Gourmet zuweilen den Appetit gründlich verderben kann.

Wenden wir uns einer anderen fernöstlichen Katzentradition zu! Die „Nippon-Katze“ unterscheidet sich offensichtlich von den übrigen fernöstlichen Katzenarten dadurch, dass sie keinen Schwanz hat. Ein europäischer Reisender aus dem 19. Jahrhundert wollte von seinem Gastgeber wissen, warum dies so sei, doch der gab sich äußerst zugeknöpft und sagte nur, es seien eben gute Katzen. Tatsächlich heißt es in einem alten Volksglauben der Japaner, in allen geschwänzten Katzen sei ein Dämon, der den Besitzer der Katze behexen könne. Dieser vollführe dann alle möglichen Freveltaten, zu denen ihn der Katzendämon anstifte. Auch könne sich der Täter dann nicht mehr an seine Handlungen erinnern. Um dieses Übel zu verhindern, habe man früh begonnen, die Katzen zu kupieren, und später sei es gelungen, sie so zu züchten, dass sie nur noch kümmerliche Stummelschwänze hatten.[66]

In mehreren sehr unterschiedlichen Legenden wird erzählt, wie die Katze nach Japan kam. So heißt es, sie sei gemeinsam mit buddhistischen Mönchen dorthin gelangt. Diese seien nach einem Aufenthalt in China, wo sie buddhistische Schriften studiert und abgeschrieben hatten, nach Nippon zurückgekehrt. In ihrem Gepäck habe sich eine Ladung kostbarer Bücher befunden, die sie in China erworben hatten. Um diese vor den Angriffen der allgegenwärtigen Ratten zu schützen, nahmen sie auch eine Katze mit an Bord, die sie zur Hüterin ihrer Bibliothek machten. Diese Katze, die wohl wegen der Farbe ihres Fells „die Goldene" genannt wurde, bekam Nachkommen, die hochwillkommen waren und ihr Leben ähnlich der abendländischen Klosterkatze in den Bibliotheken der Mönche und Gelehrten verbrachten, wo sie sehr geschätzt wurden.

Einer anderen Version zufolge war der erste Auftritt der Katze in Japan allerdings um Einiges spektakulärer. Von chinesischen Gesandten soll Kaiser Ichijo – er regierte von 986 bis 1011 – ein Katzenpärchen geschenkt bekommen haben, an denen der „Himmelsherr" großen Gefallen fand, zumal es nicht lange dauerte, bis daraus eine „kaiserliche Dynastie" entstanden war, in Form von fünf niedlichen Jungen, die das Entzücken des gesamten Hofes waren und natürlich auf jede erdenkliche Weise verwöhnt wurden. Sie erhielten eine eigene Dienerschaft, die unter der Aufsicht einer kaiserlichen Katzenamme stand und Tag und Nacht für das Wohlergehen der kaiserlichen Lieblinge zu sorgen hatte. Natürlich kam es, wie es kommen musste:

Aus den Kätzchen wurden Katzen, und der Ausbreitung der kaiserlichen Katzenpopulation stand bald nichts mehr im Wege. Der Kaiser geruhte seinen bevorzugten Günstlingen in Anerkennung ihrer Verdienste eine Katze zu schenken, die ihrerseits wieder tüchtig für Nachwuchs sorgte, sodass sich bald auch wohlhabende Beamte und Bürger, allen voran der japanische Adel, eine Katze leisten konnten. Ihre Verbreitung fand also von oben nach unten statt, wobei ihre Fähigkeiten als Mäusefängerin zunächst vielfach unbeachtet blieben. Vielmehr hielt man die Katzen an der Leine und führte sie in den Gärten spazieren.[67]

Wer sich den Luxus einer lebenden Katze nicht leisten konnte, der begnügte sich mit Nachbildungen aus Ton oder Stroh, aber auch mit geschnitzten Katzenpüppchen, die ihrerseits eine Art Zauberkraft haben sollten und jedenfalls als Glücksbringer galten. Manche dieser Katzennachbildungen wurden förmlich zu Ikonen. So soll es ein Wunderbild des Malers Nitta gegeben haben, dessen Wirkung so stark gewesen sei, dass eine Ratte, die ihrer ansichtig wurde, auf der Stelle tot umfiel. Der findige Meister ließ von seinen Gehilfen eine große Zahl an Kopien anfertigen und wurde dadurch zum reichen Mann.[68]

Etwa ab dem 12. Jahrhundert änderte sich die Haltung der Japaner zu ihren Katzen: Sie bekamen nun allmählich die Züge eines mehr oder weniger gefährlichen Wesens. Vor allem von Katzen, die älter als zehn Jahre waren, glaubte man, dass sie eine Aura umgebe, die den Menschen Krankheit und Tod bringe. Aus der geliebten und bewunderten „Neko“ wurde die gefürchtete „Nekomata“, ein dämonisches Untier, von dem es hieß:

Obwohl die Leute sagen, dass Nekomata nur in der Tiefe der Berge ihr Unwesen treibe, versichern doch manche, dass sogar in der Gegend von Kyoto alte Katzen sich in solche Wesen verwandeln und Menschen töten. Und selbst noch schlimmere Geschichten erzählt man sich über sie. So heißt es, dass sich auf einer Burg namens Hoshida ein derartiges Unwesen herumgetrieben und junge Frauen getötet und aufgefressen haben soll. Immer wieder verschwanden in der Gegend junge Frauen. Niemand wusste, was mit ihnen geschehen war, bis schließlich in einem verborgenen Raum ein Berg von Knochen und Kleidungsstücken gefun-

den wurde. Das Untier hatte seine Opfer auf die Burg geschleppt und dort aufgefressen. Eine mutige Frau beschloss, dem Übel auf den Grund zu gehen. Sie verbrachte die Nacht in dem Raum und wartete. Da erschien ein altes Weib, das aufgeregt in dem Raum umherschnüffelte und mit den Zähnen zu klappern begann, wie gierige Katzen es tun, wenn sie eine Beute wittern. Voll Gier stürzte sie sich auf ihre Widersacherin, um sie zu Boden zu werfen. Doch diese erwies sich als stärker und brach ihr das Genick. Und siehe da, auf dem Boden lag eine tote Katze mit Gabelschwanz![68]

Um sich vor den magischen Kräften solcher Katzen zu schützen, legte man sie nicht nur an die Leine, man band sie auch mit festen Stricken fest, damit sie die Schwelle des Hauses nicht überschreiten konnten. Erst 1602 verbot der Kaiser, Katzen anzubinden, denn sie sollten die Möglichkeit haben, ihrem Naturell entsprechend frei herumzustreifen. Die Legende erzählt, dass Moa-Miu-Min, seine Lieblingskatze, bei einer Geburtstagsfeier zu Ehren seiner Ersten Gemahlin einen zu Boden gefallenen Ohrring der Kaiserin vor dem Zugriff einer Maus gerettet habe. Das Schicksal der Maus sei besiegelt gewesen, nachdem man die Katze von ihrer Leine gelassen habe. Erst nach dem kaiserlichen Dekret zur Befreiung der Katzen war es ihnen möglich, ihrem Beruf als Mäuse- und Rattenfänger voll nachzugehen, wobei sie vor allem in den Maulbeerbaumplantagen zum Schutz der Seidenraupen eingesetzt wurden. Im Allgemeinen erwartete man von einer guten Katze, dass sie sich im Kampf mit den allgegenwärtigen Ratten bewähre.

Neben Geschichten über dämonische und gefährliche Katzen gibt es auch viele, in denen eine Katze als Glücksbringer auftritt. So etwa in der Legende von der Katze, die ihrem Herrn täglich eine Goldmünze stahl, um sie einem armen kranken Fischhändler zu bringen, aus Dankbarkeit dafür, dass der ihr einst das Leben gerettet hatte. Leider nimmt diese Geschichte ein böses Ende: Der Herr, der seiner Katze auf die Schliche kommt, tötet sie im Zorn über ihre vermeintliche Untreue. Eine andere Erzählung berichtet von einer alten Frau, die in einem Armenviertel am Stadtrand von Tokio mit ihrer Katze hauste und getreulich ihre kargen Mahlzeiten mit dem Tier teilte. Ihre

Armut zwang sie schließlich, das Tier wegzugeben. Doch es erschien ihr eines Tages im Traum und riet ihr, aus Ton das Abbild einer Katze mit erhobener Pfote zu machen. Die Alte befolgte den Rat und fertigte die Tonfigur einer winkenden Katze an. Die Leute, die vorübergingen, waren von dem Figürchen entzückt und wollten es kaufen. Und je mehr die Frau davon machte, desto größer wurde die Nachfrage nach diesem Maneki-Neko, der winkenden Katze, sodass die Frau schließlich Leute anstellen musste, die ihr bei der Herstellung halfen. Heute ist diese winkende Katze zu einer Art Symbol für Reichtum und Glück geworden. Sie wird nun meist mit einem Fisch oder einer Kugel in der nicht erhobenen Pfote dargestellt. Und welche Katze wäre nicht glücklich über einen ansehnlichen Fisch in der Pfote?[68]

Natürlich spielt die Katze auch eine wichtige Rolle in der Literatur und der Bildenden Kunst des Landes. Eines der bedeutendsten literarischen Werke ist *Die Geschichte des Prinzen Genji*, die im 9. nachchristlichen Jahrhundert von einer Hofdame namens Murasaki Shikibu am Hof von Heinan (heute Kyoto) verfasst wurde.[69] Es ist eine Art Ritterroman um den Prinzen Genji, den Strahlenden, in dem von seinem Leben am kaiserlichen Hof, seiner Verbannung, seiner Einsamkeit und seiner Wiederaufnahme erzählt wird. Das Werk besticht durch die Lebendigkeit und Differenziertheit, mit der ein ganzer Kosmos von Empfindungen dargestellt wird, und es beschreibt die Unsicherheit und das Verlangen der Liebe auf eine für heutige Begriffe nahezu moderne und sehr freie Weise. Im 34. Kapitel tritt eine Katze auf, die gleichsam die unschuldige Kupplerin spielt. Die gelangweilte Dritte Gemahlin des Prinzen zerstreut sich in einem Pavillon mit diesem Tier, während ihr Gatte mit seinen Freunden draußen beim Ballspiel ist. Die Katze, hinter der ein großer Kater her ist, hebt mit einer Pfote den Vorhang, der den Pavillon gegen die Außenwelt abschirmt, und gibt dem Hauptmann der Palastgarde den Blick in das Innere des Pavillons und auf die Gestalt der Prinzessin frei. Der Hauptmann verfällt augenblicklich in eine heftige Leidenschaft zu ihr. Um sich abzulenken, ruft er die Katze, nimmt sie in die Arme und drückt sie, stellvertretend für die Geliebte, heftig an sich. Ihr Fell duftet nach dem Parfum der Prinzessin, ihr zartes Miauen mischt sich mit seinen Empfindungen. Nach heftigem Liebeswerben gelangt er bei der Dame an sein Ziel, und sie bekommt in angemessener Frist ein Kind von ihm. Die Katze als Glücksbringer? Schwer zu sagen, wenn man den Fortgang der Geschichte bedenkt. Die Szene hat jedenfalls zahlreiche Künstler inspiriert, und in manchen Darstellungen scheinen die zärtliche Katze und der große Kater, der ihr nachstellt, wie eine Metamorphose des ungleichen Paares. Im Übrigen nahm sich die literarische Dame kein Blatt vor den Mund und zeigt sich auch in der Darstellung erotischer Leidenschaften sehr offenherzig.

Einem weiteren Stück berühmter Katzenliteratur begegnen wir in Natsume Sōsekis Katzenroman *Ich, der Kater*. Die Geschichte, die von ihrem Verfasser, einem japanischen Hochschulprofessor, anfangs des 20. Jahrhunderts als eine Art Fortsetzungsroman entstand, stellt ein veritables Stück Weltliteratur dar. Darin wird eine exzentrische Gesellschaft mit den Augen eines Katers gesehen und von diesem auch gehörig kritisiert. So etwa, wenn menschliche Betriebsamkeit gegen die Geruhsamkeit der Katze aufgewogen wird:

Manche Menschen äußern den Wunsch, so unbekümmert zu sein wie ich. Aber wenn sie unbekümmert sein wollen, müssen sie es doch nur versuchen. [....] Niemand hat sie gebeten, derart übereifrig zu sein.[70]

Auch eine der beliebtesten japanischen Gedichtformen, das Haiku, hat die Katze oft zum Thema. Verse wie die folgenden, des Dichters Jakuren Hoshi (um 1200) erscheinen für diese Form der Dichtung wie für die Rolle, die die Katze darin spielt, durchaus typisch:

Fremd ist das Nachtlager ihm,
dem streunenden schwanzlosen Kater.
Sein Schrei: ein Lockruf ins Ungewisse.[71]

Ein abschließender Blick auf die Katze im heutigen, modernen Japan verrät uns, dass sie vor allem ein Stadttier geworden ist. Gegenwärtig sollen zirka 8 Millionen Katzen in den Hochhaustürmen der modernen japanischen Großstädte leben. Während die Haustierhaltung bis gegen Ende des 20. Jahrhunderts in Miet- und Kaufverträgen für Wohnungen kaum jemals erlaubt war, hat sich die Haltung, die sich darin ausdrückt, inzwischen weitgehend geändert. Heute sind Katzen ebenso wie kleine Hunde in den meisten Wohnhäusern nicht nur willkommene Mitbewohner, sie finden dort auch eine recht ausgereifte Infrastruktur vor: Tierarzt, Fellpflege-Service, Heimtier-Sitterklub und so weiter. Am beliebtesten sind auch heute noch die so genannten Stummelschwanzkatzen. Sie gelten als besondere Glücksbringer und werden vor allem wegen ihrer Niedlichkeit geschätzt.

Groß ist das Angebot an Katzenkunst, wobei es mit der Kunst in diesem Fall freilich oft nicht weit her ist. In manchen Stadtteilen Tokios haben sich ganze Künstlerkolonien angesiedelt, die auf Katzen- und sonstige Haustierporträts spezialisiert sind, und auch die so genannten Pet-Shops sind nicht nur Fallen für Touristen. In ihnen finden Katzenliebhaberinnen von der Teetasse bis zum Bademantel im Katzendesign so gut wie alles, was sich die menschliche Fantasie auf diesem Gebiet nur auszudenken vermag. In speziellen Läden werden auch die Katzen selbst ausstaffiert, mit Halskragen und Mäntelchen, aufwendigen Katzengeschirren mit Design-Halsbändern. Für Traditionsbewusste gibt es sogar eigene Katzenkimonos, in denen die verwöhnten Nekos natürlich allerliebst aussehen. Auch „Leihkatzen“ für Touristen sind in manchen Teestuben Tokios etabliert, wo sie sich unter anderem für einen „Fototermin“ zur Verfügung zu halten haben. Wer weiß, wie wenig Katzen von der Kunst der Fotografie halten, wird sich vorstellen können, wie glücklich sie dabei oft dreinschauen.

Das Volk sagt: Eine zwanzigjährige Katze wird zur Hexe, eine hundertjährige Hexe wieder zur Katze.
Jakob Grimm

Kapitel 8

Im Würgegriff des Bösen

Kehren wir auf den Boden des christlichen Abendlandes und in das ausgehende Mittelalter zurück! Da macht die Katze nun ganz und gar keine gute Figur, wird sie doch von den gelehrten Autoritäten mit großem Misstrauen betrachtet. Die herausgehobene Position, die sie in antiken Zeiten hatte, wurde ihr nun förmlich zum Verhängnis. War sie einst sogar eine Gottheit, wurde sie nun in den Vorstellungen der christlichen Theologen und Philosophen zu einem zwielichtigen Dämon, ja sogar zu einem Satanstier. Gewiss, es gab die Katze als gefällige Hausgefährtin, die sich gerne am Herdfeuer wärmte und oft in den Betten der Menschen schlief, die sich als Ratten- und Mäusefängerin nützlich machte, des Tags lautlos durch alle Räume schlich und nachts auf den Dächern umherstreifte und den Mond ansang. Aber war das wirklich schon alles? Wer konnte mit Sicherheit sagen, ob dieses nur bedingt zähmbare, im Ganzen aber doch recht unberechenbare Wesen tatsächlich nur ein Tier auf vier Pfoten war – oder ob dahinter nicht etwas anderes, etwas Bedrohliches steckte? Waren die in der Nacht phosphoreszierenden, smaragdgrünen oder orangefarbenen Augen wirklich nur die Augen eines harmlosen Tieres? Oder sah die Menschen jener Zeit daraus etwas anderes an, ein Dämon oder gar Satan persönlich? Wer konnte sagen, ob jene höllischen Geschöpfe, die das Denken damals so sehr beherrschten, sich nicht den Körper und das Aussehen einer Katze entliehen hatten, um das Verderben derer zu bewirken, auf die sie es abgesehen hatten?

Es fällt uns heutigen Menschen schwer, die Gedanken und Vorstellungen zu verstehen, die einer so weit entfernten Welt, einer so ganz anders gearteten Geistigkeit angehören. Sicher, es gibt auch heute noch Satanssekten, aber im Grunde würden doch selbst jene, die sich darauf einlassen, zugeben, dass es dabei eher um den Nervenkitzel im Spiel mit einer scheinbaren Gefahr geht als um eine Dimension des realen Bösen. Das war in jener fernen Zeit des Mittelalters, aber auch noch in den darauf folgenden Jahrhunderten anders. Damals sah man die Welt von allen möglichen Geistwesen bevölkert, die sich meist zum Verderben der Menschen in ihr Leben mischten und versuchten, sie vom Pfad der Tugend abzubringen, sie mit allen erdenklichen Lastern zu ködern. Sehr oft, so glaubte man, nahmen diese Geister die Gestalt leibhaftiger Wesen an. Sie erschienen dann im Körper einer schönen Frau oder in Form von monströsen Fabelwesen, um ihre Opfer zu erschrecken, oder sie fuhren in den Körper – ja, einer Katze! Für dieses zwielichtige Tier hatte keiner eine größere Vorliebe als der Höllenfürst selbst, dem es beliebte, sich in der Gestalt eines riesigen schwarzen Katers anbeten zu lassen.

Das Heer der Dämonen war selbst für die Gelehrten jener Zeit unüberschaubar. Sie bevölkerten nicht nur die Hölle, das Inferno, wo sie eigentlich hingehörten, sondern auch die gesamte Erde. Dabei hatten sie es vor allem auf die Angehörigen der geistlichen Stände abgesehen, die sie durch ihre Erscheinungen erschreckten oder zu verführen suchten. So beschrieb etwa der Zisterziensermönch Caesarius von Heisterbach in seinem *Dialogus miraculorum*, einer Geschichten-Sammlung in Dialogform über *Wunder und wunderbare Erscheinungen seiner Zeit*, die höllischen Heimsuchungen, die die frommen Mönche seines Klosters zu erleiden hatten:

Einer der Mönche, namens Christian, sah eine große Zahl von Katzen mit hässlichen Brandmalen – oder vielmehr von Dämonen, die deren Gestalt angenommen hatten. Sie neckten die Mönche mit dem Spiel ihrer Schwänze und strichen ihnen beim Kommen und Gehen um die Beine. Das taten sie aber nur bei jenen, die auf solche Scherze eingin-

gen. Doch die, die ihre Ernsthaftigkeit bewahrten, wagten sie nicht zu belästigen.[72]

Ein ganz natürlicher Vorgang bekommt hier die Bedeutung einer Vision: Die Katzen hatten Brandmale, was in jener Zeit wegen der unsicheren Herdstätten und der Vorliebe der Katzen für alles Warme häufig vorkam. Und sie wandten sich natürlich jenen Mönchen zu, die bereit waren, sich mit ihnen zu beschäftigen, während sie die, welche „ihren Ernst bewahrten", mieden.

In zahlreichen beschworenen Aussagen und Geständnissen erschien ein Dämon in Gestalt einer überdimensional großen Katze, auf deren Beschreibung viel Fantasie verwendet wurde; so in einer Vita des hl. Dominikus, des Begründers des Dominikanerordens, der später im Zuge der Hexenverfolgungen federführend werden sollte:

Eine gewisse Berengeria sagte unter Eid aus, sie habe mit eigenen Augen gesehen und mit eigenen Ohren gehört, wie der selige Dominikus neun Frauen, die sich bekehrt hatten, den Teufel zeigte, der in Gestalt einer schwarzen Katze von ihnen Besitz ergriffen hatte. Die Augen des Dämons waren groß wie die eines Rindes und glosten wie feurige Kohlen. Seine Zunge war lang, und es ging eine Hitze wie von Feuer von ihr aus. Sein aufgerichteter Schwanz hatte den Umfang eines Armes. Der Heilige ließ dann eine Glocke läuten, worauf der Dämon durch das Loch für das Glockenseil verschwand.[73]

Es mag uns heute als ein seltsamer Widerspruch erscheinen, dass in einem Zeitalter, welches sich dem Kampf gegen das Böse verschrieben hatte, dieses einen so hohen Stellenwert einnahm. Die Theologen waren damals oft mehr damit beschäftigt, sich mit Satan und seinen Erscheinungsformen auseinanderzusetzen als mit dem Summum Bonum des Göttlichen. Sie witterten überall Satansanbetung und Götzendienst, jede Abweichung von der strikten Lehre wurde als Teufelswerk und Ketzerei verurteilt. Ob Katharer, Albigenser oder die einst hochgeschätzten Mitglieder des Templerordens, sie alle gerieten in den Generalverdacht der Häresie, der aufs Engste mit dem Bild der Katze verbunden war.

Die schwarze Katze, genauer der schwarze Kater, war eine gängige Vorstellung Satans und seiner Dämonen. Die Huldigungen, die ihm von seinen Anbetern entgegengebracht worden sein sollen, ließen die ausschweifende Fantasie der zeitgenössischen Gelehrten nicht zur Ruhe kommen. So beschrieb ein gewisser Walther Map, seines Zeichens Hofkleriker Heinrichs II. von England, eine dieser höllischen Zusammenkünfte:

Diejenigen, die zum Glauben zurückgekehrt sind, erzählen, dass zur ersten Nachtwache die „Familie" bei geschlossenen Türen und Fenstern in ihren Synagogen schweigend beisammen sitzt und wartet. Dann steigt ein schwarzer Kater von ansehnlicher Größe an einem Seil herab, das in der Mitte des Raumes angebracht ist. Bei seinem Anblick werden die Lichter gelöscht; es werden keine Hymnen gesungen, und es wird auch nicht geredet. Vielmehr knirschen die Anwesenden mit den geschlossenen Zähnen. Tastend nähern sie sich dann der Stelle, wo sie ihren Meister gesehen haben. Wenn sie ihn gefunden haben, küssen sie ihn demütig, die einen seine Füße, andere seinen Schwanz, doch die meisten seine Genitalien. Danach mischen sich alle untereinander in fleischlicher Vereinigung, solange sie durchhalten können.[74]

Da solche Geständnisse fast immer unter Folter zustande kamen und die gepeinigten Opfer das aussagten, was ihre Ankläger hören wollten, bieten diese Bekenntnisse einen makabren Einblick in die Geisteswelt derer, die die Verhöre durchführten. Im Übrigen wäre es aber wohl ein Irrtum anzunehmen, dass die Ankläger ausschließlich perverse Sadisten waren. Viele Inquisitoren mögen in gutem Glauben gehandelt haben: Sie meinten, Seelen zu retten, indem sie den Leibern, die in ihrer Vorstellung zu Wohnstätten Satans geworden waren, Schmerz zufügten. Körperliche Leiden wurden ja in jener Zeit auch als Mittel zur Läuterung der Seele angesehen, weshalb die Bußpraxis der Mönche und Nonnen ausgiebige Geißelungen vorsah.

Bei vielen Prozessen spielten wohl auch persönliche Animositäten, der Wunsch nach Bereicherung und politisches Kalkül eine wichtige Rolle. Als Philipp IV. seinen spektakulären Ketzerprozess gegen die Mitglieder des Templerordens anstrengte, ging es ihm dabei zweifellos mehr um den angeblich sagenhaften Reichtum des Ordens, den er dringend zur Sanierung seines maroden Staatshaushalts brauchte, als um irgendwelche Satansrituale, die den Templern zur Last gelegt wurden. Jedenfalls kam ihm die Anklage wegen Häresie und Teufelsanbetung gerade recht. Mag sein, dass die beschuldigten Templer durch ihre intensiven Kontakte mit dem Orient für sich einige von dessen fremdartigen Ritualen übernommen hatten, doch sie als Teufelsanbeter zu denunzieren, würde diesen wehrhaften Streitern für die christliche Sache wohl kaum gerecht geworden sein.

Absurd waren auch die Vorwürfe, die man gegenüber den Katharern erhob und die in offenem Widerspruch zu ihrem Glauben standen. Die Mitglieder dieser vor allem in Okzitanien, also dem südlichen Frankreich, beheimateten Sekte glaubten wie die Manichäer an ein dualistisches Schöpfungssystem: Einer geistigen ideellen Welt stand für sie die Gegenwelt der realen Geschöpflichkeit gegenüber, die es zu überwinden galt. Katharer aßen kein Fleisch, töteten weder Mensch noch Tier und enthielten sich weitgehend der „fleischlichen Vereinigung". In einem so genannten *Consolamentum*, einer Art Gelübde, vollzogen sie ihre Abkehr von der sündigen Welt. Ursprünglich wurde der Name dieser Sekte von *katharós*, dem griechischen Wort für rein, geläutert, abgeleitet. Die Beziehung zu der lateinischen Bezeichnung *cattus* für die Katze wurde in einer Streitschrift des Bischofs Alanus ab Insulis hergestellt. Darin heißt es:

Die Katharer werden nach dem Kater benannt, weil sie den Hintern eines solchen küssen. Denn der Teufel erscheint ihnen in Katergestalt, wie sie selbst sagen.[75]

Diese volkstümliche Herleitung erreichte einen so hohen Grad von Popularität, dass der Ursprung des Namens aus dem Griechischen darüber weitgehend in Vergessenheit geriet.

Etwa zur gleichen Zeit wie die Katharer geriet auch eine andere Sekte ins Visier der Inquisitoren – die Waldenser. Sie waren in der zweiten Hälfte des 12. Jahrhunderts von einem frommen Lyoner Kaufmann, Petrus Valdes, gegründet worden. Ihre Mitglieder verschrieben sich „der Armut um des Himmelreichs willen" und zogen,

Männer wie Frauen, als Bußprediger über Land. 1184 wurden sie auf der Synode von Verona als Häretiker verurteilt und 1233 in einem Sendschreiben von Papst Gregor IX., *Vox in Rama,* sogar als Teufelsanbeter verdammt. Das Schreiben, das neben Kaiser Friedrich II. auch mehrere deutsche Bischöfe und Inquisitoren als Adressaten hatte, enthält unter anderem eine ebenso ausführliche wie fantasievolle Beschreibung des Satansnoviziates, der Einführung neuer Mitglieder in die Teufelssekte. Es hieß darin, zuerst habe der Adept eine Kröte auf das Maul zu küssen, dann erscheine ein Mann mit pechschwarzen Augen und fahlem Gesicht. Sobald der Novize diesen umarme, durchliefe ihn ein eiskalter Schauer und er vergesse seinen christlichen Glauben. Das Ritual werde mit einem großen Mahl aller Beteiligten fortgesetzt, in dessen Verlauf Satan in der Gestalt eines großen schwarzen Katers erscheine:

Einer Statue, die sich meist inmitten einer solchen „Synagoge" befand, entstieg ein großer schwarzer Kater mit aufgestelltem Schwanz, den erst der Meister, dann der Adept, danach aber alle, die dessen würdig sind, mit einem Kuss verehren. Jene aber, die dessen noch nicht würdig sind, erhalten wenigstens den Segen des Meisters.[76]

Dann gingen die Lichter aus, und alle Teilnehmer versanken unter dem strengen Blick des Höllenkaters in eine gewaltige Orgie, in der sich die Anwesenden allen erdenklichen Formen der Ausschweifung hingaben. Im selben Brief wurden übrigens sämtliche Besitzer von schwarzen Katzen exkommuniziert, sofern die Tiere nicht ein weißes Mal an ihrer Kehle hatten. Dieses galt als *signum angelorum*, als Engelsmal, und besagte, dass die so gezeichnete Katze trotz ihres schwarzen Fells für die Dämonen unangreifbar blieb.

Im Verlauf der Häretikerprozesse und noch mehr im Zuge der späteren Hexenverfolgung rückte die Folter, die oft bis zur schweren körperlichen Schädigung, ja Verstümmelung durchgeführt wurde, in den Mittelpunkt eines geradezu aberwitzigen Gerichtsverfahrens, in dem alles möglich, alles gestanden und alles bezeugt wurde, was sich dämonenbesessene Gehirne nur auszudenken vermochten. Die Dämonologie des Mittelalters und der unmittelbar darauf folgenden

Jahrhunderte war ein einziger Albtraum der von Höllenfurcht und der Unterdrückung sexueller Bedürfnisse oft am Rande des Wahnsinns wandelnden Theologen und des von ihnen in die Irre geführten gläubigen Volkes. Mit dem exzessiven Gebrauch der Folter mehrten sich ab dem 16. Jahrhundert allerdings auch die Stimmen der Vernunft, die dieses höchst fragwürdige Mittel zur Wahrheitsfindung in Bausch und Bogen ablehnten. In den *Essais* des großen Humanisten Michel de Montaigne findet sich dazu folgende Passage:

Eine gefährliche Erfindung ist die Folter, denn sie scheint mir eher die Standhaftigkeit als die Wahrheit auf die Probe zu stellen. […] Wenn einer, der eine Tat nicht begangen hat, die Standhaftigkeit besitzt, die Folter zu ertragen, warum sollte sie derjenige nicht besitzen, der eine Tat begangen hat? Im Grunde, glaube ich, wurde all das erdacht, weil man sich auf die Macht des Gewissens stützen wollte: Scheint es doch, als ob sie beim Schuldigen die Wirkung der Folter derart steigere, dass er schwach wird und seine Verbrechen zugibt, und als ob sie andererseits den Unschuldigen gegen die Marter stärke. In Wahrheit aber steckt dieses Mittel voller Unsicherheit und Gefahren. So kommt es dazu, dass der Richter jenen, den er der Folter unterwirft, um ja keinen Unschuldigen hinrichten zu lassen, nun als Unschuldigen und Gefolterten hinrichten lässt.[77]

Genau das war wohl in den weitaus meisten Prozessen dieser Art der Fall.

Im 12. und 13. Jahrhundert hatten vor allem die Häretiker und Anhänger so genannter Irrlehren mit einer mehr oder weniger systematischen Verfolgung durch die Inquisition zu rechnen. Dabei spielte Satan mit seinem Heer der Dämonen die Rolle des Verführers. Doch im Verlauf des 14. Jahrhunderts verschoben sich dann die Gewichte mehr und mehr. Nunmehr rückten Satans- und Hexenkulte voll in den Mittelpunkt. Sie trieben nicht nur in den Köpfen ihrer Verfolger ihr Unwesen, sondern wurden auf dem Umweg über diese zu einer realen Dimension des Bösen.

Die Vorstellungen von Hexensabbat und Satansmessen rissen zwar Hekatomben von Unschuldigen in den Sog der Vernichtung, doch im Verlauf der Entwicklung kam es zu einer Art von Gegenreaktion: Was zunächst nur in den Köpfen der Verfolger existierte, fand Nachahmer, die in die Realität umsetzten, was vorher ein reines Hirngespinst war. Der Teufel, oder was man so nannte, schlug in der Gluthitze der Scheiterhaufen Wurzeln, und so entstand die Realität eines Satanskults, der freilich viel weniger fassbar war als die Abweichungen der Häretiker vom verbindlichen Dogma der Kirche. Während die erquälten Geständnisse unschuldiger Opfer weitgehend der Fantasie ihrer Folterer entsprang, wurde der Teufelspakt für den, der ihn einging, zur Realität. Magier und „Hexenmeister“ glaubten an seine Wirksamkeit. Satan sollte sie in die Geheimnisse der Alchimie, vor allem in die Kunst, Gold zu machen, einweihen. Er sollte ihnen den Stein der Weisen in die Hand geben, von dem man glaubte, er verleihe die Herrschaft über die Welt. Es waren Allmachtsfantasien, die sie dazu brachten, an diesen Pakt zu glauben, dem Satan als Preis für die Erfüllung ihrer Wünsche ihre unsterbliche Seele anzubieten, wie dies in zahlreichen Volksmärchen und Sagen immer wieder beschrieben wird. Besiegelt wurde dieser Pakt durch die so genannte Schwarze Messe, bei der die christlichen Rituale pervertiert wurden, was am besten durch die Person eines abtrünnigen Priesters geschah. Und es musste ein Opfer dargebracht werden, wenn das Ritual seine volle Wirkung entfalten sollte: ein Hahn, eine Katze, im äußersten Fall ein Säugling, den man für ein paar Pfennige einem Bettelweib von der Brust riss, um ihn dem satanischen Meister als Opfergabe darzubringen. Auch wenn die in diesem Pakt angestrebte Partnerschaft zwischen Mensch und Satan nur eine fiktive sein mochte, eines stand fest: Wer immer ihn einging, schloss sich damit aus der vorgegebenen Ordnung der menschlichen Gesellschaft aus. Er wandte sich dem Bösen zu, bekräftigte seine Absicht, auch mit Hilfe von Verbrechen seine ehrgeizigen Ziele zu erlangen.

Inmitten dieses höllischen Spektakels, in dem eine eingebildete Untat, der vorgebliche Pakt mit dem Teufel, zum realen Verbrechen wurde, stand wieder einmal die Katze, diesmal in einer Doppelrolle: einmal als willkommenes Opfertier, dessen Blut die Dämonen anzog und willfährig machen sollte, dann aber auch als höchst verdächtiges Wesen, dem man selbst eine Beziehung zur Magie unterstellte. Die

Einteilung der Tierwelt in „sündhafte“ und „fromme“ Geschöpfe erinnert an den Manichäismus. Es scheint, als habe man damals in Satan eine Art von Gegengott gesehen, in dessen Gefolge sich eine ganze Reihe von „sündhaften“ Kreaturen bewegte, die dann auch als „unrein“ galten. Zu ihnen gehörten vor allem die Schlangen, Kröten und Salamander, aber auch die Katze. Gelegentlich hatte auch die Ziege, oder vielmehr der Ziegenbock, sich gegen einen Ruf als Hexentier zu verteidigen, war der Teufel doch dem Volksglauben zufolge oft auch in bester Faunsmanier als zotteliger Ziegenbock unterwegs.

Waren es bis ins frühe 14. Jahrhundert vor allem Häretiker und „Magier“, die den Zorn der heiligen Inquisition zu spüren bekamen, so geriet danach die weibliche Hexe mehr und mehr in den Mittelpunkt des Interesses. Sie verkörperte in der Vorstellung ihrer Ankläger die Idee des Weiblich-Bösen. In ihr fand die gesamte Essenz des Sündhaften ihre Erfüllung. Wie schrieben die Verfasser des berüchtigten *Hexenhammers*?

Was ist das Weib anderes als eine Vernichtung der Freundschaft, eine unentfliehbare Strafe, ein notwendiges Unglück, eine natürliche Versuchung, ein bemerkenswertes Unheil, eine grässliche Gefahr, ein reizvoller Schädling, ein Weltübel, mit schöner Farbe bestrichen?[78]

Und Papst Innozenz VIII., in dessen Auftrag dieses Hass-Libell gegen alles Weibliche geschaffen worden war, fügte im Hinblick auf das Begleittier der Hexen, die Katze, noch hinzu:

Die Katzen sind Geschöpfe und Gestalten des Satans, im besonderen die schwarzen; deshalb sollen sie wie die Satansdienerinnen im Feuer brennen.[79]

Das Weibliche in all seinen Erscheinungsformen konnte in der Vorstellung der Inquisitoren unter dem Einfluss Satans zur Hexe mutieren, sich dem Bösen verschreiben. Zunächst sah man sie als hässliche alte Frau, als Außenseiterin der Gesellschaft, die man zwar mied, aber heimlich aufsuchte, um von ihrem geheimen Wissen zu profitieren. Hebammen und Kräuterweiber gerieten wegen ihrer geheimen Kenntnisse sehr oft in den Verdacht der Hexerei. Zu ihnen schlich man sich, wenn es um einen unerlaubten Liebeszauber, die Abtreibung eines unerwünschten Kindes oder wirksame Heil- oder Schadenstränke ging. Am Höhepunkt der Hexenverfolgungen, etwa ab 1550, konnte praktisch in jeder Frau eine Hexe gesehen werden, mochte sie nun schön oder hässlich, alt oder jung, fromm oder ausschweifend sein. Eines aber konnte die Hexe auf keinen Fall sein: eine Jungfrau, denn die war dem Zugriff des Teufels entzogen. Freilich, für erfahrene Hexenjäger stellte dies kein wirkliches Hindernis dar. War eine Jungfrau erst einmal in ihr Visier geraten, konnte leicht Abhilfe geschaffen werden. Das besorgte dann ein Teufel in Männergestalt mit einer nächtlichen Vergewaltigung im Kerker.

Mit der Hexe im Bund war fast immer auch ihre Katze. Sie war ihre Gehilfin bei magischen Ritualen. Hilfesuchende, die in dunklen Geschäften die Dienste der Hexe in Anspruch nehmen wollten, brachten der Katze oft kleine Geschenke, ein Schälchen Milch, ein Bröckchen frischer Leber, damit sie ihre Herrin überredete, sich ihrer geheimen Wünsche anzunehmen.

Hexenzauber war im Übrigen nicht nur Schadenzauber. In der Vorstellung der damaligen Menschen gab es „weiße" und „dunkle" Hexen. Erstere waren wohl eher „Heilerinnen", die das Wissen alter Zeiten wieder für sich entdeckt hatten, die anderen hingegen bevölkerten in erster Linie die Fantasie der Hexenjäger. Man glaubte von diesen Satansjüngerinnen, dass sie bei ihrer Aufnahme in den höllischen Bund dem Teufel Treue schworen, sich verpflichteten, kleine Kinder sterben zu lassen und Mensch und Tier zu schaden, wo sie nur konnten. Vor allem aber sollten sie sich pünktlich zum Hexensabbat einfinden, um ihrem Herrn und Meister zu huldigen. Bei diesem Hexensabbat, zu dem die Hexen, nachdem sie sich mit der so genannten Hexensalbe[80] bestrichen hatten, mittels eines Rittes auf einem Besenstiel oder einem anderen fragwürdigen Transportmittel einfanden, ging es hoch her. Meister Satan erschien als beeindruckender Riesenkater in schwarzem Pelz und besprengte mit seinem buschigen Schwanz die Feiernden wie mit einem Weihwasserwedel. Manchmal soll er auch als stinkender Ziegenbock oder als fahler Mann mit totenkopfähnlichen Zügen aufgetreten sein. Bei dem Bankett, das auf die

Huldigung folgte, soll das Fleisch geschlachteter Kleinkinder verzehrt worden sein, worauf dann die allgemeine sexuelle Orgie begann.

In der Frühzeit der Hexenverfolgungen waren Anklage und Verurteilung von geständigen Hexen eher eine Folge von Zufällen. Man glaubte, die der Hexerei Verdächtigen bei einer strafbaren Handlung ertappt zu haben, was dann unweigerlich zu einem Verhör und dem anschließenden Feuertod der Beschuldigten führte. Mit der berüchtigten Bulle *Summis desiderantes* von Papst Innozenz VIII. und dem so genannten *Hexenhammer* der Dominikanermönche Heinrich Kramer (lat. Henricus Institoris) und Jakob Sprenger wurde ab den 1480er Jahren das System der Hexenverfolgungen institutionalisiert. Es wurden Hexenkommissionen eingesetzt, die mit einem Tross von Beamten einschließlich Henker und Folterknechten durch die Lande zogen, in den Kirchen gegen das Hexenwesen predigten und die Gläubigen zur Denunziation aufforderten. Da dies sehr oft mit Belohnungen verbunden war, können wir uns ohne großen Aufwand an Fantasie vorstellen, wie sich die verhängnisvolle Maschinerie in Bewegung setzte: Denunziation, Verhaftung, peinliches Verhör, bei dem vor allem auch die Namen weiterer „Verdächtiger" erfoltert werden sollten, schließlich Verurteilung und Feuertod. Blieb eine Hexe standhaft, entging sie möglicherweise dieser letzten Konsequenz, war aber für den Rest ihres Lebens geistig und körperlich beschädigt. Etwa ab 1550 bis in die Mitte des 17. Jahrhunderts wurden so ganze Landstriche von den Hexenjägern durchkämmt und mehr als eine halbe Million zumeist unschuldiger Frauen einem grausamen Tod überliefert.

Es wäre übrigens ein Irrtum anzunehmen, dass der traurige Ruhm der systematischen Hexenverfolgung ausschließlich Rom gebührt. Im Gegenteil, in den so genannten reformierten Staaten wie England und den reformierten Königreichen des Nordens sowie dem lutherischen Fürstenbund grassierte das mörderische Unwesen nicht minder. Ja, es scheint, dass der Dämonenglaube der Reformierten sich nicht weniger an monströs-tierischen Erscheinungen und sexuellen Ausschweifungen der geständigen Hexen erhitzte, als dies im katholischen Kirchenstaat sowie in den katholisch gebliebenen Staaten des Südens der Fall war. In England etwa fanden die ersten großen Hexenprozesse 1565 in der Grafschaft Essex statt. Dabei wurden mehrere Frauen angeklagt, dem Teufel eine Katze geweiht und mit deren Hilfe tödlichen Schadenzauber an Mensch und Tier verübt zu haben. Offenbar waren die Leute dieser Grafschaft besonders hexengläubig, denn innerhalb von knapp 20 Jahren wurden dort über 150 Prozesse durchgeführt, zumeist mit tödlichem Ausgang für die Hexen und die mitbetroffenen Katzen. Oft genügte schon der Besitz einer braunschwarz getigerten oder auch scheckigen Katze, um sich verdächtig zu machen. In den Küstengebieten war die Vorstellung von so genannten „Wetterhexen" weit verbreitet. Sie hat – wie bei Shakespeare in *Macbeth* oder dem Librettisten von Purcells Oper *Dido und Aeneas* – auch in die Literatur Eingang gefunden. Einer der spektakulärsten Prozesse dieser Art richtete sich gegen eine gewisse Agnes Sampson. In der Begründung ihres Urteils heißt es:

Sie hat die Katze mit in die Kirche genommen, taufte sie dort heimlich und band ihr Knochen von einem Toten um, den sie auf dem Friedhof gestohlen hatte. Danach schwang sie sich auf ihren Besen, nahm die Katze in den Arm und fuhr weit aufs Meer hinaus. Dort ließ sie die Katze los. Um nicht ins Wasser zu fallen, entfesselte sie einen starken Sturm, der sie zurück an Land bringen sollte. Der Sturm bedrohte die Stadt Leith, und ein Schiff, das Geschenke für die Königin von Schottland an Bord hatte, geriet auf ein Riff und sank. Von der Besatzung konnte keiner gerettet werden.[81]

Die „Hexe" wurde verbrannt, von der Katze fand sich keine Spur – vermutlich hatte sie sich klammheimlich aus dem Staub gemacht.

Neu hinzu kam durch den *Hexenhammer* die Vorstellung von Succuben und Incuben, männlichen und weiblichen Beischlafdämonen, die mit den Hexen das Lager teilten, wobei die Ankläger den größten Wert auf die detailgenaue Beschreibung dieses höllischen Verkehrs legten. Für die Hexenzusammenkünfte gab es bevorzugte Plätze wie etwa den Blocksberg in Thüringen, aber auch bestimmte Zeiten: So war die Walpurgisnacht vom 30. April auf den 1. Mai und die Nacht vom 31. Oktober auf den Allerheiligentag für Hexenumtriebe besonders geeignet.

In vielen Hexenprozessen wurden auch deren „Begleittiere" mit angeklagt und abgeurteilt. Diese animalischen Prozesse standen eigentlich im Widerspruch zur Lehre der Theologen, derzufolge Tiere keine Seele und daher kein moralisches Bewusstsein haben. Sei dem wie immer, in jedem Fall wurden zahlreiche Katzen der Mit-Hexerei angeklagt und teilten das traurige Schicksal ihrer Besitzerinnen. Man berief sich dabei auf den Dämon, der in sie gefahren sei und dem man mit allen erdenklichen Mitteln zu Leibe rücken musste. Im Übrigen war es nicht notwendig, einer Katze eine Übeltat nachzuweisen. Der Umstand, dass die Katze eben eine Katze und also für schwarze Magie anfällig war, genügte völlig.

Einen schweren Stand hatte das „Hexentier" auch in den Pestzeiten. Man glaubte nämlich, es sei der „verpestete Atem" der Katze, der die furchtbare Seuche verursache, die binnen weniger Monate ganze Landstriche entvölkern konnte. Schon Berthold von Regensburg behauptete:

Der Atem, der von ihr ausgeht, ist die Pest. Und wenn sie Wasser trinkt, und ein Tropfen fällt aus ihrem Maul in den Brunnen, so ist der davon vergiftet. Jeder, der daraus trinkt, gewinnt den sicheren Tod.[82]

Diese und ähnliche abergläubische Vorstellungen führten zu der paradoxen Situation, dass eben jenes Tier, das am besten geeignet gewesen wäre, dem Überträger der Krankheit, nämlich der Ratte und ihren Flöhen, den Garaus zu machen, dort, wo es am meisten gebraucht worden wäre, nahezu völlig ausgerottet wurde. In den großen Pestzeiten zwischen 1347 und 1352 war in weiten Landstrichen Frankreichs und Deutschlands kaum noch eine Katze zu finden, wodurch die Vermehrung von Ratten und Mäusen und damit die Ausbreitung der Seuche noch entscheidend gefördert wurde.

Auch wenn wir von den grotesken Auswüchsen des Hexenwahns absehen, scheint es, dass sich vor allem viele Frauen der gehobenen Stände mit magischen Ritualen beschäftigten. In der *Klage des Matheolus*, einer Schmähschrift gegen die Frauen aus dem späten 13. Jahrhundert, heißt es, die Damen seien mehr mit Liebestränken und ähnlichen Zaubermitteln beschäftigt als mit dem Gottesdienst. Sie schlachteten Kröten und „taten ihre alte graue Katze in die Bratpfanne“, um daraus magische Medizinen zu bereiten. Die Katze wurde wohl auch deshalb so häufig ein Opfer magischer Rituale, weil sie als Hausbewohnerin bequem zur Hand war. Eine sehr bezeichnende Geschichte zu dieser höchst fatalen Rolle wird von Marguerite Périer, der Nichte Blaise Pascals, berichtet. Dieser war in jungen Jahren von einer schweren Krankheit befallen, und es ging das Gerücht um, er sei von einer als Hexe verdächtigten Frau mit einem Fluch belegt worden. Als der besorgte Vater sie kommen ließ und ihr Vorhaltungen machte, gab sie ihre Schuld zu und erbot sich, den Schaden gutzumachen. Dazu sei aber, wie sie versicherte, eine Opfergabe notwendig, um den Fluch zu lösen. Sie versicherte ihm, eine Katze würde dazu genügen.

Im Volksglauben vieler Landstriche war die Vorstellung einer Verwandlung von Hexen in Katzentiere fest verankert. Vor allem in Italien stellte man sich die *striga*, die Hexe, schon in antiken Zeiten als eine Art von weiblichem Nachtmar mit dem Aussehen einer Katze vor. Die klassischen Autoren Ovid, Tibull und Petronius beschrieben sie als ein Wesen, das nachts in die Häuser eindrang und sich von der Milch der Ammen und dem Blut von Kleinkindern nährte, die sie, ähnlich wie die späteren Vampire, aussaugten. Die Theologen, die sich mit solch fragwürdigen Problemen auseinandersetzten, waren uneinig darüber, ob solche Erscheinungen Trugbilder des Satans oder tatsächlich möglich waren. Freilich hätte da ein Blick in die Schriften des großen Kirchengelehrten Augustinus genügt, um ihnen eine verbindliche Antwort zu geben. Der hatte nämlich unmissverständlich erklärt, es sei unmöglich, dass die menschliche Seele in den Körper eines Tieres übergehen könne. Wer solches zu sehen meine, werde von einem Trugbild getäuscht. Obwohl die Mehrheit vor allem der italienischen Theologen im Sinne von Augustinus diese Vorstellungen ablehnte und sie sogar als sündhaft bezeichnete, hielt sich der Volksglaube doch hartnäckig, zumal die Autoren des *Hexenhammers* das Ihre dazu beitrugen, um derlei Legenden am Leben zu erhalten. In den italienischen Novellensammlungen der Zeit taucht das Thema wiederholt auf. In einer davon schlägt ein Müllersbursche einer vorwitzigen schwarzen Katze eine Pfote ab, weil sie ihn daran zu hindern sucht, seine Arbeit zu tun. Im selben Moment verschwindet sie, und vor dem entsetzten Burschen liegt der Ringfinger seiner Meisterin mit deren Trauring, in den ihr Name eingraviert ist: Margarita. Die heimliche Hexe hatte nämlich schon längst ein Auge auf den stattlichen Burschen geworfen. Nun saß sie im Müllerhaus und bejammerte den Verlust ihres Fingers.

Wie überall in jener Zeit lebte die Katze auch in den italienischen Territorien gefährlich und wurde, wenn sie nicht im Anwesen einer *strega* (lat. striga) behaust war, kaum älter als drei oder vier Jahre. Denn danach, so wollte es der Volksglaube wissen, verfiel sie einem Dämon und wurde von diesem besessen. Natürlich trat die Katze auch in Italien als Begleittier der Hexe auf. Manche dieser *streghe* lebten allein und begnügten sich mit der Gesellschaft eines einzelnen Katers, von dem ihre Kundschaft nicht immer genau wusste, ob er nicht die Verkörperung eines verkappten Dämons war. Andere hielten sich ganze Sippschaften von Katzen in ihren Behausungen und zogen sie zu allerlei Hexenwerk heran, zu so genannten Besprechungen und Beschwörungsritualen. Weit verbreitet war auch die Vorstellung, dass die Katze einer Magierin die Übel ihrer Klientel auf sich ziehe und dadurch von jenen ablenke. Sie diente dann sozusagen als Sündenbock für das Unheil, das als Bürde zu tragen dem Menschen als zu schwer erschien, eine Rolle, die ihr im Lauf der Zeit immer wieder einmal zugewiesen wurde.

Im Übrigen waren längst nicht alle *streghe* gefährliche Schadenszauberinnen. Die meisten von ihnen verdienten ihren Lebensunterhalt mit Wahrsagerei, Horoskopen und der Herstellung von Liebeszaubermitteln und geheimen Arzneien, so wie die von einem Autor namens Pontana erwähnte Hexe von Gaëta, Rodrogine. Dabei gerieten sie des Öfteren, wie jene Rodrogine beklagt, in direkte Konkurrenz zu den Franziskanern, die auf diesem Gebiet ebenfalls umtriebig waren:

Seit meines Mannes Tod lebe ich von diesen Dingen und könnte es bequem haben, denn unsere Gaëtanerinnen haben einen starken Glauben. Aber die Mönche nehmen mir den Profit weg, indem sie Träume deuten, den Zorn der Heiligen sich abkaufen lassen, Schwangeren einen

Knaben, Unfruchtbaren Kinder und Verliebten die rechte Braut versprechen.[83]

Manche Orte scheinen auf diese berufsmäßigen Hexen eine magische Anziehungskraft ausgeübt zu haben. So gab es zur Zeit der Renaissance ein Hexenland bei Nursia, also in der unmittelbaren Heimat des hl. Benedikt. Die Hexen aus Nursia waren eine Attraktion für Reisende, die sich von ihnen die Zukunft vorhersagen ließen und Liebestränke und geheime Arzneien kauften. Aus einem Brief des späteren Papstes Pius II., Aenea Silvio Piccolomini, an seinen Bruder erfahren wir darüber Näheres:

Der Überbringer dieses Schreibens ist zu mir gekommen, um mich zu fragen, ob ich nicht in Italien einen Venusberg[84] *wüsste. Darin nämlich würden magische Künste gelehrt, nach welchen sein Herr eine große Begierde trüge. Ich sagte, ich kenne einen solchen, Portovenere, unweit von Carrara, doch unter dem Gespräch fiel mir ein, dass in Umbrien, nahe der Stadt Nursia eine Gegend ist, wo sich unter einer steilen Felswand eine Höhle befindet, in welcher Wasser fließt. Dort, so habe ich gehört, sind Hexen, Dämonen und nächtliche Schatten anzutreffen, und wer den Mut hat, kann Geister sehen und anreden und von ihnen Zauberkünste lernen.*[85]

Die meisten italienischen Hexen hielten es weniger mit echter Magie, sie betrieben vielmehr ein häufig etwas zwielichtiges Gewerbe, das ihren Lebensunterhalt sicherte. Oft versuchten sie ihr Ansehen zu steigern, indem sie die abergläubischen Vorstellungen der Menschen durch Andeutungen nährten, sie ständen mit der Welt der Dämonen in geheimen Beziehungen. Sie brachten sich damit freilich zugleich in Gefahr, wenn die Angst, der sie Vorschub leisteten, überhand nahm und in Gewalt umschlug.

Es ist schwer zu glauben, aber die Schriften und Dokumente, die sich mit dem fatalen Thema der Hexerei beschäftigten, füllten damals ganze Bibliotheken. Die Vorstellungen, die darin zum Ausdruck kommen, nähren noch heute einen für die Katze gefährlichen und wenigstens Ruf schädigenden Aberglauben. Das Bild von der Katze als einem mit dämonischen Kräften begabten Wesen ist bis in unsere Gegenwart nicht vollständig aus den Köpfen der Menschen gewichen. Das hat auch damit zu tun, dass es als Motiv in der Literatur, vor allem aber im Film immer wieder aufgegriffen wird. Auch wenn wir nicht mehr wirklich daran glauben, dass die Katze an Hexen- und Satanskulten mitwirkt – ein gewisses Misstrauen ist bestehen geblieben. Und wer weiß – vielleicht sollte man ihr doch besser auf ihre nicht immer unschuldigen Krallen schauen.

Die Katze signiert jeden ihrer Gedanken
mit ihrem Schwanz.
Rámon Gómez de la Serna

Kapitel 9

Die Zeiten ändern sich, die Katze nicht

Die Zeiten änderten sich. Die Brücke, die aus dem vermeintlich dunklen, tatsächlich freilich von flirrenden Farben und bizarren Gegensätzlichkeiten geprägten Mittelalter in ein neues Zeitalter führen sollte, war *il Rinascimento*, die Renaissance – eine kulturelle Strömung, die von Italien ausging und die, von Süd nach Nord sich ausbreitend, nicht weniger als ein neues Weltverständnis anstrebte. Darin trat der Mensch als Individuum, als Einzelpersönlichkeit, immer stärker in den Mittelpunkt der Betrachtung. Die Rückbesinnung auf die Welt der Antike, die eines der wichtigsten Anliegen der neuen Geisteshaltung war, brachte bedeutende Philosophen und Dichter der Vergangenheit wieder ins Bewusstsein, und Forschergeister aller Art versuchten zum Groll mancher allzu wundergläubiger Theologen der Natur ihre Geheimnisse zu entreißen, ein Bestreben, in dem sich im Übrigen fortschrittliche Angehörige des geistlichen Standes auch durchaus einen Namen machten. Viele der bedeutenden Entdeckungen und Erfindungen jener Zeit gehen auf Werke von Universalgelehrten zurück, die zuerst und in erster Linie Theologen waren. Freilich erwies sich dabei die starre Dogmatik der kirchlichen Institutionen teilweise als ernsthaftes Hindernis: Galilei musste schließlich nahezu 400 Jahre warten, bis seine Erkenntnisse vom Odeur der Ketzerei befreit wurden.

Auch die Katze wurde, zumindest von den fortschrittlichen Geistern der Renaissance, allmählich wieder mit anderen Augen gesehen. Es waren vor allem die Künstler und Denker, die sich von ihr angezogen fühlten, sie studierten und sich ihre Verhaltensmuster zu erklären suchten; allen voran das Universalgenie der Zeit, Leonardo da Vinci, der nach ausführlichen Katzenstudien zu dem Schluss kam: „Die Katze ist das Meisterwerk der Natur schlechthin." Dieser Erkenntnis gingen, wenn man dem Künstlerbiographen Vasari glauben will, zahlreiche Untersuchungen voraus, an lebenden wie auch an toten Tieren. Leonardo war gründlich, er studierte Muskelstränge und Knochenbau ebenso, wie er mit scharfem Blick die Bewegungsmuster der Katze beobachtete. Seine Katzenstudien, die zwischen 1513 und 1515 entstanden, sind heute ein Glanzstück der Königlichen Bibliothek auf Schloss Windsor. Sie zeigen Katzen in allen möglichen Haltungen, was vermuten lässt, dass Leonardo mit der Katze sehr vertraut war. Vermutlich haben sich in seinem Haushalt etliche der zwielichtigen Vierbeiner getummelt und ihm immer wieder neue Impulse gegeben.

Wenn wir den gelegentlichen Bemerkungen seiner Freunde und vor allem seines Biografen Vasari folgen wollen, muss Leonardo so etwas wie ein Vorläufer der Grünen-Bewegung gewesen sein; es heißt, er sei zumindest in seinen späteren Jahren Vegetarier gewesen und habe sich nur in Leinen gekleidet, „weil er nichts Totes an sich tragen wollte". Mit dem hl. Franziskus teilte er wohl die Vorstellung von einer „beseelten" Natur – vielleicht lässt dies seine Katzengesichter so lebendig und ausdrucksstark, vor allem aber so individuell erscheinen. Sein Jesusknabe, der eine sich sträubende Katze fest an sich drückt, ist zunächst einmal ein Kind, das, wie viele Kinder, die Erfahrung macht, dass sich Katzen nicht gerne festhalten lassen wollen. Eine andere Frage ist freilich die nach dem Symbolgehalt der kleinen Szene. Leonardos Werk ist bei aller Natürlichkeit des unmittelbaren Ausdrucks für den Beschauer womöglich noch rätselhafter als die Katze, die in einigen Phasen seines Lebens zu seinem bevorzugten Objekt geworden ist.

Der Zeitabschnitt, den wir als Renaissance bezeichnen, umfasst keineswegs eine einheitliche Epoche. Sie begann in den italienischen Stadtstaaten früh, zu einer Zeit, da die Gebiete jenseits der Alpen noch tief im Mittelalter standen, das auch in Italien durch die neuen Strömungen nicht abrupt beendet wurde. In England zum Beispiel erreichte mit der Regierungszeit Königin Elizabeths I. die britische Variante der Renaissance erst um 1600 ihren Höhepunkt, zu einer Zeit also, da der Süden gerade zum bizarren Höhenflug des Barock ansetzte. In den Jahrhunderten zwischen dem Mittelalter und der beginnenden Aufklärung machen sich in der kulturellen Entwicklung zwei durchaus gegensätzliche Strömungen bemerkbar: einerseits setzt sich das Streben nach einer Trennung von Wissenschaft und Theologie im Sinne einer naturalistischen Welterklärung immer mehr durch, andererseits sind die Ängste und psychischen Untiefen, die nicht nur den Einzelnen, sondern die abendländische Menschheit in ihrer Gesamtheit bedrängten, zu keiner Zeit so deutlich in Erscheinung getreten wie gerade zwischen dem späten 14. und dem 16. Jahrhundert. Pestzeiten, Kriege und Hungersnöte und der allgegenwärtige Glaube an das Furcht verbreitende Böse warfen einen langen Schatten auf das Licht der Renaissance, in dem der Mensch als Erdenwesen wieder zu sich selbst finden wollte.

Dantes *Divina Commedia* war das monumentale Resümee des zu Ende gehenden „Zeitalters des Glaubens“. Petrarcas Sonette an Laura hingegen waren ein Dokument der neuen, auf den einzelnen Menschen bezogenen Ära. Petrarca – nun, da sind wir wieder bei der Katze! Denn der Dichter liebte nicht nur seine Laura, deren Tod er für den Rest seines Lebens beklagte, wiewohl er ihr im Leben des Öfteren untreu geworden war, sondern auch seine Katze. Möglicherweise waren es in Anbetracht der Kürze eines Katzenlebens auch deren mehrere. Jedenfalls soll er zwischen zwei Menschengattungen unterschieden haben: den vom Leben Benachteiligten und den Katzenfreunden.[86] Das Leben in Gesellschaft seiner Katze muss für ihn Trost und Ausgleich für eine eher karge Existenz gewesen sein. Der Haydn-Biograph Giuseppe Carpani schildert ihn, wie sich die beginnende Romantik den großen Dichter, möglicherweise nicht zu Unrecht, vorstellte: in seinem spärlich möblierten Haus in Arquà, die Katze, das Dichtertier, neben sich, über seinen unsterblichen Gesängen meditierend. Und weil die Pilgerschaft im Namen der Kunst nicht weniger symbolhafte Reliquien fordert als die der Frommen, ist seit dem 17.

Jahrhundert das Skelett von Petracas Katze dort, in der Casa Petrarca, sicher hinter Glas verwahrt in einer Nische zu besichtigen, wiewohl nur als Stellvertreterin, denn die echte Gefährtin des Dichters ist schon lange zuvor im Staub der Geschichte entschwunden. Eine Marmortafel allerdings verkündet heute noch den Ruhm der Dichterkatze:

Um die Werke meines Herrn zu beschützen, hielt ich in meinem Leben die Mäuse fern, und selbst heute, da ich längst tot bin, zittern sie noch immer vor mir![87]

Auch Torquato Tasso, der andere große Dichter der Renaissance, muss ein ausgesprochener Katzenfreund gewesen sein. Er nannte sie „Licht meiner Studien“ und beklagte mit bitteren Worten die Grausamkeiten, die sie in einer Zeit erdulden musste, in der sie nicht nur als Satanstier gefürchtet und verhasst war, sondern auf Jahrmärkten und bei Volksfesten zur Belustigung des Volkes gequält und getötet wurde. Vermutlich waren die halb rituellen Katzenverbrennungen zur Sonnwendzeit Reste eines alten Opferkults, ebenso wie die bis weit ins 18. Jahrhundert hinein geübte Unsitte, eine lebende Katze im Fundament von Gebäuden einzumauern, um dem Bauwerk Bestand zu verleihen. Auch hier scheint es sich um ein magisches Ritual gehandelt zu haben, das die bedauernswerten Katzen mit ihrem Leben bezahlen mussten.

Es ist erstaunlich, wie viel Angst, Hass und Grausamkeit dieses „sanfte Raubtier“ provozieren konnte und wie ihm das zuweilen auch heute noch gelingt. Selbst Dichter wie der berühmte Pierre de Ronsard bekannten sich zu ihrer ausgeprägten Katzenphobie:

Kein Mensch auf Erden hasst so wie ich
die Katze derart fürchterlich.
Ich hass' ihr Gesicht, ihre Augen, den Blick,
wenn ich sie nur sehe, schreck ich zurück.
Mir beben die Nerven, die Adern, die Glieder:
eine Katze kommt mir ins Zimmer nie wieder![88]

Weniger tiefgründig erweist sich der Katzenhass bei François Rabelais, der durch seinen Schelmenroman *Gargantua und Pantagruel* zu literarischem Weltruhm gelangt ist. Für ihn stehen die Katzen, die „Katzbalger", als Synonym für die geldgierigen, heimtückischen und heuchlerischen Justizbeamten seiner Zeit. Das Bild der Katze dient ihm nicht, wie dies im Mittelalter der Fall war, zur symbolischen Darstellung einer habgierigen Geistlichkeit; für ihn sind es vielmehr die Angehörigen des Juristenstandes, die wegen ihrer Rücksichtslosigkeit und Besitzgier in den Blickpunkt seiner Kritik geraten.

Dieser Wechsel der Zielrichtung verrät uns Einiges über die gesellschaftliche Entwicklung jener Zeit: Der Stand der weltlichen Juristen, die nunmehr im Wesentlichen für die öffentliche Verwaltung verantwortlich waren, hatte im alltäglichen Leben den der Geistlichkeit an Macht und Einfluss überholt und nützte die Vorteile, die sich aus dieser seiner neuen Bedeutung ergaben, schamlos aus. Vor allem das städtische Bürgertum hing auf Gedeih und Verderben von der Redlichkeit oder auch Bestechlichkeit dieser neuen Beamtenschaft ab. Rabelais selbst war im Übrigen keineswegs der Fresser und Schlagetot wie die Helden seines Romans, sondern erwarb sich vielmehr einen beachtlichen Ruf als Arzt und gelehrter Humanist. Das von ihm geführte *Hotel-Dieu*[89] in Lyon war zweifellos eines der fortschrittlichsten Spitäler seiner Zeit. Unter anderem war es darin verboten, mehrere Patienten ins gleiche Bett zu legen, was sonst allgemein üblich war. Ihm verdanken wir auch einen Ausspruch, den er dem Prasser Gargantua in den Mund gelegt hat und der so manchen forschungsbesessenen Gelehrten unserer Zeit zu denken geben könnte: „Wissen ohne Gewissen ist der Menschheit Verderb!"[90]

Rabelais' schlechte Meinung von der Katze hatte er, wie viele seiner Zeitgenossen, ziemlich unbedenklich aus Antike und Mittelalter übernommen. Was man der Katze zu seiner Zeit vor allem vorwarf, war ihre angebliche Falschheit, die man lange Zeit „katzenfreundlich" nannte. Es gibt ja auch heute noch Leute, die von der Falschheit der Katze überzeugt sind. Selbst La Fontaine, der große „Fabulist", lässt sie ganz und gar nicht gut wegkommen. Die wenigen Fabeln, die er der Katze gewidmet hat, werfen allesamt kein gutes Licht auf ihren Charakter. Im Gegenteil, er sieht in ihr eine niedliche Heuchlerin, die stets auf ihren Vorteil bedacht und bereit ist, ihre Kontrahenten übers Ohr zu hauen. Heuchlerisch, mitleidlos, diebisch und grausam – so zeichnete La Fontaine den Charakter der Katze und damit auch den vieler seiner menschlichen Zeitgenossen. Die Katze muss als Sinnbild für alles Mögliche herhalten, so auch für die listigen Wucherer, die in ihren Kontoren sitzen und gierig auf Beute lauern. „Wenn du lange leben willst, trau keinem Katzengesicht", so das Resümee all dieser Geschichten, die den guten Ruf der Katze bedenklich in Frage stellen.

Aber getrost – ihre Ehrenrettung ist schon in Sicht. Und sie kam, wie es sich für ein so magisches Wesen schickt, aus der Welt der Märchen, die im 16. und 17. Jahrhundert entstanden und die Katze schlagartig zum Glücksbringer mutieren ließen. Der gestiefelte Kater, *Le Chat botté,* war der orientalischen Märchenwelt entkommen und in Venedig gelandet: zunächst, etwa um 1550, in *Le piacevoli notti* des Giovanni Francesco Straparola, ein halbes Jahrhundert später im *Pentamerone* des Giambattista Basile. Die Geschichte vom *Gestiefelten Kater* machte etwa ein Jahrhundert lang die Runde auf Stegreifbühnen und in der Commedia dell'arte, bis sie der französische Autor Charles Perrault aufgriff und seiner Märchensammlung einverleibte. Da war sie nun, von allen Katzenfreunden der Epoche ersehnt, die große Wende: Die Katze wurde zum Glücksbringer. Dabei fängt die Geschichte wenig verheißungsvoll an:

Ein Müller starb und hinterließ seinen drei Söhnen nur seine Mühle, seinen Esel und seine Katze. Das Erbe war rasch verteilt, man brauchte dafür weder Notar noch Nachlassverwalter. Rasch war man sich einig: der älteste bekam die Mühle, der zweite den Esel, für den jüngsten blieb nur die Katze. Wie beklagte sich der über sein bitteres Los! „Meine Brüder können sich zusammentun und mit ihrem Erbe ein redliches Leben führen. Aber mir bleibt, wenn ich meine Katze gegessen und mir aus ihrem Fell eine Haube gemacht habe, nichts als zu verhungern." Der Kater hörte diesen Jammer und sagte zu ihm mit ernster und gesetzter Miene: „Gräme dich nicht, mein Meister, du musst mir nur einen Sack geben und mir ein Paar Stiefel anmessen lassen, damit ich unverletzt durch das Gebüsch streifen kann, und du sollst sehen, dass du mit mir gar nicht schlecht dran bist.[91]

Der Junge ließ sich überreden und verschaffte ihm das Gewünschte. Außer dass er Stiefel trägt, erfahren wir so gut wie nichts über diesen nebulosen Kater. Wir wissen nicht, ist er schwarz, weiß oder scheckig, hochbeinig oder dick oder mager. Alles, was wir über ihn hören, ist, dass er diese Stiefel hat und dass er schlau ist. Es gelingt ihm, alle Welt davon zu überzeugen, dass sein Besitzer ein hoher und mächtiger Herr ist. Die Mittel, die er darauf verwendet, entsprechen freilich ganz und gar der Katernatur, wie man sie in jener Zeit sah. Es ist eine Mischung aus List und solidem Terror. Er überredet seinen Herrn, angesichts der heranrollenden Kutsche des Königs einen Ertrinkenden zu spielen, damit er von dessen Bediensteten gerettet werden kann. Und er bringt das Landvolk durch seine Drohungen dazu, auf die Frage des Königs, wem denn das Land gehöre, das sie bearbeiten, zu erklären: „Dem Marquis von Carabas, o König!" Denn: „Ihr guten Leute, wenn ihr dem König etwas anderes sagt, werdet ihr zu Hackfleisch verarbeitet!" Keine Frage, ein nobler Charakter ist dieser Kater nicht. Aber er weiß seine Absichten durchzusetzen. Am Ende bekommt der famose Marquis de Carabas, Müllersohn hin oder her, die von ihm begehrte Prinzessin, und Le Chat botté „wird ein großer Herr und geht nur noch zu seinem Vergnügen auf die Mäusejagd." Also ein Luxustier par excellence! Auf seinen Stiefeln wanderte es quer durch Europa und taucht sowohl in der Märchensammlung der Brüder Grimm als auch in englischen, italienischen und russischen Märchen auf. Im deutschen Sprachraum hat es der Kater als Glücksbringer sogar zu Theaterehren gebracht: Ein Schauspiel von Ludwig Tieck, dem bedeutenden romantischen Dichter, wurde 1797 mit großem Erfolg uraufgeführt.

Doch auch abseits der Literatur wurden seit dem 17. Jahrhundert immer mehr Stimmen zugunsten der Katze laut. Unter ihnen war der bedeutende Humanist und Staatsmann Michel Eyquem de Montaigne, der Verfasser der berühmten *Essais*. Obwohl er auf eine glänzende politische Karriere blicken konnte, schätzte er doch nichts so sehr wie die Beschaulichkeit seines Landschlosses und ein der Philosophie gewidmetes Leben, in dem ihm seine Katze Gesellschaft leistete. Er war einer der Wenigen, die in ihr damals schon ein eigenständiges Wesen sahen, dessen Lebensäußerungen zu beobachten sich lohnte. So finden wir in den *Essais* die nachdenkliche Bemerkung:

Wer weiß, wenn ich mit meiner Katze spiele, ob sie sich die Zeit nicht mehr mit mir vertreibt, als ich dies mit ihr tue. Wir treiben gegenseitig miteinander allerhand närrische Spiele, und so, wie ich damit nach Belieben anfange oder aufhöre, zeigt auch sie mir ebenso oft, wann es losgehen oder aufhören soll.[92]

Und voll Wehmut schrieb er bei einer anderen Gelegenheit:

Nie kehrst du glückliches Zeitalter wieder,
in dem eine treue und liebende Gattin
kein besseres Los für sich erkannte,
als zwischen ihrer Katze und ihrem Gatten
ihr gesamtes Leben zu teilen.[93]

Durch diese prominenten Beispiele angeregt, begann man sich ab dem 17. Jahrhundert immer stärker mit dem geheimnisvollen Wesen Katze zu beschäftigen. Ein dem geistlichen Stand angehörender Naturforscher namens Edward Topsell erwähnt in einer mehrbändigen *Geschichte der vierfüßigen Tiere* um 1607 einen Katzenfreund namens Coelius, der offenbar Montaignes Vorliebe für das Spiel mit der Katze teilte:

Sobald ich frei von Arbeit und Geschäften bin, beobachte ich meine Katze beim Spiel. Und ich schäme mich auch nicht, selbst mit ihr zu spielen und sie zu streicheln. Das ist ein rechter Zeitvertreib für einen Mann.[94]

Im Allgemeinen freilich werden es zu allen Zeiten wohl eher die Frauen gewesen sein, die sich von der Verspieltheit der Katze anregen ließen.

Manche Katzenliebhaber des 16. und 17. Jahrhunderts entwarfen eigene Totenklagen für ihre dahingegangenen Lieblinge, etwa der Dichter Joachim du Bellay für seinen „kleinen grauen Kater, der wohl der Schönste war, den im Katzenpelz Natur geschaffen: dies war Belaud, der Rattentöter, Belaud, des Anmut wohl Unsterblichkeit verdiente."[95] Ein Bologneser Augustinermönch, Ortensio Lando, verfasste im 16. Jahrhundert einen Band mit dem schönen Titel *Unterhaltsame Reden zum Tod verschiedener Tiere, in denen man bei aufmerksamer Lektüre die Schärfe des Geistes vieler edler Autoren bewundern kann.* Diese Trauerreden mögen für angehende Lateinschüler ein anregendes Bespiel geboten haben. Sie sind jedenfalls nach den strikten Regeln der Rhetorik aufgebaut, mit einer Exposition, einer Würdigung des Dahingegangenen, der Beschreibung der Trauer, die sein Dahinscheiden verursachte, und einer Danksagung an die Mittrauernden. Eine Donna Fiori aus Empoli beklagt in einer dieser Reden den Tod ihres Katers und versichert:

Nicht einmal der Tod meines Gatten hat mich so betrübt, wiewohl er doch seine ehelichen Pflichten immer getreulich erfüllt hat. [...] Mein Kater bot mir vielerlei zärtliche Zerstreuung. Jedermann liebte ihn und hielt ihn wegen seiner Anmut in Ehren. Doch von den geheimen Wohltaten, die er mir erwies, wenn er mir nächtens die Füße wärmte, will ich gar nicht reden ... [96]

Auf die lange Liste seiner Vorzüge folgt die Beschreibung des tiefen Schmerzes um den Verlust diese Prachtexemplars von einem Kater:

„Ach, mein teurer Kater, welch tiefen Schmerz lässt du mich spüren! Um dein Leben zu erhalten, hätte ich gerne all meinen Besitz dahingegeben."[97]

Gelegentlich blitzt in diesen Reden ein Funke leiser Ironie hervor. So ganz ernst scheint der Autor sein Thema nicht genommen zu haben, obwohl doch jeder, der eine ihm lieb gewordene Katze an den Tod verliert, wohl weiß, wie groß der Kummer darüber sein kann. Das wird in jenen fernen Zeiten nicht anders gewesen sein.

Dem Kater Armellino der römischen Dichterin Alessandra Forteguerri wurde, gemeinsam mit einem Sonett des offenbar in die Dame verliebten Dichters Sperandio Bertazzi, sogar ein Porträt gewidmet.

Vermutlich wetteiferten Dichter und Maler dabei eher in ihrer Bewunderung für die Besitzerin des Katers als für diesen selbst.

Katzenporträts finden sich gelegentlich auch in Medaillen geschlagen, welche die Tiere an einem Halsband getragen haben mögen. Im Louvre wird etwa ein Exemplar gezeigt, das einen stolzen, aber anonymen Kater darstellt und die Inschrift trägt: „Ich weiß, wem ich gefalle, ich kenne meinen Wert." Gut 200 Jahre später stolzierte Jean Cocteaus Kater durch sein Pariser Stadtviertel, mit einem Halsband, auf dem man lesen konnte: „Cocteau gehört mir!" Man sieht, die Zeiten ändern sich, die Katzenliebe nicht!

Als sich vor allem in Frankreich und Italien der Import orientalischer Katzenrassen allmählich durchzusetzen begann, stieg der Kurswert dieses Haustiers beträchtlich. Denn wer immer es sich leisten konnte, holte sich eine oder auch mehrere der exotischen Exemplare ins Haus. Natürlich wurden die schönen und zumeist auch recht kostspieligen Tiere nach Kräften verwöhnt und nach ihrem Ableben zuweilen Objekte eines recht skurril anmutenden „Totenkults". So veranstaltete der italienische Katzenliebhaber Domenico Balestrieri förmlich einen Wettbewerb der Dichter, die er aufforderte, Gedächtnisverse für seinen dahingeschiedenen Liebling zu verfassen. Über siebzig Dichter sollen seiner Aufforderung gefolgt sein! Ab dem späten 17. Jahrhundert wurde es für gebildete Katzenbesitzer durchaus Mode, für ihre Lieblinge poetische Nachrufe entweder selbst zu verfassen oder einen „professionellen Dichter" damit zu beauftragen, ganz ähnlich, wie man zu jener Zeit auch Liebesgedichte an eine angebetete Schöne in Auftrag gab. Im Zeitalter der „Préciosité"[98] legten die Damen großen Wert darauf, in ihren Salons einen Kreis von Dichtern und Künstlern um sich zu versammeln, die ihren Gönnerinnen mit Gedichten und sonstigen Erzeugnissen ihrer Kunst ihre Ergebenheit bewiesen. So auch der Dichter Isaac de Benserade, der irgendwann um die Mitte des 17. Jahrhunderts ein Gedicht auf die verlorene Männlichkeit des Katers einer bekannten Pariser Preziösen, der Mme. de Deshoulière verfasste, in dem es heißt:

Statt leidenschaftlich, ist er nunmehr abgekühlt,
beschäftigt war er einst, und nun verspielt.

Mit seiner Männlichkeit ist es vorbei.
So schleicht er, zahm geworden, um den Brei.[99]

Tatsächlich wurde es im späten 17. Jahrhundert allmählich üblich, männliche „Salontiger" kastrieren zu lassen, was für die bedauernswerten Tiere ein arger Schock gewesen sein muss. Die Methode war durchaus barbarisch und wurde häufig von denselben Badern durchgeführt, die den Damen auch Schröpfköpfe setzten und sie mehr oder minder regelmäßig zur Ader ließen. Nicht selten identifizierten sich die Dichter mit den Leiden eines verliebten Katers, wenn sie um die Gunst einer Dame warben, und verglichen, abgewiesen, ihr Leid mit dem Schmerz der unglücklich Kastrierten.

Die importierten Orientkatzen waren in jedem Fall ein voller Erfolg und steigerten das Ansehen der Gattung enorm. Der erste erfolgreiche Importeur, Pietro della Valle, hatte zunächst im Dienst des Vatikans, später in dem der Republik Venedig den Orient bis ins ferne Indien bereist und dabei Bekanntschaft mit der schönen Khorossan-Katze gemacht, die später in Europa als „Perserkatze" bezeichnet wurde, aber mit den heute überzüchteten Exemplaren nur wenig gemeinsam hat. In einem ausführlichen Brief an einen Neapolitaner Arzt beschrieb er 1620 nicht nur das Aussehen, sondern auch die geselligen Eigenschaften dieser Katze:

Mein Schwiegervater in Isfahan […] lässt ihnen alle Morgen Kuttelfleck geben, hat auch große Lust daran, mit ihnen zu spielen. Er streichelt und liebkost sie und nennt jede bei Namen. Sie kennen ihn auch und laufen miauend um ihn herum und springen ihm auf die Schulter, was ein großer Spaß ist. Ich befürchte nur, er gibt ihnen gar zu viel Fleisch, was mich eines Tages arm machen könnte.[100]

Exotische Katzen wurden in Europa bald zu einem beliebten Tausch- und Handelsobjekt. Nach dem Italiener Pietro della Valle beschäftigte sich der gelehrte französische Aristokrat und Ratsherr von Aix-en-Provence, Nicolas-Claude Fabri de Peiresc, mit dem Import von Orientkatzen. Seinen Mittelsmännern riet er, Orientkatzen als Tauschobjekte für antike Vasen einzusetzen:

Ich bin der Überzeugung, dass Sie die Möglichkeit finden sollten, dem Besitzer dieser Vasen die kleinen Katzen vorzuführen. Er ist so begierig, sie zu sehen, dass er womöglich an ihnen Gefallen finden könnte, vor allem, um ein Pärchen zu erwerben, das ihn auf Nachwuchs und damit auf größeren Profit hoffen ließe …[101]

Lebende Katzen als Tauschobjekt für antike Vasen und andere Kunstgegenstände, das beweist, wie stark jedenfalls die Orientkatzen zur Liebhaberei geworden waren. Auch als „artiges Geschenk“ machten die verspielten Schönheiten aus dem Orient Karriere in der guten Gesellschaft. So erfahren wir aus einem Brief des Akademiemitglieds Vincent Voiture, dass eine ihm befreundete Äbtissin ihm ein Kätzchen geschenkt hatte:

Ohne Übertreibung, es ist das schönste und angenehmste Tier, das man sich vorstellen kann. Selbst Raminogrobis, der Fürst der Katzen, könnte nicht freundlicher sein. Ich muss allerdings zugeben, dass er schwierig zu halten ist. Für eine im Kloster aufgewachsene Katze zeigt er nur wenig Bereitschaft, sich einsperren zu lassen. Wenn er nur ein offenes Fenster sieht, gleich ist er auf dem Sprung. Er wäre wohl schon zwanzigmal über die Mauer gesprungen, wenn wir ihn ließen. Wirklich, es gibt keinen Kater, der freigeistiger und eigenwilliger wäre als dieser. Ich hoffe aber, dass er mir bei guter Behandlung erhalten bleibt … Er fängt im Übrigen schon an, zahm zu werden. Gestern hat er mir im Spiel schon beinahe die Pfote gereicht. Kurz, es handelt sich um das bezauberndste kleine Biest der Welt, und es gibt niemanden im Haus, der nicht schon seine Spuren an sich trüge.[102]

Die Großen der Zeit gingen, soweit es die Katzenhaltung betraf, spätestens ab der Mitte des 17. Jahrhunderts mit gutem Beispiel voran. Auch fingen manche Katzenfreunde an, ihre Lieblinge in ihrem Testament zu bedenken. Einer der erfolgreichsten und berühmtesten Katzenliebhaber seiner Zeit war wohl Kardinal Richelieu: Er hielt sich eine ganze Menagerie von Katzen mit eigener Dienerschaft, nannte all seine Tiere bei ihren Namen und ließ sie in seinem Arbeitskabinett an seinen Regierungsgeschäften teilnehmen. Wenn er seinen Sekretären diktierte, habe er zumeist eine seiner Katzen auf dem Schoß sitzen gehabt, oder sie machte es sich auf seinem mit Papieren überhäuften Schreibtisch bequem und verfolgte mit aufmerksamem Blick die Besucher. Gefiel ihr einer nicht, zog sie sich mit einem kleinen Laut des Unwillens von ihrem Beobachtungsposten zurück. Für den mächtigen Kardinal ein Alarmsignal, das er stets zu beachten pflegte. Wer seinen Katzen nicht gefiel, hatte kaum Chancen, vor seinem strengen Blick Gnade zu finden. Andererseits soll er der Katze eines Dichters, den er für zu schlecht hielt, um ihn selbst zu bedenken, eine großzügige Pension ausgesetzt haben. Auch der Dienstherr seines Nachfolgers, der Sonnenkönig höchstselbst, soll sich zumindest im Alter zum Katzenfreund bekehrt haben, wiewohl er in seinen jüngeren Jahren für die kleinen „Biester, die höchstens zum Spielzeug für abgelegte Mätressen taugten“[103], nicht viel übrig gehabt haben soll. Immerhin verbot er höchst persönlich jene grausamen Volksbelustigungen, die auf Kosten der geschundenen Katzen gingen. Auch des Sonnenkönigs Finanzminister Colbert gehörte zu den Katzenfreunden. Aus den Tagebüchern des Barons Saint-Simon ist zu erfahren, dass dieser nüchterne Mann, für den seine Arbeit der liebste Zeitvertreib war, in seinem Arbeitskabinett doch jederzeit mehrere Katzen hielt, mit denen er sich in seinen kargen Ruhepausen amüsierte.

Und gar während der Regierungszeit Ludwigs XV., der wegen seiner Vorliebe für die Damenwelt den Beinamen *le Bien-Aimé*, der Vielgeliebte, bekommen hatte, war das Katzenregiment am Hof von Versailles fest etabliert. Des Königs Lieblingstier war ein großer weißer Angorakater, der, im Schmuck eines prächtigen Diamantenhalsbandes einherstolzierend, einen eigenen Eingang zu den Privaträumlichkeiten des Königs hatte. Er konnte kommen und gehen, wie er wollte, und schlief nachts neben dem Bett des Königs auf einem purpurnen Seidenkissen. Ob er zwischendurch auch einmal ins Bett seines Gebieters schlüpfte, verschweigt der Chronist diskret. Auch die Königin, Maria Leszczynska, war von den Katzen durchaus angetan. Bei einer Gelegenheit soll sie gesagt haben:

Sie sind die angenehmsten Gefährten, die man sich vorstellen kann: zurückhaltend, diskret, unfehlbar sauber und in der Lage, sich ruhig zu verhalten. Was erwartet man mehr von einer angenehmen Gesellschaft?[104]

Natürlich war, was am Hof so gut etabliert war, auch in den privaten Cercles der besseren Gesellschaft und in den großen Adelshäusern das Vorbild guter Sitten und strahlte von da auch in das städtisch-bürgerliche Leben aus. Bald war in ganz Paris alles, was Rang und Namen hatte, im Katzenfieber und wetteiferte darin, die schönsten und kostspieligsten Exemplare vorweisen zu können. Maler wie Watteau, Fragonard und Boucher präsentierten in einem Zeitalter, das man das galante nannte, ihre Kunst, indem sie in lasziven Boudoirszenen lüsterne Schönheiten in verführerischem Deshabillé[105] im anmutigen Spiel mit einer neckischen Katze zeigten, und die Dichter der Zeit erfanden unzählige schlüpfrige Geschichten, in denen die Katze keinesfalls eine Nebenrolle spielte.

Weil der französische Hof ebenso wie die Stadt Paris damals die führende kulturelle Kraft in Europa war und die Könige und Fürsten der Zeit versuchten, ihre Residenzen zumindest als eine Art Klein-Versailles brillieren zu lassen, trat die Orientkatze im Lauf des 18. Jahrhunderts einen wahren Siegeszug an. In England etwa war sie am Hof des Königs Charles II. Stuart nach dessen Rückkehr aus dem französischen Exil zum Lieblingstier der Hofgesellschaft geworden. Der König hatte bei seiner Rückkehr einige erlesene Exemplare mit auf sein Inselreich genommen, die sich bald bei den Damen seiner Umgebung, aber auch in der vom König gleichfalls favorisierten Theaterwelt der größten Beliebtheit erfreuten. Berühmte Schauspielerinnen wie etwa die gefeierte Nelly Gwinn liebten es, in Stücken aufzutreten, in denen sie auch ihre Katze entsprechend präsentieren konnten, und noch um die Mitte des 18. Jahrhunderts war es durchaus üblich, dass Sängerinnen von Rang sich auf der Bühne in Gesellschaft eines Hündchens oder eben ihrer Lieblingskatze zeigten. Und die Damen der guten Gesellschaft schätzten es, beim festlichen „Carrousel“[106] eine mit kostbarem Schmuck behängte „Nobelkatze“ an der Leine zu führen. Gazettenschreiber und Dichter der Zeit verwendeten viel Zeit darauf, immer neue bizarre Geschichten über die Extravaganzen des Hof- und Theaterlebens zu erfinden. In England wurde, wie Daniel Defoe, der Verfasser des *Robinson Crusoe,* zu berichten weiß, die Katze bald zum Lieblingstier der gesamten Nation. Etablierte Familien hatten oft mehrere Exemplare, die sie nach allen Regeln verwöhnten.

Wenn die Katzen in der „großen Gesellschaft", vermutlich nicht immer zu ihrem eigenen Vergnügen, auf Samt und Seide gebettet, ein wohl ebenso behütetes wie langweiliges Leben im Licht einer bewundernden Öffentlichkeit zubrachten, so gab es andererseits in allen europäischen Großstädten wie auch in den ländlichen Gemeinden ganze Heerscharen von Straßen- und Arme-Leute-Katzen, die ein klägliches Dasein fristeten und oft genug selbst Opfer hungernder Bettlerscharen wurden. Während der Diebstahl etwa eines Huhns oder Hasen zu ernsthaften strafrechtlichen Konsequenzen führte, konnte man mit dem Raub einer streunenden Katze immer noch ungeschoren davonkommen. Es gab so viele davon, und keiner wusste genau, wem sie gehörten. Eine Katze in den Niederungen der Hinterhöfe und der von Unrat strotzenden Gassen von Städten wie Paris oder London zu sein, war zweifellos ein ebenso mühsames wie gefährliches Schicksal. Und es war wohl nur der enormen Fruchtbarkeit dieser Tiere zu danken, dass die ganz normale Hauskatze alle Stürme der Geschichte, wie etwa die große Pestepidemie in London, ja selbst den verheerenden Brand von 1666, bei dem ein Großteil der Stadt dem Feuer zum Opfer fiel, dennoch einigermaßen unbeschadet überstanden hat.

Im Zusammenhang mit der enormen Rattenplage, die Paris immer wieder heimsuchte, äußerte sich der Schriftsteller Louis-Sébastien Mercier auch nicht eben freundlich über die Katze und ihre Rolle in den Niederungen der Stadt:

Im Untergrund des Ufergebüschs der Seine leben ganze Rattenschwärme. Führt der Fluss Hochwasser, dringen sie in die Keller ein und benagen alles, was sie finden. Das ist der Grund, warum man dort ein ganzes Heer von Katzen hält: sie sollen die Ratten bekämpfen, doch diese sind so groß, dass ihnen selbst der stolzeste Kater keine Angst einjagt, und während sich in den Kellergewölben die Nager breit machen, wimmelt es auf den Dächern von Miezen, die dort ihre Liebeshändel austragen und deren lautes Geheul die Bewohner am Schlafen hindert. Ja, manchmal bekämpfen die Kater einander so heftig, dass eines dieser

Biester abstürzt und den Passanten ein besiegter Kater unversehens vor die Füße oder womöglich gar auf den Kopf fällt.[107]

Im Verlauf des 17. und 18. Jahrhunderts gingen namhafte Gelehrte mehr und mehr dazu über, das Wissen der Zeit in so genannten Enzyklopädien zusammenzufassen. Werke wie die *Encyclopédie* von Diderot und d'Alembert, die man fortan nur noch die „Enzyklopädisten" nannte, erschienen in vielbändigen Ausgaben, in denen die Gesamtheit des Wissens der Aufklärungszeit in einer Art Retrospektive wiedergegeben wurde. Bei Diderot lesen wir über die Katze:

Katzen sind sehr anschmiegsam, wenn man sie gut zähmt. Allerdings heißt es, sie behielten immer eine gewisse Wildheit bei, die zur Natur ihrer Gattung gehört. […] Vom Atem dieser Tiere kann man krank werden und sich sogar die Schwindsucht holen, wie Matthiolus sagt. […] Aus diesem Grund scheint es gut, diejenigen zu warnen, die ihre Katzen so lieben, dass sie sie küssen und ihnen gestatten, sich an ihrem Gesicht zu reiben.[108]

Während sich das Gespann Diderot und d'Alembert damit begnügte, alte Vorurteile gegenüber der Katze zusammenzufassen und sich im Allgemeinen, soweit es die Beurteilung ihres Wesens betrifft, eine gewisse Zurückhaltung auferlegte, finden wir in einem anderen bedeutenden Enzyklopädisten, dem Comte de Buffon, einen bekennenden Katzenhasser. In seiner gefeierten *Histoire naturelle générale et particulière*, die nach seinem Tod von seinem Freund, dem Comte de la Cépède, weitergeführt wurde, lässt er kein gutes Haar an der Katze. Nun macht sie es freilich den Geistern der nüchternen und vorwiegend naturwissenschaftlich orientierten Aufklärung nicht eben leicht, ihr Wesen zu verstehen. Für die Menschen des Mittelalters war sie wegen des Mäusefangs einerseits ein notwendiges Nutztier, andererseits ein halb dämonisches Wesen, das man fürchtete und zuweilen sogar hasste. Für das auf die Epoche der Aufklärung folgende Zeitalter der Romantik hatte sie etwas Geheimnisvoll-Anziehendes und Inspirierendes an sich. Doch die Aufklärung wusste nicht so recht, was sie von der Katze halten sollte. Sie hatte etwas so ganz und gar Unberechenbares an sich, was materialistischen Denkern wie eben jenem Comte de Buffon offenbar einiges Unbehagen bereitete. Er, der auch für das Hauptthema der galanten Zeit, die Liebe, eine durchaus nüchterne Betrachtungsweise an den Tag legte – Aussprüche wie „In der Liebe ist nur das Physische gut“ oder „Die Liebe ist nur die Berührung zweier Schleimhäute“ beweisen das –, fand sich mit dem ambivalenten Wesen der Katze ganz und gar nicht zurecht. Trotzdem, viele seiner Beobachtungen sind von minutiöser Genauigkeit; wer hätte die geheimnisvolle Funktion des Katzenauges besser beschrieben als er:

Ihre Augen funkeln in der Dunkelheit ein wenig, wie Diamanten, die in der Nacht das Licht wiedergeben, mit dem sie sozusagen während des Tages durchtränkt wurden.[109]

Doch andererseits – schauen wir mit unseren Erfahrungen die Katze an, wie Buffon sie einst gesehen hat!

Sie machen nur das, was sie wollen, und niemand auf der Welt kann sie auch nur einen Augenblick zurückhalten, wenn sie davonlaufen wollen. Im Übrigen sind die meisten halbwild, sie kennen keinen Herrn und sind nur auf den Dächern und in den Vorratsspeichern zuhause.[109]

Mit einem Wort, die Katze als individuelles Wesen ist dem aufklärerischen Geist des Monsieur de Buffon entschlüpft. Er gehörte zu jenen Jüngern der Aufklärung, für die die Beschäftigung mit der Natur in erster Linie das sinnlich Wahrnehmbare betraf. Er recherchierte und beobachtete, beurteilte die Natur und ihre Verhaltensweisen aber dann nach moralischen, also gesellschaftlichen Kriterien. So hat er auch das völlig auf den Menschen konzentrierte Weltbild der Aufklärung auf den Punkt gebracht: „Der Mensch als Ganzes ist ein Werk des Himmels, aber die Tiere sind in vielerlei Hinsicht nichts anderes als ein Produkt der Erde.“[110]

Ja, wenn man die Katze hätte dressieren, sie in eine bestimmte Ordnung pressen können, wenn man sie der menschlichen Vernunft hätte unterwerfen können, wie das bei den Hunden der Fall ist, für die Buffon höchstes Lob fand! Aber immer diese Widerspenstigkeit! So kommt Buffon endlich zu seinem rigorosen Urteil:

Die Katze ist ein ungetreues Tier, das man nur der Notwendigkeit halber duldet, sich noch unerfreulicherer Hausgenossen, die man selbst nicht jagen kann, zu entledigen. Allerdings zählen wir hier nicht die Leute dazu, die eine besondere Vorliebe für diese Tiere haben und sie nur zu ihrem Vergnügen halten. Das eine ist der Gebrauch, das andere aber der Missbrauch. Und wenn die Katzen auch, vor allem, wenn sie noch jung sind, eine gewisse Niedlichkeit zeigen, so haben sie gleichzeitig doch eine angeborene Schlechtigkeit, einen falschen Charakter, eine natürliche Perversität, die im Alter noch zunimmt und über die keine Erziehung hinwegtäuschen kann. […] Sie nehmen leicht die Gewohnheiten der Gesellschaft an, aber nicht ihre Sitten. Sie zeigen nur den Anschein von Zuneigung. Man sieht es in ihren Mienen, in ihren Augen: niemals sehen sie eine Person direkt an.[111]

Katzenkenner, die sich zuweilen dem direkt tadelnden Blick ihrer Katze ausgesetzt finden, wissen es besser! Buffon beschließt sein vernichtendes Urteil:

Die Katze scheint nur für sich selbst etwas zu empfinden, nur unter bestimmten Bedingungen zu lieben, sich nur auf einen Handel mit den Menschen einzulassen, um ihn zu mißbrauchen.[111]

Doch wenden wir uns erfreulicheren Beschreibungen zu. Wieder war es ein Franzose, der als Verteidiger der Katze von sich reden machte. 1727 erschien beim Verleger Gabriel-François Quilleau in Paris ein Buch, das seinen Autor, François-Augustin Paradis de Moncrif, mit einem Schlag auf zwielichtige Weise berühmt machte: *Les Chats*. Es war dies das erste Buch der Geschichte, das ausschließlich Katzen zum Inhalt hatte. Der Erfolg gab seinem Autor Recht. Schon im Jahr darauf erschien in Rotterdam ein Neudruck, und unter verschiedenen Titeln erlebte das Werk zahlreiche Auflagen. Moncrifs Biografie ist rasch erzählt: Er war ein typischer Lebemann des 18. Jahrhunderts, Liebhaber der Damenwelt, ein blendender Gesellschafter, dessen zahlreiche Theaterstücke, Romane und Kompositionen heute niemand mehr kennt, der aber zu seiner Zeit in allen Salons zuhause war. Er hatte die Frivolität seiner Epoche, die liebenswürdige Grazie, den scharfen Intellekt, Eleganz und Zynismus gleicherweise mit der Muttermilch eingesogen und strebte zeitlebens nach den schätzenswertesten Gütern des galanten Zeitalters: nach Geld und der Liebe schöner Frauen, dem kostspieligen Flitter eines ungezügelt luxuriösen Daseins. 1735 zog er als Mitglied in die von Richelieu gegründete Académie Française ein und wurde von einem Spaßmacher auf eine höchst originelle Weise geehrt. Der hatte nämlich eine Katze in den Saal gelassen, und als das verwirrte Tier zu miauen begann, stimmten alle Anwesenden mit ein.

Moncrifs Katzenbuch erweckte gelegentlich die Spottlust seiner weniger katzenfreundlichen Kollegen. So etwa in einer Burleske, *Le Miau*, in der der Kater Raminogrobin vor den Mitgliedern der Académie einen Discours über seine Rezeption von Moncrifs Text zum Besten gibt. Was besonders auffällt, ist, wie geschickt der immer wieder katzenhaftes und menschliches Verhalten miteinander verquickt, sodass Vieles von dem, was er der Katze unterschiebt, doch letztlich eine unterschwellige Gesellschaftskritik darstellt. Schließlich entstand *Les Chats* in einem Zeitalter allmächtiger Zensur.

Wenn wir Moncrifs Darstellungen auch nicht immer trauen dürfen, hat er doch ein interessantes und vielseitiges Panorama dessen zusammengetragen, was über die Katze in aller Welt gesagt und geschrieben worden ist. Ähnliches hatten im deutschsprachigen Raum vorwiegend umfassende lexigrafische Werke im Sinn, von denen im späten 17. und dem gesamten 18. Jahrhundert einige, vermutlich dem französischen Vorbild folgend, entstanden sind. Vorläufer dieser Publikationen waren etliche wesentlich in lateinischer Sprache abgefasste Werke, die vor allem im 18. Jahrhundert in deutschen Übersetzungen auf den Markt kamen. In den meisten dieser Lexika mischten sich reale Beobachtungen mit den abergläubischen Vorstellungen der Zeit. So heißt es etwa ganz folgerichtig:

Wenn man bei Nacht einer Katze wider das Haar über den Rücken streicht, so zeigt es sich, als ob Funken daraus hervorführen.[112]

Oder, an anderer Stelle:

Wenn man den Katzen Baldrian oder Katzenkraut hinwirft, so machen sie allerhand possierliche Sprünge und Posituren.[112]

Als besonders ausführlich erweist sich die *Oeconomische Encyclopädie* von Johann Georg Krünitz, die ab 1773 veröffentlicht wurde. Er versammelt auf zirka 90 Seiten alle möglichen wahrscheinlichen und unwahrscheinlichen Beobachtungen und Geschichten zum Thema und ist immerhin einer der Ersten, die die seismografischen Fähigkeiten der Katze an einem Beispiel schildern. Ein Kaufmann aus Messina soll 1783 berichtet haben, dass die in seinem Haus lebenden Katzen versucht hätten, sich durch den Boden des Zimmers hindurch zu graben, in dem sie sich befanden. Der Hausherr, der ihr Treiben beobachtete, öffnete schließlich die Tür, und die Katzen stürmten förmlich ins Freie, rannten auf das Stadttor zu und aufs freie Feld. Der Kaufmann, dem ihr Verhalten seltsam vorkam, folgte ihnen, um zu sehen, was sie im Sinn hatten. Bald darauf wurde ein starkes Beben wahrgenommen. Mehrere Häuser stürzten in sich zusammen, darunter auch das jenes Kaufmanns. Doch er selbst fand sich durch die Furcht der Katzen vor dem Beben gerettet.

Trotz aller Ausführlichkeit, mit der er sich seinem Gegenstand widmet, ist Krünitz doch eher zu den Katzenfeinden zu rechnen. Er konnte nicht verstehen, dass es Leute gibt, die ihre Katzen mit Zärtlichkeit verwöhnen, sie in ihrem Bett schlafen lassen und sie sogar in ihren Testamenten bedenken. Alles in allem scheint er Buffons Abneigung zu teilen, zuweilen sogar fast wörtlich:

Aus öffentlichen und gewöhnlichen Räubern macht man aus ihnen, selbst bei bester Zucht, höchstens nur furchtsame schmeichelnde Betrüger. Sie lernen ohne Mühen gesellschaftliche Gebräuche, nie aber gesellschaftliche Gesittung. Ihr schmeichelndes Wesen ist nur betrügerischer Schein, welches sich auch in ihren verdächtigen Bewegungen und zweideutigen Blicken verrät.[113]

Die öffentliche Meinung schloss sich diesen Vorurteilen keineswegs an. Im Gegenteil, in aufgeklärten Kreisen der Gesellschaft begann das Interesse an der Katze und ihren spezifischen Eigenschaften in besonderer Weise zuzunehmen. Zwar hielt sich unter der Landbevölkerung noch lange die Vorstellung, dass schwarze Katzen Unglücksboten oder von Dämonen besessen seien; auch wurden Katzen, die älter als sieben Jahre waren, vielerorts getötet, weil man glaubte, dass dann ein böser Geist von ihnen Besitz ergreifen würde. Doch im Allgemeinen ging die Katze durchaus besseren Zeiten entgegen.

Dazu leistete auch der rasant zunehmende Import orientalischer Exemplare einen nicht unbeträchtlichen Beitrag. Die Katze gewann allmählich auch an materiellem Wert und damit wieder an Aufmerksamkeit. In vielen Familien wurde sie schon um die Mitte des 18. Jahrhunderts als geschätztes Familienmitglied betrachtet, und je mehr man sich mit ihr beschäftigte, desto faszinierender wirkte sie auf ihre Bewunderer. Hinzu kam, dass zahlreiche prominente Persönlichkeiten mit gutem Bespiel vorangingen, und was diese für gut befanden, war es auch für das gemeine Volk, zumal auch die Gazetten das Ihre dazu beitrugen, um eine interessierte Öffentlichkeit über das gute Einvernehmen stadtbekannter Zelebritäten mit ihren Katzen auf dem Laufenden zu halten.

Gegen Ende des 18. Jahrhunderts entwickelte sich im Zuge neuer Philosophien und Denkmodelle auch eine neue Haltung gegenüber Tieren: Man begann sie als „beseelte Mitgeschöpfe“ zu sehen. Und da hatte die Katze, wohl auch wegen ihrer unergründlichen Rätselhaftigkeit, die Nase entschieden vorne.

Ob eine schwarze Katze Unglück bringt oder nicht, hängt davon ab, ob man ein Mensch ist oder eine Maus.
Amerikanisches Sprichwort

Kapitel 10

Neue Welt, neue Jagdgründe

Die Geschichte der Ansiedlung unserer Hauskatze in der Neuen Welt ist eng mit jener der Kolonialisierung des Doppelkontinents verbunden. Die Urbevölkerung in Süd- und Nordamerika kannte keine zahmen Katzen. In den Urwäldern des Südens lebten Ozelote, Jaguare und Pumas; sie wurden in den alten Indianerkulturen als Verkörperung kriegerischer und blutdürstiger Gottheiten verehrt. Für einige Stämme scheinen sie eine Art von Schutzgottheit gewesen zu sein, die sie vor feindlichen Angriffen bewahren sollten. In den Gebirgswäldern der nördlichen Rocky Mountains lebten vor allem Nordische Wildkatzen, die vermutlich über Alaska in den amerikanischen Kontinent eingewandert waren. Die Indianer Nordamerikas unternahmen ihrerseits keine Versuche, die Tiere zu zähmen. Wozu auch? Sie waren nomadisierende Jäger und hatten für zahme Katzen keine Verwendung. Möglicherweise empfanden sie die gleichfalls von der Jagd lebende Wildkatze sogar als Rivalin. In jedem Fall stellten sie ihr wegen ihres schönen Fells nach. Später wurde sie auch für Trapper und Fallensteller zu einer begehrten Jagdbeute, da ihre Felle in den Pelzhandelsstationen gute Preise erzielten. Auch viele Indianer beteiligten sich an dem Geschäft der Fallensteller, wobei sie sich den Preis für die von ihnen meist in Fallen gefangenen Tieren oft in Tabak und Schnaps auszahlen ließen.

Es heißt, dass Kolumbus von den Einwohnern Westindiens, wie er seine Entdeckung irrtümlich genannt hatte, eine junge Katze als Gastgeschenk erhalten habe. Vermutlich wollten die Indianer dem „weißen Gott“, von dem in ihren Sagen und Prophezeiungen viel die Rede ist, mit einem fauchenden und sich ganz und gar nicht zahm gebärdenden jungen Jaguar imponieren. Der tauchte später in einer Geschenkliste für Königin Isabella wieder auf, zusammen mit einigen farbenprächtigen Papageien und eilig getauften Eingeborenen, die man in spanische Gewänder steckte. In einem Brief an die Königin rühmte Kolumbus die Freundlichkeit der Insularen. Aber zu ihrem Unglück fanden sich unter den Geschenken an die spanischen Seefahrer auch einige Kultgegenstände aus purem Gold. Damit war ihr Schicksal besiegelt: die Neue Welt war für die Konquistadoren ein Versprechen von Reichtum und Macht. Also kamen sie, um sich das Land und seine Bewohner mit Waffengewalt untertan zu machen. Dass das unter dem Vorwand der Missionierung geschah, machte das Unternehmen nicht besser. Ein großer Teil der Schuld an der systematischen Ausrottung der indianischen Kulturen wird der katholischen Kirche angelastet, die sich oft genug von den spanischen und portugiesischen Eroberern für deren durchaus weltliche Zwecke einspannen ließ. Doch sollte man auch nicht vergessen, dass sich immer wieder Angehörige des Klerus fanden, die für die Rechte der Indianer eintraten. Berühmt geworden ist darunter ein von den Indianern respektvoll Padre Jaguar genannter Missionar, der im 19. Jahrhundert einige der von den Besitzern großer Haziendas aufs Äußerste bedrängte Indianerstämme buchstäblich vor der Ausrottung bewahrt haben soll. Das einzige wirklich funktionierende Staatsgebilde in jener Pionierzeit Südamerikas war die so genannte „Jesuitenrepublik“ von Paraguay. Dort zeitigte das Miteinander durchaus positive Früchte, indem sich indianische Traditionen mit christlich-abendländischen mischten. Leider fiel das so Erfolg versprechende Experiment den Intrigen der Spanier zum Opfer, die beim Papst eine Abberufung der Jesuiten durchsetzten.

Die Konquistadoren hatten die Pferde mit nach Amerika gebracht, die Katzen folgten erst später, auf den Schiffen vor allem englischer und französischer Auswanderer, die in der Neuen Welt Zuflucht vor den politischen und religiösen Verfolgungen in ihrer Heimat suchten. Ihr Ziel waren in erster Linie die Wälder und das Seengebiet des heutigen Kanada und des nordamerikanischen Kontinents. Die Einwanderer versuchten dort Fuß zu fassen, indem sie an der Atlantikküste und an den großen Flussmündungen Niederlassungen und Handelsstationen errichteten, um von da aus immer weiter in ein Land vorzudringen, das ihnen nicht gehörte, das sie aber mit dem Recht des Stärkeren in Anspruch nahmen.

Die Katze kam also mit den Einwanderern und deren Schiffen. Grundsätzlich hatte ja von alters her jedes Schiff, das auf große Fahrt ging, zumindest eine Schiffskatze mit an Bord, die den mühsamen Kampf gegen Mäuse und Ratten führen musste, welche nicht nur die Vorräte von Passagieren und Mannschaft, sondern auch Bohlen und Planken, kurz, die Holzkonstruktion der Schiffe selbst, bedrohten. Sogar die Spanier mussten sich dazu bequemen, Katzen an Bord ihrer festungsartigen Galeonen zu halten, wiewohl der Ruf der Tiere nicht zuletzt durch die heilige Inquisition auf der Iberischen Halbinsel besonders schlecht war. Spanische Matrosen fürchteten sich vor den dämonischen Schiffskatzen und glaubten, sie brächten Unheil, mussten sich aber wohl oder übel mit ihrer Anwesenheit abfinden, weil sie sonst womöglich dem Hungertod ausgesetzt gewesen wären.

Mehr und Genaueres darüber, wie die Katzen auf der Route nach Amerika kamen, erfahren wir aus der Geschichte des berühmtesten aller Auswanderungsschiffe, der *Mayflower*, die am 20. September 1620 in See stach und eine Gruppe von Siedlern, die puritanischen Pilgerväter, und deren Familien nach Neu-England trug. Sie hatten neben dem notwendigen Hausrat auch etliche ihrer Katzen mit an Bord genommen, die ihnen helfen sollten, die Ernten ihrer ersten, harten Jahre in einem ihnen unbekannten Land zu schützen. Gemeinsam mit den Pilgervätern gingen also auch die Katzenpioniere von Bord, die bald darauf die von den Einwanderern errichteten primitiven Blockhütten und aus dem Holz uralter Bäume gebauten Häuser, Stallungen und Lagerräumlichkeiten bevölkerten. Bald nahmen sie auch Kontakt zu den in den Wäldern beheimateten Wildkatzen auf, mit denen sie zuweilen durchaus erfolgreiche Mesalliancen eingingen.

Die robusteren Wildkatzen gaben dem Nachwuchs, den sie gemeinsam mit den Neuankömmlingen produzierten, etwas von ihrer ursprünglichen Kraft und wohl auch einen Schuss Wildheit mit. In Maine, einem der Hauptsiedlungsgebiete englischer Einwanderer an der mehrheitlich von Franzosen besiedelten kanadischen Westgrenze, entstand so eine neue Katzenrasse, die Maine-Coon. Sie beeindruckt durch ihre Stämmigkeit, ihr stattliches Aussehen und das schöne halblange Fell, das den Eindruck erweckt, als stecke sie in gefransten Indianerleggins. Im Jahr 1861, noch vor dem amerikanischen Bürgerkrieg, wurde sie zum ersten Mal bei Katzenausstellungen in Boston und New York präsentiert. Heute übertrifft diese Rasse, die spezifisch amerikanisch ist, vielfach sogar die verwöhnte Perserkatze an Beliebtheit. Sie ist kräftiger und gesünder als jene und weist nicht die fatalen Züchtungsmerkmale auf, die das Leben vieler Perserkatzen beeinträchtigen. Maine-Coon-Katzen sind die perfekten Jäger und so etwas wie einst die Waldläufer unter den Siedlern. Mit ihren langen Haaren, ihren kräftigen Pfoten und dem breiten Schädel, aus dem ausdrucksvolle orangefarbene oder smaragdgrüne Augen leuchten, zählen sie zu den Katzenpersönlichkeiten mit einem besonders ausgeprägten Charakter.

Maine-Coon-Katzen fanden sich in den kalten Wintern an der kanadischen Grenze ebenso zurecht wie in den feuchtheißen Klimazonen der Südstaaten. Im Übrigen stellte sich aber schon in der ersten Phase der Kolonialisierung heraus, wie gut die frühen Immigranten daran getan hatten, neben den unvermeidlichen Schiffskatzen, die die Reise über den Atlantik hin und zurück in ihrem Leben mehrfach zurücklegten, noch weitere Katzen mitzunehmen, die im neuen Land bleiben sollten. „Dem Einfluss der Hauskatze auf die amerikanische Besiedlung ist weniger Beachtung geschenkt worden, als sie es verdient hätte", lesen wir in der *Encyclopedia Americana* aus dem 19. Jahrhundert.

Der Vormarsch der Landwirtschaft und die Besiedlung weiter Gebiete durch die Einwanderer war nur dank dieser Tiere möglich. Es lässt sich nicht aufzählen, wie viel Waren und Nahrungsmittel durch die Katzen gerettet wurden, wie viel an Werten sie vor Zerstörung schützten, was für Schädlingsplagen sie verhinderten. Ohne ihre ständige Wachsamkeit würden die größeren Städte in kürzester Zeit von Mäusen und Ratten überrannt werden.[114]

Erstaunlicherweise zeigten sich vor allem die Missionare, die zahlreich in die Neue Welt gekommen waren, als Helfer der Katzen. Mönche wie Juan de Ama hatten schon früh, in den Jahren 1775/76, eine Route von Missionsstationen auf dem Weg von Mexiko nach Kalifornien gegründet und dafür gesorgt, dass dort auch die zum Schutz der Vorräte unersetzlichen Katzen heimisch wurden. Die alten Missionshäuser waren alle mit Katzentüren ausgestattet, durch welche die Tiere kommen und gehen konnten, wie es ihre Mäusegeschäfte verlangten. Aus dem Bericht eines Pater Ignaz Pfefferkorn, der mit einer Gruppe von Mönchen diese Missionsstationen besuchte, erfahren wir, dass alle Stationen gut mit Katzen versehen gewesen seien, sodass die Vorratshäuser von schädlichen Nagern weitgehend frei waren. Und auch als die Mormonen 1847 das Salt Lake Valley besiedelten, hatten sie Katzen mit in ihren Planwagen.

Überhaupt durfte die Katze in keinem der großen Siedlertrecks fehlen, die von der Atlantikküste in die weiten Prärien des Westens führten und den dort ansässigen Indianern zum Verhängnis wurden. Zwei folgenschwere Faktoren wirkten sich im 19. Jahrhundert auf deren Schicksal entscheidend aus: der Bau der Eisenbahn in den so genannten Wilden Westen und die Entdeckung der großen Erdölvorkommen, die eine Lawine der Industrialisierung lostrat. Während das Verhältnis der englischen Einwanderer zu den Indianern von Anfang an denkbar schlecht war, lagen die Dinge weiter im Norden, in Gebieten des heutigen Kanada, zwischen den dort siedelnden Franzosen und den Indianern zum Teil besser. Zwar waren die wilden Irokesen bei den Siedlern gefürchtet, doch gab es auch Stämme, deren Angehörige sich von den französischen Missionaren willig taufen ließen und nicht selten auch die Lebensweise der Weißen annahmen, zumal es häufig zu Ehen zwischen Indianerinnen und Franzosen kam. Schließlich waren nur wenige Frauen aus Europa bereit, den gefahrvollen Aufbruch in ein völlig unbekanntes Land zu wagen. Um dem akuten Frauenmangel abzuhelfen, versuchte schon Jean-Baptiste Colbert, einflussreicher Minister des Sonnenkönigs, im 18. Jahrhundert mittellose Waisenmädchen durch eine ansehnliche königliche Mitgift zu dem Abenteuer zu animieren. Diese Mädchen waren vor allem für die Offiziere und aristokratischen Auswanderer bestimmt, die zahlreichen Trapper und Waldläufer sollten sich mit den Indianerfrauen begnügen. Soweit diese sesshaft wurden, freundeten sie sich bald auch mit der Katze an und erkannten schnell deren Nützlichkeit. Im Allgemeinen waren die Katzen der Pioniere aber auch durchaus kostspielig. Für ihre Besitzer war es fatal, wenn eines der Tiere starb, ohne geeigneten Nachwuchs zu hinterlassen.

Aus einem Geschäftsbericht der *Missouri Fur Co.*, einer Pelzhandelsgesellschaft, erfahren wir:

Heute Morgen verloren wir unsere alte Katze im Lager. Wir waren bereits aufgebrochen, als ihr Fehlen bemerkt wurde. Ein Mann wurde zurückgeschickt; um sie zu suchen. Erst am Abend kam er mit ihr nach.[114]

Die Katze war wichtig und teuer wegen der vielen Mäuse, die sonst womöglich die kostbaren Pelze zerstört hätten. In einem Lager in Gros Ventre hatten sie bereits Waren im Wert von mehreren tausend Dollar angefressen. So wurden Katzen in den Pionierzeiten zuweilen buchstäblich in Gold aufgewogen, und fliegende Händler zogen einen lukrativen Handel mit jungen Katzen auf. Diese *pedlars*, die mit ein paar mit Waren aller Art beladenen Pferden oder Mauleseln über Land reisten und meist auch keine Feindseligkeiten von Seiten der Indianer zu fürchten hatten, weil sie ihnen neben Gütern des täglichen Gebrauchs auch Tabak und vor allem das heiß begehrte „Feuerwasser“ lieferten, führten in einem Korb immer auch eine Anzahl junger Katzen mit. Wo immer die Händler ihre Ladentische aufschlugen, spazierten die Tiere zwischen dem ausgestellten Warenangebot umher und verstanden es hervorragend, das Interesse der Kunden auf sich zu ziehen. Als in Kalifornien der große Goldrausch einsetzte, machten nicht zuletzt auch sie das Geschäft ihres Lebens, denn die Glücklicheren unter den *gold diggers* fanden zwar jede Menge Gold, mussten aber oft hungern, wenn ihnen die Mäuse die Vorräte wegfraßen.

Mark Twain erzählt in *Dick Baker und sein Kater* die Geschichte eines dieser Goldgräberkater, Tom Quartz, der zwar nichts mehr zu beschützen hat, weil ihm die Mäuse zuvorgekommen sind, der dafür aber eine feine Nase für das verborgene Gold hat. Nicht nur das, geht er auch täglich auf die Jagd, bringt den Goldsuchern jede Menge Kaninchen als Jagdbeute und rettet so die vom Goldrausch Besessenen vor dem Hungertod. Der Autor dieser Geschichte selbst lebte zeitweise mit neunzehn Katzen zusammen, denen er die extravagantesten Namen gab. Er bezweifelte, dass ein Haus, in dem nicht „eine gut gefütterte, verwöhnte und in Ehren gehaltene Katze" lebt, ein wirkliches Heim sein könne. Bezeichnend auch ein berühmter Ausspruch, der nicht nur seine Katzenliebe verrät, sondern auch seine Haltung gegenüber den Mitmenschen: „Wenn man den Menschen mit der Katze kreuzte, würde der Mensch besser, die Katze aber schlechter werden."[115]

Dass er sich in beiden, in Katze und Mensch, nicht getäuscht hat, illustriert folgende Anekdote: Während Mark Twain in New York lebte, hatte er einen Kater namens Bambino, dem er das Kunststück beigebracht hatte, vor dem Zubettgehen die Tischlampe zu löschen, indem er mit der Pfote auf einen Knopf drückte. Als der Kater eines Tages ausgerissen war, setzte Mark Twain einen beachtlichen Finderlohn aus, mit dem Resultat, dass sich tagelang Schlangen von Menschen vor seinem Haus einstellten, die seinen Kater angeblich gefunden hatten. Bambino allerdings fand sich schließlich ganz unschuldig im Hof des Nachbarhauses wieder und tat so unbeteiligt, als ginge ihn die ganze Aufregung nichts an.

Doch zurück zu den Pionierkatzen: auch die gelangten zuweilen auf abenteuerlichen Wegen an ihren Bestimmungsort. Als etwa in Memphis, im Staate Tennessee, eine Typhusepidemie ausbrach, lobten die Stadtväter einen Preis von 5.000 Dollar für denjenigen aus, der ein wirksames Mittel gegen die Seuche zu finden wüsste. Ein findiger Kaufmann schickte darauf einen Korb mit Katzen als Eilsendung an den Bürgermeister der geplagten Stadt. Die Stadtverantwortlichen hielten dies für einen schlechten Scherz und zitierten den Mann vor Gericht. Doch während sich das Gerichtsverfahren hinzog, hatten die Katzen ihrerseits mit den Ratten, welche die Krankheit eingeschleppt und verbreitet hatten, kurzen Prozess gemacht. Mit ihnen verschwand zum guten Ende auch die Epidemie, und der umsichtige Händler bekam seinen Lohn zugesprochen. In manchen Gegenden war es sogar üblich, dass Farmern, die bei der Bezirksverwaltung eine größere Anzahl von Ratten- und Mäuseschwänzen vorwiesen, eine Prämie ausbezahlt wurde. Es konnte sich also durchaus lohnen, in eine tüchtige Katze oder einen kräftigen Kater eine Handvoll Dollars zu investieren.

Auch in den Südstaaten der USA spielten die Katzen eine wichtige Rolle, vor allem auf den riesigen Plantagen der Sklavenhalter-Barone. Den Großgrundbesitzern, die sich weite Landflächen angeeignet hatten, um darauf Tabak, Indigo und vor allem Baumwolle anzupflanzen, fehlten bald die Arbeitskräfte, da sich die Indianer als ungeeignet erwiesen und bei der Arbeit im sumpfigen Gelände wie die Fliegen hinstarben. Also griff man auf den Sklavenhandel zurück, der im 17. und 18. Jahrhundert immer noch florierte. Hunderttausende Menschen wurden von skrupellosen Schiffseignern in Afrika oft unter Mitwirkung ihrer eigenen Stammesfürsten, die sich auf diese Weise Geld verschaffen wollten, aufgebracht und in die Südstaaten der jungen USA verschleppt. Ein Großteil der menschlichen Ware ging schon auf dem Transport zugrunde, der Rest schuftete auf den ausgedehnten Besitzungen der Weißen unter der Peitsche von Aufsehern. Auf diesen Plantagen gab es mehr oder weniger große Ansammlungen von Hütten, in denen diese wie Arbeitstiere gehaltenen Menschen mehr vegetierten als lebten. Infolge der notwendigen Vorrats- und Lagerhaltung, die der Plantagenbetrieb mit sich brachte, gehörten Katzen zum unverzichtbaren Bestand der Plantagenwirtschaft. Sie bevölkerten sowohl die Hütten der Sklaven, an deren Türen Katzeneingänge angebracht waren, damit die Tiere sich ungehindert innerhalb der Ansiedlung bewegen konnten, als auch die Lagerhäuser mit ihren Vorräten an Baumwolle und den anderen Ausfuhrgütern, denen die so genannten weißen Herren ihren Reichtum verdankten. Als die Sklavenhaltung in den Vereinigten Staaten schließlich verboten wurde und viele dieser Herren von gestern vor dem Ruin standen, fanden sich die Plantagenkatzen in der unerfreulichen Lage, für sich selbst sorgen zu müssen, und verwilderten mehr oder weniger. In vielen Fällen wurden sie gefangen oder erschossen und bereicherten die Kochtöpfe der verarmten Bevölkerung.

Freilich brachten die Siedler nicht nur die Katze aus Europa mit, sondern oft auch die alten Vorurteile. Dem Tier, das doch wesentlich zur Festigung ihres jungen Wohlstands beigetragen hatte, wurde nur selten die Dankbarkeit zuteil, die ihrem Beitrag angemessen gewesen wäre. Und so hatte die Katze auch in Amerika zeitweise eine ziemlich schlechte Presse. Viele abergläubische Vorstellungen, die sich um sie rankten, machten ihr das Leben schwer, und oft genug musste sie es für dubiose Heilmittel und Zauberrezepturen lassen. In Pennsylvania hielt sich in der Bevölkerung lange hartnäckig der Glaube, dass schwarze Katzen den Tod von Kleinkindern verursachten, mit dem Erfolg, dass in dieser Region solche Tiere nahezu völlig ausgerottet wurden. Experten für „Beschwörungen" empfahlen die abwegigsten Mittel, um den Fluch zu bannen. Die Vorstellung, dass schwarze Katzen Unglück verbreiten, wurde schließlich von Edgar Allan Poe aufgegriffen. Seine Novelle *Die schwarze Katze* fasst nicht nur alles zusammen, was man diesem Tier über die Jahrhunderte an Dämonie zugetraut hatte, sondern wurde damit auch zum Vorbild für den Schauer-Krimi, der in der zweiten Hälfte des 19. Jahrhunderts in der angloamerikanischen Literatur auftauchte und es schnell zu großem Erfolg brachte.

Abergläubische Vorstellungen, in denen die Katze schlecht wegkam, stammten nicht nur aus dem alten Europa, sondern auch von den Nachkommen der afrikanischen Sklaven. In den Südstaaten der USA sowie auf Inselstaaten wie Hawaii und Tahiti, wo ein Großteil der farbigen Mischbevölkerung lebte, die aus den Nachfahren der einstigen Sklaven hervorgegangen war, machten die so genannten Voodooköniginnen von sich reden. Gemeinsam mit den aus Afrika importierten Medizinmännern und Zauberern brachten sie uralte afrikanische Kult- und Zauberrituale auf den neuen Kontinent. Heute gilt Voodoo in manchen Gegenden, darunter auch in Kuba, als offizielle Religion. Vielfach entstanden aber auch Mischformen von afrikanischen und christlichen Elementen, sodass christliche Heilige zugleich afrikanische Gottheiten verkörperten. In den ursprünglichen Formen des „Voodoozaubers" wurden die Gottheiten und Dämonen oft durch Tieropfer geneigt gestimmt, an einer bestimmten Person Schadenzauber zu üben. Auch harmlosere Formen des Aberglaubens waren weit verbreitet. In den Südstaaten etwa sollten vor einer Hochzeit alle Katzen weggesperrt werden, weil es Unglück brachte, wenn dem Brautzug eine Katze über den Weg lief. In manchen Gegenden galt es als Glückszeichen, wenn einem eine gefleckte Katze begegnete, in anderen verkündete es Unglück. Eine sich putzende Katze konnte unerwartete Besucher oder auch Regen ankündigen. Und es hieß, wenn man in ein neues Haus ziehe, solle man die Katze zurücklassen, weil sie sonst Unfrieden stifte. Weit verbreitet war auch der Glaube, wenn eine Katze bei einem Kranken schlafe, ginge dessen Übel auf sie über. Aus diesem Grund wurden Katzen gelegentlich in eine Krankenstube gesperrt. Wenn man sie dann wieder hinausließ und vor die Tür setzte, glaubte man, sie trage die Krankheit mit sich fort.

Solange man im Verkehr mit der Alten Welt auf Schiffe angewiesen war, gehörte die Schiffskatze zu den unverzichtbaren Mitgliedern der Besatzung. Bis weit ins 20. Jahrhundert hinein bevölkerte sie die Docks und Lagerhäuser der großen amerikanischen Hafenstädte. Kein Schiff, das auslief, tat dies ohne eine oder mehrere Katzen an Bord. Sie wohnten im Bauch des Schiffes und gaben Acht, dass alles seine Ordnung hatte. Manchmal stromerten sie über Deck und ließen sich wohl auch vom Koch in der Kombüse einen Leckerbissen zuwerfen. Bei stürmischem Wetter wurden sie oft genug von einem salzigen Guss Seewasser überrascht, und gelegentlich mussten sie sich verzweifelt an einem Tau oder einem Mast festklammern, um auf ihrer schwankenden Behausung nicht die Balance zu verlieren. Unter den Matrosen war man über die Reisegefährtin freilich geteilter Meinung: Es gab für notorisch abergläubische Menschen zu viel, was sich bei all den Unsicherheiten auf See als böses Omen deuten ließ, und für viele war die Katze eben nichts anderes als eine Unheilsbotin. Doch andererseits verstand sie es durchaus, sich als Maskottchen einzuschmeicheln. Vor allem die Kapitäne scheinen die tierischen Mannschaftsgenossen ins Herz geschlossen zu haben. Es gibt zahlreiche Geschichten darüber, dass ein Kapitän sein Schiff auf hoher See beidrehen ließ, weil die Schiffskatze über Bord gegangen war und verzweifelt um ihr Leben schwamm, ehe sie von einem beherzten Mitglied der Crew herausgefischt und zum Trocknen an Deck gebracht werden konnte. Manche dieser Geschichten mögen nicht viel mehr sein als Seemannsgarn, doch es gibt auch genügend glaubwürdige Zeugnisse von solchen Vorfällen. Auf vielen Schiffen galt es als Unglücksomen, wenn die Katze auf hoher See starb oder an den Folgen eines Unfalls zugrunde ging. Sehr oft kam es ja vor, dass bei schlingerndem Schiff die Ladung im Laderaum durcheinander geriet und die Katze erschlagen wurde. In diesem Fall erwies sich die Mannschaft durchaus als pietätvoll: Schiffskatzen wurden nicht einfach über Bord geworfen, sondern fast immer mit Zeremoniell „der See übergeben". Man betrachtete sie eben auch als Mitglied der Crew, und die Widrigkeiten der Seefahrt und ihre Gefahren schweißten über Gattungsgrenzen hinweg zusammen. Im nächsten Hafen würde dann ein neuer Leichtmatrose anheuern, und das Spiel über den nassen Planken würde von neuem beginnen.

Abergläubisch oder nicht, zweifellos liebten die hart gesottenen Seeleute ihre tierischen Kameraden und brachten ihnen jedenfalls viel Zuwendung entgegen. Gelegentlich fertigten sie sogar eigene Hängematten für sie an, in denen sie, wohlbehütet im Kreis der Matrosen, schlafen konnten. Der pechschwarze Nigger, Schiffskater auf der *Terra Nova*, dem Expeditionsschiff, mit dem Robert F. Scott 1910 zu seiner verhängnisvollen Antarktisexpedition aufbrach, verfügte über einen solchen Komfort. Edward Wilson, der als Biologe mit von der Expedition war und auf dem Rückmarsch gemeinsam mit Scott zugrunde ging, notierte in seinem Tagebuch:

Er hatte seine eigene kleine Hängematte bei den Seeleuten auf dem Vorschiff, eine echte Matrosenhängematte mit kleinen Decken und einem hübschen Kissen darauf, darüber Decken zum Zudecken. Er hatte es gelernt, in diese Hängematte zu springen und unter die Decken zu kriechen, mit dem Kopf auf dem kleinen Kissen.[116]

Vermutlich kam der kluge Kater gemeinsam mit den anderen unglücklichen Teilnehmern der Expedition zu Tode. Jedenfalls war über sein weiteres Schicksal nichts zu erfahren.

Wenn das Schiff in einen Hafen einlief, hatten die Schiffskatzen oft mit den Matrosen Landgang. Und wie jene trieben sie sich auf den Docks herum, strichen um die Hafenkneipen, erhaschten da und dort einen Bissen, der ihnen zusagte, und vergnügten sich mit den ortsansässigen Katzen und Katern. Dabei kam es, nach alter Seemannsmanier, nicht selten zu beträchtlichen Schlägereien. Weibliche Schiffskatzen kamen oft genug geschwängert auf ihr Schiff zurück und beglückten in angemessener Frist ihre Kameraden mit einer Ladung kleiner Kätzchen. Abenteuerliches wird von der Pünktlichkeit berichtet, mit der die an Land stromernden Tiere auf ihr Schiff zurückfanden, wenn es zum Auslaufen bereit war. Manche dieser Geschichten mögen übertrieben sein, doch im Großen und Ganzen scheint sich der untrügliche Orts- und Zeitsinn der Katze auch in diesem Fall bewährt zu haben. Und die Schiffskatze hängt an ihrem Zuhause: Sie will nicht auf irgendein Schiff – es liegen ja meistens mehrere davon in einem Hafen –, sondern eben auf das, mit dem sie gekommen ist und wo man sie als arbeitendes Mitglied der Crew schätzt.

Nicht selten kommt es im Land der unbegrenzten Möglichkeiten vor, dass Katzen regelrecht als Angestellte in Erscheinung treten. So stand eine Katze namens Minnie als Mäusefängerin im Dienst einer Erdölgesellschaft. Ihr „Arbeitsvertrag“ rief den Chef der örtlichen Gewerkschaft auf den Plan: Arbeitszeit 24 Stunden täglich, sieben Tage die Woche, dazu ohne Urlaub und für ein Monatsgehalt von 3,70 Dollar – das war ja schlimmer als Sklaverei! Minnie, die ihre tägliche Ration Milch und Fisch bekam, beklagte sich nicht und sorgte obendrein pünktlich für geeigneten Nachwuchs, sodass einer ihrer Söhne, Esso II, ihre Aufgaben übernehmen konnte, als sie selbst zu alt dafür wurde. Sehr beliebt waren auch Postkatzen, die gleichsam als Staatsangestellte besoldet wurden. Sie hatten die Aufgabe, über den Postsäcken zu wachen, damit diese nicht ein Opfer der Mäuse wurden. Dieses Amt hatten sie im Übrigen auch im alten England schon innegehabt. Auch in den Lagerhallen der Eisenbahn waren Katzen beschäftigt, und selbst die US Army konnte auf die wackeren Mäusefänger nicht verzichten. Als sich jedoch herausstellte, dass der staatliche Mäusevernichtungstrupp dank seines ausgeprägten Vermehrungstriebs schließlich selbst zu einer kleinen Armee angeschwollen war, scheint in der Heeresverwaltung einige Ratlosigkeit geherrscht zu haben. Schließlich konnte man die Reservisten, mit denen man nicht gerechnet hatte, doch nicht einfach auf die Straße setzen.

Wie in England hat auch in den USA so gut wie jede Kirchengemeinde ihre eigene Katze, die in den Gottes- und Versammlungshäusern weitgehend ungehindert ein und aus gehen können und sie vom Mäusebefall freihalten. Und natürlich findet die Katze auch in den College-Bibliotheken und den Studentenwohnheimen ihr Auskommen. Sie geht dort ihrer gewohnten Profession nach und wacht darüber, dass die Bücherschätze nicht den unerwünschten Nagern zum Opfer fallen. Allerdings kommt auch sie an die wertvollsten Stücke nicht mehr heran: Die sind heute in klimatisierten Tresoren jedem profanen Zugriff entzogen.

Mit der Modernisierung der Landwirtschaft und seit die Katze im Gefolge der Menschen zur Städterin geworden ist, hat sich ihre Arbeitssituation auch in Amerika beträchtlich verändert. Sie hat ihre Daseinsberechtigung als Mäuse- und Rattenjägerin weitgehend verloren. Heute haben diese Aufgabe, keineswegs zum Vorteil einer gesunden Ernährung, die großen Chemiekonzerne übernommen. Die Katze hat sich indes auf ein neues Aufgabengebiet besonnen, sie ist zur Gesellschafterin des in den Steinwüsten der Städte vereinsamenden Menschen geworden.

Über einen wahren Traumberuf können sich die Scharen der Testfresser für die Hersteller von Katzenfutter freuen. Auf eigenen Testfarmen werden mehrere Hundert Katzen von Ernährungswissenschaftlern, Verhaltensforschern und Köchen verwöhnt. Sie haben keine andere Lebensaufgabe, als immer wieder neue Futtersorten und deren Beimischungen zu begutachten. Dazwischen werden sie gewogen, gemessen und auf ihren allgemeinen Gesundheitszustand geprüft, was für sie wohl die unerfreulichere Seite ihres Berufslebens darstellt. Im Übrigen sind sie unbestechlicher als jeder Restauranttester. Was sie sich auf der Zunge zergehen lassen, muss schon von erster Güte sein. Katzenhalter in aller Welt können es bestätigen: Die Katze weiß genau, was sie will, und ist das Angebot nicht zu ihrer Zufriedenheit, ist der oft auf Tage ausgedehnte Futterstreik so gut wie vorprogrammiert. Deshalb sollen die Testkatzen für ihre Millionen zählende Verwandtschaft herausfinden, was gut ist und schmeckt.

Ja, und noch ein Traumberuf ist hier zu nennen, der freilich nur wenigen auserwählten Exemplaren offen steht: der der Staatskatze, der *first cat*, eine Position, die den Tieren der jeweiligen Präsidentenfamilie von jeher zukommt. Schon George Washington ließ sich mit einer Katze porträtieren. Abraham Lincoln soll mitten im Sezessionskrieg drei verschreckte Kätzchen gerettet und in seinem Amtssitz beherbergt haben. Berühmtheit erlangten Tom Quartz und Slippers, die Katzen von Theodore Roosevelt, die sogar an offiziellen Staatsbanketten teilnehmen durften und vom Präsidenten eigenhändig das Frühstück serviert bekamen. Auch Caroline Kennedys Kater Tom Kitten brachte es zu Schlagzeilen auf den Titelseiten des Boulevards. Doch den Gipfel an Popularität erreichte freilich Socks, der Kater von Präsident Bill Clinton. Er nützte nicht nur dem Image des Präsidentenpaares, denn gelegentlich waren die Nachrichten von Socks „more amusing" als die aus dem Weißen Haus. Socks hielt allerdings nicht nur die Paparazzi und Hofberichterstatter in Atem, sondern auch die CIA. Der neugierige Kater begnügte sich nicht mit dem Garten des Weißen Hauses, sondern liebte es, in den umliegenden Straßen zu streunen. „Er hat kein Anrecht auf Begleitschutz, wenn er sich außerhalb seines Areals aufhält", dekretierte der genervte Chef des Sicherheitsdienstes. Also, keine Leibgarde für Socks! Doch immerhin hat er noch heute eine eigene Website, auf der ihn noch heute täglich unzählige Fans besuchen.

Zuweilen treibt die Liebe der Amerikaner zu ihren Katzen eben seltsame Früchte, und zwar heute wie damals. Schon im späten 19. Jahrhundert wird von Katzenhaltern berichtet, die ihre Tiere testamentarisch als Erben ihres Vermögens einsetzten. Vor allem alleinstehende Witwen, denen sie Trost in ihrem vereinsamten Dasein boten, erwiesen ihren schnurrenden Gesellschaftern oft auf diese Weise ihren Dank. Dazu muss man wissen, dass Witwen in der angloamerikanischen Gesellschaft des 19. Jahrhunderts einen schweren Stand hatten. Man erwartete, dass sie zurückgezogen und für sich lebten und möglichst wenig am öffentlichen Leben teilnahmen – außer an Wohltätigkeitsveranstaltungen, bei denen man auf eine großzügige Spende hoffte. Seltsamerweise hielten sich solche überkommenen Normen im jungen Amerika oft länger als im alten Europa, wo sich in lebenslustigen Städten wie Paris und Wien ausreichend Vorbilder für Operetten wie *Die lustige Witwe* fanden. Im jungen Amerika hingegen waren Witwen und unverheiratete ältere Damen zu einem Leben in Einsamkeit verurteilt, wenn sie nicht Anstoß erregen wollten. Und Katzen waren da wohl willkommene Gesellschafter, die ihnen die Zeit verkürzten. Noch um die Mitte des 20. Jahrhunderts vermachte eine gewisse Margaret Montgomery ihrer Katze die stolze Summe von 30.000 Dollar, mit der Anweisung, der Begünstigten eine jährliche Apanage von 1.400 Dollar auszubezahlen, damit ihr gewohnter Lebensstandard gesichert sei. In Chicago vererbte eine reiche Witwe ihr gesamtes Vermögen ihren drei Katzen und begründete dies mit der Erklärung: „Ich habe nie Kinder gehabt, und diese Katzen sind meine einzige Familie.“[117]

Neben exzentrischen Katzenfreunden begegnen wir unter den Amerikanern der letzten beiden Jahrhunderte freilich auch notorischen Katzenhassern. Einer der prominentesten war der Bankier Rockwell Sayre aus Chicago, der in den frühen 1920er Jahren nicht weniger anstrebte als eine Welt ohne Katzen. Für jede getötete Katze versprach er zehn Cent. Wer ihm schließlich die letzte tote Katze bringen würde, dem versprach er hundert Dollar. Seiner Berechnung nach sollten in zehn Jahren etwa sieben Millionen Katzen von der Erde verschwunden sein. Unglücklicherweise lebte der Mann nicht lange genug, um sich vom Scheitern seiner Prognose überzeugen zu können: Kurz nachdem er 1925 seine Kampagne noch einmal um zehn Jahre verlängert hatte, starb er. Immerhin erregte der Feldzug dieses Mannes großes Aufsehen, und die Katzenfreunde schlossen sich zu Katzenklubs und -vereinen zusammen, um die Angriffe auf ihre Lieblinge mit vereinten Kräften abzuwehren.

Die schlimmsten Feinde der Katze freilich finden sich nicht auf der Straße und in der Dämmerung versteckter Orte, sondern vielmehr in den wissenschaftlichen Labors, in denen Hekatomben von wehrlosen Tieren einer Forschung geopfert werden, deren Nutzen für die Menschheit immer wieder aufs Neue in Frage gestellt werden muss. Glücklicherweise haben sich, vor allem seit der zweiten Hälfte des 20. Jahrhunderts, in fast allen amerikanischen Städten ganze Netzwerke von Tierschutzorganisationen etabliert, die unter Mithilfe

Prominenter, Künstler und Kulturschaffender versuchen, diesem wissenschaftlichen Missbrauch der Katze wie auch vieler anderer Tiere Grenzen zu setzen, aber auch die schwierige Situation der Straßenkatzen zu verbessern.

Seit die Katze vorwiegend zur Stadtbewohnerin geworden ist, hat sie in vielen Städten Amerikas eigene Friedhöfe. Auf fast allen dieser Tierfriedhöfe werden Verabschiedungen für Katzen und Hunde mit einem besonderen Zeremoniell durchgeführt. Die Gräber sind dabei kaum weniger kostspielig als die für Menschen, und natürlich muss das *pet* auch einen standesgemäßen Grabstein bekommen, von den Kosten für das Begräbnis, die Grabpflege und den Blumenschmuck nicht zu reden. In manchen Städten gibt es auch eigene Krematorien für Tiere. Die Einäscherung findet, nach gebührend feierlicher Verabschiedung, in Anwesenheit der trauernden Hinterbliebenen statt, die kleinen Urnen mit der Asche werden in einer eigenen Kapelle beigesetzt, wenn der Besitzer es nicht vorzieht, sie mit nach Hause zu nehmen und ihr dort einen gebührenden Ehrenplatz zu schaffen.

Man könnte sagen, dass sich der Kreis hier schließt. Zwar haben die Katzen noch lange nicht den Status von Göttern erreicht, und selbst der pompöseste amerikanische Tierfriedhof kann sich nicht mit der Katzennekropole von Bubastis messen, doch immerhin ist der Fortschritt, den die Katze in der Wertschätzung des Menschen gemacht hat, beträchtlich. Oder etwa doch nicht? Ist der pompöse Aufwand, der um die Katzen vielfach getrieben wird, nicht eher der Versuch, sich selbst über einen Verlust hinwegzutrösten, und vielleicht auch der Ausdruck eines latent schlechten Gewissens? Immerhin ist der Contrat social, den der Mensch mit seiner Katze eingegangen ist, doch mehr zu seinen Gunsten abgefasst. Die Katze wird ja, vor allem wenn es sich um eine Wohnungskatze handelt, nicht gefragt, ob auch sie mit den Bedingungen dieses Kontrakts einverstanden ist. Und sie hat, anders als auf freier Wildbahn, wo sie nicht selten ihr Heim und dessen Besitzer wechselt, wenn sie ihr nicht zusagen, in einer Wohnung eingesperrt, keine Möglichkeit, ihre Lebenssituation zu verändern. Es hängt heute fast zur Gänze von ihren Haltern ab, ob sie ein einigermaßen katzengerechtes Leben führen kann. Fraglich ist immer auch, ob der Mensch wohl seinerseits bereit ist, seinen Teil des Vertrags verantwortungsvoll zu erfüllen. Es gibt nicht wenige Katzenhalter, die ihren Lieblingen die Krallen wegoperieren lassen, sie zu häuslichen Krüppeln machen oder ihre Hausgenossen ohne alle Scham vor die Tür setzen oder, noch schlimmer, sie zur „Einschläferung" zum Tierarzt bringen, wenn sie ihnen unbequem werden. Die Veterinäre in den Großstädten wissen immer wieder von solchen Zumutungen zu berichten. Besonders schamlos ist das Beispiel einer Dame der guten Gesellschaft, die ihren Kater töten lassen wollte, damit er bei einer Dinnergesellschaft, die zu geben sie beabsichtigte, nicht seiner Gewohnheit gemäß auf den Tisch springen könne. Als sie erfuhr, dass der Arzt den Todeskandidaten an eine verständnisvollere Tierhalterin vermittelt hatte, brachte sie Klage ein, weil er zwar das Geld genommen, ihren Auftrag aber nicht ausgeführt hatte.[117]

Verändern sich die Lebensbedingungen des Menschen zum Schlechteren, wirkt sich dies unweigerlich auch auf die Katze aus. Als im Zuge der jüngsten Immobilienkrise unzählige Familien ihr Heim verloren, weil die Banken sie wegen Zahlungsunfähigkeit vor die Tür setzen ließen, waren es nicht zuletzt die Haustiere, die die Rechnung zu bezahlen hatten. Es ist ein trauriger Anblick, den diese verwirrten, auf den Stufen verschlossener Häuser sitzenden oder ratlos durch die Vorgärten verwaister Wohnviertel streifenden Katzen bieten. Die meisten von ihnen werden sich wohl (oder übel) dem Heer der heimatlosen Streuner anschließen, das die Slums und Müllhalden bevölkert, die heute wie in der Vergangenheit auf der Kehrseite des amerikanischen Traums zu finden sind.

Miau! ... Was ist die Sprache der Menschen gegen dieses einfachste aller einfachen Mittel, sich verständlich zu machen?
E. T. A. Hoffmann

Kapitel 11

Die Herrin der Salons

Im letzten Drittel des 18. Jahrhunderts bewegte sich die europäische Gesellschaft auf einen großen Umbruch zu. Die absolutistischen Herrschaftssysteme begannen zu bröckeln, die beiden Säulen, die sie stützten, Adel und Geistlichkeit, hatten im Verlauf der Entwicklung einen Teil ihres Einflusses verloren. Von England und Frankreich ausgehend gewann das städtische Bürgertum sowohl im kulturellen als auch im gesellschaftlichen Bereich mehr und mehr an Boden. Im Zuge der beginnenden Industrialisierung und infolge des technischen Fortschritts entstanden, nicht immer zum Vorteil der so genannten arbeitenden Klasse, neue Formen des Berufslebens, die schließlich zu einer weitgehenden Trennung von Arbeits- und Privatsphäre führen sollten.

In den „intellektuellen Kreisen" erlangte der neue Berufsstand der Journalisten bald eine Art von Monopol über die öffentliche Meinungsbildung, und die Philosophen der Zeit, allen voran Jean-Jacques Rousseau, bewirkten eine drastische Veränderung des Weltbildes. Anstelle eines allgemein gültigen Dogmas trat ein mehr oder weniger unverbindlicher Deismus, der das Göttliche in aller Geschöpflichkeit sah und zu einer völlig neuen Betrachtungsweise der Natur führte. Die alte Frage nach einer Beseeltheit alles Geschaffenen rückte wieder in den Blickpunkt, nachdem sie von der christlichen Theologie, gestützt auf den jüdischen Schöpfungsbericht der Genesis wie auf das in großen Teilen noch gültige römische Recht, weitgehend negiert worden war.

Zwar hatte schon Thomas von Aquin, der wohl bedeutendste Vertreter der Hochscholastik, auf Aristoteles zurückgreifend, eine Art von „Beseelung“ als Lebensprinzip angenommen, das auch die Tier- und Pflanzenwelt umfasste, doch unterschied er diese deutlich von der unvergänglichen Geistseele. Das wesentliche Unterscheidungsmerkmal lag für ihn nicht so sehr in der Denk- und Bewusstseinsfähigkeit des menschlichen Geistes als vielmehr in der „Ewigkeitsfähigkeit“ der Menschenseele: Während die „Naturseele“ mit dem Tod des Geschöpfes vergeht, ist die dem Menschen von Gott eingehauchte „Geistseele“ wie dieser selbst unvergänglich und daher allein zu ewigem Leben bestimmt. Die Frage nach der Beseeltheit der Natur wurde im Verlauf mehrerer Jahrhunderte zu einem Hauptstreitpunkt der Gelehrten. Für René Descartes, den wichtigsten Philosophen der Aufklärung, stand fest: Es ist der denkende Geist, der die besondere Würde und Herausgehobenheit des Menschen aus der übrigen Schöpfung begründet. Nur wer denkt, hat eine Seele, und diese denkt immer. Es ist sozusagen ihr Wesensmerkmal, zu denken. Tiere hingegen unterliegen in diesem cartesianischen Modell selbst in ihren Empfindungen ausschließlich physikalischen Gesetzen. Descartes sieht im Tier eher physikalisch gesteuerte Maschinen als fühlende Lebewesen. Der Philosoph der Aufklärung, der die ganze Welt im klaren Licht der Vernunft sehen wollte, befand sich damit in einer scharfen Gegenposition zum nachdenklichen Montaigne, der ein halbes Jahrhundert zuvor in seinen *Essais* geschrieben hatte:

Noch steht nicht fest, bei wem der Fehler liegt, dass wir einander nicht verstehen, denn: wir verstehen die Tiere ebenso wenig, wie sie uns verstehen. Sie können uns aus dem gleichen Grund für unvernünftig halten, aus welchem wir sie für unvernünftig halten. Es ist kein großes Wunder, wenn wir sie nicht verstehen: wir verstehen ja auch andere Völker nicht.[118]

Gegen Ende des 18. Jahrhunderts hatte man genug vom klaren Licht der Vernunft, das die Aufklärung in all ihren Äußerungen anstrebte. Man hatte auch genug von den kunstvollen Umgangsformen, von der Unechtheit der Gefühle, von Perücken und Pomp, kurz vom gesamten Lebensstil des Rokoko. Rousseaus Zivilisationskritik, die später in der Devise „Zurück zur Natur!" zusammengefasst wurde, seine Forderung nach Natürlichkeit und Einfachheit der Lebensformen, sorgte für ein gewaltiges Echo. Philosophen, Literaten und Künstler begannen eine neue Welt für sich zu entdecken, eine Welt, in der das Gefühl über die Vernunft triumphieren sollte. In dieser Welt ging es vor allem um Empathie, das Miterleben und Miterleiden der Geschöpflichkeit. Im Hinblick auf die noch immer heftig umstrittene Tierseele war es die offenkundige Leidensfähigkeit des Tieres, die ein wichtiges Argument für seine Beseeltheit darstellte und etwa den englischen Juristen und Philosophen Jeremy Bentham – übrigens einen enthusiastischen Vorkämpfer für die Frauenrechte – zum Verfechter besserer Lebensverhältnisse für die Tiere werden ließ. Er dürfte seine tierfreundliche Einstellung nicht zuletzt der langjährigen Gemeinschaft mit seinem Kater Sir John Longbourne verdankt haben, wie sein Biograf Sir John Browning behauptet. Beide, der Philosoph und sein Kater, scheinen so etwas wie exzentrische Romantiker gewesen zu sein.

Doch ehe sich die Romantik mit ihrer gefühlsbetonten, individualistischen Weltsicht generell über ein ganzes Jahrhundert ausbreiten konnte, fegte der Sturm der Französischen Revolution mit all seinen Begleiterscheinungen die Reste der alten Welt, der alten Herrschaftsansprüche, das gesamte Ancien Régime hinweg. Die Ideale des erstarkenden Bürgertums, Freiheit, Gleichheit und Brüderlichkeit, gingen freilich in einem gewaltigen Blutrausch unter, dem, wie fast immer bei solchen Umwälzungen, auch unschätzbare kulturelle Werte zum Opfer fielen.

Die neue Welt, die daraus hervorging, war doppelgesichtig. Einerseits war es eine Welt des bürgerlichen Ordnungssinns, der Kaufleute, der industriellen Entwicklung, kurz der realen Werte; bis hin zum Privatissimum von Partnerwahl und Ehe war das Leben des Bürgers vernünftiger Wirtschaftlichkeit unterworfen. Andererseits schuf die starke Emotionalisierung und Individualisierung in Kunst und Literatur eine geheimnisvolle geistige Anderwelt, in der die Rückbesinnung auf ein idealisiertes Mittelalter eine wesentliche Rolle spielte. Die Kunst der Romantik sah in all ihren Ausdrucksformen ihre Umwelt nicht objektiv, sondern sie wollte den subjektiven Eindruck des Künstlers von einer Landschaft, einer Persönlichkeit, auch eines Tieres wiedergeben. Der Mensch der Romantik befand sich in gewisser Weise auf einem ständigen Rückzug von seiner äußeren Gegenwart. Er war im Zustand einer inneren Emigration aus der Realität und von der Sehnsucht nach den Mythen der Vergangenheit, den Geheimnissen einer beseelten Natur und der Erforschung von Tiefen und Untiefen in der eigenen Seele bestimmt. Dabei waren es vor allem die Nachtseiten des Lebens, die seine Phantasie bewegten und ihn schließlich in der so genannten Schwarzen Romantik landen ließen, in jenem Grenzbereich zwischen Eros und Tod, in dem eine schwindsüchtige „Dame sans Merci"[119] ihr Zepter schwang und als verhängnisvolle „Tödin" die Werke der Dichter und Künstler inspirierte.

Der Rückzug des „romantischen Menschen" aus der Realität seines Daseins entspricht auf der anderen Seite, im Bereich des etablierten Bürgertums, dem Rückzug des „Biedermeier-Menschen" aus dem Raum des öffentlichen Lebens. Die zahlreichen revolutionären Bestrebungen des frühen 19. Jahrhunderts, die auf eine Befreiung des bürgerlichen Menschen von der Herrschaft einer allmächtigen Obrigkeit abzielten, versandeten unter dem Druck von Zensur und Spitzelwesen, wie es etwa das Metternich'sche System verkörperte. Wo sich der Mensch politisch nicht durchsetzen konnte, beschied er sich resigniert mit einer eng begrenzten und behüteten Häuslichkeit. Weil er die großen Dinge der Welt und des Lebens nicht bewegen konnte, richtete der Mensch des Biedermeier, der im deutschen Sprachraum mehr als in anderen Gebieten Europas zuhause war, sein Augenmerk auf die kleine private Welt. Die häusliche Idylle wurde für ihn zum Mittelpunkt aller Daseinsäußerungen. Selbst in England, wo das politische Leben mehr Freiheiten bot als im gesamten übrigen Europa, bezeugte das Schlagwort „My home is my castle", das um die Zeit entstand, klar eine allgemeine Rückzugstendenz.

Die Katze fühlte sich in beiden Welten, der geheimnisvoll-rätselhaften des Romantikers wie der häuslich-intimen des biedermeierlichen Bürgers wohl behaust, und in beiden Welten haben die Menschen sie auch mehr und mehr für sich entdeckt. Es begann damit, dass das ursprüngliche Misstrauen, das zwischen Mensch und Katze über Jahrhunderte bestanden hatte, nun allmählich einem gegenseitigen Verständnis wich. Waren es in den vergangenen Jahrhunderten nur wenige gewesen, die für das oft missverstandene und verkannte Wesen ihre Stimme erhoben hatten, so schwollen diese nunmehr zu einem lauten Chor an, der ihr Loblied sang. Möglicherweise war es sogar ihr schlechter Ruf, der von Buffon und anderen Katzenfeinden auf das Nachdrücklichste verbreitet worden war, welcher nun die öffentliche Meinung zugunsten der Katze beeinflusste. François René de Chateaubriand, französischer Diplomat, Schriftsteller und Katzenfreund, brachte es auf den Punkt:

Ich liebe die Katze wegen ihrer Unabhängigkeit und des fast undankbaren Charakters, der es ihr unmöglich macht, sich an einen Menschen zu binden, diese Gleichgültigkeit, mit der sie die Salons durchschreitet, wie sie über Dachrinnen geht, wo sie geboren wurde. Man streichelt sie, und sie macht einen Buckel. Aber es ist ein physisches Gefühl der Befriedigung, das sie dabei empfindet, und nicht die tölpische Zufriedenheit eines Hundes, der seinen Herrn liebt und ihm treu folgt, auch wenn der sich mit Fußtritten bedankt. Die Katze lebt allein, sie braucht keine Gesellschaft, gehorcht nur aus freien Stücken. […] Buffon hat die Katze schlecht gemacht. Ich beabsichtige, sie zu rehabilitieren, ich möchte aus ihr ein ehrbares Haustier machen, das so recht in unsere Zeit passt.[120]

Die Chancen für dieses ehrgeizige Vorhaben standen in seiner Zeit nicht schlecht, wenngleich gewisse Vorurteile noch immer unausrottbar schienen. Vor allem die Zoologen unter den Naturwissenschaftlern waren sich im Hinblick auf die Katze noch längst nicht einig. So erklärt ein gewisser Christoph Gottfried Giebel in seinem *Vogelschutzbuch* noch nach 1850, die hervorstechendsten Eigenschaften der Katze seien Falschheit, Naschhaftigkeit, Eitelkeit und Bequemlichkeit – das sind in Summe gleich vier der Sieben Todsünden. Allerdings attestiert er ihr eine Liebe zur Reinlichkeit und ihre Willensstärke. Er schreibt:

Die Katze ist als Haustier dem Menschen nur insofern dienstbar, als sie dabei ein angenehmes Leben, zusagende Kost, Schutz gegen Kälte und raues Wetter und Befriedigung ihrer Eitelkeit findet. Allem aber, was ihr im Haus nicht gefällt, tritt sie entschieden entgegen, oder weicht ihm aus, um sich nicht einer gewaltsamen Unterwerfung zu beugen.[121]

Kluge Katze! Wer sollte es ihr verdenken, ihr Leben so angenehm wie möglich zu gestalten?

Gut zehn Jahre vor Giebel veröffentlichte Peter Scheitlin, Schriftsteller aus St. Gallen, ein zweibändiges Werk mit dem Titel *Versuch einer vollständigen Thierseelenkunde*, in dem er der Katze im Gegenteil hohes Lob zollt:

Sie ist ein kleiner netter Löwe, ein Tiger in verkleinertem Maßstab. Alles an ihr ist einhellig gebaut, kein Teil zu groß oder zu klein. Alles ist rund. Am schönsten ist ihre Kopfform. Kein Tierkopf ist schöner geformt. Die Stirn gar hat einen dichterischen Bogen.[122]

Es waren Naturwissenschaftler wie der Zoologe Heinrich Reichenbach und vor allem Alfred Brehm, die am Ende wesentlich dazu beigetragen haben, den Ruf der Katze in ihrer Zeit wiederherzustellen. Reichenbach betonte zwar zu Recht, dass die Katze sich dem Menschen nicht so intensiv anschließe wie der Hund. Sie sei zwar ein Haustier, ziehe aber das Haus, in dem sie lebt, den Menschen, die darin wohnen, vor. Deshalb folge sie ihnen auch nicht, wenn sie in eine andere Umgebung ziehen, sondern kehre immer wieder in ihr gewohntes Revier zurück. Dies ist tatsächlich eine Erfahrung, die schon unzählige Katzenhalter gemacht haben. So beschreibt der Insektenforscher Jean-Henri Fabre in seinen *Nouveaux Souvenirs Entomologiques* (dt. *Erinnerungen eines Insektenforschers*, 1879–1907) die Schwierigkeiten, die sein Kater Matou der Familie anlässlich eines Umzugs bereitet hatte. Nachdem er schon mehrmals ausgerissen war, um in seine gewohnte Umgebung zurückzukehren, unternahm man alle möglichen Vorkehrungen und sperrte den Ausreißer für eine Woche in ein Zimmer, wo er mit Leckereien und Zuwendungen verwöhnt wurde. Matou machte gute Miene zu diesem Spiel und mimte den Harmlosen, als man ihn schließlich unter Aufsicht eines Familienmitgliedes wieder freiließ. Nachdem er Küche und Garten inspiziert und sich mit treuherziger Miene vor seinen Futternapf gesetzt hatte, glaubte man, ihm trauen zu können. Doch am Morgen war er verschwunden – er wurde schließlich wie erwartet vor dem alten Wohnbau aufgefunden. Solche Ausritte wiederholten sich mehrmals, bis Matou schließlich endgültig verschollen blieb.

Auch der Katzenkenner Alfred Brehm bestätigte in seinem berühmten *Tierleben* die starke Ortsgebundenheit der Katze, er wies aber darauf hin, dass sie den Menschen, mit denen sie lebt, durchaus zugetan sei. Von der Katze seines Vaters, der ein bekannter Ornithologe war[123], wusste er zu berichten, dass sie mit großer Anhänglichkeit mit diesem lebte:

Sie brachte ihm immer wieder Vögel mit, die sie so vorsichtig gefangen hatte, dass sie nicht verletzt waren. Auf den ersten Ruf erschien sie sofort, schmeichelnd oder bettelnd, je nachdem sie erkannt hatte, ob sie nur zur Gesellschaft erwünscht war oder einen ihr aufgesparten Bissen bekommen sollte.[124]

Die größere Aufmerksamkeit, die man der Katze im 19. Jahrhundert zu widmen begann, führte dazu, dass viele ihrer vermeintlich schlechten Eigenschaften plötzlich in einem anderen Lichte erschienen. Dabei hat ihre außergewöhnliche Mutterliebe sicher viel zu ihrer Rehabilitation beigetragen. Brehm beschreibt sie ausführlich und offenbar tief beeindruckt:

Keine Menschenmutter kann sich mit größerer Zärtlichkeit und Hingabe ihren Kinderchen widmen als die Katze. In jeder Bewegung, in jedem Laut der Stimme, im ganzen Gebaren gibt sich Innigkeit, Sorgsamkeit, Rücksichtnahme nicht allein auf die Bedürfnisse, nein, auch auf die Wünsche der Kleinen kund. Solange sie hilflos sind, beschäftigt sich die Mutter hauptsächlich mit ihrer Ernährung und Reinigung.[124]

Tatsächlich ist die Katzenmutter eine äußerst liebevolle Erzieherin ihrer Sprösslinge, die auch vor einem gelegentlichen Klaps nicht zurückscheut. Doch ein Kätzchen, das sich etwa drei Monate in ihrer Mutterschule befunden hat, wird für alle Lebenslagen bestens gerüstet sein.

In ihrer Rolle als achtsames und behutsames Muttertier hat die Katze Einzug in die guten Stuben des Biedermeier wie in die Salons der städtischen Gesellschaft des Großbürgertums gehalten. Gerührt von dem Verhalten der Katzenmutter vergaß man bald auch die alten Vorurteile, die sie zu einer Bedrohung für die Menschenkinder gemacht hatten. Die Katze ging nun ganz selbstverständlich auch in den Kinderstuben ein und aus und mutierte zum Lieblingsspielzeug der Kleinen, von denen sie sich seltsamerweise mehr gefallen ließ als von erwachsenen Menschen. Bald gehörten Kind und Katze auch zu den beliebtesten Motiven der Porträtmalerei, seit man im letzten Drittel des 18. Jahrhunderts die Katze als eigenständiges Malobjekt entdeckt hatte.

Seit die mütterliche Fürsorge der Katze in den Mittelpunkt der Betrachtung gerückt war, ging es mit ihrer Wertschätzung stetig bergauf. Das hängt mit einer allgemeinen Zeitstimmung zusammen, denn das 19. Jahrhundert hatte neben vielem anderen auch das Kind entdeckt. Bis dahin waren Kinder gleichsam als kleine Erwachsene behandelt worden. Waren sie aus dem Säuglingsalter herausgewachsen, wurden sie der Fürsorge ihrer Mütter oder Ammen entzogen und lernten von da an, sich als kleine Erwachsene zu bewegen. Die Kinderporträts des 17. und 18. Jahrhunderts zeigen diese fast immer wie klein geratene Erwachsene. Erst im 19. Jahrhundert bekam das Kindesalter als solches einen eigenen Stellenwert. Bezeichnenderweise rückte nun auch das Thema einer kindgerechten Erziehung in den Blickpunkt der Betrachtung. Auch soweit es die Frau betraf, sah man sie nun vor allem in ihrer Rolle als Mutter. Das Ideal war ein allem Sexuellen gegenüber ahnungsloses Mädchen, das von den Eltern standesgemäß verheiratet wurde und neben den unter diesen Umständen für die junge Frau zweifellos schockierenden „ehelichen Pflichten" ihrem Gatten die Last der Haushaltsführung abnahm und ihm vor allem eine angemessene Anzahl von Kindern schenkte, die unter ihrer Obsorge heranwachsen und in den bürgerlichen Tugenden des Anstands unterrichtet werden sollten. Diesem Ideal entsprach die Katzenmutter, die im Hinblick auf die Aufzucht ihrer Jungen geradezu ein Muster an Fürsorge war, ganz hervorragend. An ihrem Beispiel konnten die kleinen Mädchen noch viel besser als beim Puppenspiel den liebevollen Umgang mit ihren jüngeren Geschwistern lernen. Bald entstanden Kinderbücher und fliegende Blätter aller Art, in denen die Anhänglichkeit und Mutterliebe der Katze anschaulich dargestellt wurde. Auch zeigten Beobachtungen wie die von Brehm, dass sich die mütterliche Fürsorge der Katze zuweilen nicht nur auf ihre eigenen Jungen, sondern auch auf ein Adoptivkind erstrecken konnte. So berichtet der Zoologe, wie seine Katze ein mutterloses Eichhörnchen großzog, das ihr von ihm noch blind zur Pflege übergeben worden war, nachdem seine eigenen Versuche gescheitert waren:

Mit Zärtlichkeit nahm sie das fremde Kind als ihr eigenes auf, nährte und wärmte es auf das beste. Das Eichhörnchen gedieh unter seinen Stiefgeschwistern prächtig und blieb, nachdem diese schon weggegeben worden waren, noch weiter bei seiner Stiefmutter. Die beiden Tiere verstanden sich vollkommen: die Mutter rief nach Katzenart, Eichhörnchen antwortete mit einem seiner Art gemäßen Knurrlaut. Bald lief es seiner Pflegerin durch das ganze Haus hin und auch in den Garten nach.[124]

Angesichts solcher rührender Beweise einer ausgeprägten Mutterliebe konnte man viele Vorurteile, die man der Katze lange Zeit entgegengebracht hatte, natürlich nicht länger aufrechterhalten. Je mehr man sich mit ihrem besonderen Charakter beschäftigte, desto vertrauter wurde das Verhältnis zwischen Mensch und Katze. Und da stellte sich auch bald heraus, dass man sie zu Unrecht beschuldigt hatte, dem Menschen gegenüber undankbar zu sein und dem Vergleich mit dem treuen und anhänglichen Hund nicht standhalten zu können. Freilich blieb man sich dessen bewusst, dass die Anhänglichkeit der Katze gegenüber ihren Menschen sich grundsätzlich von der des Hundes unterscheidet. Die Katze ist unabhängiger und selbstbezogener als der Hund, in ihrem Verhältnis zum Menschen ist sie es, die bestimmt, wann sie dessen Aufmerksamkeit sucht und wann sie lieber für sich sein will. Der Hund gehorcht der Stimme seines Herrn, die Katze kommt, wenn sie nicht gerade mit etwas anderem, für sie Wichtigerem, beschäftigt ist. Das bedeutet nicht, dass sie ihre Menschen nicht zu schätzen weiß – nur: Sie ist sich selbst am nächsten!

Ein anderes weit verbreitetes Vorurteil wurde ebenfalls im 19. Jahrhundert entlarvt, und zwar durch Charles Darwin. Er widerlegte durch seine Beobachtungen die auch heute noch gelegentlich geäußerte Behauptung, Katzen seien falsch. In seinem Buch über *Ausdruck der Gemütsbewegungen bei den Menschen und Tieren*[125] zeigte er, dass man bei der Katze so gut wie immer weiß, woran man ist, weil sie dies sowohl durch Körperhaltung als auch durch Mimik immer selbst anzeigt. Von der freundlich gesinnten Katze schrieb er:

Sie ist aufrecht, mit leicht gekrümmtem Rücken, was ihr Haar ziemlich rau erscheinen lässt, ohne dass es sich jedoch sträubt. Anstatt dass der Schwanz ausgestreckt gehalten und von der einen Seite auf die andere geworfen wird, ist er fast vollständig steif und wird beinahe senkrecht in die Höhe gehalten. Die Ohren stehen aufrecht und gespitzt, und das Tier reibt sich an seinem Herrn und lässt statt des Knurrens ein sanftes Schnurren hören.[126]

Die erschreckte oder zornige Katze beschrieb er hingegen so:

Werden Katzen erschreckt, so stehen sie in voller Höhe da und krümmen den Rücken in einer bekannt lächerlichen Art. Sie spucken, fauchen und knurren, das Haar richtet sich am ganzen Körper und vor allem am Schwanz auf. Die Ohren werden zurückgezogen und die Zähne exponiert. Wenn junge Kätzchen miteinander spielen, versucht das eine häufig, das andere in dieser Weise zu erschrecken.[126]

Verhaltensforscher und Zoologen haben im 19. Jahrhundert viel dazu beigetragen, dass wir das Wesen der Katze besser verstehen und sie als liebenswerte Hausgefährtin annehmen. Einen womöglich noch größeren Anteil an ihrer Rehabilitation hatten die Dichter und Literaten, die ihnen ihre Stimme liehen und in vielen Fällen auch ihr Leben mit ihnen teilten. Indem sie über ihre eigenen Erfahrungen berichteten, konnten sie nicht nur viele Vorurteile und Fehlinterpretationen als solche entlarven, sondern sie schufen auch eine Atmosphäre von

Sympathie und Anteilnahme für das Tier, an dem sie offenbar gerade die rätselhaften dunklen Seiten besonders anziehend fanden.

Dem eindruckvollsten Beispiel einer solchen Lebensgemeinschaft begegnen wir in der bizarren Gestalt des Dichters, Komponisten und Zeichners E. T. A. Hoffmann, der mit den *Lebensansichten des Katers Murr* eines der berühmtesten „Katzenbücher" der Weltliteratur schuf. Wir erleben diesen Murr als eine ebenso liebenswürdige wie doppeldeutige Kreatur, die uns später noch einmal in seiner Eigenschaft als Literat begegnen wird. Jetzt und hier geht es um den leibhaftigen Murr auf vier Pfoten, den Hoffmann als verwahrlosten jungen Straßenkater aufgelesen hat:

Ich zog mit aller Mühe und Sorgfalt den Kater groß. Er ist das gescheuteste, artigste, ja witzigste Tier der Art, das man sehen kann, […] ein Kater, der wirklich in seiner Art ein Wunder an Schönheit ist. Die grauen und schwarzen Streifen des Fells laufen zusammen auf dem Scheitel zwischen den Ohren und bilden auf der Stirn die Zeichen der zierlichsten Hieroglyphenschrift. Ebenso gestreift und von ungewöhnlicher Länge und Stärke ist der Schweif.[127]

Neben seiner Schönheit war es auch die Klugheit, mit der er sich in allen Lebenslagen bewährte, die Hoffmanns Bewunderung für ihn weckte. Während der Dichter arbeitete, machte es sich sein Kater in einer der Schubladen seines Schreibtisches bequem, die er selbst aufziehen konnte. Und der kluge Kater inspirierte Hoffmann schließlich auch zu seinem berühmtesten Werk. So gestand der Dichter des *Murr*:

Ein wirklicher Kater von großer Schönheit und noch größerem Verstand, den ich auferzogen, gab mir einen Anlaß zu dem skurrilen Scherz, der das eigentlich sehr ernste Buch durchflicht.[127]

Der außergewöhnliche Kater wurde nur knapp vier Jahre alt. Er starb im November 1821 und wurde von seinem todtraurigen Herrn durch eine eigene Traueranzeige geehrt. Seinem Freund und Biographen Julius Eduard Hitzig gegenüber beschrieb er den qualvollen Tod seines Lieblings:

In der Nacht winselte der Murr gar zu erbärmlich. Meine Frau schlief fest. Ich stand sacht von ihrer Seite auf, schlich in die Kammer, wo er lag, hob die Decke auf, die über ihn gebreitet lag. Und nun sah er mich an mit ordentlich menschlichen Blicken, wie bittend, dass ich ihm doch das Leben schenken möge, und hörte einen Augenblick auf zu jammern, als ob er Trost in meiner Miene läse.[128]

Der zweite Teil der *Lebensansichten* erschien kurz nach Murrs Tod, nicht ohne ein berührendes Schlusswort für den dahingeschiedenen Kater:

Am Schluss des zweiten Bandes ist der Herausgeber genötigt, dem geneigten Leser eine sehr betrübliche Nachricht mitzuteilen: den klugen, wohlunterrichteten, philosophischen, dichterischen Kater Murr hat der bittere Tod hinweggerafft in seiner schönsten Laufbahn. Er schied in der Nacht vom 29. bis zum 30. November nach kurzem, aber schwerem Leiden mit der Ruhe und der Fassung eines Weisen dahin.[129]

Für Hoffmann war die Frage nach der Seele des Tieres längst zu dessen Gunsten gelöst. Wenige Monate später starb auch Hoffmann selbst. Sein Freund Hitzig kommentierte seinen Tod mit den Worten: „Der erste Vorbote der Leiden, die ihm bevorstanden, war – man lache nicht! – der Tod seines Katers."[130]

Hoffmann war zwar als Schriftsteller eine Ausnahmeerscheinung, nicht aber in seiner Katzenliebe. Gleichgültig ob im deutschen, französischen oder englischen Sprachbereich, in vielen Fällen fanden Dichter und ihre Katzen im 19. Jahrhundert zusammen. Katzen lieben Bücher, sie lieben die ruhige Atmosphäre im Arbeitszimmer der Literaten, und, wie Erich Kästner es so treffend ausdrückte, es tut ihnen wohl, wenn andere Leute arbeiten – vorausgesetzt, diese Arbeit geht ohne Hektik und möglichst geräuscharm vor sich. Es gab und gibt wohl kaum einen Autor, der nicht von der lebhaften Anteilnahme zu berichten wüsste, die seine Freunde und Wohnungsgenossen an der Entstehung der Werke ihres Meisters nehmen. Im 19. Jahrhundert, in dem Manuskripte tatsächlich noch handgeschrieben und mittels Feder und Tinte zu Papier gebracht wurden, gehörte es zu den Lieblingsspielen von Dichterkatzen, sich der über das Papier gleitenden Feder zu bemächtigen oder sich mittels eines Pfotenabdrucks auf der noch nicht trockenen Seite zu verewigen. Theodor Storm wusste von recht eindeutigen Eingriffen seiner „Manschettenmieze“ zu berichten:

Oftmals, als wollte sie meinen gar zu großen Eifer zügeln, streckte sie auch wohl das Pfötchen aus und hielt die Feder an, was mich stets bedenklich machte und wodurch mancher Gedankenstrich in meine nachher gedruckten Schriften geraten ist.[131]

Auch Gotthold Ephraim Lessing musste sich mit der Animosität seines Katers gegen seine Manuskripte abfinden, die er offenbar als seine Rivalen um die Zeit und die Gunst seines Meisters betrachtete. Das Manuskript von *Nathan, der Weise* bearbeitete er in dessen Abwesenheit so lange mit Zähnen und Krallen, bis nur noch klägliche Überreste davon vorhanden waren und der bedauernswerte Dichter eine neue Reinschrift anfertigen musste.

Gesitteter ging es allem Anschein nach in der Arbeitsstube von Théophile Gautier zu. Dieser große Tierliebhaber beschrieb seinen weißen Kater Don-Pierrot-de-Navarre in seiner *Ménagerie intime* als perfekten Sekretär:

Er liebte die Bücher über alles, und wenn eines offen auf dem Tisch lag, setzte er sich darauf, betrachtete die Seiten mit einem gewissen Erstaunen und wendete sie mit seinen Krallen um. Schließlich schlummerte er auf seinem Buch ein, so, als ob er beim Lesen eines Romans à la mode müde geworden wäre. Doch wenn ich zur Feder griff, sprang er flugs auf meinen Schreibtisch und beobachtete gespannt, wie der kleine Metallschnabel das Papier voll kritzelte. Bei jedem neuen Zeilenanfang drehte er den Kopf mit. Gelegentlich wollte er sogar mitmachen und mir die Feder aus der Hand nehmen, wahrscheinlich um selbst zu schreiben.[132]

Wie intim die Beziehung Gautiers zu seinem Kater war, erfahren wir gleichfalls aus seiner *Ménagerie*:

Don-Piérrot-de-Navarre legte sich nicht schlafen, bevor ich heimgekehrt war. Er wartete hinter der Tür auf mich: kaum hatte ich das Vorzimmer betreten, strich er um meine Beine, machte einen Buckel und schnurrte zutraulich und erfreut. Dann schritt er mir wie ein Page voran, er hätte mir wohl auch eine Kerze vorangetragen, wenn ich dies gewollt hätte. Er begleitete mich in mein Schlafzimmer, wartete, bis ich mich entkleidet hatte, sprang dann auf mein Bett, legte mir die Pfoten um den Hals, drückte seine Nase an die meine, leckte mir mit seiner rauen feilenartigen Zunge über das Gesicht und gab kleine Gluckser von sich, ein untrügliches Zeichen der Freude über meine Rückkehr.[132]

Und über eine andere seiner Katzen, Séraphita, schrieb er:

Sie liebte den Luxus und saß immer nur auf dem einladendsten Lehnstuhl oder auf einem Tuch, das ihr Schwanenflaumhaar am besten zur Geltung brachte. Unwahrscheinlich viel Zeit verwendete sie auf ihre Toilette, ihr Fell war jeden Morgen säuberlich glatt.[…] Sie war verrückt auf alles, was duftete, steckte ihre Nase in jeden Blumenstrauß und biss, wonnig erschaudernd, in parfümierte Taschentücher.[132]

Von der pechschwarzen Eponine, einem weiteren Exemplar seiner Katzengesellschaft, wusste der Dichter zu berichten:

Die liebe Eponine gab so häufig Beweise ihres artigen Benehmens, dass wir ihr einmütig die Würde einer Person zuerkannt haben. Diese Würde verleiht ihr auch das Recht, wie eine Person bei Tisch zu essen. Sie hat also beim Mittag- und Abendessen ihren Stuhl neben den unsrigen, doch haben wir ihr, wegen ihrer Kleinheit, gestattet, die Vorderpfoten auf den Tischrand zu setzen. Sie hat ihr Gedeck, doch ohne Messer und Gabel, aber mit einem Glas. Und sie nimmt an der ganzen Mahlzeit teil, von der Suppe bis zum Dessert, wobei sie wartet, bis sie bedient wird, und sich so sittsam und manierlich verhält, wie man es vielen Kindern nur wünschen möchte.[132]

Das Resümee, das Gautier im Hinblick auf die Beziehung zwischen der Katze und dem Menschen, der sich auf sie einlässt, zog, ist nicht nur sehr beredt, sondern auch bezeichnend:

Die Freundschaft einer Katze zu erwerben, ist eine schwierige Sache. Ein solches Tier ist philosophisch, fremdartig, geruhsam, es hängt an seinen Gewohnheiten, liebt Ordnung und Sauberkeit, und lässt seine Zuneigung nicht unbedenklich wuchern. Es will gerne dein Freund sein, wenn du dich als dessen würdig erweist – doch niemals dein Sklave. Bei aller Zärtlichkeit wahrt es seine freie Meinung und würde nichts für dich tun, was ihm unvernünftig erschiene. Wenn es sich dir aber geschenkt hat, welch unabdingbares Vertrauen, welch beharrliche Zuneigung zeigt es da! Es wird dein Gefährte in den Stunden der Einsamkeit, verbringt ganze Abende auf deinem Knie und schnurrt vor sich hin, glücklich, bei dir zu sein, ohne Sinn für die Gesellschaft von seinesgleichen. […] Aufgebaut vor dir, schaut es dich manchmal mit Augen an, so voll und fest, und doch so zärtlich und einschmeichelnd, ja mit menschlichen Blicken, dass man fast erschrickt. Wie könnte man da annehmen, aus ihnen spreche kein lebender Gedanke?[132]

Die Haltung gegenüber der Katze, die aus diesen Zeilen spricht, verrät eine gewisse allgemeine Neigung, das Tier als Menschen, als menschlichen Gefährten zu sehen. Pierre Loti, der weit gereiste Marineoffizier und Schriftsteller, ließ für seine beiden Lieblingskatzen sogar eigene Visitenkarten drucken, mit dem Text: „Madame Moumoutte blanche, Erste Katze bei Monsieur Pierre Loti", und: „Madame Moumoutte chinoise, Zweite Katze bei Monsieur Pierre Loti". Und er beschrieb diese beiden sehr unterschiedlichen Katzencharaktere in der Art, wie zu seiner Zeit auch der europäische und fernöstliche Frauentypus beschrieben wurde. La Moumoutte Blanche ist in der Katzenwelt das, was die selbstbewusste Französin oder Engländerin ihrer Zeit verkörperte: Würde, Stolz und Selbstbewusstsein; während die Chinoise die Unterwürfigkeit und schmeichelnde Anschmiegsamkeit des fernöstlichen Frauentypus zeigt. Loti spricht sehr oft von ihren „beseelten Augen", ihrer „kleinen Tierseele". Er sah sie in all ihren Empfindungen eng mit dem Menschen verwandt und beschrieb in vielen Episoden seines abenteuerlichen Lebens die intensiven Beziehungen, die ihn mit seinen Katzen verbanden.

Das 19. Jahrhundert war mehr als alle Jahrhunderte zuvor und wohl auch danach ein Jahrhundert der Bücher und ihrer Leser. So strahlten das Lob und die Bewunderung der Dichter für ihre Katzen auf die gesamte Gesellschaft aus. Charles Baudelaire sang ihr Loblied:

Schön ist die Katze, sie verkörpert die Vorstellung von Luxus, Reinlichkeit und Wollust – engelsgleiche Katze, fremdartige Katze, an der alles – wie bei einem Engel – fein und harmonisch ist![133]

Und Guillaume Apollinaire gestand:

In meinem Haus wünsche ich mir
eine Frau mit Vernunft,
einen Kater, der zwischen den Büchern
spazieren geht,
und Freunde zu jeder Jahreszeit,
ohne die ich nicht leben kann.[133]

Es ist bezeichnend, dass der zwischen Büchern spazierende Kater gleich nach der Frau kommt, ein geliebtes, aber auch rätselhaftes Familienmitglied, von dem Honoré de Balzac einmal, offenbar mit erheblichem Misstrauen, sagte: „Der Himmel ist in seinen Augen, aber die Hölle in seinem Herzen!“[133]

In Jules Champfleurys berühmt gewordenem Katzenbuch[134] lesen wir:

Nur die subtilen Naturen verstehen die Katze, die Frauen, die Dichter und die Künstler schätzen sie sehr und erkennen die außergewöhnliche Feinheit ihres Nervensystems. Aber die grobschlächtigen Existenzen verkennen die hervorragende Natur dieses Tieres.

Champfleurys profundes Verständnis für das Wesen der Katze trug wesentlich zum Abbau zahlloser Vorurteile bei, unter denen sie lange zu leiden hatte. Da heißt es zum Beispiel:

Sie ist in hohem Grad zur Anhänglichkeit fähig, aber man darf ihr Vorhaben nicht stören oder gar Zärtlichkeit erwarten. Eine Katze, die nicht berührt werden will, kommt später ganz von selbst und bietet sich der Hand zum Streicheln an, wenn sie nur sicher sein kann, dass man ihr nicht die Freiheit rauben will. Allein bleibt sie höchst ungern und folgt ihrem Herrn leise miauend durch die ganze Wohnung. Wenn er sich für mehrere Tage entfernt, bleibt die Katze unsichtbar, doch wenn er zurückkehrt, taucht sie sofort wieder auf und zeigt ihm ihre Freude darüber. Sie kennt genau die Zeit, wann ihr Herr aus der Stadt zurückkommt, und geht, um ihn zu erwarten, bis zur nächsten Kurve der Straße. Aber solche Sympathiebeweise müssen durch besondere Freundlichkeit verdient werden. Die Liebe einer Katze ist keine einfache Sache. Man muss sich um ihre Zuneigung sehr bemühen, und nur wenig genügt, dass man sie wieder verliert.[134]

Natürlich setzen Katzenfreunde nicht wenig Ehrgeiz darein, sich die Zuneigung ihrer anspruchsvollen Freunde zu erhalten, und sehen dafür über manche Unarten ihrer Lieblinge hinweg – eine Erfahrung, die die klugen Tiere weidlich zu nutzen verstehen!

Nicht immer freilich waren die Dichter von der Zuwendung ihrer Katzen begeistert, und manchmal mussten diese einige Mühe und Beharrlichkeit darauf verwenden, sich Gehör und liebevolle Aufnahme zu erschmeicheln. So scheute die Katze von Charles Dickens, Williamina, keine Mühe, dessen Arbeitszimmer als Wochenstube für ihre Kätzchen zu erobern. Zwar soll sich der Dichter entschlossen dagegen gesträubt und sie mehrmals in die Küche verbannt haben, doch ihre Ausdauer übertraf am Ende die seine. Als sie ihre Jungen bekommen hatte, nützte sie jede Gelegenheit, sie unter seinen Schreibtisch zu schleppen, der Platz, der ihr zur Aufzucht ihrer kleinen Lieblinge passend erschien. Dabei schnurrte sie so nachdrücklich, dass Dickens sich schließlich geschlagen gab und die bunt gescheckte Gesellschaft zu seinen Füßen akzeptierte. Als die Kätzchen dann größer geworden waren und des Dichters Schreibstube verließen, hatte sich Williamina dort bestens eingerichtet. Sie hatte die Bücherregale und den Schreibtisch ihres Meisters erobert, und wenn er bis spät in die Nacht arbeitete, erinnerte sie ihn daran, dass es Zeit sei, zu Bett zu gehen, indem sie kurzerhand mit der Pfote die Kerzen auslöschte, die den Raum erhellten. Überflüssig zu erwähnen, dass sie danach auch Anspruch auf einen Teil seines Bettes erhob.

Je mehr sich die Schriftsteller der Zeit mit dem Wesen der Katze beschäftigten, desto mehr wurde sie ihnen auch zur Inspirationsquelle für ihre Geschichten, in denen oft genug die dunklen, rätselhaften Seiten des Tiers, sein Gespür für das Dämonische und Unerklärliche in den Vordergrund traten. Katzen, die Unheil vorhersehen, einen Mord aufdecken oder den Tod ankündigen, spielen in der Schwarzen Romantik eine wichtige Rolle. Die Leser solcher Geschichten genossen sie mit einer Art von wollüstigem Schauder. Fantasy-Krimis, die um eine geheimnisumwitterte Katze kreisten, gehörten zu den Bestsellern einer ganzen Ära und trugen wesentlich dazu bei, die Katze populär zu machen.

Einen wichtigen Anteil am Aufstieg der Katze hatten auch die zahlreichen Katzenklubs und Züchtervereine, die vor allem in der zweiten Hälfte des 19. Jahrhunderts entstanden. Mit der Ausweitung des englischen Empire auf den indischen Subkontinent und infolge der regen Beziehungen zu den islamischen Großreichen der Osmanen und Perser fanden die dort beheimateten exotischen Katzen in immer größerer Anzahl ihren Weg in die westliche Welt. Liebhaber der unterschiedlichsten Rassen schlossen sich zu Züchtervereinen zusammen, die vor allem in England, wo das Klubwesen ein wichtiger gesellschaftlicher Faktor war, große Bedeutung erlangten und schließlich zur Gründung von Katzenklubs führten, die sich um 1887 zum *National Cats Club* zusammenschlossen. Innerhalb der einzelnen Vereinigungen wurden Richtlinien aufgestellt, die bestimmte Standards für die Züchtung der Tiere festlegen sollten. „Rasse" war das Schlüsselwort, auf das alle diese Bemühungen ausgerichtet waren. Und natürlich lagen die Züchter in ständigem Wettstreit, wer sich mit den schönsten, „reinrassigsten" Siamesen- und Burma-, Perser-, Angora- oder Kartäuserkatzen schmücken konnte.

Der umtriebige Katzenmaler Harrison Weir griff diese Bestrebungen auf und lud 1871 zur ersten großen Katzenausstellung in den Londoner Kristallpalast. Die Idee entfachte ein förmliches Feuerwerk an Begeisterung. Unzählige Katzenbesitzer begannen in ihrem Stolz schon Wochen vor Eröffnung, ihre Katzen zu wohl gepflegten Schönheiten zu trimmen, vermutlich sehr zum Leidwesen der Betroffenen selbst. Damals wie heute wurde für den Anlass gewaschen, gebürstet und gekämmt, dass die Fellflocken nur so stoben. Danach wurde die Katze nach allen Regeln der Kunst vermessen und ihre sämtlichen Körperteile mit den vorgegebenen Normen verglichen – Augen, Ohren, Gebiss, Kopfform, Wuchs, Pfoten und Schwanz, vor allem aber und immer wieder Fell, Fell, Fell!

Wer bei solchen Spektakeln leider immer zu kurz kommt, ist unsere gute alte Hauskatze. Sie spielt bei Schönheitswettbewerben seit jeher eine Außenseiterrolle. Doch wer ihre nähere Bekanntschaft gemacht hat, weiß, dass sie keinen Vergleich zu scheuen braucht. Dank ihres Lebensmuts, ihrer ungekünstelten Klugheit und ihres natürlichen Charmes ist sie eine Königin unter Ihresgleichen. Schätzen wir sie, wie es ihr zukommt – auch wenn sie keine Preise einheimst und man sie meist geschenkt bekommt!

**Die Hunde schauen mit Verehrung zu uns auf,
die Katzen mustern uns mit Verachtung,
nur die Schweine betrachten uns als ihresgleichen.**
Sir Winston Churchill

Kapitel 12

Die Katze immer und überall

Etwa um die Wende zum 20. Jahrhundert war die Katze sowohl auf dem Land als auch im Stadtleben voll etabliert. Sie war in den Salons der urbanen Oberschicht ebenso zuhause wie in den Elendsquartieren des Industrieproletariats und in den Mietskasernen der Ballungszentren. Sie beherrschte die Dachlandschaften der Großstädte und die Gassen und Hinterhöfe verfallender historischer Stadtviertel. Mit der städtebaulichen Sanierung dieser Areale veränderte sich also auch der Lebensraum der Stadtkatzen, und nicht eben zu ihrem Besten. Anstelle der alten, oft desolaten Stadtviertel entstanden moderne Straßenzüge. Mieter, die sich die neu errichteten Wohnungen nicht leisten konnten, wurden an die Peripherie gedrängt, wo in der Nachbarschaft großer Fabriken Arbeiterquartiere entstanden waren, in denen man dicht aneinander gedrängt und unter primitivsten Bedingungen lebte. Mit dem Ersten Weltkrieg und den politischen und wirtschaftlichen Folgen der Katastrophe gerieten viele europäische Staaten in den Sog einer Wirtschaftskrise, die einerseits die Verarmung breiter Bevölkerungsschichten, andererseits aber auch energische Bestrebungen zum Wiederaufbau forcierte.

Es ist das historische Verdienst der damals noch jungen sozialdemokratischen Bewegung, dass sie für bessere Arbeitsverhältnisse, aber auch für menschenwürdigere Lebensstandards kämpfte. Zunächst betraf das vor allem ihre eigentliche Klientel, das Heer der weitgehend rechtlosen Fabrikarbeiter. Diese Bemühungen wurden allerdings von vielen Kommunen aufgegriffen und auf andere Bevölkerungsschichten ausgeweitet. Es entwickelte sich eine neue Siedlungspolitik, die darauf abzielte, die allgemeine Wohnungssituation zu verbessern und vor allem Kleinverdienern, die keine Möglichkeit hatten, sich durch den Ertrag ihrer Arbeit ein Eigenheim zu schaffen, bessere Unterkünfte zu erschwinglichen Mietpreisen zur Verfügung zu stellen. In den Großstädten entstanden Gemeindebauwohnungen, für die die Stadtverwaltungen nicht nur das Vergaberecht für sich beanspruchten, sondern auch eine weitgehende Kontrollfunktion über die Mieter, und an den Stadträndern entstanden unter der Federführung von „sozialen Wohnbaugesellschaften“ anstelle der einstigen Arbeiterslums so genannte Gartenstadtsiedlungen, in denen die Mieter zu einem modernen Wohnen gleichsam erzogen werden sollten.

Diese Bestrebungen trugen in vielen europäischen Städten durchaus positive Früchte, schossen aber zuweilen über das Ziel hinaus. Manche Initiatoren dieser neuen Siedlungspolitik wollten für ihre Klientel nicht nur bessere Lebensstandards schaffen, sondern sie zugleich zu einer Lebensordnung umerziehen, die von oben her festgelegt war und sie zu angepassten und verlässlicheren Staatsbürgern machen sollte. Vor allem für die Deutschen der Zwischenkriegszeit bedeuteten diese Bemühungen oft einen tiefen Eingriff in ihr Privatleben. In Städten wie Berlin, Hamburg oder Frankfurt am Main entstanden auf der Basis von Prinzipien wie Zweckmäßigkeit, Naturdurchlässigkeit und Hygiene groß angelegte Wohnsiedlungen, in denen nach dem Willen ihrer Gründer der Geist eines modernen Wohnens herrschen sollte. Sie sollten gesund, sonnig, hygienisch, gut ausgestattet und vor allem ordentlich sein. Die Menschen, die für dieses neue Wohnen vorgesehen waren, entstammten dem Arbeiter-, Handwerker- und kleinen Beamtenmilieu. Sie alle sollten durch eine Hausordnung, zu der sie sich mit Übernahme ihres Mietvertrags verpflichteten, zu diesem Wohnideal erzogen werden. Fatalerweise sahen diese Hausordnungen oft ein weitgehendes Verbot von Haustieren vor. Um Sauberkeit und Hygiene in den neuen Siedlungen durchzusetzen, wurden die Wohnungen noch dazu von den jeweiligen Hausverwaltungen kontrolliert. Ja, es wurden so genannte Wohnungsreformerinnen ausgeschickt, die den Mietern gute Ratschläge im Hinblick auf ihre Haushaltsführung geben sollten. In einem Runderlass des Preußischen Ministeriums für Volkswohlfahrt vom Juli 1929 wurde die Bedeutung der „Wohnungsaufsicht" besonders betont. Der Erlass forderte eine regelmäßige Kontrolle der Mietwohnungen durch Mitarbeiter der Wohnungsämter, Wohnungsaufseher und deren „ehrenamtliche Helfer". Ordnung war die Devise, und dafür nahm man auch Einschränkungen der persönlichen Lebensverhältnisse in Kauf. Das bedeutete für die Mieter allzu oft auch ein generelles Haustierverbot. Wurde eine Katze oder ein Hund ausnahmsweise doch genehmigt, riskierte der Besitzer, dass diese Genehmigung jederzeit und ohne Angabe von Gründen widerrufen wurde. Von den Tierhaltern einer Frankfurter Siedlung wurde sogar verlangt, dass sie sich eine eigene Tierhaltungsordnung geben sollten. Nachbarschaftsbespitzelungen waren damit vorprogrammiert. Tendenziell war in diesen Siedlungen so gut wie jede individuelle Gestaltung verboten: Der sauber gepflegte und gestutzte Rasen durfte ebenso wenig betreten werden wie die nach einheitlichem Plan bepflanzten Vorgärten. Kinder durften in den Grünanlagen nicht spielen und Katzen, die sich keinesfalls an eine strikte Regulierung ihres Lebensraums gewöhnen konnten, nicht dort flanieren, wo es ihnen gerade passte. In einer Gartenstadt, in der die Beete wie die Wege dazwischen genau genormt waren, bedeutete die Katze ein Störelement, das man besser von vorneherein ausschloss.

Von diesen wohlmeinenden und selbstgerechten sozialen Wohnkonzepten der 1920er und 1930er Jahre war es nicht mehr weit bis zu der „Volksgemeinschaft" im NS-Regime, die darauf ausgerichtet war, durch gegenseitige Kontrolle der „Volksgenossen" politische Gegner bloßzustellen. Die allgemeine Gleichschaltung zielte darauf ab, Juden und andere Vertreter einer „nicht lebenswerten Population" aus dem „gesunden völkischen Leben auszumerzen". Als ein Mittel der Schikane diente dabei auch die strikte Haustierregulierung im NS-Regime. Juden durften einem Erlass vom 15. Mai 1942 zufolge keine Haustiere mehr halten. Diese mussten vielmehr den Behörden abgeliefert werden und waren zur Tötung freigegeben, weil sie durch ihren Aufenthalt bei Juden „kontaminiert" seien. Den Besitzern wurde jedes Recht, über ihre Tiere zu verfügen, untersagt. Sie durften sie auch nicht an „arische" Nachbarn weitergeben. Wie sehr die Betroffenen unter diesem unmenschlichen Verdikt litten, geht aus den Tagebuchaufzeichnungen des deutschen Publizisten Victor Klemperer hervor. Dort heißt es:

Das ist das Todesurteil für Muschel, den wir über elf Jahre hatten und an dem Eva sehr hängt. Er soll morgen zum Tierarzt gebracht werden, damit ihm die Angst des Abgeholtwerdens und des gemeinsamen Todes erspart bleibt. [...] Wenn nur erst die Kater-Frage beendet wäre! Ein anderer mag das vielleicht für grausam oder gar unsittlich empfinden, wo so viele um ihre Angehörigen leiden. Aber ich sehe doch, wie Eva diese Sache hernimmt. Muschel wird gehätschelt, er hat als Henkersmahlzeit Kalbfleisch bekommen, unsere ganze Ration! Eva sagte heute, das Tierchen ist vergnügt, spielt herum und weiß nicht, dass es morgen stirbt![135]

Am Tag darauf notierte Klemperer:

Muschel ist tot. Wir zögerten bis vier Uhr, um Fünf endete die Sprechstunde. Ich überließ die Entscheidung Eva. Sie trug das Tier in dem nun schon traditionellen Katzenkorb fort und war dann bei der Tötung dabei, die in einer raschen Narkose geschah. Das Tier hat nicht gelitten – aber Eva leidet![136]

Und genau das war der Zweck dieser sadistischen Maßnahme. Für die von dem Tierverbot betroffenen Juden bedeutete der Verlust ihres Haustiers zugleich den Verlust eines Stücks normalen Lebens. Jeder, der weiß, welch ein Trost eine Katze – oder auch ein Hund – in schwierigen Phasen sein kann, wird sich der Unmenschlichkeit dieser perfiden Maßnahme erst völlig bewusst werden, die übrigens bereits einen Vorläufer in der Weimarer Republik hatte: Einem Gesetz aus dem Jahr 1926 zufolge durften Zigeuner keine Hunde halten, um ihnen die Jagd, die für sie verboten war, unmöglich zu machen.

Erstaunlicherweise erwies sich das NS-Regime Katzen gegenüber eher toleranter, als dies in der Weimarer Republik der Fall gewesen war. Zwar bevorzugte man dem Vorbild des „Führers“ folgend den Hund als „treuen Kameraden“, doch ließ man die Katze immerhin als „hygienische Helferin gegen die Ratten- und Mäuseplage“ gelten. Aufrufe wie der folgende in einer Katzenzucht-Zeitschrift aus dem Jahre 1939, kurz nach Ausbruch des Zweiten Weltkrieges, sind typisch für die politische Haltung zur Katze in jener Zeit:

Das deutsche Volk steht im Kampf um seine Existenz, seine Zukunft und sein Leben. Der Schutz unserer Nahrungs- und Futtermittel ist oberstes Gebot. Hier muss die Katze als biologischer Gegner von Mäusen und Ratten bewusster eingesetzt werden.[136]

Und auch bei der Katze sollten durch planvolle Zucht höhere rassische Standards erzielt werden. Den Züchtern kam es damals freilich vor allem auf ihre Tüchtigkeit an, nicht auf ihre Schönheit. Insbesondere sollten Kreuzungen mit der Nordischen Wildkatze ihren Jagdeifer und ihre Ausdauer stärken.
Wie die Erfahrung von Zeitzeugen beweist, die das Kriegsende miterlebt haben, stand es um die Katze in Deutschland nicht zum Besten. In den Städten fielen zahlreiche Tiere den Bombenangriffen zum Opfer und fanden oft gemeinsam mit ihren Besitzern unter den Trümmern zerbombter Häuser ein tragisches Schicksal. Andere endeten in den letzten Kriegs- und den Hungerjahren danach häufig als willkommene Nahrungsaufbesserung in der Bratpfanne. Die Katzenpopulation hatte zumindest in den Städten so drastisch abgenommen, dass sich Mäuse und Ratten, ihres wichtigsten Gegners ledig, ungehindert ausbreiten konnten, zumal sie in den Bombenschächten hervorragenden Unterschlupf fanden. Erst in den 1950er Jahren hatte die Katze ihr städtisches Terrain wieder einigermaßen zurückerobert, und von da ab ging es beständig bergauf. Sie wurde nun vielfach als echtes Familienmitglied betrachtet, und diese steigende Wertschätzung spiegelte sich auch in der Rechtsprechung wieder, die allmählich begann, sich der Rechte der Tiere anzunehmen. Sie werden heute vor Gericht längst nicht mehr als Sache begriffen, sondern haben als Lebewesen, die eng mit den Menschen verbunden sind, eine ganze Reihe von Schutzrechten. Es ist verboten, ihnen willkürlich Schmerzen zuzufü-

gen oder sie zu vernachlässigen. Auch liegt es nicht mehr im Ermessen von Vermietern oder Hausverwaltern, die Haltung von Katzen oder Hunden ohne triftige Gründe zu verbieten. Nur in schwerwiegenden Fällen von unzulänglicher Tierhaltung kann ein solches Verbot erlassen werden. Es kann sicher nicht als „artgerecht“ gelten, wenn mehr als ein halbes Dutzend Katzen in einer Zweizimmerwohnung leben, womöglich noch ohne freien Auslauf.

Seit die Katze die Großstädte erobert hat, scheiden sich die Geister an der Frage Wohnungs- oder Freilaufkatze. Natürlich ist es in den Ballungszentren so gut wie unmöglich, den in Wohnungen lebenden Tieren freien Ausgang zu verschaffen, ohne sie tödlichen Gefahren auszusetzen – keine noch so kluge Katze wäre imstande, sich im Verkehr belebter Straßenzüge zurechtzufinden. In den meisten Fällen ist das Revier der Katze daher wohl auf die Wohnung beschränkt. Und weil die meisten noch so behüteten Katzen nahezu immer einen Weg finden, sich ein heiß ersehntes Stück Freiheit zu verschaffen, dieser aber oft von unübersehbaren Gefahren gesäumt ist, werden sie gleichsam zu Gefangenen in ihrem eigenen Revier. Man spannt ein schützendes Gitter vor die Balkonbrüstung und die Fenster, um zu verhindern, dass sie beim unversehenen Sprung nach einem Vogel, einem Schmetterling oder dem Schatten eines sich im Wind bewegenden Laubwerks abstürzen, man setzt ihrem natürlichen Freiheitsdrang nach allen Seiten Grenzen – zu ihrem eigenen Schutz. Aber, weiß die Katze das?

Seit sie in vielen Städten der Alten wie der Neuen Welt zum Lieblingshaustier geworden ist, stehen ihre Halter vor immer neuen Problemen. Auch in den weitläufigen Garten- und Reihenhaussiedlungen an den Stadträndern stellt sich die Frage, ob man dem geliebten Haustier Ausgang gewähren und es den damit verbundenen Gefahren aussetzen soll. Dabei wird die Verlustangst des Menschen wohl oft über die berechtigten Wünsche der Katze siegen – zumal eine frei laufende Katze zuweilen Probleme mit der Nachbarschaft verursacht, bei Vogelfreunden, bei Ordnungsfanatikern, bei Kleingärtnern, bei Allergikern. In vielen Fällen werden Gerichte bemüht, in anderen greifen Katzenfeinde in der Nachbarschaft zu verbotener Selbsthilfe. Die größte Gefahr für streunende Katzen ist aber auch dort der allgegenwärtige Verkehr. Das gilt freilich für Freilaufkatzen in ländlichen Gegenden nicht weniger. Sie erfreuen sich ihrer ungehinderten Freiheit und genießen sie in vollen Zügen – wenn auch um den Preis, dass sie vielleicht nicht alt werden.

Freilaufkatzen sind in aller Regel trotzdem gesünder und glücklicher als Wohnungskatzen, weil sie ihre natürlichen Instinkte ausleben können. Dennoch wird sich der größte Teil der heutigen Katzenpopulation wohl oder übel mit der Einschränkung ihres Reviers abfinden müssen. Das Leben in der Stadt ist nun einmal nur bedingt für Katzen geeignet.

Auch die berühmten Pariser *Chats de gouttière*[137], die noch bis um die Mitte des 20. Jahrhunderts die Phantasie von Dichtern und Künstlern anregten, haben durch die moderne Stadtarchitektur, die mit ihren glatten Beton- und Glasfassaden und vorspringenden Flachdächern immer weiter um sich greift, die reich gegliederte Dachlandschaft verloren, auf der sie sich einst zuhause fühlen konnten. Dachrinnen, *gouttières*, Simse und Erker, Ziegel- und Schindeldächer, die ihren Krallen Halt boten, werden selbst in den historischen Stadtkernen der Großstädte immer seltener – sehr zum Nachteil der dort lebenden Katzen, aber auch der Menschen. Früher galten diese Katzen auch als Wächter, und tatsächlich waren sie die ersten, die im Fall eines Brandes zu rumoren begannen und vor einer bevorstehenden Katastrophe warnten. Stéphane Mallarmé nannte sie „les seigneurs des toits", die Herren der Dächer: Dort oben, über den Köpfen der Menschen, besaßen sie Autorität und konnten ihr geheimnisvolles nächtliches Leben genießen. Heute sind sie zu Clochards abgestiegen, die sich mehr schlecht als recht durchs Leben schlagen, das nur zu oft ein kurzes ist.

Zu den bevorzugten Plätzen für Streuner gehören auch heute noch die historischen Friedhöfe von Paris. Diese werden von alters her von mehreren hundert Katzen bevölkert, die dort ihre eigenen Reviere haben. Ihre Anwesenheit ist diskret: Für das ungeübte Auge eines zufälligen Besuchers unterscheiden sie sich kaum von den ungewissen Schatten der Grabsteine und Büsche. Sie verschmelzen mit dem schiefrigen Grau der Grabplatten, auf denen sie, lang hingestreckt, ein Sonnenbad nehmen, oder sie tarnen sich hinter einem vor sich hinwelkenden Blumenstrauß oder einer kleinen Hecke. Einzig zur Zeit der Fütterung treten sie in Erscheinung, wenn Dutzende von alterslosen Katzenfreundinnen das Revier durchstreifen und ihre scheuen Lieblinge zu Tisch bitten. Bis 1978 hatten die Katzen dort, wie an den übrigen bekannten Katzenasylen von Paris, ein recht unsicheres Leben. Einmal geduldet, das andere Mal von einer hygienebesessenen Obrigkeit verfolgt, variierte ihr Bestand oft von einem Tag auf den andern. Es ist vor allem der Initiative von Michel Cambazard, eines pfiffigen Journalisten und Fotografen, zu danken, dass sie heute, amtlich registriert und tierärztlich überwacht, durch eine sorgfältige Geburtenkontrolle zahlenmäßig beschränkt und mit ausreichend Dosenfutter versehen, ein relativ sorgenfreies Leben führen können und zu einer Friedhofsattraktion aufgestiegen sind.

Im Allgemeinen sind Streunerkatzen in den Städten heute auf Abbruchviertel, leer stehende Fabrikhallen, Hinterhöfe und öffentliche Parks angewiesen, und nicht immer sind sie dort wohlgelitten. Bis in die 1970er Jahre griffen die Stadtverwaltungen oft zu recht drastischen Mitteln, um sich der überzähligen Tiere zu entledigen. Katzenfänger wurden ausgeschickt, um die unglücklichen Tiere einzusammeln und sie in „Tierverwertungsanstalten" umbringen zu lassen. Heute versucht man, nicht zuletzt dank energischer Interventionen von Tierschutzorganisationen und prominenten Mitstreitern, mit humaneren Methoden, einer Überpopulation der Streuner vorzubeugen. Tierheime versuchen zwar, auch Straßenkatzen zu vermitteln, doch zeigt die Erfahrung, dass man eine Katze, die sich einmal an das Leben in wilder Freiheit gewöhnt hat, nur schwer wieder zu einer braven Hauskatze machen kann.

Wir finden *Chats de gouttière* und Streunerkatzen heute in fast allen großen Städten, und wenn die meisten Schätzungen auch übertrieben sein mögen, sind sie doch ein Phänomen, das unsere Aufmerksamkeit verdient. In den Ländern nördlich der Alpen ist ihnen im Allgemeinen kein langes Leben beschieden. Die kalte Jahreszeit und ungünstige Witterungsverhältnisse machen ihnen schwer zu schaffen. Wenn sie keine einigermaßen geeignete Überwinterungsmöglichkeit finden, fallen sie oft Erkältungskrankheiten zum Opfer. Besser ist die Situation im Süden. Das heißt aber freilich noch lange nicht, dass es ihnen überall gut geht. Wer einmal die tristen Verhältnisse auf dem griechischen Festland oder im wenig tierfreundlichen Spanien kennengelernt hat, wird es bedauern, den dort lebenden Katzen nicht die Unterstützung geben zu können, die eigentlich nötig wäre. Tierschutz wird in diesen Gegenden klein geschrieben, und ohne die Touristen würden die frei lebenden Katzen in diesen Ländern nur eine geringe Überlebenschance haben. Da von offizieller Seite kaum etwas geschieht, um eine Überpopulation zu verhindern, greift man in vielen Städten zu dem radikalen Mittel, die streunenden Tiere von Zeit zu Zeit einzufangen und zu töten.

Anders in Italien. Es scheint, dass die Italiener ihren Katzen eine besondere Wertschätzung entgegenbringen. Schon um die Wende zum 19. Jahrhundert wunderte sich ein deutscher Enzyklopädist: „Unter den übrigen Nationen", schrieb er, „sind die Italiener und vor allem die Römer diejenigen, welche in den Katzen eine besondere Liebhaberei finden."[138] Tatsächlich gab es schon um diese Zeit in Rom öffentliche Katzenfütterungen. Die Bewohner eines bestimmten Viertels bezahlten einen Rossschlächter dafür, dass er die Katzen der umliegenden Gassen regelmäßig mit Abfällen, aber auch mit frischem Fleisch aus seiner Abdeckerei versorgte. Wenn er die Katzen zur Zeit der Fütterung mit einem bestimmten Lockruf oder auch einer Glocke vor seine Tür rief, kamen sie von allen Seiten herbeigeströmt. Noch heute sind die frei lebenden Katzen von Rom eine besondere Art von Sehenswürdigkeit. Sie haben sich vor allem das antike Rom, die längst versunkene Ruinenwelt der Ausgrabungen, wie auch die Friedhöfe und die Gärten berühmter römischer Villen zu eigen gemacht. Dort lassen sie es sich zwischen zerborstenen Säulen und den Resten der altrömischen Stadtkultur wohl sein, sonnen sich auf dem Marmorschutt der Vergangenheit oder dösen auf den Grabsteinen berühmter Persönlichkeiten, wie etwa auf dem protestantischen Friedhof an der Cestius-Pyramide. Dort haben sich ganze Kolonien von Katzen häuslich eingerichtet und werden alltäglich von den so genannten *gattare*, mildtätigen Matronen, die den Friedhof nicht allein wegen der Toten, sondern auch wegen der im Gegenteil sehr lebendigen Katzen aufsuchen, gewissenhaft versorgt. Zwischen den Grabstätten der englischen Dichter John Keats und Percy Bysshe Shelley, des Architekten

Gottfried Semper und vieler anderer prominenter Italienreisender aus vergangenen Zeiten flanieren Katzen aller Rassen und jedes Alters, umsorgt von den würdigen Matronen, die in ihren schwarzen Witwengewändern für gefüllte Futterschüsseln und liebevolle Zuwendung sorgen. Nachdem sie die ihnen gebotene Mahlzeit hastig und doch mit einer gewissen Scheu verschlungen haben, ziehen sie sich auf die Grabsteine zurück, an versteckte Plätze, wo sie sich ausgiebig und zufrieden putzen und den Rest des Tages in verträumtem Nichtstun verbringen, bis sie in der Dämmerung der heranbrechenden Nacht ihren geheimnisvollen Wegen nachgehen. Ähnlich geht es auf der Area sacra di Largo Argentina zu, einem erst 1926 eröffneten Ausgrabungsfeld, das gleichfalls von Katzen in Besitz genommen wurde, wo sie sich respektlos zwischen den antiken Ruinen tummeln. Seit sich in den 1960er Jahren Anna Magnani, die „Königin von Cinecittà", als prominente *gattara* der Katzen dort angenommen hat, ist das Interesse der Öffentlichkeit erwacht. Später hat sich vor allem Silvia Viviani, eine ehemalige Opernsängerin, in besonderer Weise für die Tiere stark gemacht. Es ist nicht zuletzt dem Einsatz solcher prominenter Fürsprecher zu danken, dass die römische Kommune als erste Weltstadt von Bedeutung ein eigenes Referat für Tiere eingerichtet hat und 2001 an der *Area sacra* ein Dekret verkünden ließ, in dem die Römer verpflichtet wurden, für frei lebende Katzen zu sorgen, was auch einschließt, dass der Nachwuchs regelmäßig sterilisiert wird, um eine ausufernde Population zu vermeiden.
Streunerkatzen finden sich an fast allen Plätzen des antiken Rom. Sie bevölkern die Trümmerfelder des Forum Romanum, suchen Unterschlupf in den Katakomben des Kolosseums und durchstreifen die Ruinen der Trofei di Mario an der Piazza Vittorio Emanuele II. Abgesehen von den größeren Katzenkolonien, wie sie an vielen antiken Ausgrabungsorten zu finden sind, kann man streunenden Katzen so gut wie überall in der Stadt begegnen. Sie durchstreifen die Gärten der Renaissance- und Barockvillen, tauchen unversehens am Frühstückstisch kleiner Pensionen oder Hotels auf und bevölkern vermutlich auch die verschwiegenen Ecken in den berühmten Vatikanischen Gärten. Obwohl längst nicht alle Päpste den Katzen wohl gesonnen waren, gab es doch auch solche, bei denen sie sich durch-

aus heimisch fühlen konnten. Das durfte etwa auch ein grau gestromter Kater erfahren, der auf den Namen Micetto hörte – oder auch nicht hörte – und ganz und gar nichts Aristokratisches an sich hatte. Er wurde als Sohn unansehnlicher Streuner geboren und erwarb sich die Zuneigung von Papst Leo XII., dem er zufällig über den Weg gelaufen sein soll. Der alte Mann, der sich in seiner Prunkwohnung vermutlich einsam fühlte, adoptierte den jungen Kater, der die Zärtlichkeit und Fürsorge, die ihm sein prominenter Protektor entgegenbrachte, in vollen Zügen genoss. Ähnlich wie seinerzeit die Katzen Richelieus, liebte er es, während der päpstlichen Audienzen auf dem Schoß seines Beschützers vor sich hinzuschnurren. Unter den hochgestellten Besuchern Seiner Heiligkeit interessierte sich keiner mehr für den päpstlichen Kater als der französische Botschafter François René de Chateaubriand, und er war es auch, dem der sterbende Papst seinen Liebling vererbte. Chateaubriand schrieb darüber an seine Freundin Mme Récamier:

Ich habe Leo XII. mit unbedecktem Gesicht auf seinem Paradebett inmitten der Meisterwerke Michelangelos liegen sehen und an der ersten Trauerzeremonie teilgenommen. […] Später hat man mir den kleinen Kater des Dahingeschiedenen gebracht. Er ist ganz grau getigert und ebenso sanftmütig wie sein alter Meister.[139]

Micetto, der Römer, war kein Straßenkater, obwohl er es leicht hätte sein können. Er wurde von seinem päpstlichen Herrn ebenso geliebt wie von dessen Erben. Wir wissen nicht, wieweit er sein römisches Domizil vermisste. Bedauerlicherweise hat er, anders als der fiktive Kater Murr, keine Memoiren geschrieben. Vielmehr blieb er ein schweigender Zeuge bewegter Zeiten. Im Übrigen sollen sich auch heute, in der Wohnung des jetzigen Papstes Benedikt XVI., zwei Katzen befinden, die ihm vermutlich als stille Gesellschafter dienen, wenn er an seinem Schreibtisch die Mysterien des christlichen Glaubens in Worte zu fassen sucht.

Wie in Rom erfreuen sich freilaufende Katzen auch in vielen anderen italienischen Städten einer ungebrochenen Beliebtheit bei der Bevölkerung. Das gilt auch für die venezianischen Katzen, mit denen die Serenissima von alters her einen besonderen Pakt geschlossen zu haben scheint. In der Stadt, in der einem Ausspruch Jean Cocteaus zufolge die Tauben spazieren gehen und die Löwen fliegen, einer Stadt auch, die seit jeher die Toleranz gegenüber anderen Nationen und Religionen groß geschrieben hat, vertragen sich auch Tauben und Katzen miteinander, ohne sich gegenseitig ihre Reviere streitig zu machen. Die Katzen können sich frei und unabhängig in der Lagunenstadt bewegen. Oft gehören sie nicht zu einem bestimmten Haus oder einer Familie – aber sie sind so gut wie überall zuhause. In den schwarzen Pestzeiten, die ganz Italien heimsuchten, beschützten sie die Einwohner Venedigs, indem sie den zahllosen Ratten den Garaus machten, die der Stadt in doppelter Hinsicht gefährlich wurden: einmal als Verbreiter des tödlichen Pestvirus, zum anderen aber auch, weil die gefräßigen Nager die vom Wasser umspülten Pilotkonstruktionen anfraßen, auf denen sowohl die Paläste am Canal Grande als auch die Gebäude in dem verwinkelten Gewirr von Gassen, Kanälen, Plätzen und Brücken errichtet sind. Die Venezianer, die darauf bedacht waren, ihre Stadt ausreichend zu schützen, führten zu diesem Zweck tierische „Gastarbeiter" ein, die so genannten Syrischen Katzen, eine orientalische Rasse, die sich eines besonderen Rufs als Rattenfänger erfreute. Sie machten ihrem Renommee alle Ehre: Binnen kurzer Zeit gehörte die Rattenplage der Vergangenheit an. Die dankbaren Venezianer gewährten ihnen nicht nur das dauernde Heimatrecht in ihrer Stadt, sondern auch alle erdenklichen Freiheiten.

Solange die Serenissima „Königin der Meere" war, ging es den Katzen in Venedig gut. Sie konnten umherstreifen, wo sie wollten, selbst die Kirchen standen ihnen offen, und niemand hatte etwas dagegen einzuwenden, wenn sie auch während eines Gottesdienstes in einer verschwiegenen Ecke vor sich hindösten oder den Sermon eines sprachgewaltigen Predigers mit einem sanften Schnurren kommentierten. So vergingen die Jahrhunderte, die Pest war längst erloschen, und dank der fleißigen Katzen waren auch die Ratten keine Bedrohung mehr. Eigentlich hätte es ewig so weitergehen können, wäre da nicht der Ehrgeiz des jungen französischen Generals Bonaparte gewesen, der die politische Landkarte der Halbinsel gewaltig durcheinanderwirbelte. Mit anderen Stadtstaaten verlor auch Venedig seine Selbständigkeit. Das 19. Jahrhundert sah die Königin der Meere gebrochen, vergessen und verarmt. Für die Katzen in der Lagunenstadt bedeutete das eine traurige Zeit des Elends und des Hungers. Die Venezianer hatten andere Sorgen: zwei schreckliche Kriege und eine faschistische Regierung, die auf Zentralismus setzte und die Regionen schamlos vernachlässigte, machten ihnen genug zu schaffen. Erst in den 1960er Jahren ging es wieder bergauf, vor allem dank der engagierten Bemühungen der Engländerin Helen Sanders, die förmlich einen Kreuzzug zugunsten der venezianischen Katzen initiierte. Sie unternahm es mit einem Stab von freiwilligen Helfern, einen Großteil der Streunerkatzen sterilisieren zu lassen und die Tiere regelmäßig zu versorgen. Binnen zwanzig Jahren trugen ihre Bemühungen Früchte: Die Katzenpopulation der Stadt ist heute auf ein erträgliches Maß geschrumpft, gesund und bei Einwohnern wie Touristen wohl gelitten.

Die wahren Katzenparadiese sind freilich die kleinen verträumten Ortschaften, die in Italien wie auch im südlichen Frankreich über das Land verstreut sind, Orte, die viel Vergangenheit und wenig Zukunft haben, Orte voller verfallender historischer Villen, mit Steinhäusern, die, von Weinlaub, Bougainvilleen und Glyzinien umrankt, den Katzen einen leichten Aufstieg zu den vor sich hinmodernden Schindeldächern gewähren. In diesen Dörfern leben oft fast nur noch alte Leute, deren beschaulicher Lebensrhythmus dem der Katzen entspricht, dem der Rumor belebter Touristen- und Ferienorte fremd ist. Die Tiere sonnen sich mit ihnen auf den Plätzen, wo die Männer Boccia oder Boule spielen, und lassen sich von den Matronen verwöhnen, bis sie des Nachts ihre Streifzüge unternehmen und ihre heimliche Gottheit, den Mond, ansingen.

Sie sind nicht eigentlich Straßenkatzen, denn sie sind in allen Behausungen irgendwie zuhause, bewegen sich frei in einem weiten Kreis, leben, wo und wie es ihnen gefällt, doch immer auch mit der Geborgenheit, die der Mensch ihnen bietet. Dem ist es zwar in den Jahrtausenden eines gemeinsamen Lebens mit der Katze nie gelungen, sie völlig zu domestizieren, aber immerhin hat er sie mit viel Geduld und Zuwendung so weit an sich gewöhnt, dass sie sich ihm nicht ungern anschließt. Ob Wohnungskatze oder Streunerin, ihre innersten Geheimnisse behält sie für sich, und keiner, der sie zu kennen glaubt, wird ihr Wesen je völlig entschlüsseln können.

Über einen Mangel an menschlicher Zuwendung kann sich die Katze heute freilich in den meisten Fällen nicht beklagen. Im Gegensatz zu vergangenen Jahrhunderten, als sie in erster Linie als Mäuse- und Rattenfängerin gesehen wurde, ist sie nun zur bevorzugten Gesellschafterin des Menschen geworden. Sie hat ihre Aufgabe darin gefunden, der Vereinsamung der Stadtbewohner entgegenzuwirken, ihnen ein Gefühl von Nähe und Wärme zu geben, eine Art von Ansprechpartner zu sein. Es mag seltsam erscheinen, dass die unergründliche und rätselhafte Katze viel von ihrer heutigen Popularität gerade der Psychologie verdankt. Die Katze kann, wie Mediziner und Psychotherapeuten in überzeugender Weise behaupten, durch ihre bloße Anwesenheit helfen, Stress abzubauen, sie kann durch ihr Schnurren erhöhten Blutdruck senken, sie kann Einsamkeit und Depressionen lindern – kurz, sie genießt eine hohe Akzeptanz als Therapiehelferin. Denn:

Katzen empfinden nicht nur Zufriedenheit, sie strahlen sie auch aus. Wir können nicht mit einer zufriedenen Katze zusammen sein, ohne dass diese Zufriedenheit auf uns abfärbt. Mit Sicherheit ist das einer der Gründe, warum wir Katzen lieben.[140]

Das vermutet der Psychoanalytiker Jeffrey M. Masson, der sich vor allem mit dem Seelenleben der Katze beschäftigt hat. Und er fügt hinzu:

Durch meine Katzen habe ich gelernt, mit dem Augenblick zufrieden zu sein. Nicht das Gestern, nicht das Morgen zählt, sondern nur das Heute und der Zauber jedes einzelnen Augenblicks.[140]

Die Zufriedenheit des Augenblicks zu lernen – gäbe es einen besseren Grund, für die Existenz der Katze und ihre tröstliche Gegenwart dankbar zu sein?

TEIL II
Die Katze und die Künstler

Ich wäre lieber eine Katze, die Miau schreit, als einer dieser öden Balladendichter!
William Shakespeare

Kapitel 1

Fabeltier und Dichterfreund

Die Zahl der Schriftsteller, die sich von ihren Katzentieren inspirieren, animieren und zuweilen auch terrorisieren ließen und lassen, ist Legion. Im England des 18. Jahrhunderts treffen wir zum Beispiel auf den Gelehrten und Dichter Samuel Johnson, den ersten großen Lexikografen der englischen Sprache, der seinen Kater Hodge vergöttert und ihn tagtäglich mit frischen Austern gefüttert haben soll, die damals freilich nicht wie heute ein Luxus der Reichen waren, sondern an den englischen Küsten so üppig wucherten, dass sie auch für den „kleinen Mann“ leistbar waren. Als Hodge im Sterben lag, soll ihm sein Meister Baldrian besorgt haben, um ihm den Tod zu erleichtern. Wir wissen das, weil es uns ein gewisser James Boswell erzählt, der mit dem Buch *Life of Johnson* zum ersten Biografen von Samuel Johnson wurde, für den er zeitlebens eine Art Eckermann war. Boswell konnte Hodge im Übrigen nicht ausstehen! Einen Hinweis auf diese Dreiecksgeschichte liefert Vladimir Nabokov, indem er folgendes Zitat aus Boswells Biografie seinem Roman *Pale Fire* (dt. *Fahles Feuer*, 1962) voranstellt:

Das erinnert mich an den lächerlichen Bericht über den beklagenswerten Zustand eines jungen Herrn aus gutem Hause, den er Mr. Langton gab. „Sir, als ich das letzte Mal von ihm hörte, lief er in der Stadt herum und schoss Katzen tot." Und dann, in einer Art gutmütiger Träumerei, besann er sich auf seinen Lieblingskater und sagte: „Aber Hodge wird nicht erschossen: Nein, nein, Hodge wird nicht erschossen."

Vielmehr bekam er ein Denkmal – das ursprünglich freilich für seinen Herrn gedacht war. Doch wie dies bei Katzen üblich ist, Hodge stahl diesem die Schau und thront nun höchstpersönlich zuoberst auf der Stele, deren Inschrift ihn zusammen mit seinem Meister nennt.

Ein anderes Beispiel dafür, wie innig die Beziehung zwischen dem Autor und seinen Katzen sein kann, finden wir im 20. Jahrhundert in der Gestalt des Schriftstellers und Misanthropen Paul Léautaud. Der zog, wie er sagte, die Gesundheit seiner zeitweilig über dreißig Katzen dem Prix Goncourt, dem bedeutendsten Literaturpreis Frankreichs, vor. Übrigens auch den Frauen, von denen er wenig galant behauptete: „Wann immer mich eine Mätresse verlässt, nehme ich eine Straßenkatze bei mir auf!" In seinen jüngeren Jahren als Theaterkritiker hoch geschätzt, beschloss er sein Leben in tiefer Armut im Kreis einer ganzen Menagerie von Tieren, die er umsorgte. Aus seinem *Literarischen Tagebuch* erfahren wir viel über sein Leben mit den Tieren, aber auch über die Tiere selbst. So beschreibt er etwa seine alljährliche Sommerfrische an der bretonischen Küste:

Glauben Sie mir, bei der Ankunft wird man reichlich für seine Mühe belohnt. Wenn wir im Garten sind und die Körbe geöffnet werden, heben ihre Insassen die Köpfe: sie kennen sich aus, fangen an, herumzulaufen und auf die Bäume zu klettern. Jede findet ihren gewohnten Platz. Es ist, als ob sie einander sagten: Jetzt kommen vier Monate voll Glücks.[141]

Im März 1944 berichtet er:

Kater Grison ist tot, der letzte Überlebende aus der Schar von Katzen, die ich noch zu Beginn des Krieges hatte. Noch ein Verlust für den einsamen Mann, der ich bin, noch ein Lebensgefährte, der mir fehlt. Wenigstens habe ich ihn sehr verwöhnt, umschmeichelt und umsorgt. In ihm lebten all jene Letzten mit, zu denen er gehörte und die ich verloren habe. Ihm und der Katze Minette, die ich im vergangenen Jahr aufnahm, gab ich, seit alles so knapp geworden ist, oft meine Fleischration.[141]

In der Geschichte der europäischen Literatur finden sich hunderte solcher Beispiele von Dichtern und Schriftstellern, die einen innigen Umgang mit ihren Katzen pflegten und von ihren rätselhaften vierbeinigen Lebensgefährten viele Anregungen für ihre Kunst empfingen. Kein Zweifel, die Katze ist ein literarisches Tier und das Tier der Literaten – und nicht genug: Sie hat selbst Literaturgeschichte geschrieben.

Alles begann mit Äsop, dessen Fabeln sich bald in den unterschiedlichsten Varianten über das gesamte Mittelalter ausbreiteten und schließlich bei La Fontaine im 17. Jahrhundert zu einem Höhepunkt der Gattung fanden. Freilich kam die Katze weder bei Äsop noch bei La Fontaine besonders gut weg. Im Gegenteil, bei beiden stehen die tadelnswerten Eigenschaften, die man ihr andichtete, im Mittelpunkt der Betrachtung. Denn zumeist wurde nicht ihre Nützlichkeit und Liebenswürdigkeit dargestellt, sondern nur zu oft ihre angebliche Verschlagenheit und die ihr unterstellte Grausamkeit. So in einer Geschichte, in der eine hungrige Katze einen jungen Hahn fressen will, unter dem Vorwand, ihn wegen seiner Missetaten zu bestrafen. „Die Menschen dulden es nicht länger, dass du sie jeden Morgen mit deinem Krähen aus dem Schlaf reißt", behauptet die Katze. Doch der Hahn weiß sich zu rechtfertigen: „Du irrst dich, o Katze! Im Gegenteil, die Menschen haben mich zu ihrem Wächter bestellt, dass ich sie rechtzeitig zu ihren Geschäften rufe." Darauf die Katze: „Versuch nicht, dich herauszureden! Ein liederlicher Kerl bist du, der es mit Dutzenden von Weibern treibt! Pfui über dich!" Wieder verteidigt sich der Hahn: „Hör auf, mich zu beschimpfen! Es ist der Wille der Natur, und die Menschen lieben mich dafür, denn ich verschaffe ihnen damit viele Eier!" Worauf die Katze schließlich auf alle Vorwände verzichtet und auf den Punkt kommt: „Genug der Entschuldigungen, ich habe Hunger!", und den Hahn frisst.

La Fontaine hat viel von seinen antiken Vorgängern übernommen und in seinen eigenen Fabeln weitergesponnen. Jules Champfleury nennt ihn in seinem Katzenbuch mehr als ein Jahrhundert später den „Homer der Katzen“:

Er hat sie gezeichnet, wie er sie beobachtet hat, mit all ihren Charakterzügen und ganz meisterhaft.[142]

Aber trifft das auch wirklich zu? Finden sich nicht gerade bei La Fontaine immer eher die fragwürdigen Eigenschaften in der Katze verkörpert als ihre möglichen Tugenden? Im 6. Fabelbuch zum Beispiel fürchtet sich ein junges Mäuschen vor einem Hahn, weil er kräftig mit den Flügeln schlägt und mit durchdringender Stimme kräht. Dagegen: „Die Katze, die so wohlmeinend, sanft und reizend aussieht, die kann doch nichts Böses im Sinn haben!“[143] Man weiß, dass die kleine Maus ihren Irrtum mit dem Leben bezahlen wird, und genüsslich verkündet La Fontaine die Moral der Geschichte: „Hüte dich wohl, wenn du am Leben bleiben willst, die Leute nach ihrer Miene zu beurteilen!“ Ein Rat, der äußerst treffend an die Menschen gerichtet ist, dem Charakter der Katze aber wohl kaum gerecht wird.

Wenig freundlich erscheint sie auch in der Geschichte von der Katze und dem Fuchs:

Das waren zwei Tartuffes[144]*, zwei Erzschelme, die sich zusammen auf die Reise begaben, zwei ausgemachte Strauchdiebe, die sich unterwegs über so manchen Käse hermachten, um sich daran gütlich zu tun!*

Der Fuchs ist ein Prahlhans, der mit einem Sack voller Listen groß tut, der Kater pocht auf seine Fähigkeit, auf Bäume zu klettern. Er ist, ähnlich wie sein Gesinnungsgenosse Tybert, der uns schon im Sündenregister der Katze untergekommen ist, ein Partner, auf den man sich besser nicht verlässt. Als die beiden, Fuchs und Kater, von einer Jagdgesellschaft aufs Korn genommen werden, verschwindet er flugs im Geäst eines Baums und lässt seinen Kameraden in der Bedrängnis allein. Nur ein einziges Mal erweist sich ein Tier schlauer als La Fontaines Katze: Der Affe lässt sie seelenruhig für ihn die Kastanien aus dem Feuer holen und frisst ihr alle weg, indes ihr nur die verbrannten Pfoten bleiben.

In den Jahrhunderten zwischen Äsop und La Fontaine ist über die Katze viel geschrieben worden – und oft eher Ehrenrühriges. Wir begegnen ihr in geistlichen und weltlichen Schriften, in Homilien[145] und medizinischen Werken, aber relativ selten in Texten, die wir heute der Literatur zurechnen würden. Die *Hymne* an den Klosterkater Pangur, die wir bereits kennengelernt haben, ist einer der ersten eigenständigen literarischen Katzentexte. Im Verlauf des ausgehenden Mittelalters und der Renaissance bis hin zum Barock finden sich in den Werken bedeutender Dichter zwar immer wieder Verse, die ein Schlaglicht auf ihr persönliches oder das zeittypische Verhältnis zur Katze werfen, doch nicht ein einziger größerer Text. Autoren wie der Franzose Pierre de Ronsard schrieben sich ihren Katzenhass von der Seele, andere wie Dante, Tasso und vor allem Petrarca offenbarten sich als leidenschaftliche Katzenliebhaber. Eine Katzengeschichte im engeren Sinn hat keiner von ihnen geschrieben, ebenso wenig wie die italienischen Novellisten, bei denen die Katze immerhin zuweilen für einen Augenblick aus den Kulissen der launig-schelmenhaften Erzählungen tritt, welche ihr Publikum nicht nur unterhalten, sondern auch belehren sollten.

Eine Erzählgattung, in der die Katze relativ früh in Erscheinung trat, ist das Märchen. Zunächst nur mündlich überliefert oder, wie im Orient, durch professionelle Märchenerzähler auf Volksfesten oder Jahrmärkten, in Wirtshäusern oder Burgsälen vorgetragen, erfreuten sich Märchen aller Art bei Jung und Alt der größten Beliebtheit. Spätestens seit dem 18. Jahrhundert wurden sie gelegentlich auch schon schriftlich festgehalten. Manche Sammlungen, vor allem die des Franzosen Charles Perrault aus dem späten 17. Jahrhundert, in der ein Kater in Stiefeln eine wichtige Rolle spielt, indem er als Glücksbringer in alle möglichen Länder wandert, fanden bald Eingang in das Märchengut vieler Völker und gerieten so schließlich auch in die Sammlung der Brüder Grimm.

Ein gängiges Märchenmotiv, das auch in die Kunstliteratur häufig übernommen wurde, ist die Verwandlung der Katze in eine schöne Frau. Wir begegnen diesem Motiv, das aus Äsops Fabeln, aber auch aus dem Orient bekannt war, in den unterschiedlichsten Varianten. So verliebt sich eine Fee, die in den Körper einer Katze gebannt ist, in einen Menschenmann und will seine Frau werden. Mit Hilfe eines Zaubers gelingt ihr Vorhaben: Sie nimmt die Gestalt eines reizenden Mädchens an und gewinnt den Begehrten zum Gatten. Allerdings muss sie sich zu jeder Vollmondnacht in ihre ursprüngliche Gestalt zurückverwandeln. Sie nimmt ihrem Mann das Versprechen ab, ihr nicht nachzuspionieren, verschließt die Tür ihres Schlafzimmers und klettert als Katze durch das Fenster auf das Dach, wo sie sich mit anderen Katzen zum Mondgesang trifft. Es kommt, wie es kommen muss: Der von dem nächtlichen Gejaule gestörte Gatte versucht die Katzen durch einen Schuss zu vertreiben, er trifft – und der Leichnam seiner Frau stürzt vom Dach. Einer anderen Variante zufolge beobachtet er seine zur Katze verwandelte Frau durch das Schlüsselloch und verliert sie dadurch für immer, denn fortan muss sie Katze bleiben. In einem weiteren dieser Verwandlungsmärchen kann die Katzenfrau ihrem Gelüste nach Mäusen nicht widerstehen. Als sie von ihrem Mann dabei ertappt wird, wie sie eben genüsslich eine Maus zu verspeisen versucht, wird sie wieder zur Katze – und der geschockte Gatte jagt sie aus dem Haus.

In vielen Märchen wird die Katze zur Glücksbringerin, die ihrem Besitzer zu Wohlstand und Ansehen verhilft. Der gestiefelte Kater hat so manchen Anverwandten, der sich auf diesem Gebiet nicht weniger pfiffig erweist als sein Vorbild, so etwa in der Geschichte von den drei Glückskindern: Darin schickt ein Vater seine drei Söhne aus, um in der Welt ihr Glück zu machen. Er gibt ihnen auch Geschenke mit: den beiden älteren einen Hahn und eine Sense, dem jüngsten eine Katze. Wiewohl auch die beiden anderen Brüder erfolgreich heimkehren, übertrifft sie doch der Reichtum des Jüngsten bei Weitem. Er hat seine Katze mit zur See genommen und ist auf einer Insel gelandet, deren Bewohner von einer Mäuseplage gequält werden. Er bietet seine Hilfe an (oder vielmehr die seiner Katze) und erhält dafür eine Maultierladung voll Gold.

Im späten 18. und im 19. Jahrhundert nahmen manche Dichter Anleihen in der Welt der Märchen, wobei sie das Sujet oft nach ihren eigenen Vorstellungen veränderten. Ein prominentes Beispiel ist Goethes *Reineke Fuchs*. Es ist erstaunlich, dass gerade er, der sich viel mit Naturbeobachtungen beschäftigte, offenbar der Katze nur wenig

Beachtung geschenkt hat. So machte er den alten Kater Hinze, dessen Kontrahent der schlaue Fuchs ist, zu einem etwas tölpelhaften Gesellen, der sich zunächst mit allerhand Ausreden vor dem Auftrag drücken will, den Fuchs an des Königs Gericht zu holen, und sich dann von diesem auch noch überlisten lässt. Der Fuchs zeigt sich von seiner freundlichen Seite, und als der Kater schließlich eine Maus als Wegzehrung begehrt, lockt er ihn an die Scheune des Pfarrers, woraus er selbst vor kurzem erst ein Huhn gestohlen hat. Er weiß nämlich, dass der darüber erboste Pfarrer in der Scheune eine Falle aufgestellt hat:

Reineke wußte und merkte sich das und sagte: Geliebter
Neffe, kriechet hinein, gerade zur Öffnung. Ich halte
Wache davor, indessen ihr mauset. Ihr werdet zu Haufen
sie im Dunklen erhaschen. O höret, wie munter sie pfeifen![146]

Der gutgläubige Kater folgt dem Rat und geht prompt in die Falle. Die Hausleute erwachen von seinem kläglichen Geschrei und machen sich über ihn her und verprügeln ihn, während der schuldige Fuchs vor dem Scheunentor über ihn spottet.

Das sieht einer Katze nicht gerade ähnlich. Wo ist ihr gesundes Misstrauen, ihre Vorsicht, wo sind die pfiffigen Einfälle, mit denen sie sich aus brenzligen Situationen zu retten weiß? Nein, Goethe wusste offenbar wenig von der Überlegenheit des Katzengeschlechts, für das er im Übrigen nur selten ein Wort findet. Wie in einem Gedicht des *West-östlichen Divan*, dem zufolge Esel, Wolf, Hund und Katze Einlass in Mohammeds Paradies gefunden haben sollen. Den Hund muss Goethe freilich eingeschmuggelt haben, denn im Islam gilt der als unrein. Von der Katze heißt es recht summarisch:

Abuherriras Katze hier
knurrt um den Herrn und schmeichelt,
denn immer ist's ein heilig Tier,
das der Prophet gestreichelt.[147]

Es ist offensichtlich, mit der Katze wusste Goethe nicht viel anzufangen. Wenden wir uns daher ergiebigeren Quellen zu.

Den Auftakt zu einer Katzenliteratur, die diesen Namen verdient, finden wir wohl in *Les Chats*, dem Buch des eleganten Höflings und Lebemannes Paradis de Moncrif. Wir sind ihm und seinem Werk, das nicht nur seine Aufnahme in die Académie Française begleitete, sondern auch seinen bleibenden Ruhm bewirkte, bereits an früherer Stelle begegnet. Seine leichte, elegante, witzige Prosa entzückte Generationen von Katzenfreunden und ermunterte so manchen Autor, es ihm gleichzutun. Allerdings, nur wenige haben ihn erreicht. Sein besonderer Humor, seine gekonnten Persiflagen, seine köstlichen Erfindungen und Paradoxa, die oft widersinnigen Behauptungen, die er augenzwinkernd zum Besten gibt, verleihen seinem Buch einen besonderen Esprit und machen den Leser zu seinem Komplizen. Moncrif wählte für sein Katzenbuch unter anderem die bis ins 19. Jahrhundert äußerst beliebte Form von Briefen, die in diesem Fall an eine Marquise de B*** gerichtet sind.[148] Wer damit gemeint war, ist bis heute nicht zweifelsfrei geklärt, fest steht aber, dass die Katzen für den Autor von *Les Chats* eine große Anziehungskraft besessen haben. Er hat sich ausführlich mit ihrer Vergangenheit und ihrem Wesen beschäftigt. Oft versteigt er sich trotzdem zu provozierenden Paradoxa und Übertreibungen. So bezeichnet er etwa das Miau der Katze als eine „himmlische Musik", spricht von der „Monogamie der Kätzin", die er gar ein in der Liebe treues Tier nennt. Etwa in der Geschichte, die von einer Katzendame erzählt, die ihrem kastrierten Gatten treu geblieben sein und die Annäherungsversuche strammer Kater abgewehrt haben soll. Wir würden uns vom Autor in die Irre führen lassen, wenn wir sein Augenzwinkern nicht bemerkten: Eheliche Treue war in einer Ära, in der der Liebesbetrug zum allgemein gültigen Gesellschaftsspiel geworden war, eine eher belächelte Tugend.

Für manche Verhaltensweisen der Katze fand Moncrif abenteuerlich skurrile Erklärungen. So auch für das Gejaule einer verliebten Katze bei der Begattung. Es sei nämlich vor langer Zeit eine Maus mitten in das Liebesspiel zwischen Kater und Kätzin hineingeplatzt, worauf der Kater seine Gefährtin im Stich gelassen habe und hinter dem Störenfried hergelaufen sei. Und der fabulöse Autor fährt unbeirrt fort:

Die Katze, die – wie man sich vorstellen kann – darüber empört war, so im Stich gelassen zu sein, dachte sich ein Mittel aus, um nicht noch einmal einen derartigen Affront ertragen zu müssen. Sie stieß nämlich von Zeit zu Zeit heftige Schreie aus, wenn sie mit ihrem Lieblingskater intim war. Auf diese Weise schreckte sie die Sippschaft der Mäuse ab, die es nicht mehr wagten, ihr Tête-à-tête zu stören. Diese Vorsichtsmaßnahme erschien allen anderen Katzen so weise und wirkungsvoll, dass sie, wann immer sie mit einem Kater zusammen sind, dieses Geschrei ihrerseits wiederholen und so ganz gewiss die Mäuse abschrecken.[149]

Moncrif schließt seine obskure Geschichte mit den Worten:

Beim Himmel, wie glücklich wären die Frauen, wenn sie nur eines solchen Mittels bedürften, um zu verhindern, dass ihre Liebhaber von ihnen abgelenkt werden![149]

In *Les Chats*, dem Buch der Katzen des Paradis de Moncrif, ging es mehr oder weniger um die Gesamtheit des Katzengeschlechts. Knapp ein Jahrhundert später, 1819, erschien ein Buch, das nicht nur von einem einzelnen, ganz bestimmten Kater handelte, wie der Titel verrät, sondern obendrein noch den fantastischen Anspruch erhob, von diesem verfasst worden zu sein: *Die Lebensansichten des Katers Murr nebst fragmentarischer Biographie des Kapellmeisters Johannes Kreisler*, herausgegeben von E. T. A. Hoffmann. Die Lebensansichten eines Katers neben den Bruchstücken einer durch und durch romantischen Künstlerbiografie – oft wird in dieser Konstellation der Gegensatz einer in sich zerrissenen Künstlernatur und eines bildungsbeflissenen Philisters gesehen. Aber Murr als Philister? Hätte der Dichter, der geradezu ein enthusiastischer Bewunderer des realen Murr war, diesem wirklich die verächtliche Rolle eines Philisters zuerkannt? Vom Genre her könnte man die *Lebensansichten* als eine Art von Bildungsroman bezeichnen. So gibt der Romankater über seinen literarischen Bildungsweg Auskunft:

Nichts zieht mich in des Meisters Zimmer mehr an als der mit Büchern, Schriften und allerlei seltsamen Instrumenten bepackte Schreibtisch. Ich kann sagen, dass dieser Tisch ein Zauberkreis war, in den ich mich gebannt fühlte, und doch empfand ich eine gewisse heilige Scheu, die mich abhielt, meinem Triebe ganz mich hinzugeben. Endlich, eines Tages, als eben der Meister abwesend war, überwand ich meine Furcht und sprang herauf auf den Tisch. Welche Wollust, als ich nun mitten unter den Schriften und Büchern saß und darin wühlte! Nicht Mutwillen, nein, nur Begier, wissenschaftlicher Heißhunger war es, dass ich mit den Pfoten ein Manuskript erfasste und so lange hin und her zauste, bis es, in kleine Stücke zerrissen, vor mir lag.[150]

Schon an dieser einen Stelle wird ein für die Geisteshaltung der Romantik typischer Zug deutlich: die enge Beziehung zwischen Sehnsucht, Verlangen, Erfüllung und Zerstörung. Für den Romantiker ist die Sehnsucht die Triebfeder aller Empfindungen. Die Erfüllung einer unstillbaren Leidenschaft wird ihm aber immer zugleich zu deren Vernichtung.

Doch bleiben wir beim Romankater Murr! Er beschäftigt sich nicht mit Mäusen, sondern lernt, aus eigenem Antrieb wohlgemerkt, Lesen und Schreiben. Der Ehrgeiz treibt ihn, wie sein Meister Schriftsteller zu werden, der eigene Werke verfasst, zuletzt eben seine *Lebensansichten*. Als Autor ist er ein ziemlich arrogantes Exemplar, wie seine Vorrede beweist:

Sollte jemand verwegen genug sein, gegen den gediegenen Wert des außerordentlichen Buches einige Zweifel erheben zu wollen, so möge er bedenken, dass er es mit einem Kater zu tun hat, der Geist, Verstand besitzt und – scharfe Krallen! Murr, Homme de lettres très renommé.[150]

So weit, so gut. Man könnte die angebliche Autorschaft des Katers als einen reizenden und harmlosen Scherz betrachten, den sich Hoffmann mit seinem Publikum erlaubt. Doch der vermeintliche Scherz eines, wie der Autor selbst bekennt, „doch eigentlich recht ernsten Buches“ zielt auf etwas anderes: Es entlarvt das romantische Streben nach „Höherem“ und offenbart den animalischen, triebgesteuerten Urgrund hinter diesem Streben. Der Schweizer Germanist Peter von Matt hat nachgewiesen, wie das hehre romantische Gefühl durch ein einziges Wort im Text desavouiert wird und sich in die recht reale Gier des Katers verkehrt.[151] Da heißt es bei Murr:

O Natur, heilige, hehre Natur! Wie durchströmt all deine Wonne, all dein Entzücken meine bewegte Brust, wie umweht mich dein säuselnder Atem! … Stiller und stiller wird die Nacht, die Wolken ziehen … Eine einsame Taube flattert in bangen Liebesklagen girrend um den Kirchturm! Wie? Wenn die liebe Kleine sich mir nähern wollte? – Ich fühle wunderbar es sich in mir regen, ein gewisser schwärmerischer Appetit reißt mich hin mit unwiderstehlicher Gewalt![152]

Mit dem einzigen Wort „Appetit" ist alles gesagt: Es geht, wie im übrigen fast immer in der Natur, um Fressen und Gefressenwerden! Auch in der Liebe zeigt sich hinter der romantischen Fassade der handfeste Trieb. Der in MiesMies, das reizende Katzenmädchen, vernarrte Kater berichtet über diesen problematischen Zustand recht unverblümt:

Mir schmeckte kein Bissen, die Wissenschaften ekelten mich an – ich mochte weder lesen noch schreiben. „Himmel!", rief ich anderntags aus, als ich die Holde überall gesucht, auf dem Dache, auf dem Boden, in dem Keller, in allen Räumen des Hauses und nun trostlos heimkehrte, als, da ich die Kleine beständig in Gedanken, mich nun selbst der Bratfisch, den mir der Meister hingesetzt, aus der Schüssel anstarrte mit ihren Augen, so dass ich laut rief im Wahnsinn des Entzückens: „Bist du es, lang Ersehnte", und ihn auffraß auf einen Schlag. Ja, da rief ich: „Himmel, oh Himmel! Sollte das die Liebe sein?"[152]

Als ihn MiesMies schließlich erhört, wird's trivial, wie so häufig. Denn die erfüllte Liebe ist keine Liebe mehr, weil ihr die Sehnsucht fehlt. Und so muss MiesMies traurig gestehen:

„Guter Murr", sprach sie sanft und ruhig, „ich glaube zu fühlen, dass ich dich nicht mehr so liebe, als sonst, welches mich sehr schmerzet."[152]

Und Murr kann darauf nur antworten:

„Oh meine MiesMies, es zerschneidet mir das Herz, aber ich muss gestehen, seit der Zeit, da sich gewisse Dinge begeben, bist du mir auch gleichgültig geworden." „Nimm es nicht übel", sprach MiesMies, „süßer Freund, aber es ist mir so, als wärest du mir schon längst unausstehlich geworden."[152]

Was Murr zu dem begeisterten Ausruf veranlasst:

„Mächtiger Himmel! Welche Sympathie der Seelen! Mir geht es so wie dir!"[152]

Wir finden bei Murr im Übrigen auch Ansätze zu einer Kulturkritik, wie etwa in der Begebenheit mit seinem Freund, dem Hund Ponto, der von seinem Herrn auf ihn gehetzt wird, aber nur so tut, als ob er gehorche. Nachdem er den Kater in den nächsten Keller gescheucht hat, spricht er zum Kellerfenster hinein:

„Erkennst du nun aufs Neue die ersprießlichen Folgen der höheren Kultur? – In dem Augenblick habe ich mich meinem Herrn folgsam und artig erwiesen, ohne mir deine Feindschaft zuzuziehen, guter Murr. So macht es der wahre Weltmann, den das Schicksal dazu bestimmt hat, Werkzeug in der Hand eines Mächtigen zu sein. Angehetzt muss er losfahren, aber dabei so viel Geschick beweisen, dass er nur dann wirklich beißt, wenn es gerade auch in seinen eigenen Kram passt.[152]

Nachdem Murr bei einer Gelegenheit von seinem Meister wegen ungebührlichen Verhaltens eine Tracht Prügel bezogen hat, stellt er seufzend fest:

Je mehr Kultur, desto weniger Freiheit, das ist ein wahres Wort![152]

Ein so außergewöhnliches Buch wie die *Lebensansichten* zeitigte Folgen. Es ist kein Zufall, dass die Katzenliteratur danach einen unglaublichen Aufschwung erlebte. Einem allerdings nicht schreibenden Seelenverwandten von Murr begegnen wir etwa in Gottfried Kellers Novelle *Spiegel, das Kätzchen*:

So war der Name des Kätzchens wegen seines glatten und glänzenden Fells, (es) lebte seine Tage heiter, zierlich und beschaulich dahin, in anständiger Wohlhabenheit und ohne Überhebung. Er saß nicht zu oft auf der Schulter seiner freundlichen Gebieterin, um ihr die Bissen von der Gabel zu fangen, sondern nur, wenn er merkte, dass dieser Spaß ihr angenehm war. Auch lag und schlief er den Tag über selten auf seinem warmen Kissen hinter dem Ofen und liebte es eher, auf einem schmalen Treppengeländer oder in der Dachrinne zu liegen und sich philosophischen Betrachtungen und der Beobachtung der Welt zu überlassen.[153]

Spiegel ist also ein beschaulicher Kater, der sich neben seinen „Weltbeobachtungen“ ganz artgerecht der Leidenschaft der Jagd – „mit Vernunft und Mäßigung“, wie der Dichter betont –, und mit den ungleich anstrengenderen Freuden der Liebe beschäftigt. Sein „liederliches Aussehen“ trägt ihm einen gut gemeinten Tadel seiner Herrin ein, doch Spiegel schämt sich nicht:

… als ein Mann von Grundsätzen, der wohl wusste, was er sich zur wohltätigen Abwechslung erlauben durfte. Er beschäftigte sich ganz ruhig damit, die Glätte seines Pelzes und die unschuldige Munterkeit seines Aussehens wiederherzustellen, und er fuhr sich so unbefangen mit dem feuchten Pfötchen über die Nase, als ob gar nichts geschehen wäre.[153]

Im 19. Jahrhundert finden wir die Katze in so ziemlich allen Gattungen und Genres und auch in den meisten Literaturen vertreten. Nehmen wir die deutschsprachige oder französische oder englische Literatur: Auf welch vielfältige Weise tritt die Katze da in Erscheinung! Wie viele Dichter haben ihr Verse gewidmet! Lyriker vom Rang eines Rainer Maria Rilke oder Charles Baudelaire haben sie hymnisch besungen. Rilke etwa beschreibt den Blick einer Katze so:

Alle Blicke, die sie jemals trafen,
scheint sie also in sich zu verhehlen,
um darüber drohend und verdrossen
zuzuschauen und dabei zu schlafen.

Doch auf einmal kehrt sie wie geweckt
ihr Gesicht und mitten in das deine:
da triffst du deinen Blick im geelen
Amber ihrer runden Augensteine
unerwartet wieder: eingeschlossen
wie ein ausgestorbenes Insekt.[154]

Dem raffiniertesten, bildgewaltigsten Katzendichter begegnen wir freilich in Charles Baudelaire, von dem Théophile Gautier einmal schrieb:

Baudelaire betete die Katzen an, die wie er parfumsüchtig waren und von dem Geruch des Baldrians in eine Art von ekstatischer Epilepsie versetzt wurden. Er erforschte ihre zärtlichen, feinfühligen und femininen Liebkosungen. Er liebte diese charmanten und stillen Tiere, die geheimnisvoll und sanft, doch von einer elektrisierenden Spannung belebt sind.[155]

Baudelaire, von dem man weiß, dass er Katzen fanatisch liebte, der an keiner Katze vorübergehen konnte, ohne sie zu liebkosen, hat eine ganze Serie von Katzengedichten geschrieben, meist in Sonettform, jener lyrischen Form, die ein anderer Katzenliebhaber, Petrarca, Jahrhunderte zuvor erfunden hatte. In diesen Gedichten fand er die faszinierendsten Bilder für das geheimnisvolle Wesen, wie etwa in dem von Stefan George ins Deutsche übertragenen Gedicht *Les Chats*:

sie gleichen, wenn sie sinnen, edlen büsten;
den großen sphinxen hingestreckt in wüsten,
die ewig schläfert eine traumes-hand.

aus ihren hüften funken sich entfernen,
und goldne teilchen wie ein feiner sand
ihr rätselvolles augenrund besternen.[156]

In Baudelaires Bewunderung für die Katze mischt sich immer wieder die Vorstellung des Weiblichen. Der Leser weiß oft nicht so recht, ob sich ihm die Katze zur Frau verwandelt, wie in den zahlreichen Metamorphose-Märchen, oder ob er diese im Bild einer Katze sieht:

Komm an mein liebendes Herz, schöne Katze!
Halt die Krallen zurück deiner Tatze!
Laß mich in dein magisches Auge versinken,
in seinem Glanz von Metall und Achat zu ertrinken.[156]

Unvergesslich auch der folgende Vers:

In meinem Kopf spaziert hin und her,
als ob's ihre Wohnung wär',
eine schöne Katze charmant und vertraut;
Man hört sie kaum, wenn sie miaut. [157]

Baudelaire ist, was die Sensibilität und den Empfindungsreichtum seiner Lyrik angeht, zweifellos ein Einzelfall, wenn auch manche Dichter wie etwa Paul Verlaine, Stefan George, der viele seiner Gedichte übersetzt hat, und natürlich Rilke seinen Spuren folgen. Im Allgemeinen aber geht es in der Katzenlyrik handfester zu. Sehr viele Texte sind balladen- oder odenartig aufgebaut und erzählen eine Geschichte in Versen. John Gay, der im 18. Jahrhundert hoch angesehene englische Dichter, wäre hier als Beispiel zu nennen. Er verfasste nicht nur den Text zu Johann Christoph Pepuschs *Beggar's Opera*, die als nationales Gegenstück zur italienischen Oper in London ein Jahrhundert-Hit wurde, sondern auch eine *Ode auf den Tod der Lieblingskatze Selima, die in einer Goldfischvase ertrank*. Die unglückliche Katze wird darin durch zwei Goldfische dazu verleitet, in das Gefäß zu springen, aus dem sie sich nicht mehr befreien kann. In einer zeitgenössischen Übersetzung wird daraus, wieder einmal mit Blick auf das weibliche Geschlecht, folgendes Resümee gezogen:

Ihr Schönen, nehmt die Warnung mit,
wie rasch geschieht ein falscher Schritt!
So seid mit Vorsicht dreist!
Nicht alles, was das Herz begehrt,

das Auge sucht, ist wünschenswert,
nicht alles Gold, was gleißt.[158]

Auch Dichter wie Heinrich Heine oder Oscar Wilde waren entschiedene Katzenfreunde, wobei die Katze auch für sie immer in gewisser Weise für das rätselhafte Wesen der Frau stand, von dem der eine besessen war und vor dem sich der andere aufgrund seiner besonderen Veranlagung ein wenig geängstigt haben mag, sodass er sie in die Reglosigkeit einer Statue gebannt hat. Heine jedenfalls nahm sich kein Blatt vor den Mund, als er gestand:

Ich liebe die Weiber noch immer. Als ich in Göttingen von allem weiblichen Umgang abgeschlossen war, schaffte ich mir wenigstens eine Katze an.[159]

Seine erste Bekanntschaft mit einer Katze datiert aus seiner Kindheit und galt einer „dicken Angorakatze", die wie eine verwunschene Prinzessin unter allerlei ausgemustertem Plunder auf dem Dachboden im Haus seines Onkels gehaust hatte. Sie besaß wohl wenig Gemeinsamkeit mit der berühmten Mimi aus dem Gedicht von 1853, in dem es herausfordernd heißt:

Bin kein sittsam Bürgerkätzchen,
Nicht im trauten Stübchen spinn ich.
Auf dem Dach, in freier Luft,
Eine freie Katze bin ich.[159]

In vielen Texten der Zeit wurde das Wort „Kätzchen" mehr oder minder scherzhaft, manchmal auch in durchaus pejorativer Bedeutung, für die Angehörigen bestimmter weiblicher Berufsgruppen verwendet, etwa wenn von Stuben- oder Kammerkätzchen die Rede war. Die Freiheit, die die Katze in dem Gedicht für sich beansprucht, ist also eindeutig doppeldeutig: Heine beschwor damit zugleich das Bild einer Frau, die sich von den Normen bürgerlichen Lebens zu emanzipieren sucht.

Auch für Oscar Wilde spiegelt sich die Vorstellung des Weiblichen ganz offensichtlich in der Gestalt einer Katze, wie sein Gedicht *Die Sphinx* verrät. Allerdings ist sie ihm in einen regungslosen Gegenstand entrückt, dem er vielleicht, wie einst Pygmalion[160], ein geheimnisvolles Leben einhauchen will:

In einer Zimmerecke wacht
schon länger, als ich denken kann,
die schöne Sphinx und schweigt mich an
im Wechselspiel von Tag und Nacht.
[...]
Mein träger Liebling, komm heran
und leg den Kopf mir in den Schoß,
damit ich dir den Nacken kos
und deinen Samtleib streicheln kann.[161]

Sehr oft vertritt die Katze in solchen Gedichten eine Frau, wenn nicht gar die Weiblichkeit im Allgemeinen. Doch gelegentlich begegnet uns auch ein Kater, der dann den Vergleich mit einem menschlichen Gatten nicht zu scheuen braucht. Etwa wenn eine von ihrem Angetrauten enttäuschte italienische Dame die Vorzüge ihres Katertiers beschreibt:

Wer ihn kennt, der muß gestehen,
daß er ein Kater ist, wie man nie sonst gesehen:
sein schön getigert Haar – sein gutes Herz,
der Pfoten Samt – der Krallen Scherz:
er ist, wenn er auf meinem Schoße schnurrt,
erträglicher als ein Gemahl, der murrt![162]

Im 19. Jahrhundert, das, den Spuren des Mittelalters folgend, vor allem im deutschen Sprachraum Versepen sehr zu schätzen wusste, schrieb Victor Scheffel den Versroman *Der Trompeter von Säckingen*. In ihm spielt ein Kater namens Hiddigeigei eine wichtige Rolle. Er präsentiert sich als skeptischer, ja durch und durch pessimistischer Kater, der an seinen Enttäuschungen schwer zu leiden hat:

Da ward Hiddigeigei schrecklich belehrt,
da ließ er das Schwärmen und Schmachten,
da wurde er trutzig in sich gekehrt
und lernte die Welt zu verachten …

Auch in der englischen Lyrik finden sich unzählige Beiträge zur Katzenliteratur, darunter die berühmte Sammlung *The Old Possum's Book of Practical Cats* (dt. *Old Possums Katzenbuch*, 1939) des Literaturnobelpreisträgers T. S. Eliot, das zur Vorlage für das weltberühmte Musical *Cats* wurde. Gedichte wie *The Naming of Cats* oder *The Readdressing of Cats* und gar die Krimi-Ballade *Macavity, the Mystery-Cat* sind in ihrer Skurrilität kaum zu überbieten. Macavity – das ist der Straßenkater in Reinform, ein tierisches Ebenbild zu Bert Brechts unwiderstehlichem Straßenräuber Mackie Messer:

Er ist die Schmach von Scotland Yard, Schandfleck, den keiner sah,
denn immer gilt am Ort der Tat: Macavity ist nicht da.
Macavity ist ingwerrot, dazu sehr groß und dünn,
wenn man ihn sieht, erkennt man ihn
am eingesunkenen Aug.
Gefurcht ist seine Denkerstirn,
der Schädel hoch gebaut,
sein Fell ist staubig, ungepflegt,
sein Bart ist ungekämmt.
Er wiegt den Kopf von links nach rechts,
wie eine Schlang' es macht,
und wenn man glaubt, er schlafe fest,
so ist er doch hellwach.[163]

T. S. Eliots Macavity ist der klassische Großstadtkater, ein Gesetzloser, der sich mit Hilfe seiner Schlauheit durch ein hartes Leben schlägt und mit Recht und Ordnung nichts im Sinn hat. Er nötigt uns Respekt ab wegen seines Außenseitertums und auch wegen des Wagemuts, mit dem er wie viele seinesgleichen seine Unabhängigkeit verteidigt.

Auch der Verfasser des *Dschungelbuchs* (im Original *The Jungle Book* und *The Second Jungle Book*, 1894/95), Rudyard Kipling, sieht im Streben nach Freiheit und Ungebundenheit einen wesentlichen Charakterzug der Katze. In seiner Geschichte *Die Katze, die ihren eigenen Weg geht* lassen sich Hund, Pferd und Kuh durch die Leckerbissen, die ihnen von der Frau des Höhlenmenschen geboten werden, zur Dienstbarkeit verführen. Die Katze, die ihrerseits zwar das gute Leben am Feuer der Höhle genießen, aber sich andererseits auch ihre Freiheit bewahren will, fängt es schlauer an. Zwar ist auch sie bereit, gewisse Aufgaben zu übernehmen; sie wird „immer und ewig" Mäuse fangen und mit dem Kind der Höhlenfrau spielen, aber, wie sie immer wieder betont: „Deshalb bleibe ich doch die Katze, die ihre eigenen Wege geht." Damit zieht sie sich zwar die Feindschaft des Mannes wie die des ihm ergebenen Hundes zu, aber sie fängt Mäuse und ist nett zu kleinen Kindern, sooft sie im Haus ist.

Aber danach und auch zwischendurch und wenn der Mond aufgeht, dann geht die Katze ihre eigenen Wege. Dann wandert sie hinaus in den nassen wilden Wald oder klettert auf nasse wilde Bäume oder auf nasse wilde Dächer und schwenkt ihren wilden Schwanz auf einsamen wilden Pfaden …[164]

Gänzlich anderer Meinung ist da Émile Zolas fetter Salonkater aus der Geschichte vom Katzenparadies, *Le Paradis des chats*. Zola, der sich mit seinem für seine Zeit höchst anrüchigen Dirnenroman *Nana* (1880) einigen Ärger mit seinen Zeitgenossen eingehandelt hatte und deswegen sogar vor Gericht gezerrt wurde, schildert in seiner Katzengeschichte die Sehnsucht eines wohlgenährten und verhätschelten Salontigers, einmal die Freiheit auf den Dächern kennenzulernen. Doch schon sein erster und einziger Versuch belehrt ihn eines Besseren. Das harte Leben und karge Nahrungsangebot, mit dem diese Freiheit erkauft werden muss, ist nichts für ihn. Also kehrt er reumütig in sein feudales Gefängnis zurück, wo er wegen seines Verschwindens zuerst eine Tracht Prügel, dann aber für seine Rückkehr die gewohnten Leckerbissen bekommt, über die er sich gierig hermacht. Sein Resümee:

Das wahre Glück, das Paradies besteht darin, daß man in einem Zimmer, in dem eine Schüssel mit Fleisch bereit steht, eingesperrt und verprügelt wird. Das sage ich im Namen aller Katzen![164]

Dieser Text ist vor allem ein Seitenhieb auf die Bequemlichkeit und Saturiertheit von Zolas bourgeoisen Zeitgenossen. Er selbst liebte Katzen und lebte in Médon mit vielen von ihnen zusammen. Doch seine besondere Zuneigung galt den *gouttières*, den verwilderten Hauskatzen:

Ich schätze die Katzen auf den Dächern besonders, die stolzen und hageren Katzen, deren harte Silhouetten an die Helden alter Sagen erinnern. Sie sind die Meister der freien Lüfte, sie lieben es, auf den Dächern zu leben, unstete Tiere, die in unseren Städten noch ihrer Jagd und ihrer Betriebsamkeit nachgehen, ohne jemals einen Platz an unserem Feuer zu beanspruchen.[165]

Seine Begeisterung für die Lebensform dieser Tiere konnte freilich nicht verhindern, dass die Bedingungen, unter denen sie möglich war, im Lauf der Zeit immer schwieriger wurden und die meisten ihrer Artgenossen heute das zuweilen ein wenig öde Leben eines Salontigers führen müssen.

Auch Honoré de Balzac, der mit den über achtzig Romanen seiner *La Comédie humaine* (dt. *Die menschliche Komödie*) zu Weltruhm gelangte, nützte die Gelegenheit, mit einer Katzengeschichte, *Peines de cœur d'une chatte anglaise* (dt. *Liebeskummer einer englischen Katze*), ein satirisches Bild der Gesellschaft zu zeichnen. Er, der sich in all seinen Werken als engagierter Beobachter erweist, präsentiert sich darin nicht so sehr als Katzenkenner – die Katze ist ihm dabei eher Vorwand als Anliegen. Sein eigentliches Thema sind die gesellschaftlichen Verhältnisse jenseits des Ärmelkanals, die er mit ebensoviel Ironie wie Sachkenntnis porträtiert. Beauty, die weiße Katzenschönheit, beklagt sich bitter darüber, dass sie gezwungen ist, sich zu verstellen und ihre Gefühle zu unterdrücken:

Ich bekenne, daß mein gesunder Hausverstand dagegen revoltierte. Doch allmählich begriff ich, unter dem Zwang der Rute, daß ein ordentliches Äußeres die ganze Tugend einer englischen Katze sein muß. Seither habe ich die Gewohnheit angenommen, die Leckerbissen, die ich liebe, unter dem Bett zu verzehren. Man hat mich weder beim Fressen noch beim Trinken, noch bei meiner Toilette je wieder zu Gesicht bekommen. Mit einem Wort, ich wurde von da an als eine wahre Perle unter den Katzen betrachtet.[166]

In dem leidenschaftslosen und vernünftigen Lord Puff soll Beauty einen passenden Gatten finden, doch ihr Herz gehört dem mittellosen französischen Verführer Brisquet, der sie zu überreden sucht, mit ihm zu fliehen. Indes, Beauty hat ihre Lektion gelernt, und sie weist ihren Liebhaber zurück. Denn:

Die Ehe ohne Kapital ist ein Unsinn, denn während du nach allen Seiten läufst, um etwas zu essen zu finden, kannst du dich nicht mit mir beschäftigen, Geliebter.[166]

Wohl wahr! Und so müssen die Herzensleiden der armen Beauty schließlich doch in einer Ehe mit Lord Puff enden, der ihr einst erklärt hatte:

Die Beziehung zwischen Moral und Merkantilismus ist die einzige Allianz, die in England wirklich zählt.[166]

In anderem Sinne nachdenklich stimmen könnte uns eine Reflexion zum ambivalenten Verhältnis Mensch – Katze, die wir Guy de Maupassant verdanken. In einem Essay schreibt er:

Ich habe eine Schwäche für diese bezaubernden und treulosen Tiere, und gleichzeitig kann ich sie nicht ausstehen. Ich empfinde etwas wie ein bizarres Lustgefühl, wenn ich sie streichle, wenn ich die Hand über ihr seidiges, knisterndes Fell gleiten lasse, wenn ich durch ihr feines Pelzwerk hindurch ihre Wärme spüre. Es gibt nichts Weicheres, nichts, was der Haut eine köstlichere, raffiniertere Empfindung vermittelt als das vibrierende Fellkleid einer Katze. Doch dieses lebendige Gewand überträgt auf die Finger auch ein fremdes, wildes Verlangen, das gestreichelte Tier zu erdrosseln. Ich wittere in ihm die Lust, mich zu beißen und zu zerfleischen. Ich wittere diese Lust und nehme sie in mich auf wie ein Fluidum, das sich mir mitteilt.[167]

Findet sich hier eine Erklärung für die immer wieder beobachtete Aggression mancher Menschen gegenüber der Katze, eine Aggression, die sich zuweilen bis zu sadistischen Exzessen steigert? Reizt die verborgene Wildheit, das Raubtier hinter der sanften Fassade, auch das Raubtier im Menschen, aus seiner zivilisierten Norm auszubrechen und zum instinktgesteuerten Monster zu werden? Für viele Dichter wurde das ambivalente, spannungsgeladene Verhältnis zwischen Mensch und Katze zum Anlass für philosophische, mehr oder weniger tiefgründige Betrachtungen. Ein prägnantes Beispiel dazu finden wir in Rainer Maria Rilkes Vorwort zu *Mitsou*, der berühmten Katzenserie des polnisch-französischen Malers Balthus:

Die Katzen sind Katzen, kurz gesagt, und ihre Welt ist die Welt der Katzen von einem Ende bis zum andern. Sie sehen uns an, meinen Sie? Aber hat man jemals erfahren, ob sie wirklich geruhen, unser nichtiges Abbild einen Augenblick lang auf dem Grunde ihrer Netzhaut zu beherbergen? – Vielleicht stellen sie uns, indem sie uns anstarren, ganz einfach eine Weigerung ihrer nie ganz gerundeten Pupillen entgegen. […] War der Mensch je ihr Zeitgenosse? Ich bezweifle es. Und ich versichere Ihnen, daß die Katze des Nachbarn manchmal in der Dämmerung quer durch meinen Körper hindurch springt, als wüßte sie nichts von mir, oder um den verdutzten Dingen zu beweisen, daß ich nicht da bin. […] Ein Ding zu finden, ist immer ein Vergnügen; einen Augenblick vorher war es noch nicht da. Aber eine Katze zu finden, das ist unerhört! Denn die Katze, einigen wir uns darin, tritt nicht gänzlich in Ihr Leben ein, wie zum Beispiel irgendein Spielzeug es tun würde. Ihnen im Augenblick ganz gehörend, bleibt doch ein Etwas von ihr außerhalb, und das besagt in jedem Fall: Das Leben + eine Katze, das ergibt, ich versichere es Ihnen, eine enorme Summe.[168]

Zu philosophischen Betrachtungen über das Verhältnis zwischen Katze und Mensch fühlte sich auch der bedeutende tschechische Autor Karel Capek angeregt, der sich 1938 aus Protest gegen den bevorstehenden Einmarsch Hitlers in sein Heimatland zu Tode gehungert hatte. In seinem Buch *Meine Hunde, meine Katzen* schreibt er:

Eine Katze unter Menschen ist nur eine Katze; eine Katze unter Katzen ist ein schleichender Schatten im Dschungel. Die Katze vertraut dem Menschen offenbar; aber der Katze mißtraut sie, weil sie sie besser kennt als wir. […] Ein wildes Tier ist ein Tier, das mißtraut. Die Domestikation ist einfach nur ein Vertrauensverhältnis. Nun lieber Mensch, wir sind ja auch nur soweit nicht wild, als wir einander vertrauen. […] Der Zustand des Mißtrauens ist der Urzustand der Wildheit. Mißtrauen ist das Gesetz des Dschungels. Politik, die von der Züchtung des Mißtrauens lebt, ist eine Politik der Wildnis. Eine Katze, die dem Menschen mißtraut, sieht in ihm nicht den Menschen, sondern ein wildes Tier; ein Mensch, der dem Menschen mißtraut, sieht in ihm gleichfalls ein wildes Tier. Das Band wechselseitigen Vertrauens ist älter als alle Zivilisation und Kultur; es ist auch wichtiger. Man kann die Zivilisation zerstören, und die Menschheit wird Menschheit bleiben. Zerstört man jedoch den Zustand des Vertrauens, so wird die Menschenwelt sich in eine Raubtierwelt verwandeln.[169]

Vielleicht war es das, die heraufdämmernde Raubtierwelt, was der Dichter, und nicht zu Unrecht, wie wir wissen, an Hitlers Überfall auf seine Heimat am meisten fürchtete und ihn schließlich in den Tod trieb.

Wenn wir die Literatur der letzten zweihundert Jahre betrachten, stellen wir mit Verwunderung fest, wie viele Gedanken, Ideen und Einsichten im Namen der Katze und um ihretwillen gefunden wurden. Es scheint, dass ihre Rätselhaftigkeit, die Sprunghaftigkeit ihrer Annäherung und die Selbstverständlichkeit, mit der sie sich wieder in sich selbst zurückzieht, den Menschen, allen voran die Dichter und Denker, förmlich dazu herausfordert, sich mit ihr ausführlicher zu beschäftigen als mit anderen Tieren. Wir Menschen werden von der Katze unwissentlich und oft unwillentlich auf Gedankenpfade geführt, die andernfalls vielleicht unentdeckt und im Dunkeln blieben, und wir gelangen mithilfe der Katze zu Erkenntnissen über uns selbst, die uns sonst verwehrt wären. Diese Erfahrung muss wohl auch der Dichter Hans Carossa gemacht haben, als er über den Tod seines „blaugrauen Kätzchens Matschka" schrieb, das sich auf seinem Schoß zum Sterben zurecht gelegt hatte:

Durch das kleine Tier zur Ruhe gezwungen, bemerkte ich übrigens bald eine Veränderung in mir, eine innere Stille und Gesammeltheit, wie sie, glaube ich, die Mönche als Einkehr bezeichnen. Der Körper empfand sich leichter, das Denken geschah freier und sicherer als sonst. Dabei blieb mir immer bewußt, daß es Matschka war, der ich diesen gesteigerten Zustand verdankte, und nie vielleicht bin ich überzeugter gewesen, daß wir nicht nur von Menschen, Geistern und Sternen, sondern auch von Tieren, Pflanzen, ja selbst von unbelebten Stoffen unmerklich zu uns selbst geführt werden, wodurch am Ende das alles daraus hervorgeht, was wir Gnade nennen.[170]

Empathie mit der leidenden und sterblichen Kreatur als ein Weg zur Selbsterkenntnis: Für wie viele denkende und fühlende Menschen mag da die Katze bereits zu einem Wegweiser geworden sein?

Die Katze ist die absolute Ehrlichkeit.
Menschen verbergen aus dem einen oder anderen Grund ihre Gefühle, die Katzen tun es niemals.
Ernest Hemingway

Kapitel 2

Viele Seiten, viele Gesichter

Menschen, die mit Katzen zusammenleben, erzählen gerne von den Kapricen ihrer Tiere. Das ist vor allem bei Autoren nicht anders. Im Gegenteil, nicht selten werden die Geschichten über die Begegnung mit einer Katze oder eine gemeinsame Episode ein Stück Lebensgeschichte des Autors. Ja, manche Katzen haben es sogar zu einer eigenen Biografie gebracht, wie der berühmte Bébert, von dem sein „Biograf" Frédéric Vitoux in den höchsten Tönen schwärmt:

Bébert war ein Tigerkater, wie es Hunderte, ja Tausende gibt. Und doch war er einmalig und unvergleichlich. Er ist eine historische Katze, aber auch eine Romanfigur, eine Fiktion, ein Traum oder vielleicht ein Mythos. Er ist ein Don Quichotte – oder besser, er ist der Odysseus der Katzenwelt.[171]

Was auch immer, jedenfalls verdient er ungleich mehr Sympathie als sein späterer Besitzer, der Arzt Louis-Ferdinand Destouches, der es unter dem Namen Céline zu beachtlichem literarischen Ruhm gebracht hatte, sich aber wegen seines notorischen Judenhasses und als Anhänger des Vichy-Regimes während des Zweiten Weltkriegs bei vielen seiner Landsleute unbeliebt machte. Der Einmarsch der Alliierten in der Normandie veranlasste ihn, gemeinsam mit seiner Frau

Lucette und Bébert aus Frankreich zu fliehen. So wurde der Kater, der ursprünglich in der bunten Bohèmewelt des Montmartre beheimatet gewesen war, zum Flüchtling. Es war eine abenteuerliche und beschwerliche Reise, die das Trio zunächst nach Baden-Baden und Sigmaringen und dann nach Kopenhagen führte. Vitoux beschreibt den Weg der Flüchtlinge in eindrucksvollen Bildern:

Was für eine Reise! Die Flugzeuge der Alliierten verdunkelten den Himmel, die Bahnhöfe standen in Flammen – und dann diese endlosen Wanderungen auf der Suche nach neuen Konvois, denen sich die Flüchtlinge anschließen konnten. Und dazu all das Zittern! Wie durch ein Wunder erreichten sie dann doch noch Kopenhagen, kurz bevor die Deutschen abrückten.[172]

Was zur Folge hatte, dass Céline in Auslieferungshaft genommen wurde. Und was tat Bébert? Der ob des Verlusts seines Herrn frustrierte Kater verwüstete die Wohnung, die ihm und Lucette als Bleibe diente. Während Céline in einem Gefängnishospital behandelt wurde, gelang es dem tapferen Bébert sogar, sich dort einzuschmuggeln. 1952 schließlich konnten die Exilierten dank einer Amnestie nach Frankreich zurückkehren, diesmal bequem im Flugzeug. In Meudon erwarb Céline ein Landhaus, das, nach einem abenteuerlichen und turbulenten Leben, für Bébert die letzte Zufluchtstätte werden sollte. Célines Treue zu seinem geliebten Tier blieb fragwürdig: Er ersetzte es kurz nach Béberts Tod durch einen – Papagei! An Béberts Charakter ist nicht zu zweifeln, an dem seines Meisters wohl schon.

Wie kommen Katzen in die Literatur? Oft entspringen Texte, die von Katzen handeln, dem Versuch des Besitzers und Autors, das Wesen eines geheimnisvollen, rätselhaften Hausgenossen mit literarischen Mitteln zu ergründen. Oft auch geben sie nur Beobachtungen wieder, die aus dem gemeinsamen Leben mit einer Katze gewonnen worden sind. Oder das Tier erscheint als Verkörperung unterbewusster Emotionen und unterdrückter Wünsche. Häufig auch als Stellvertreter, an dem sich gesellschaftliche Verhältnisse darstellen lassen. Nicht von ungefähr riet Aldous Huxley, der Autor von *Brave New World* (dt. *Schöne neue Welt*, 1932), einem jungen Kollegen, der von ihm erfahren wollte, wie man Romane schreibt: „Das Beste, was Sie tun können, wenn Sie psychologische Romane über Menschen schreiben wollen, ist, sich ein paar Katzen zuzulegen."

Das neben dem *Kater Murr* von E. T. A. Hoffmann wohl berühmteste und aufschlussreichste Katzenbuch des 19. Jahrhunderts war *Les Chats* von Jules Champfleury. Es sicherte dem Autor auch dann noch Ehren, als sein Ruhm als Verfasser realistischer Gesellschaftsromane längst verblasst war. Neben dem langen und gefahrvollen Weg der Katze durch die menschliche Geschichte beschreibt er ihr Wesen und ihre Verhaltensweisen mit einer überzeugenden Komplizenschaft, aber auch mit beeindruckendem Realismus. „Was ist Realismus?", soll ihn George Sand, die streitbare Freundin von Frédéric Chopin, Gustave Flaubert und Alfred de Musset im Verlauf einer Diskussion über literarische Probleme einmal gefragt haben; seine Antwort: „Einem Menschen, der einen Esel besteigt, nicht zu sagen: Was für ein schönes Pferd haben Sie da!" Was könnte man dem erwidern? Für Champfleury war eine Katze eben eine Katze: Sein Ausdruck ist einfach und ungekünstelt. Doch alle seine Beobachtungen entspringen einer tiefen Liebe zu seinem Gegenstand. In reizvollen kleinen Szenen beschreibt er die Verhaltensweisen wie die vielfältigen Charakterzüge der Katze. Etwa die Vorsicht und Schlauheit, mit der ein alter, vom Pöbel verfolgter Straßenkater das Wohlwollen eines Monsieur de Fontaine gewinnt, der als Namensvetter des großen Fabulisten der Katze freilich besser gesinnt war als jener:

Monsieur de Fontaine nahm drei Fleischstücke und warf sie dem armen Tier nach und nach zu. Der Kater schnappte sich das erste Stück und lief mit seiner Beute davon, beim zweiten Mal kam er schon ein Stückchen näher, ergriff den nächsten Bissen und zog sich damit nur ein wenig zurück. Das dritte Mal näherte er sich noch mehr, und als er den Bissen verschlungen hatte, verweilte er einen Augenblick, um seinen Wohltäter aufmerksam zu betrachten. Eine halbe Stunde später war er durchs Fenster in dessen Zimmer gesprungen und hatte es sich auf dem Bett bequem gemacht, als wollte er sich voll Behagen sagen: Meine Not ist zu Ende, ich habe einen Beschützer gefunden![173]

Oder die Morgengymnastik der Katze:

Sie streckt ihre Beine, gähnt bis an die Schnurrbartspitzen, öffnet die großen Augen. Einmal aufgestanden, richtet sie sich zu außerordentlicher Größe auf. Dank der Beweglichkeit ihrer Wirbelsäule verwandelt sie ihr Aussehen allmählich in einen Hügel. Das ist keine Katze mehr, sondern ein kleines Kamel.[173]

Einfacher und präziser ist das Ritual, das jeder Katzenhalter kennt, kaum je geschildert worden. Und wer möchte Champfleury nicht auch zustimmen, wenn er sagt:

Eine kleine Katze, das ist die reine Freude im Haus! Den ganzen Tag wird darin nur Komödie gespielt, und das mit einem ganz unvergleichlichen Akteur![173]

Kurz, wer die Katze besser verstehen lernen möchte, sollte Champfleurys wunderbares Buch lesen! Unzählige seiner Nachfolger aus der schreibenden Zunft haben versucht, es ihm gleichzutun – doch das Original wurde selten erreicht.

Immerhin gibt es auch in neuerer Zeit einige schöne, gelungene Beispiele für die literarische Darstellung kätzischer Verhaltensweisen. Frédéric Vitoux etwa beschreibt den Schlaf der Katze so:

Die Katze schläft. Sie hört nicht auf, zu schlafen. Man kann sehen, es ist ihre Philosophie, ihr Lebenszweck, ja ihre Devise; die Katze schläft und braucht keine Schlaftabletten. Ich habe noch keine Katze gekannt, die je an Schlaflosigkeit gelitten hätte. Wenn sich die Katze zur Ruhe begibt, sind ihre Vorbereitungen bewundernswert. Sie sucht sich die passende Umgebung aus und wechselt sie oft, von Tag zu Tag, von einer Woche zur nächsten. Ein Kissen vielleicht, ein passendes Möbelstück, eine verschwiegene Ecke im Schrank? Oder ein schon besetzter Sessel, dessen Inhaber sie delogieren will? Wenn sie den ihr zusagenden Ruheplatz erobert hat, markiert sie ihn, indem sie ihn kurz mit den Krallen bearbeitet. Dann dreht sie sich mehrmals um sich selbst und gähnt! Ach, dieses unverschämte, skrupellose Gähnen der Katze! Sie versucht nicht, die Pfote vor den Mund zu halten, sie kennt keine Hemmungen, gähnt uns tapfer ins Gesicht, als ob sie uns provozieren wollte: „Ich gähne, ich will jetzt schlafen, eure Gesellschaft interessiert mich nicht!" will sie uns damit sagen.[174]

Wie treffend! Und wie treffend auch, was Jean-Louis Hue in seinem bemerkenswerten Buch *Le Chat dans tous ses états* (dt. *Katzen, eine Liebeserklärung*, 1982) zu dem Thema schreibt:

Intelligenz kommt im Schlaf. Die Katze bietet das heilsame Bild einer Welt, deren wirkliche Eroberer im Bett bleiben![175]

Ein anderer schreibender Katzenfreund, Cleveland Amory, der sich in den Vereinigten Staaten vor allem auch als Tierschützer einen Namen gemacht hat, beschreibt in seiner reizenden Geschichte *The Cat Who Came for Christmas* (dt. *Die Katze, die zur Weihnacht kam*) die Verständigungsschwierigkeiten, die sich zwischen Mensch und Katze ergeben, soweit es die Hoheit über das gemeinsam bewohnte Territorium betrifft. Die Geschichte verdankt sich übrigens Polar Bear, der Katze, die Cleveland Amory am Weihnachtsabend 1977 auf den Straßen Manhattans aufgelesen hat. Die Katze, versichert er, bringt ihrem menschlichen Besitzer zweierlei bei, nämlich:

daß sie auch den nachdrücklichsten Befehl nicht einmal zur Kenntnis nimmt, geschweige denn geruht, ihn zu befolgen, und daß sie, wenn sie gerufen wird, nur selten – wenn überhaupt erscheint, auch wenn sie gerade mit nichts anderem beschäftigt ist.[176]

Und weiter:

daß die Katzen schon früh erkannten, daß ihre Aufgabe, uns zu schulen, nicht leicht und nur dann zu erfüllen ist, wenn sie ihrerseits mit ungeheurer Entschlossenheit und Hingabe zu Werke gehen.[176]

Es gibt wohl kaum einen Katzenhalter, der sich nicht immer wieder solchen Erziehungsversuchen seitens seiner eigenwilligen Mitbewohner ausgesetzt sähe. Dabei muss der Mensch nur zu oft die deprimierende Erfahrung machen, dass ihm die Katze bei der Durchsetzung ihrer Ziele zumeist weit überlegen ist. Feinfühlige Beobachtungen dazu finden sich auch in Doris Lessings berühmtem Buch *Particularly Cats* (dt. *Katzenbuch*, 1967) wenn es um das Mit- oder vielmehr Gegeneinander von Katzen geht, die um die Zuneigung ihres Menschen rivalisieren. Szenen einer zurückhaltenden, dafür aber dauerhaften Feindseligkeit, auch das kennt jeder Katzenfreund, der schon einmal versucht hat, zwei Katzen aneinander zu gewöhnen. Bei Doris Lessing liest sich das so:

Die graue Katze wollte nicht mehr auf meinem Bett schlafen, sie wollte nicht fressen, wenn man ihr nicht liebevoll zuredete, sie war unglücklich und unsicher, doch in einem Punkt zeigte sie sich sehr entschieden: Die schwarze Katze würde nicht ihren Platz einnehmen. Die Schwarze ihrerseits wußte, sie würde hierbleiben, und ließ sich nicht vertreiben. Sie kämpfte nicht, denn die graue Katze war größer und stärker. Sie kroch in die Ecke eines Sessels, den Rücken geschützt durch die Lehne, und ließ die Graue nicht aus den Augen.[177]

Beeindruckende Beobachtungen zur Beziehung zwischen Mensch und Katze haben wir auch der österreichischen Autorin Marlen Haushofer und ihrem Roman *Die Wand* (1963) zu verdanken. Darin beschreibt die Ich-Erzählerin eine Art von psychischer Robinsonade: Auf mysteriöse Weise von der menschlichen Zivilisation in einer Art Naturreservat gefangen, reduziert sich ihr Leben auf den Umgang mit einigen Tieren, für die sie sich verantwortlich weiß und deren Verhaltensweisen sie präzise und liebevoll schildert, wie etwa die Rückkehr der verloren geglaubten Katze:

Die Katze war völlig ausgehungert, struppig und verwahrlost, gerade so wie damals, als sie vor meiner Tür geschrieen hatte. Ich lachte, schalt und lobte sie in einem Atem, und Luchs [der Hund] war äußerst verwirrt, daß auch er mit Kopfstößen beehrt wurde. Vielleicht verstand er mehr von dem Geschrei, jedenfalls schien es sich um etwas Erfreuliches zu handeln, denn er rannte zufrieden zu seiner Schlafstelle zurück. Die Katze konnte sich nicht so rasch beruhigen, mit aufgestelltem Schwanz stolzierte sie auf und ab, wand sich um meine Beine und stieß kleine Schreie aus. Erst als ich mich wieder niedergelegt und die Kerze ausgeblasen hatte, kam sie zu mir ins Bett und fing an, sich gründlich zu waschen.[178]

Die Romanliteratur, die in erster Linie von den Beziehungen und Verhältnissen menschlicher Protagonisten handelt, wird durch die Katze, die an dem menschlichen Geschehen teilnimmt, entschieden bereichert. In manchen Fällen hält sie sogar einen Teil der Handlungsfäden fest in den Pfoten, so etwa in Théophile Gautiers *Le Capitaine Fracasse* von 1863. Dessen Kater Belzébuth erweist sich, ähnlich wie sein märchenhafter Artgenosse Le Chat botté, als wahrer Glücksbringer, allerdings, zu seinem eigenen Unglück, erst nach seinem Tod. Den beschreibt Gautier ausführlich und in sehr berührender Weise:

Gegen Morgen verließ Belzébuth, von einer seltsamen Erregung bewegt, den Lehnstuhl, auf dem er die Nacht verbracht hatte, und sprang mühsam auf das Bett. Dort angelangt, stupste er die Nase gegen die Hand seines noch schlafenden Meisters und begann röchelnd zu schnurren. Sigognac erwachte und bemerkte, daß Belzébuth ihn ansah, als ob er seinen Beistand erflehen wolle. Seine großen grünen Augen wurden glasig, sein Fell hatte seinen Glanz verloren und fühlte sich vom Todesschweiß befeuchtet an. Er begann zu zittern und suchte sich mit äußerster Anstrengung mit den Pfoten festzukrallen. Sein gesamter Körper drückte ein Vision großen Schreckens aus. Schließlich fiel er auf die Seite und unter schmerzhaften Zuckungen stieß er einen klagenden Schrei aus. Sein Körper erschlaffte, als würden seine Glieder von unsichtbaren Händen auseinander gezogen. Er war tot.[179]

Das ist betrüblich, doch durch seinen Tod kehrt der Wohlstand wieder in das Haus Sigognac zurück. An der Stelle, an der sein Herr ihn begraben will, entdeckt er einen verborgenen Schatz:

Belzébuth war ganz entschieden der gute Geist des Hauses Sigognac. Nachdem er mir Glück gebracht hatte, gab es für ihn auf der Welt nichts mehr zu tun. Er verließ sie wie ein Engel.[179]

Ganz und gar nicht engelhaft gibt sich der Kater Behemoth, der in Michail Bulgakows großem satirischen Roman *Der Meister und Margarita* als Begleiter des Teufels erscheint. Der tritt in Moskau in Gesellschaft eines großen und unheimlichen Katers auf, der in sich so ziemlich alle dunklen Eigenschaften vereint, die man der Katze je zugeschrieben hat. Er betrügt beim Kartenspiel wie beim Schach, zeigt sich in einem Spiegel, ohne davor zu stehen, schwelgt in Wodka, Kaffee und Cognac, in welch letzterem er sogar badet, versteht sich aufs Schießen wie aufs Fechten und reißt, wenn er damit einmal nicht zu Rande kommt, einem seiner Opfer sogar den Kopf ab. Darüber hinaus gehorcht er seinem Herrn, dem Teufel, freilich nur gelegentlich, nicht immer. Denn er legt Wert darauf, selbst wie ein Herr behandelt zu werden. Kurz, er ist ein Teufelskerl, in dem in unheiliger Allianz viel vom Menschen und viel von der Katze steckt.

Im Laufe der Geschichte wurden in der Literatur immer wieder gesellschaftliche Verhältnisse und politische Themen behandelt, indem sie von den Autoren auf die Tierwelt übertragen wurden. Ein gleichermaßen berühmtes wie typisches Beispiel für einen solchen Tierroman bietet George Orwell. In seinem Roman *Animal Farm* (dt. *Farm der Tiere*, 1945) übernehmen, nachdem die Menschen vertrieben wurden, die Schweine das Regiment über die Farm. Doch während sich so gut wie alle Tiere klaglos in deren Terrorregime fügen und die ihnen übertragenen Aufgaben erfüllen, versteht sich die Katze hervorragend darauf, ihren Sonderstatus zu wahren:

Man bemerkte bald, daß die Katze unauffindbar war, wenn es Arbeit gab. Sie blieb während des größten Teils des Tages verschwunden und tauchte nur zu den Mahlzeiten und, wenn die Arbeit getan war, wie zufällig wieder auf. Doch sie brachte immer so ausgezeichnete Entschuldigungen vor und schnurrte so ergeben, daß man an ihren guten Absichten unmöglich zweifeln konnte.[180]

Die Katze ist in ihrem Freiheitswillen und ihrer Widerständigkeit in dieser Persiflage auf ein repressives politisches System der Gleichmacherei durchaus imstande, ihre Eigenständigkeit zu behaupten, etwas, wozu Menschen, die in totalitären Gesellschaftsgefügen leben müssen, ja nur in Ausnahmefällen imstande sind. Gesellschaftliche Verhältnisse, die gleichsam in den Bereich einer fiktiven Katzenwelt gekippt werden, zeichnet auch Akif Pirinçci in seinem preisgekrönten Roman *Felidae*. Perverse Tierversuche, Rassenwahn und Serienmorde unter Katzen vereinen sich darin zu einer Handlung, deren Fäden zu entwirren Kater Francis als Chefermittler viel Mühe kostet. Dennoch gelangt er zu guter Letzt zu einem versöhnlichen Schluss:

Ich glaube, wie jede gute Geschichte endet auch diese grau in grau. Wer weiß, würde man sich mit dieser sonderbaren Farbe intensiver beschäftigen, käme sie einem auf einmal doch schön vor – zumindest real.[181]

Es ist kein Zufall, dass so viele Katzengeschichten in dieser Grauzone spielen, in einer Art Zwischenwelt zwischen Menschlichem und Animalischem. Ein weiteres Beispiel dafür wären die Fantasy-Romane von Howard Phillipps Lovecraft, die nahezu ausnahmslos in einem *fremden Land* angesiedelt sind. Sie leben weniger von ihrer Handlung als von einem Element des Visionären, das sie beherrscht. Mit der Katze fühlt sich der Autor durch ein geheimnisvolles Band verbunden. In seinem Buch *Von Hunden und Katzen* heißt es:

Die Katze ist nicht für die Gesellschaft der kleinen emsigen Arbeiter gemacht, die von der Bedeutung ihrer „Mission" auf dieser Welt erfüllt sind, sondern vielmehr für jene von poetischen und weisen Träumern, die wissen, daß wirklich nichts auf der Erde die Mühe wert ist, die man dafür unternimmt. […] Meiner Überlegung nach ist der Stern der Katzen jetzt im Aufgehen![182]

H. P. Lovecrafts enthusiastisches Loblied auf die Katze kennt keine Grenzen. Er nennt sie die „ewige Gefährtin überragender Künstler, einen Hort der Schönheit, geschwisterlich anverwandt der Poesie, sanft und ernsthaft und von edlem Charakter"[182].

Katzengeschichten, die in einer magischen, fast märchenhaften, oft schaurigen Zwischenwelt angesiedelt scheinen, sind wahrlich nicht selten. Der bekennende Katzenfreund Jean Cocteau erzählt eine ursprünglich von dem romantischen Dichter John Keats überlieferte

Geschichte vom Trauerzug eines Katzenkönigs, dem jener bei einem nächtlichen Ritt begegnet sein will. Als er sein spukhaftes Erlebnis einem befreundeten Pfarrer erzählt habe, sei der vor dem Feuer dösende Kater des Pfarrers plötzlich aufgesprungen und habe mit menschlichen Worten gerufen: „Der Katzenkönig bin ja ich!“, ehe er zum Fenster hinaus gesprungen und verschwunden sei.

Oft macht die Katze die dunklen, verschatteten und verborgenen Seiten des menschlichen Bewusstseins sichtbar. Sie kann für den Menschen eine Herausforderung sein, eine Verlockung zum Bösen, wie in Edgar Allan Poes Kurzgeschichte *The Black Cat* (dt. *Die schwarze Katze*, 1843). Darin wird ein labiler, dem Alkohol mehr und mehr verfallender Mann durch den vermeintlich vorwurfsvollen Blick seines Katers Pluto zum Verbrecher. Nachdem er dem Tier ein Auge ausgestochen und es schließlich, weil er den Anblick nicht ertragen konnte, erhängt hat, verliert er vollends jeden Halt, beginnt seine Frau zu misshandeln und vertrinkt sein Vermögen. In einer Kneipe trifft er auf eine schwarze Katze, die in allem Pluto gleicht, auf der Brust trägt sie einen weißen Fleck in Form eines Galgens. Das Tier folgt ihm nachhause, und weil ihn der Anblick an seine Untat erinnert, versucht er, es mit einer Axt zu erschlagen, tötet dabei aber seine Frau, die ihn daran hindern will. Er mauert ihre Leiche in seinem Keller ein und prahlt gegenüber den Polizisten, die das Verschwinden der Frau untersuchen, mit dem soliden Bau seines Hauses. Als er dabei gegen die Mauer schlägt, ertönt dahinter grässliches Geschrei. Die Wand wird aufgebrochen:

Aufrecht vor aller Augen stand die schon stark verweste und von geronnenem Blut entstellte Leiche. Auf ihrem Kopf jedoch saß mit weit aufgerissenem roten Maul und dem einen feurigen Auge das fürchterliche Tier, dessen Arglist mich zum Mord verleitet hatte und mich nun dem Henker überlieferte.[183]

Wer sich je den vorwurfsvollen Blicken einer gekränkten Katze ausgesetzt sah, mag etwa eine Ahnung von dem haben, was der Dichter hier darstellen wollte. Poes Trunkenbold tötet die Katze und wird dadurch auch zum Mörder an seiner Frau, weil er ihren Blick nicht ertragen kann. In Dorothy Sayers *The Cyprian Cat* (dt. *Die Moschuskatze*) wird der an einer Katzenphobie leidende Held der Geschichte zum Mörder der Frau seines Freundes, die er heimlich begehrt, indem er auf die ihn bedrängende Katze schießt. Dieses Motiv – die Katze als Symbol für unterdrückte Schuldgefühle oder Begierden – findet sich in vielen oft recht düsteren Texten, in denen, soweit sie aus dem 19. Jahrhundert stammen, in vielem Sigmund Freuds Erkenntnisse vorweggenommen scheinen. So etwa auch in Theodor Storms Novelle *Bulemanns Haus*, in der zwei an sich harmlose Siamkatzen ihrem Besitzer, einem geizigen Sonderling, zum Verhängnis werden. Von seiner verarmten Halbschwester für den Tod ihres Kindes verantwortlich gemacht und verflucht, werden die Tiere in seiner durch sein latentes Schuldbewusstsein geprägten Vorstellung zu riesigen Monstren, die ihn daran hindern, sein Zimmer zu verlassen, in dem der einsame Alte schließlich verhungert und in seinem Lehnstuhl zur Mumie vertrocknet. Alexandre Dumas erzählt eine ähnliche Geschichte von einem Richter, der, von einem unschuldig zum Tod Verurteilten verflucht, so lange von einer nur für ihn sichtbaren roten Katze heimgesucht wird, bis er schließlich, von der ungebetenen Besucherin und ihren Helfern, einem ebenso unsichtbaren Gerichtsdiener und einem Skelett, täglich heimgesucht, in den Wahnsinn getrieben wird, in dem er sich selbst erschießt.

Sehr oft spielt die Katze in Paargeschichten eine wichtige Rolle – im Leben wie in der Literatur. In Ernest Hemingways *Cat in the Rain* (dt. Katze im Regen) steht sie etwa für die latenten Wünsche einer Frau, die mit ihrem Leben und ihrer Beziehung unzufrieden ist. Sie will um jeden Preis eine Katze, die sie im Regen stehend beobachtet hat:

Auf jeden Fall möchte ich eine Katze haben. Ich will eine Katze haben. Ich will sofort eine Katze haben. Wenn ich schon keine langen Haare oder sonst einen Spaß haben kann, eine Katze kann ich haben.[184]

Hemingway, der sich ja nicht nur als Autor, sondern auch als Großwildjäger hervortat, verrät hier nicht nur viel Verständnis für die Frau, er hatte es auch für die Katze. An seinem Wohnsitz in Key West lebte der Nobelpreisträger mit Dutzenden von ihnen zusammen, und auch heute noch ist das zum Museum gewordene Anwesen ein Refugium für zahlreiche Katzenfamilien, die dort versorgt werden.

Für einen anderen bedeutenden amerikanischen Schriftsteller, Tennessee Williams, ist die Katze in dem Drama *Cat on a Hot Tin Roof* das Symbol für das Beharrungsvermögen, mit dem seine Heldin die Ehekrise mit ihrem homophilen Gatten zu meistern versteht – als „Maggie, die Katze" geht sie siegreich daraus hervor. Schlimmer ergeht es in einer seiner Südstaaten-Erzählungen mit dem Titel *Der Fluch* dem arbeitslos gewordenen Baumwollarbeiter Lucio und seiner Katze Nitschewo. Nach einem unverschuldeten Gefängnisaufenthalt von seiner Vermieterin an die Luft gesetzt, findet er die schwer verletzte Katze auf der Straße wieder:

Er wußte, daß sie nicht weiter leben konnte, und sie wußte es auch. Ihre Augen waren müde und trüb, erloschen war die kleine beharrliche Flamme, die den Wunsch zu leben ausdrückt ... Ihre Augen waren verschattet – sie wollten nur noch geschlossen werden.[185]

Zwei Unglückliche haben einander gefunden – Lucio nimmt die Katze tröstend in den Arm und geht mit ihr zum Fluss hinunter, der sie bald beide fortträgt aus der Stadt, die für sie kein Mitleid kennt.

In manchen Fällen wird die Katze zur unmittelbaren Rivalin innerhalb einer Paarbeziehung. Das wohl berühmteste Beispiel für eine solche Konstellation ist Colettes Roman *La Chatte* (dt. *Die Katze*, 1933). Das Eifersuchtsdrama um Alain und Camille erreicht seinen Höhepunkt, als Camille sich entschließt, die verhasste Katze vom Balkon zu stoßen.

Saha, auf dem engen Balkon eingezwängt, floh mit Methode, sprang sorgfältig, hielt ihre Augen auf die Gegnerin gerichtet und ließ sich weder zu Wut noch zu Flehen herbei. Die äußerste Erregung, die Todesfurcht, netzten die feinfühlenden Sohlen der Pfoten mit Schweiß, der auf dem Stuckbalkon blumenartige Spuren hinterließ.[186]

Camille gelingt es zwar, die Katze in die Tiefe zu stürzen, doch Alain bringt die lebendige Saha zurück. Misstrauisch geworden, fordert er seine Frau auf, die Katze zu streicheln.

Eine arme kleine Mörderin versuchte der Verbannung zu entkommen, die sie sich selbst auferlegt hatte. Sie streckte die Hand aus und berührte sanft, in demütigem Haß, den Schädel der Katze. Ein grelles Fauchen, ein Schrei, ein hektischer Sprung antwortete der Geste. Die Katze stand stumm auf der ausgebreiteten Zeitung, eine einzige flammende Anklage gegen die junge Frau.[186]

„Sie hat dich gut angeklagt“, stellt Alain später fest und verlässt mit Saha im Korb seine schuldig gewordene Frau. Von Colette stammt übrigens der bemerkenswerte Satz: „Es gibt keine gewöhnlichen Katzen.“ Alle ihre Katzen waren ihr denkwürdig, von der prächtigen Kartäuserin Saha über die Perserin Krô, Minione und all die anderen bis zu ihrem letzten Liebling La Chatte dernière, mit der sie einige der späten und oft von Schmerzen beherrschten Jahre ihres Lebens teilte.

Nachmittags, wenn Colette arbeitete, kam die Katze und schlief, an ihre Seite geschmiegt. Von Zeit zu Zeit wachte sie auf, zupfte Colette am Ärmel, betrachtete sie mit einem langen liebevoll-verzückten Blick, um dann wieder einzuschlafen.[187]

So beschrieb Colettes dritter Ehemann das liebevolle Verhältnis zwischen den beiden. Danach wollte Colette keine Tiere mehr haben und begnügte sich, schließlich ans Bett gefesselt, damit, vom Fenster aus die Katzen auf dem Areal des Palais Royal zu beobachten. Sie hatte genug damit zu tun, denn: „Wer Palais Royal sagt, sagt auch Katzen. Die sind dort die Herrscher, sie flanieren auf den gepflasterten Plätzen und klettern im Geäst der Bäume herum“, wie Emmanuel Berl, ein Nachbar Cocteaus, einmal schrieb. Colette war, zumindest soweit es die Darstellung der Katze betraf, in ihren späteren Jahren eine Realistin. In unzähligen kleinen Szenen hielt sie Zwiesprache mit ihren Katzen, wie in der folgenden auch:

La Chatte grub eifrig die Erde auf, so eifrig, daß in dem Loch schließlich eine kleine lila Schnauze auftauchte, winzige rosa Pfoten, ein birnenförmiger Bauch und Augen, die unsicher ins Tageslicht blinzelten, ein Maulwurf, noch heil und am Leben! Bravo, Chatte! Du hast ei-

nen Maulwurf gefangen. – Was, einen Maulwurf, schrie La Chatte ohne Worte. „Himmel, wie entsetzlich!" Und sie leckte voll Abscheu ihre Pfoten ab, die durch das Monster beschmutzt worden waren, und ergriff die Flucht.[188]

Colette wurde, als erste Frau im Übrigen, Mitglied der Académie Goncourt, und sie erhielt ein Staatsbegräbnis. Ihre Leistungen auf dem Feld der Katzenliteratur sind dafür Grund genug.

Wie in Colettes *La Chatte* geht es auch in Patricia Highsmiths *Ming's Biggest Prey* um Eifersucht, nur dass diesmal die Katze, der Kater Ming, daran leidet. Er kann den undurchsichtigen Liebhaber seiner Besitzerin nicht ausstehen, was durchaus auf Gegenseitigkeit beruht. Mit viel Geduld gelingt es Ming, den richtigen Moment zu finden, um den ungeliebten Rivalen durch einen gut platzierten Stoß von der Treppe in den Tod stürzen zu lassen. Er genießt seinen Sieg in vollen Zügen:

Keiner sah, wie Ming sich in seiner vollen Größe aufrichtete, als die Männer mit dem Leichnam vorübergingen, und wie er genußvoll das würzige Aroma seines Sieges mit erhobener Nase einsog.[188]

Die Autorin ebenso erfolgreicher wie makabrer Kriminalromane zog es vor, mit ihren Katzen in Europa, vor allem in Paris und Italien, zu leben und die Öffentlichkeit zuweilen mit bizarren Aussprüchen zu schockieren. Wenn sie ein hungerndes Kind und eine hungernde Katze auf der Straße fände, soll sie gesagt haben, würde sie die Katze füttern. Katzen bedeuteten ihr jedenfalls mehr als die meisten Menschen. In einem kurzen Text *On Cats and Lifestyle* schrieb sie:

Eine Katze macht ein Haus zum Heim. Ein Literat ist mit einer Katze nie allein und befindet sich dabei doch in der geeigneten Verfassung, um schreiben zu können. Wenn eine Katze döst oder schläft, ist sie ein lebendiges Kunstwerk und immer wieder neu. Ein Autor kann eine Katze dazu verwenden, in einem schicksalhaften Moment einen verdächtigen Geruch unter dem Parkettboden wahrzunehmen; aber das ist eine Situation, wie sie im täglichen Leben vorkommt. In einem Roman wirkt sie aufgesetzt. Während man sich einen Hund immer zunutze machen und ihn kommandieren kann, unterwirft sich eine Katze niemals einem Befehl. Man kann sie sich so wenig nutzbar machen wie ein schönes Bild oder ein Konzert von Beethoven – und doch kann sich das eine wie das andere als existentiell wesentlich erweisen.[188]

Seltener ist die Katze der Täter, viel häufiger deckt sie ein Verbrechen auf oder wird selbst zur Rächerin für begangenes Unrecht. So zum Beispiel in einer Geschichte des durch seinen *Dracula*-Roman berühmt gewordenen irischen Schriftstellers Bram Stoker. Darin wird ein amerikanischer Tourist, der während der Besichtigung der Stadtburg von Nürnberg mutwillig ein spielendes Kätzchen durch einen Steinwurf getötet hat, von der darüber erzürnten Katzenmutter so lange verfolgt, bis er schließlich in der Folterkammer der Burg ein schreckliches Ende findet.

Großer Beliebtheit beim lesenden Publikum erfreuen sich Katzen, die gemeinsam mit einem menschlichen Ermittler geheimnisvolle Verbrechen aufklären, wobei sie ihre ganz speziellen Fähigkeiten, sozusagen ihre sieben Sinne, einsetzen. Wo sie dank ihrer besonderen Wahrnehmungsfähigkeit Unheil erschnüffeln, wird der Missetäter auch bald zur Strecke gebracht. In vielen Fällen prolongieren die Autoren solcher Geschichten ihre Erfolge, indem sie ganze Serien um so ein gemischtes Ermittler-Duo oder auch -Trio entwickeln, wie etwa die Amerikanerin Lilian Jackson Braun. Ihr Chefermittler, der Journalist Qwilleran, löst seine Fälle mit Hilfe von zwei findigen Siamkatzen, dem klugen Kater Koko und der schönen Yum Yum. Deren Schnüffelnasen führen da zur Aufklärung kniffliger Fälle, wo Qwillerans Intellekt kläglich versagt. So entdecken sie in dem Roman *The Cat Who Saw Red* (dt. *Die Katze, die rot sah*, 1992) in der leuchtenden Rotglasur einer Künstlerkeramik sofort das Verbrechen: Fauchend stürzen sie sich auf das Kunstwerk, weil sie darin die Spur der zusammen mit ihrer Katze im Brennofen entsorgten Frau des Künstlers wittern. Die Katzen klären diesen und viele andere zunächst mysteriös scheinende Mordfälle mit Hilfe ihres olfaktorischen Sinns, und sie erweisen sich damit dem menschlichen Ermittler gegenüber als überlegen. Allerdings haben sie dabei keine eigene Stimme, sie sprechen nicht untereinander oder mit den Menschen. Doch sie warnen ihn durch die besonderen Laute ihrer Katzensprache und sie stellen dem Übeltäter, ganz und gar Katze, eine Falle, in die er unweigerlich hineinstolpert. Anders bei Rita Mae Brown, einer weiteren Amerikanerin, die sich auf Katzendetektive spezialisiert hat. Ihre Mrs. Murphy, die gemeinsam mit dem Cockerspaniel Tucker ihrer Mom hilft, prekäre und für diese gelegentlich nicht ungefährliche Fälle zu lösen, redet ununterbrochen, eine „desperate housewife“ in Katzenformat.

Ein weiteres beeindruckendes Beispiel für ein gemischtes Ermittlerduo geben der chilenische Detektiv Heredia und sein tierischer Assistent, Kater Simenon, ab. Ramón Diaz Etoveric, der Autor und Erfinder dieses Paares, lässt seinen Kater zwar sprechen, doch er tut dies auf kluge, gesetzte Weise und hilft seinem dankbaren Besitzer dort auf die Sprünge, wo der mit seinem Menschenverstand nicht mehr weiter weiß. Wie Jean Cocteau erklärt er voll Dankbarkeit, die Katze Hunden unbedingt vorzuziehen, weil es keine Polizeikatzen gebe. Apropos Simenon: Im Übrigen gibt es auch von dem belgischen Vielschreiber einen sehr makabren Beziehungsthriller mit dem bezeichnenden Titel *Die Katze* (im Original *Le Chat*). Der stumme Ehekrieg kreist um zwei Tiere, Joseph, den Kater des Gatten, und den Papagei der Frau. Mittels kleiner Zettel werfen sie einander die mehr oder minder eingebildeten Missetaten ihrer Tiere vor, bis Kater Joseph schließlich vergiftet im Keller aufgefunden wird und der Mann dem Papagei die Schwanzfedern ausreißt, um seinen Liebling zu rächen.

Erstaunlicherweise hat gerade Raymond Chandler, der ja ein enthusiastischer Katzenfreund war, auf Katzen als Ermittler und Assistenten in seinen Büchern verzichtet. In seinen Briefen allerdings erfahren wir viel über seine Katze Taki und deren Nachfolgerinnen – freilich auch das Bekenntnis: „Ich bin mein Leben lang ein Katzenliebhaber gewesen, obwohl ich nie richtig imstande war, sie zu verstehen.“ Da erging es ihm nicht anders als unzähligen Katzenfreunden vor und nach ihm. So ganz werden wir der Katze wohl nie auf die Schliche kommen, so viele Bücher und Geschichten darüber auch geschrieben werden mögen.

Es gibt zwei Mittel, die Widrigkeiten des Lebens zu vergessen: die Musik und die Katzen.
Albert Schweitzer

Kapitel 3

Katzenmusik

Die Musik ist die einzige unter den Künsten, in der die Katze nicht nur inspirierend wirken kann, wie dies vor allem in der Literatur der Fall ist, nein, die Musik hat auch eine unmittelbare Wirkung auf sie selbst. Wir wissen, dass Tiere ganz allgemein auf bestimmte Reihenfolgen von Tönen reagieren. Der Musiktheoretiker Giuseppe Carpani hat schon zu Beginn des 19. Jahrhunderts festgestellt, dass selbst die Schafe auf einer Alm hinzugesprungen kommen, wenn ein Hirte auf einer Blockflöte eine Melodie spielt. Und moderne Agrarwissenschaftler wollen herausgefunden haben, dass Kühe mehr Milch geben, wenn sie im Stall mit Musik von Mozart (und auch seiner Zeitgenossen) beschallt werden.

Soweit es die Katze betrifft, kann man durchaus bemerken, dass sie auf Musik reagiert, wobei freilich ein gewisser Gewöhnungseffekt eine Rolle spielt. In einem Haushalt, in dem regelmäßig klassische Musik gehört wird, wird sich auch die Katze auf Mozart, Haydn und all die anderen einlassen, sofern die Tonhöhen ihrem empfindlichen Gehör nicht zu sehr zu schaffen machen. Sie wird sich aber mit hohen Tonlagen und Sopranen weniger gut zurechtfinden als mit tiefen Tönen. Und die meisten Katzen haben für dissonante, grelle und vor allem zu laute Töne nicht das Mindeste übrig.

Gelegentlich macht es einem vorwitzigen Kater oder einer neugierigen Katze Vergnügen, selbst Töne zu erzeugen, indem sie mit behutsamem Pfotenanschlag über die Tasten eines offen gebliebenen Klaviers spazieren. Beobachtungen haben ergeben, dass die Klavier spielende Katze dabei sehr vorsichtig zu Werke geht und ausprobiert, welche Tonfolgen sie mit ihren Pfoten hervorbringt. Dabei scheint es, dass einige ihr ein gewisses Behagen bereiten, sodass sie sie gerne wiederholt, während sie vor anderen, vor allem misstönenden, eher zurückschreckt.

In seiner *Ménagerie intime* schrieb Théophile Gautier über seinen Kater Zizi:

Er schwärmt für die Musik. Nicht befriedigt vom bloßen Zuhören, erzeugt er diese sogar selbst. In der Nacht, wenn alles still ist, sind manchmal Melodien zu hören, auf die ein Kreisler oder irgendwelche Musiker der Zukunft neidisch sein könnten. Es ist Zizi, der über die Tasten des offenen Klaviers spaziert und ganz entzückt ist, daß diese unter seinen Pfoten zu klingen beginnen.[189]

Und Eponine, die Lieblingskatze von Gautier, betätigte sich zuweilen förmlich als Musikkritikerin, wenn sie, auf einem Stapel Noten sitzend, den Sängerinnen zuhörte, die bei dem renommierten Kritiker Proben ihrer Gesangskunst darboten.

In den 1920er Jahren schrieb eine Klavier spielende Katze offenbar sogar Musikgeschichte: Zez Confrey, ein amerikanischer Komponist zahlreicher Filmmusiken, aber auch von Jazzarrangements, komponierte ein Klavierstück, das er *Kitten On The Keys* nannte. Der Einfall dazu war ihm gekommen, als er die Katze seiner Großmutter beobachtet hatte, wie sie auf den Tasten des häuslichen Klaviers umherspazierte. Dabei habe sie mit ihren Pfoten die erstaunlichsten Tonfolgen und bizarrsten Rhythmen hervorgebracht. Die Katze hatte gesehen, wie die Menschen Töne erzeugten, indem sie die Tasten anschlugen, und wollte das offenbar selbst einmal ausprobieren. Confrey, der eine gediegene Klassikausbildung hatte und stark von Claude Debussy und Maurice Ravel beeinflusst war, gehörte zu den Stars der Zwanziger Jahre, geriet aber bald darauf in Vergessenheit. Einzig *Kitten On*

The Keys wurde zum Klassiker. So besehen hatte ihm die Katze seiner Großmutter ein Stück von bleibendem Nachruhm verschafft.

Komponisten, die sich von ihren Katzen inspirieren ließen, sind allerdings viel seltener als dies bei Angehörigen der schreibenden Zunft der Fall ist. Das mag auch damit zusammenhängen, dass der Gesang der Katze ja lange Zeit als extrem misstönend und dissonant galt. Auch heute noch wird der Begriff „Katzenmusik" durchaus pejorativ gebraucht. Ein Katerkonvent, der nachts den Mond ansingt, wird von den Menschen, die um diese Zeit ihre Ruhe haben wollen, mit guten Gründen als recht störend empfunden. Heines Katze Mimi ist nicht jedermanns Freund, wenn sie verkündet:

Wenn ich sommernächtlich schwärme,
Auf dem Dache, in der Kühle,
Schnurrt und knurrt in mir Musik,
und ich singe, was ich fühle.[190]

Die Katzen brauchen bei Heine

… keine Instrumente,
Sie sind selber Bratsch' und Flöte;
Eine Pauke ist ihr Bauch,
Ihre Nasen sind Trompeten.[190]

Was soll man davon halten, wenn man in einer kalten Märznacht aus einem noch kahlen Gebüsch eine Art von dreistimmigem Gejaule im schönsten Glissando geboten bekommt? Versucht man die fragwürdige Sangesbruderschaft aufzustöbern, entdeckt man dann unter Umständen, dass es sich um ein einzelnes Katertier handelt, das all diese Tonfolgen hervorbringt. Wie die Katze diese Art von Mehrstimmigkeit erzeugt, ist ebenso rätselhaft, wie es lange Zeit ihr Schnurren war, von dem wir erst seit kurzem wissen, dass es durch Kontraktionen der Kehlkopfmuskeln zustande kommt. Es gehört zu den ersten Lebensäußerungen des Kätzchens, das beim Saugen schnurrt und damit seine Zufriedenheit kundtut. Die Mutter antwortet darauf wie ein Echo, das rundherum Harmonie verbreitet. Dieses Schnurren ist wie ein

Band der Übereinstimmung zwischen Katzenmutter und Katzenkind. Im Umgang mit ihren Menschen wird sich die erwachsene Katze wohl an das Schnurren ihrer Kindheit erinnern: Es ist ein bleibender Ausdruck ihrer Zufriedenheit. Aber nicht nur, denn die Erfahrung im Umgang mit Katzen zeigt, dass sie auch unter prekären Umständen schnurren, wenn sie Fieber haben oder verletzt sind. Angstschnurren nennt es der Veterinär. Es ist der Versuch, in einer beklemmenden Situation mit sich ins Reine zu kommen. Wenn sie zum Beispiel einen Besuch beim Tierarzt über sich ergehen lassen müssen, schnurren Katzen oft im Wartezimmer, als ob sie sich selbst Mut zuflüstern würden. Und sie schnurren auch ihrem Menschen Trost zu, wenn sie wissen, dass er ihn nötig hat.

Schnurren ist im Übrigen nicht gleich Schnurren, und das gilt auch für das kätzische Miau. Die Katze hat eine große Auswahl von Modulationen und Tonfolgen, die sie nach Belieben einsetzen kann. Ihre Ausdrucksweise geht in jeder Hinsicht weit über das einfache Miau hinaus, mit dem man sie für gewöhnlich identifiziert. Die Katze hat die Gewohnheit, „singend“ zu sprechen, das heißt, sie drückt sich mittels bestimmter Modulationen aus, die in unseren Ohren zwar längst nicht immer melodisch klingen, aber eben doch eine breite Palette von Ausdrucksmöglichkeiten aufweisen. Beim Kampfgesang geht es ähnlich zu wie einst bei den Kastraten: Wer die größte Stimmhöhe erreicht, kann sich als Sieger betrachten. Beobachtungen der Rivalen zeigen bei solchen Gelegenheiten, dass der in diesem „Sängerkrieg“ Unterlegene Schritt um Schritt zurückweicht, je höher die Stimme seines Rivalen sich erhebt. Auch beim friedlichen Katerkonvent, bei dem eine Gruppe von Katern gemeinsam ihre Stimmen hören lassen, scheinen die Exemplare mit der höchsten Stimmlage gleichsam als Vorsänger zu fungieren.

Die Katze, die sich unter ihresgleichen „singend“ äußert, ist im Lauf der Zeit immer wieder einmal für einen Komponisten zur Inspirationsquelle geworden. So findet sich schon im Glogauer Liederbuch[191], also etwa um 1480, ein Trio mit dem bezeichnenden Titel *Die Katzenpfote*. Es kann, den musikalischen Gepflogenheiten der Zeit entsprechend, sowohl instrumental als auch vokal aufgeführt werden, doch grundsätzlich war um jene Zeit zunächst einmal jede Musik Vokalmusik und nicht bestimmten Instrumenten zugeordnet, sondern, wenn überhaupt, „auf allerley Instrumenten zu spielen".

Nachahmungen von Naturlauten und Tierstimmen spielten schon bald vor allem in der scherzhaften Musik eine gewisse Rolle. Selbst bedeutende Komponisten wie der große Madrigalist Orlando di Lasso haben es nicht verschmäht, in ihren Kompositionen wie in dem Madrigal *O Lucia, miau, miau …* auch einmal eine Katze hören zu lassen. Und Adriano Banchieri, der unter anderem durch seine Madrigalkomödie *La Barca da Venezia a Padova* berühmt geworden war, verfasste gleichfalls ein Karnevalsstück, einen *contrappunto bestiale alla mente*, in dem er eine ganze Reihe von Tierstimmen darstellte, unter denen natürlich das variable Miau der Katze nicht fehlen durfte. Auch William Lawes, ein bedeutender englischer Komponist des 17. Jahrhunderts, schuf ein zu seiner Zeit sehr beliebtes Katzenlied: *The cats as other creatures do*, in dem gleichfalls kräftige Miau-Variationen eine Rolle spielen.

Der wohl berühmteste Geiger seiner Zeit, Heinrich Ignaz Franz Biber, hinterließ in seiner *Sonata rappresentativa avium*, einer virtuosen Violinsonate mit Basso continuo, in der verschiedene Vogel- und Tierstimmen dargestellt werden, auch ein veritables Stück „Katzengeschrey". Jahrhundertelang schlummerte das virtuose Werk in der Bibliothek der Bischöfe von Olmütz in Kremsier, bis es von Nikolaus und Alice Harnoncourt entdeckt, herausgegeben und seither wiederholt aufgeführt und vom Publikum mit großer Begeisterung aufgenommen wurde.

Tierstimmen wurden in der Barockmusik bis weit in die Zeit der so genannten Wiener Klassik hinein immer wieder Gegenstand von Kompositionen. In *Le Quattro stagioni* lässt Vivaldi im *Frühling* in einer Bratschenstimme einen Hund bellen, und noch in Haydns *Schöpfung* werden alle möglichen Tiere akustisch dargestellt, allerdings keine Katze, aber doch ihr großer Verwandter: „Vor Freude brüllend steht der Löwe da!" Und dieses Freudengebrüll lässt sich in der Musik durchaus hören.

Bleiben wir bei der Katze. Bedeutende Komponisten des 17. und 18. Jahrhunderts haben sich zuweilen einen Scherz mit der Katze erlaubt. So der im Allgemeinen durchaus ernsthafte Kirchenkomponist und venezianische Ratsherr Benedetto Marcello. Er komponierte ein heiteres *Capriccio*, in dem er sich über die bei ihm nicht eben wohl gelittenen Kastraten lustig machte. Bei Carpani lesen wir darüber:

Der Entwurf und Charakter dieses Stückes ist ganz hervorragend, doch sein wesentlicher Effekt besteht in dem enormen Abstand zwischen den äußerst hohen Tönen des Soprans und den tiefen der beiden anderen Stimmen. Die Melodie ist ebenso eindrucksvoll wie lächerlich und scheint einen Wettstreit zwischen einem Löwen und einer Hauskatze darzustellen.[192]

Ähnlich wie bei den Dichtern wurde die Katze auch bei manchen Komponisten durch ihre bloße Anwesenheit eine Inspirationsquelle. Von Antonio Sacchini, einem bedeutenden Opernkomponisten des 18. Jahrhunderts, wird erzählt, er brauchte zum Komponieren immer die Anwesenheit seiner Geliebten und seiner zahlreichen Katzen, denen er beim Spielen zusah, wobei ihm die besten musikalischen Einfälle gekommen seien. „Seine verführerische und heitere Musik läßt diese zärtliche Gesellschaft gut bemerken", fügt Carpani seiner Schilderung kommentierend hinzu.[192]

Auch bei einem weiteren viel gerühmten Opernkomponisten des 18. Jahrhunderts, Giovanni Paisiello, können wir gelegentlich einschlägige Einflüsse erkennen. In seinem *Barbiere di Siviglia*, einem sehr gelungenen Vorläufer der Rossinischen Oper, findet sich im 2. Akt ein Glückwunsch-Terzett von drei „famuli", Musikschülern, die dem Vormund Rosinas ein heuchlerisches Ständchen bringen. Ihr lang gezogener Gesang ahmt deutlich ein mehrstimmiges „Katzen-Miau" nach.

Pulcinella, die Katze des gefeierten Cembalisten und Komponisten Domenico Scarlatti, soll ihn durch ihre Spaziergänge auf seinem Instrument zu einer Katzenfuge inspiriert haben. Unter seinen über fünfhundert Cembalosonaten enthält die Nummer 30 in g-Moll eine Fuge, die der Komponist in Noten gesetzt haben soll, welche er von seiner Katze übernommen hatte. Die meisten dieser Sonaten waren als Studienmaterial für seine Schüler gedacht, unter denen sich auch Maria Barbara von Braganza, die spätere Königin von Spanien, befand. Sie soll von Pulcinellas Umtrieben ganz hingerissen gewesen sein.

Weniger Glück hatte Gioachino Rossini mit der Katze. Zwar wird auch ihm eine Katzenkomposition zugeschrieben, ein *duetto buffo di due gatti*, doch der unerwartete Auftritt einer Katze bei der Erstaufführung seines *Barbiere di Siviglia* am Teatro Argentina in Rom führte beinahe zu einem Desaster. Die Katze betrat just dann die Bühne, als der Sänger Emanuele Garcia zu einer gefühlvollen Serenade für seine Rosina ansetzte. Nun, die Katze stahl, wie vorauszusehen, allen Beteiligten und vor allem dem jungen Komponisten, der selbst dirigierte, die Schau. Die Aufführung wäre beinahe im allgemeinen Gelächter über den possierlichen Auftritt untergegangen.

Von Stendhal – oder etwa doch von Carpani, den der Franzose mehrmals literarisch geplündert hatte? – stammt die Geschichte von der Entstehung des *Katzenduetts*. Rossini, damals noch ein verführerischer junger Mann, sei in Padua in eine Dame verliebt gewesen, die allerdings mit ihm ihre Scherze trieb. So habe sie ihn stundenlang vor ihrer Haustüre warten lassen, wo er einen liebeskranken Kater spielte und nach Kräften miaute, um ihr Mitleid zu erregen. Dabei sei ihm der Einfall für ein Katzenduett zwischen Sopran und Mezzosopran gekommen, das aber auch von einem Sänger, vielleicht einem verspäteten Kastraten, und einer Sängerin gesungen werden konnte. Die Musikwissenschaft, die es mit ihrem Gegenstand genauer nahm als der fantasiebegabte Stendhal, fand allerdings heraus, dass es mit Rossinis Miauen nicht weit her war. Das berühmte Manuskript, das von einem fragwürdigen neapolitanischen Antiquar auch Gaetano Donizetti zugeschrieben worden war, soll schlichtweg eine Fälschung sein. Schadet nichts – immerhin haben so berühmte Sängerinnen wie Victoria de los Angeles und Elisabeth Schwarzkopf dem Rossini-Verschnitt zur Freude ihrer Bewunderer den Glanz ihrer Stimmen geliehen!

Je mehr die Katze im Verlauf der Jahrhunderte die Rolle eines geschätzten Familienmitglieds übernommen hat, desto wichtiger wurde auch ihr Anteil im Bereich der Kunst. So begegnen wir dem Thema Katze und Musik auch in der Malerei immer wieder. Zum Beispiel auf einem Gemälde von David Teniers dem Jüngeren aus dem 17. Jahrhundert, das sechs Katzen beim Chorgesang zeigt, wobei sie ganz nach der Manier musizierender Menschen vor einem aufgeschlagenen Notenbuch sitzen. Und von Jan Brueghel dem Älteren stammt ein *Katzenkonzert*, das gar ein rundes Dutzend von ihnen vor einem Notenbuch zeigt, dessen Noten zum Teil in Mäuseform dargestellt wurden. Die Katzen verhalten sich auf solchen Bildern ganz so wie die Menschen auch: Sie machen Hausmusik. Die war in den Jahrhunderten, in denen es keine wie immer gearteten Möglichkeiten von Konzert- oder Opernübertragungen gab, ein beliebter Zeitvertreib. Wer Musik hören wollte, musste sie oft selbst produzieren. Selbst bei der Arbeit, auf dem Feld oder in der Spinnstube wurde gesungen, und irgendwelche Instrumente gab es so gut wie in jeder Kate. Haydns Vater, der ein Stellmacher war, hatte von seiner Gesellenreise aus Frankfurt eine Harfe mitgebracht. An Feiertagen nahm er sie nach dem Gottesdienst zur Hand, und seine Frau sang dazu, wie sein Biograf Carpani berichtet. „Kraft erzeugt Kräfte, und die Beschäftigung mit Musik macht Kapellmeister", fügt er hinzu.

Zeugnisse, dass Katzen sich als aufmerksame Zuhörer erwiesen, wenn die Menschen Musik machten, finden sich im Lauf der Jahrhunderte immer wieder. So berichtet Moncrif von einer Mademoiselle Dupuy, einer begnadeten Harfenistin seiner Zeit, deren Katze sich als strenge Musikkritikerin erwies. Wann immer die Dame ein Konzert einübte, hörte die Katze aufmerksam zu. Die Musikerin bemerkte an der Miene des Tieres verschiedene Grade von Interesse und Rührung, je nachdem, wie präzise und kunstvoll sie die Affekte ausdrückte, die sie darstellen wollte. Die Harfenistin dankte es ihrer Katze durch ein großzügig dotiertes Testament, das diese zur reichsten Katze Frankreichs machte. Sie bekam sogar ein Haus auf Lebenszeit, was in den Pariser Gazetten als Kuriosität vermerkt wurde. Und Moncrif wies ausdrücklich auf die musikalischen Fähigkeiten der Katzen hin:

Sie sind musikalisch sehr vorteilhaft ausgestattet und imstande, ihren Stimmen die unterschiedlichsten Modulationen zu geben, und sie bedienen sich zum Ausdruck der Empfindungen, die sie beherrschen, verschiedener Töne.[193]

Dass diese unsere Ohren nicht immer erfreuen, steht auf einem anderen Blatt. Immerhin sind wir heute, in einem Zeitalter, in dem krasse und oft unaufgelöste Dissonanzen zum festen Bestandteil auch der Kunstmusik geworden sind, gegenüber „falschen Harmonien" und „Misstönen" um vieles toleranter als die Zeitgenossen Moncrifs, die immerhin Lully und Rameau im Ohr hatten, von den melodiesüchtigen Italienern gar nicht zu reden.

„Katzenmusik" wurde, und wird zum Teil noch heute, auch von menschlichen Kehlen erzeugt. Zum Beispiel wurden Brautpaare lange Zeit von ihrer übermütigen Hochzeitsgesellschaft „zu Bett gebracht", und dabei war nicht selten auch ein höchst anzügliches Miau zu hören. Schließlich waren Kater und Kätzin ja als ein besonders leidenschaftliches Paar bekannt. Auf dem Land ist es in manchen Gegenden heute noch üblich, einem Mädchen, von dem man annimmt, dass es heimlich gesündigt habe, eine „Katzenmusik" als Zeichen des allgemeinen Tadels darzubringen.

Katzenmusik der gehobenen Art hingegen hat keineswegs einen pejorativen Beigeschmack. Gar nicht so wenige Komponisten haben versucht, das Tonspektrum der Katze in ihre Kompositionen einzufügen. Zuweilen findet auch ein bestimmtes Instrument einen kätzischen Tonfall. Erinnern etwa die Töne der Bourdon-Saiten[194] eines Barytons[195] nicht an das Schnurren einer Katze? Und auch in der Drehleier und dem schottischen Dudelsack finden aufmerksame Hörer etwas von diesem Katzenschnurren.

Mehrmals ist der Katze von Komponisten auch ein ganz bestimmtes Instrument zugeordnet worden. Sergei Prokofjew hat in *Peter und der Wolf* eine Toncharakteristik für seine Protagonisten vorgenommen, um die Kinder, für die dieses Märchenstück in erster Linie bestimmt war, an die spezifischen Töne der Instrumente heranzuführen. So bekam der boshafte Peter die Streicher, der Großvater das Fagott, der Vogel die melodiöse Traversflöte, der gefährliche Wolf das Horn, und die Katze – diese furchtbare Katze, die es auf den Vogel auf dem Baum abgesehen hat –, sie bekam die Klarinette. Warum ausgerechnet die Klarinette?

Einmal, weil sie ein Blasinstrument ist und einen gleichzeitig luftigen, lebhaften und zugleich weichen Klang hat. Sie bietet mit mehr als drei Oktaven den weitesten Tonumfang aller Blasinstrumente. Und sie kann ohne jeden Übergang von den tiefsten zu den höchsten Tönen aufsteigen.[196]

Alles Eigenschaften, die der „Gesang der Katze" auch aufzuweisen hat. So jedenfalls sieht Frédéric Vitoux die Beziehung zwischen der Katze und der Klarinette. Und Igor Strawinsky muss ähnlicher Meinung gewesen sein, als er seinen Zyklus von Katzenwiegenliedern, *Berceuses du Chat*, für eine Altstimme und Es-, A- und Bassklarinette schuf.

Das opern- und theaterbesessene 18. Jahrhundert kam natürlich nicht ohne einige Katzenopern aus. Vor allem im verspielten Rokoko beschäftigten sich nicht nur erfahrene Librettisten, sondern auch Damen von Welt wie die rührige Salonlöwin Mme. de Deshoulières damit, Komödien und Vaudevilles[197] für vierbeinige Darsteller zu schaffen. Unter den Texten, die Moncrif im Anhang zu seinem Buch gesammelt hat, befindet sich auch ein Theaterstück für Katzen, das aus der Feder der Letztgenannten stammt: *La Mort de Cochon*. Darin werden als Personen angeführt: Grisette, Katzengeliebte von Cochon (einem Hund), Mimy, deren Katzengeliebte, Marmuse, Mimys Freundin, Farad, ein Abgesandter des Katzendorfes, Amour, der keinesfalls ein Kater ist, und eine Gruppe von Katzenstatisten. Dass die Akteure dann allerdings als Katzen verkleidete Menschen waren, musste angesichts der Starrsinnigkeit der Katzen, die sich nicht bereit fanden, die ihnen zugedachten Rollen zu übernehmen, wohl in Kauf genommen werden.

Das Musical *Cats* hatte also schon im 18. Jahrhundert seine Vorgänger, wenn auch wohl nur in privaten Cercles und Salons. Immerhin findet sich in der Pariser Nationalbibliothek eine Oper von Jean de la Borde, *Le Chat perdu et retrouvé*: Der verlorene und wiedergefundene Kater – ein Thema, das auch heute noch so manchen Katzenhalter beschäftigt.

Gegen Ende des 18. und im 19. Jahrhundert waren es oft Märchenstoffe, die als musikalische Anregungen dienten. Der in Paris als

Erfinder der Opéra bouffe, der Pariser Operette, berühmt gewordene Rheinländer Jacques Offenbach führte in seinem mühsam erkämpften Théâtre des Bouffes-Parisiens einen Einakter, *La Chatte métamorphosée en Femme,* auf, nach dem berühmten Märchen von der Katze, die aus Liebe eine Frau werden wollte. Adolphe Adam schuf gemeinsam mit Casimir Gide ein Ballett, *La chatte blanche,* und Tschaikowsky den Klassiker der Ballettliteratur, *Dornröschen*, in dem Katze und Kater in eigens für sie geschriebenen Rollen auftreten. Ein literarischer Klassiker des 20. Jahrhunderts, Bulgakows *Der Meister und Margarita*, kam in den 1980er Jahren gleich zweimal zu Opernehren (1986 von Rainer Kunad, 1989 von York Höller vertont).

Allein im Klassikbereich existieren Hunderte von Lied- und Instrumentalstücken zum Thema, die meisten davon aus dem 19. und 20. Jahrhundert. So hat E.T.A Hoffmann, alias Kater Murr, ein *Katzburschenlied* für Männerchor komponiert. Carl Loewe folgte ihm mit einem *Lied der Katzenkönigin*, dessen Text von Adelbert von Chamisso stammt. Arnold Schönberg ließ in einem der *Brettl-Lieder*[198] die schwarze Katze wieder einmal zu Ehren kommen, und Kurt Weill schrieb ein *Maikaterlied* zu einem Text von Otto Julius Bierbaum. Von Erik Satie stammt ein *Chanson du chat* für Gesang und Klavier, und *Das atonale Cabaret* von Paul Hindemith, das leider verschollen ist, enthielt ein Couplet mit Klavierbegleitung: *Der Kater ist ein schönes Tier*[199].

Leider erfahren wir im Gegensatz zu den literarischen Katzen wenig über den Umgang der Komponisten mit ihren Katzen. Mozart erwähnt in seinen Briefen gelegentlich seine Hunde, von einer Katze ist nie die Rede – vermutlich gehörte sie zu den Selbstverständlichkeiten der damaligen Haushaltsführung. Mit Bestimmtheit wissen wir von Maurice Ravel, dem Schöpfer des berühmten *Bolero*, dass er ein leidenschaftlicher Katzenfreund gewesen ist. Für seine Oper *L'Enfant et les sortilèges*, Das Kind und die Zauberdinge, adaptierte er einen Text, den La Colette für ein Kinderballett geschrieben hatte. Ravel, der in seinen späteren Jahren eine alte Villa am Wald von Rambouillet fünfzig Kilometer südwestlich von Paris bezogen hatte, lebte dort in idyllischer Eintracht mit einer Großfamilie von Siamkatzen, mit deren reichhaltigem Sprachrepertoire er im Lauf der Zeit in besonderer

Weise vertraut wurde. Im Gegensatz zu dem in diesem Punkt eher skeptischen Montaigne und vielen anderen Dichtern und Denkern war er davon überzeugt, dass er die Äußerungen seiner Katzen ebenso verstand wie sie die seinen. Auch seine Briefe enthalten immer wieder Bemerkungen über das Treiben der Tiere. So konnte es nicht ausbleiben, dass in seiner Oper ein Duett zwischen dem Kater und der Katze einen prominenten Platz einnimmt. Nachdem das unartige Kind seinen Zorn an seinem Spielzeug und den Möbeln des Kinderzimmers ausgetobt hat, heißt es im Libretto:

Das Kind sinkt erschöpft längelang zu Boden. Die Musik entfernt sich mehr und mehr und macht einem Miau-Duett zwischen dem schwarzen Kater, der vom Fensterbrett herabgesprungen ist, und der weißen Katze Platz. Das erreicht seinen Höhepunkt in dem Augenblick, in dem sich das Kind in einen Garten versetzt fühlt.[200]

Das Pariser Publikum zeigte bei der Uraufführung für dieses musikalische Miau wenig Begeisterung, doch in der Folge wurde die Oper in den Jahren 1926 bis 1930 dennoch ein Welterfolg und neben Paris in vielen bedeutenden Musikstädten, darunter Brüssel, Prag und Wien, aufgeführt. Auch heute noch wird *L'Enfant et les sortilèges* hin und wieder gespielt, so etwa 2002 in einer Produktion mit Sir Simon Rattle in der Berliner Philharmonie und im Frühjahr 2011 an der Bayerischen Staatsoper München unter Kent Nagano.

Ein weiteres Großwerk der Katzenmusik findet sich in Hans Werner Henzes Oper *Die englische Katze*. Das Sujet ist dem Duo Honoré de Balzac und Grandville, dem berühmten Karikaturisten, zu verdanken, wobei in diesem Fall die Illustration inspirierend auf den Dichter wirkte, nicht umgekehrt. Genau genommen war Balzacs Text eine literarische Illustration zu einem schon vorhandenen gezeichneten Œuvre, den *Scènes de la vie privée et public des animaux*: Grandville hatte mit den Tierkarikaturen seines Zyklus „Bilder aus dem Staats- und Familienleben der Tiere“ seine scharfsichtige Gesellschaftskritik dem Zugriff einer allgegenwärtigen Zensur zu entziehen versucht. Die gewiss nicht alltägliche Verbindung, die Balzac und Grandville mit Bild und Text schufen, blieb nicht ohne Auswirkungen auf Theater und Musik. Ein gutes Jahrzehnt, ehe Henze *Die englische Katze* schuf, machte in Paris eine Bühnenversion des argentinischen Impresarios Alfredo Arias[201] Furore. Durch die bühnenwirksame Bearbeitung von Geneviève Serreau gewannen die Herzensqualen der *Chatte anglaise* neue Popularität. Henze stieß offenbar auf diese dramatische Version der Geschichte und war davon so beeindruckt, dass er sich mit dem Gedanken trug, daraus eine Oper zu machen. Der Komponist muss wohl ein besonderes Verhältnis zur Katze gehabt haben, obwohl er in einem 1983 erschienenen Kompositionstagebuch zur *Englischen Katze* dazu nur spärliche Andeutungen macht. Immerhin heißt es darin:

Von mir verlangt es ein offenherziges und volkstümliches Komponieren, aber nicht nur das, sondern auch die Widerspiegelung meiner eigenen katzenhaften Welt. Ich werde die geschlossenen Nummern in einem recht einfachen Stil komponieren und mit einer Art von traditioneller Harmonie versehen, während die Handlungsmusik und die Prosa in der mysteriösen Tonwelt der Katzen, die ich recht gut kenne, angesiedelt werden könnte.[202]

Woher Henze diese mysteriöse Tonwelt kennt, verrät er nicht, wohl aber, dass er während seiner Schulzeit den Spitznamen Cat hatte, was durchaus Rückschlüsse auf eine freundschaftliche Beziehung zur Katze zulässt. Sein Libretto ist eine Versbearbeitung des englischen Bühnenautors Edward Bond, die Handlung spielt in London um 1900, doch der musikalische Stil enthält zahlreiche Elemente der italienischen Opera buffa des 18. Jahrhunderts. Die Figuren könnten der Commedia dell'Arte entnommen sein, die in die Welt der Katzen versetzt wurden. Das bei Balzac sehr deutliche Flair des „English style of life" tritt in Henzes Oper mehr oder weniger in den Hintergrund. Die Uraufführung fand im Mai 1983 bei den Schwetzinger Festspielen statt. Seither macht sie auf vielen internationalen Bühnen der Alten und Neuen Welt die Runde.

Eine interessante musikalische Beziehung zur Katze findet sich auch in einem geistlichen Werk des englischen Komponisten Benjamin Britten, *Rejoice in the Lamb*, „Frohlocket über das Lamm". Britten war stark von dem als Orpheus Britannicus über die Jahrhunderte hinweg gefeierten Henry Purcell beeinflusst und stand auch der Tradition der anglikanischen Verse Anthems[203] nahe. Für ein Jubiläum der St. Matthews Church in Northampton schuf er 1943, also mitten im Krieg, die Kantate *Rejoice in the Lamb*. Die textliche Grundlage dazu entstammt einer Ode des Dichters Christopher Smart, der im 18. Jahrhundert lebte und ein großer Katzenfreund gewesen sein muss. Gemeinsam mit seinem Kater Jeoffrey verbrachte er etliche Jahre in der berüchtigten Irrenanstalt von Bedlam. Dort schrieb er auch sein *Jubilate agno*, „Jauchzet dem Lamme!", dem Britten eine Auswahl von Versen entnommen hat. Hauptthema des Werkes ist die Anbetung Gottes durch alle Geschöpfe, also eigentlich die Wiederaufnahme eines ursprünglich franziskanischen Gedankens. Kater Jeoffrey spielt in dem Gedicht wie der Kantate eine bedeutende Rolle und wird gleich in der Nummer 2, einem Sopransolo mit Orgel, eingeführt. Darin heißt es, im Stil einer Litanei:

Betrachten will ich meinen Kater Jeoffrey,
denn er ist ein Diener des lebendigen Gottes.
Treu und tagtäglich dient er ihm.
Denn: mit dem ersten Strahl
der Herrlichkeit Gottes im Osten
betet auf seine Weise er an.
Denn dies geschieht, indem er rasch und voll Anmut
siebenmal um sich selber kreist.
Denn er weiß: Gott ist sein Retter;
denn Gott hat ihn gesegnet mit der Vielfalt seiner Bewegung;
doch nichts ist süßer darin als der Frieden seines Schlummers.
Denn ich bin besessen von einem Kater
wegen seiner überbordenden Schönheit,
für die ich Dank sagen will
dem allmächtigen Gott.[204]

Einer sehr viel weltlicheren Katzenmusik begegnen wir in dem Musical *Cats*, einem der erfolgreichsten Stücke dieses Genres, das, von den USA ausgehend, etwa um 1900 als neu entwickelte Musikgattung entstand. In ihr mischen sich Elemente der Wiener Operette, der französischen komischen Oper, des Vaudeville und revueartiger Stücke zu einem Genre, in dem Musik, Tanz und Show-Effekte zusammenfließen. In Europa fand sich das Musical zuerst in London heimisch. Da es im Gegensatz zur Oper die Möglichkeit bietet, die Musik elektronisch zu verstärken, können dafür viel größere Räumlichkeiten aufgeboten werden. In einigen europäischen Großstädten wurden sogar eigene Musical-Theater errichtet. Für den Erfolg solcher Stücke sind neben zugkräftigen Musiknummern, die leicht ins Ohr gehen sollen, eine spritzige Dialogregie und fantasievolle Ausstattung notwendig – und in all diesen Hinsichten lässt *Cats* wohl keine Wünsche offen. Man bedenke: singende und tanzende, verliebte und streitsüchtige Katzen in fantastischen Kostümen und inmitten eines opulenten Bühnenbilds! Der Urheber dieses abwechslungsreichen Spektakels war der König des Musicalgeschäfts, Andrew Lloyd Webber. Unter Mithilfe des theater- und filmerfahrenen Trevor Nunn verwendete er für das Libretto Gedichte von T. S. Eliot aus der Sammlung *Old Possum's Book of Practical Cats* sowie unveröffentlichte Texte aus dem Nachlass. Das Werk wurde am 11. Mai 1981 am New London Theatre uraufgeführt. Mit einem Schlag waren die Katzen zu Superstars der Musical-Bühne geworden und tourten durch die ganze Welt. Nachdem sie auch am Broadway Triumphe gefeiert hatten, traten sie auf allen bedeutenden Musicalbühnen auf, darunter auch in Wien, Berlin, Budapest, Köln, Hamburg und Paris. Millionen von Zuschauern begeisterten sich an den Abenteuern des dubiosen Katers Macavity, des eitlen Theaterhelden Gus und der anmutigen Grizabella. Nicht zu vergessen Old Deuteronomy und den kleinen schwarzen Mistoffolees, der immerhin etwas von Magie versteht, den sangesfreudigen Jellylorum und all die anderen, von denen jeder seine eigene, unverwechselbare Individualität einbringt. Sie alle finden sich einmal im Jahr in einer ganz besonderen Mondnacht zum Ball der *Jellicle Cats* ein, einer von T. S. Eliot kreierten Katzenrasse, zu dem Webber eine ebenso eingängige wie einfache Musik fand – zum Beispiel in der Ouvertüre, die deutlich von kätzischem Gefauche und Gejaule inspiriert ist.

Der szenische Aufwand war und ist enorm. Die Darsteller brauchen Stunden und ein Großaufgebot an Maskenbildnern, um sich auch optisch in glaubwürdige Katzen zu verwandeln. Webbers *Cats* mag im positiven Sinn ein Spektakel sein, das die Massen unwiderstehlich anzieht. Eliots Katzentexte hingegen gewähren mit ihrem Charme, ihrem poetischen Witz und ihrem Respekt vor dem Mitgeschöpf Katze einen tiefen Einblick in deren magisches Wesen, das uns so nahe und gleichzeitig so fremd ist, in jedem Fall aber Aufmerksamkeit und Verständnis fordert. Denn in Anlehnung an Eliots *Ad-Dressing a Cat* (dt. *Begrüßung einer Katze*) wissen wir:

Bei Katzen, heißt es, gilt allein,
man soll zu ihnen höflich sein.
Drum zieh den Hut, wie's Brauch wohl ist,
und sprich: Oh Katze, sei gegrüßt![205]

Die Katze ist das Meisterwerk der Natur.
Leonardo da Vinci

Kapitel 4

Modell und Muse

Sie heißen Heather Busch und Burton Silver und wollten uns weismachen, dass Katzen malen. „Warum Katzen malen. Eine Theorie der Katzenästhetik“ (im Original *A Theory of Feline Aesthetics*, 1994) nannten sie ihr charmantes Buch, in dem sie über die Fähigkeiten kunstbegabter Katzen referierten und zwölf bedeutende Katzenkünstler – Pepper, den Porträtmaler, Minnie, die abstrakte Expressionistin, oder den Impressionisten Rusty – ins Rampenlicht einer leichtgläubigen menschlichen Einbildung rückten. Die Autoren beriefen sich für ihre Theorie auf Pfotenabdrucke, die auf den Umhüllungen von Katzenmumien im alten Ägypten gefunden worden seien. Und sie interpretieren den mit erhobenen Pfoten aufrecht stehenden „Sonnenkater“ auf Wandgemälden als „malende Katze“. Die am Mauerwerk sichtbaren Abdrücke seien Hieroglyphen, die orakelähnliche Bedeutung haben sollten. Unsere findigen „Katzenkunstexperten“, die mit ihren Entdeckungen einen Teil der offenbar leicht zu beeindruckenden Kunstszene in Aufregung versetzten, stützten ihre Theorie auf durchaus reale Funde von zwei miteinander verbundenen Katzenmumien, die zwischen ihren Vorderbeinen Papyrusrollen mit deutlich sichtbaren Pfotenabdrücken hielten. Dies seien, so behaupteten sie, die ersten Zeugnisse malender Katzen gewesen. Nüchterner betrachtet sieht man darin allerdings eher einen Hinweis auf den althergebrachten Beruf der beiden Tiere. Sie könnten als Bibliothekskatzen die Schriften in der Kanzlei oder Bibliothek eines hochgestellten Schreibers vor Mäusebefall bewahrt haben. Im Übrigen ist es durchaus möglich, dass die Priesterschaft die Pfoten ihrer Tempelkatzen auf bestimmten Papyri verewigte, um diese Abdrücke den Gläubigen dann als verschlüsselte Wünsche oder Ankündigungen einer Gottheit vorzustellen. Möglicherweise gab es auch unter den Ägyptern Kunstsachverständige, die darin bewusste Äußerungen einer „heiligen Katze“ sahen oder ihre Umgebung dies doch glauben machen wollten. Die historischen Belege für solche Zeugnisse von „Katzenkunst“ lassen sich jedenfalls auf vielerlei Weise deuten – als Beweis dafür, dass die Katze an einem künstlerischen Schaffensvorgang beteiligt war, taugen sie wohl kaum.

Andererseits, so viel lässt sich behaupten, ist die Katze von Anbeginn an immer schon eine Inspirationsquelle für Maler und bildende Künstler gewesen. In ihrer ägyptischen Vergangenheit wurden nicht nur zahlreiche Kult- und Weihestatuen und Medaillons von ihr angefertigt, sie spielte auch eine wichtige Rolle bei der Ausgestaltung von Wohnungen, für Lebende wie für Verstorbene. Dem Glauben der Ägypter nach sollte der Tote in seinem jenseitigen Dasein nichts entbehren müssen, was er auch in seinem irdischen Leben geliebt hatte – und da durfte die Lieblingskatze natürlich nicht fehlen. Im Metropolitan Museum in New York finden sich über 365 Faksimiles solcher Grabbilder, darunter auch eine Darstellung aus der Zeit Ramses II., die den Bildhauer Ipuy und seine Gattin in Gesellschaft von zwei kleinen Katzen zeigt. Es scheint, dass diese oft meisterhaften Grabgemälde zumeist von anonymen Künstlern geschaffen wurden. Die Katzen wurden in allen möglichen Posen gezeigt, etwa auf der Vogeljagd oder auch bei einer Bootsfahrt auf dem Nil. Seltener als in ihrem Stammland Ägypten finden sich solche Darstellungen auch in der römischen und griechischen Antike, zum Beispiel auf Vasenbildern, auf denen Damen mit einer Katze spielen oder einen Vogel vor deren gierigem Zugriff beschützen – ein Thema, das vor allem im alten Rom sehr beliebt war, wobei die Katze fast immer die räuberische Übeltäterin spielte.

Die Darstellung von malenden Katzen, die sich gelegentlich auch auf mittelalterlichen Miniaturen und Spielkarten findet, hat nichts mit der Realität zu tun. Die Katze erscheint dabei, wie so oft, in der Rolle eines zwielichtigen Geschöpfes. Wo sie ihre Zeichen hinterlässt, ist sie ein Märchenwesen, oft auch die Verkörperung eines trügerischen Dämons. Einem solchen Katzendämon begegnen wir zum Beispiel auf einer Tarockkarte unter dem Stichwort „Der Betrug": Die Katze sitzt da auf dem Schoß der Königin, taucht ihre Pfote in deren Schminktöpfchen und bemustert ihr Kleid mit ihren Pfotenabdrücken.

In illuminierten Bibeln des Mittelalters und anderen kunstvoll ausgestatteten Schriften tauchen immer wieder Vignetten und kleine Illustrationen mit Katzen auf. Es scheint, dass die kunstfertigen Klosterbrüder und -schwestern, die mit der prächtigen Ausstattung der Manuskripte befasst waren, durch das Treiben der Katzen in ihrem Umfeld von ihrer Arbeit abgelenkt und zu Abschweifungen angeregt worden sind. So finden sich in einem Stundenbuch eines nicht namentlich genannten französischen Meisters kunstvolle Majuskeln, darunter ein wie ein Horn geschwungenes O, das eine missmutig schauende Katze zeigt, die von drei Ratten umkreist ist. Viele dieser Randvignetten mögen eine tiefere Bedeutung gehabt haben, die wir heute nur unvollständig entschlüsseln können. Was in den Köpfen der Zeichner vorging, wissen wir nicht, die meisten Künstler solcher Darstellungen blieben anonym. In Jean Pucelle hingegen finden wir einen der wenigen auch namentlich bekannten Meister. Er ist der Verfasser und Gestalter mehrerer Stundenbücher, privater Gebetbücher für den Adel, darunter auch eines Gebetbuchs für die Königsgemahlin Bonne von Frankreich. Pucelle liebte es augenscheinlich, seine Texte durch häusliche Szenen aufzulockern. So zeigt er zum Beispiel einen Mann, der seine Hände und Füße am Herdfeuer wärmt, das seine Diener versorgen; ganz nahe an dieser Wärmequelle sitzt auch eine Katze, die wohlig schnurrend vor sich hindöst.

Spätestens ab dem 15. Jahrhundert begegnen wir immer wieder auch Holzschnittillustrationen, die nicht selten die vermeintlich schlechten Eigenschaften der Katzen aufs Korn nehmen. Da treffen wir die Katze, die einen Käse stiehlt, oder Katze und Hund, die sich um einen Knochen zanken. Auch die Novellen-Sammlungen der italienischen Renaissance wie die von Giovanni Boccaccio boten manchen Anlass zur Ausgestaltung drastischer Szenen, darunter eine, in der sich eine Katze mit ihren Krallen am Intimbereich eines nackten Mannes vergreift, was seine Frau verzweifelt zu verhindern versucht.

Im Gegensatz zu den Schriftstellern, für die die Katze lange bis in die Neuzeit hinein ein zwielichtiges Wesen war, haben sich die Maler schon relativ früh mit den optischen Reizen ihrer Erscheinung auseinandergesetzt. Zunächst taucht sie auf religiösen Gemälden auf – außer gelegentlichen Porträts hochgestellter Persönlichkeiten und Illustrationen zu den großen Ritterromanen gab es ja bis weit ins Hochmittelalter hinein kaum Gemälde, die weltliche Szenen ins Bild setzten. Bei näherer Betrachtung der Ikonographie jener Zeit fällt auf, dass die Katze bevorzugt in den verschiedenen Stationen des Marienlebens in Erscheinung tritt. So begegnen wir ihr in einigen Verkündigungsbildern, etwa bei Federico Barocci, der eine Katze friedlich auf einem Kissen ruhend den Eintritt des Engels verschlafen lässt. In einem Gemälde, das von Lorenzo Lotto stammt, wendet sich die Katze, in der Bildmitte zwischen Engel und Jungfrau, wie durch den unerwarteten Himmelsboten erschreckt zur Flucht. Auch in anderen Szenen aus dem Marienleben finden sich oft Katzen, die als friedliche Hausgenossen in einem durchaus diesseitigen Umfeld erscheinen: Da ist Maria mit dem Kind, zu ihren Füßen eine Katzenmutter, die in einem Korb ihre Jungen säugt; neben einer Madonna am Spinnrad vergnügt sich eine junge Katze am Spiel mit einem Garnknäuel; auf einer Darstellung von Mariä Heimsuchung eilt nicht nur die Base Elisabeth der willkommenen Besucherin entgegen, sondern auch deren Katze. Alle diese Katzen sind durchaus nur Tiere, wie sie in fast jedem Haushalt zu finden waren. In der *Geburt der hl. Katharina* von Tintoretto präsentiert sich eine Katze als Beobachterin der Szene, und Giulio Romano setzte sie in seiner Darstellung der Heiligen Familie direkt vor die Wiege des Jesuskindes. Leonardo da Vinci ging mit seiner *Madonna mit Katze* sogar noch weiter und legte sie dem Jesuskind selbst in den Arm. Möglicherweise stellt die Katze in diesem Zusammenhang ein Fruchtbarkeissymbol dar, auf jeden Fall erscheint sie auf solchen Bildern als Sinnbild der Mütterlichkeit.

Häufig dienen biblische Motive und Begebenheiten den Malern auch dazu, das häusliche Leben ihrer Zeitgenossen darzustellen. Anders gesagt: Szenen des häuslichen Lebens dienen ihnen dazu, die Darstellung biblischer Begebenheiten in der Lebenswirklichkeit ihres zeitgenössischen Publikums zu verankern. So überlagern sich in diesen Bildern religiöse und profane Inhalte, wobei sich in dem einen die Bedeutung des anderen spiegelt. In einem Gemälde von Jan van Eyck, das die Geburt Johannes des Täufers zeigt, sehen wir Katze und Hund friedlich vereint: Die Katze leckt an einem Milchtöpfchen, während der Hund behaglich an einem Knochen kaut – jedem das Seine! Auch in einer Darstellung des Letzten Abendmahls von Cosimo Rosselli aus dem Jahr 1481 finden Hund und Katz zusammen, wenn auch nicht ganz so friedvoll: Im Vordergrund der Szene streckt eine große graue Katze vor den um Jesus versammelten Aposteln herausfordernd eine Pfote nach einem Knochen aus, wofür ihr ein kleiner Hund die Zähne zeigt. Der Venezianer Jacopo Tintoretto weist der Katze in seinen Abendmahlsbildern jeweils unterschiedliche Rollen zu. Auf einem Gemälde von 1594 befindet sich vor der Tafel, an der Jesus und die Apostel sitzen, eine aufrecht stehende Katze, die vorwitzig den Inhalt eines Korbes untersucht, während ihr ein unter dem Tisch liegender Hund mit Interesse zuschaut. Auch auf einem Bild von Philipp de Champaigne, einem flämischen Maler des 17. Jahrhunderts, das Jesus in Gesellschaft der Emmaus-Jünger zeigt, sehen wir eine Katze, die sich ebenfalls seelenruhig und frech an einem Teller bedient, ohne vom Auferstandenen Notiz zu nehmen.

Für viele Maler der Zeit waren solche häuslichen Details und Episoden vielleicht ein gutes Mittel, um das dargestellte Heilsgeschehen irdischer, gegenwärtiger wirken zu lassen. Erst mit der beginnenden Renaissance boten sich der Malerei neue Themen an: Einerseits entdeckte man die Antike für sich, andererseits rückten der Mensch und seine Lebenswirklichkeit zunehmend in den Blickpunkt des Interesses. Vor allem in den Niederlanden wurden, nicht zuletzt im Zuge der Reformation, durchaus irdische Szenen, in denen eben auch Haustiere eine Rolle spielten, zu beliebten Motiven der Maler. Nicht selten erscheint darauf die Katze, oft in Gesellschaft einer Frau, ob jung oder alt. So zeigt ein Tafelbild von 1501, das von Hans Süß von Kulmbach, einem Zeitgenossen Dürers, stammt, ein Mädchen am Fenster, das einen Kranz flicht, während ihr eine weiße Katze aufmerksam zuschaut. Ein Spruchband erklärt die Szene: „Ich pint (binde) mit Vergiß mein nit!“ Der Niederländer Nikolaus Maes wieder malte 1655 eine alte betende Frau vor gedecktem Tisch; sie ist so sehr in ihr Gebet versunken, dass sie die Katze nicht bemerkt, die gierig am Tischtuch zieht. Sehr oft werden Katzen in so genannten Genreszenen beim Stehlen von verbotenen Leckerbissen festgehalten. Auf einem gar nicht sehr stillen Stillleben von Giuseppe Recco, einem Neapolitaner des 17. Jahrhunderts, angelt eine Katze mit einer Pfote nach Austern, die in einer Schale appetitlich angerichtet sind; ihrer wütend entschlossenen Miene ist anzusehen, dass sie sich den leckeren Happen keineswegs entgehen lassen wird.

So reizvoll und herausfordernd die Katze für bildende Künstler von Anbeginn gewirkt haben muss, es dauerte, bis sie sich als eigenständiges Wesen in der Malerei Platz geschaffen hatte. Im Gegensatz zu Hunden, die häufig im Freien dargestellt wurden, etwa bei Jagdszenen, befindet sich die Katze dabei fast immer in Innenräumen, auch wenn es sich nicht immer um „intime Szenen“ handelt. So etwa auf einem von Jacob Jordaens geschaffenen Bild, *Das Fest des Bohnenkönigs*, das sie als aufmerksame Beobachterin des ausschweifenden Treibens zeigt. In einer Variation desselben Themas, die im Kunsthistorischen Museum in Wien zu sehen ist, liegt sie inmitten des turbulenten Treibens friedvoll schlafend auf dem Boden. Oft erscheint sie auch als Begleittier armer Leute oder im Inneren einer Kate oder eines Gehöfts, sodass wir bei solchen Gelegenheiten auch einen Einblick in die Welt des „kleinen Mannes“ erhaschen können. Während sich in der westlichen Welt die Katze anfangs fast ausschließlich in Innenräumen präsentierte, beweist ein Blick über Europa hinaus, dass dies längst nicht überall der Fall war. So zeigen chinesische Künstler, deren Werke im 16. und 17. Jahrhundert auch in Europa bekannt wurden, die Katze fast immer in engem Zusammenhang mit Elementen von Natur, umgeben von Blumen, Bäumen und Kleingetier. Ein typisches Beispiel hierfür bilden etwa die fünf Kätzchen in einem T'ang-Garten, schlafend und spielend inmitten einer reizvollen Gartenidylle. In einem Garten mit blühenden Narzissen begegnen wir einem wahren Philosophen von Kater, schwarz mit weißem Brustlatz, der in der Sonne schläft; er könnte gut ein chinesischer Bruder des legendären Murr sein.

Schon früh beanspruchte die Katze in der Welt des Orients ihren Platz. Das wurde auch durch die Einführung des Islam in Persien und in bestimmten Gebieten Indiens nicht anders, denn in der schiitischen Ausprägung des Islam waren Darstellungen von Menschen und der gesamten Schöpfung nicht wie bei den Sunniten verboten. Im Gegenteil, die persischen und indischen Miniaturen und Buchillustrationen waren wegen ihrer Farbenpracht und ihrer fantasievollen Gestaltung, aber auch für ihre Naturnähe weithin berühmt. In der Regierungszeit des Moguls Akbar erlebte die Malerei in der zweiten Hälfte des 16. Jahrhunderts eine neue Blüte, die sich dann später vor allem am Hof Shah Jahans fortsetzte. Akbar selbst gründete eine Malerakademie, der hundert Meister mitsamt ihrer Schüler angehörten. Dort wurde ein Mischstil aus persischen und hinduistischen Elementen gepflegt. Viele der im Umfeld dieser Akademie entstandenen Bilder schildern das Leben am Hof, aber auch Jagdszenen und Porträts der Herrscherfamilie sind erhalten geblieben und gelangten auf verschlungenen Wegen in die Museen der westlichen Welt. Im Metropolitan Museum in New York befindet sich etwa eine Haremsszene, die uns in eine so genannte *zenana* blicken lässt, den inneren, Frauen vorbehaltenen Wohnbereich, wo gerade ein geselliges Beisammensein der Haremsbewohnerinnen stattfindet, an dem auch eine große schwarze Katze teilnimmt, die offenbar von den Damen um die Wette verwöhnt wird. Im Nationalmuseum in Stockholm findet sich das Porträt einer indischen Prinzessin mit einer weißen Katze auf dem Arm, das etwa um 1780 entstanden sein soll, und in der Staatsbibliothek zu Berlin begegnen wir dem seltenen Bild einer ganzen Katzenfamilie, die aus dem so genannten *Dschahangir*-Album stammt. Darstellungen, die sich ausschließlich auf Tiere konzentrieren, sind in der persischen und indischen Illustrationskunst selten; zumeist werden sie in irgendeiner Beziehung zum Menschen dargestellt. Beliebt waren Motive, die einen meditierenden Gelehrten oder Derwisch mit seiner Katze zeigten. Auch Wundergeschichten, die über Mönche und Heilige und ihre Katzen im Umlauf waren, wurden häufig von

Künstlern aufgegriffen. Aus dem 18. und 19. Jahrhundert sind auch mehrere Illustrationen zu Obeid Zakanis *Katze und Maus* erhalten. In einer davon sitzt eine große unschuldsweiße Katze mit islamischer Gebetsschnur in den Pfoten auf einer Art Thron, an den eine Gruppe gutgläubiger Mäuse herangetrippelt kommt. Eine Fülle von farbenprächtigen Illustrationen, unter denen sich immer auch die Katze bemerkbar macht, finden sich in einigen Prunkausgaben von *Tausendundeine Nacht*, die vor allem im späten 17. und im 18. Jahrhundert in Persien entstanden sind und ihren Weg in westliche Sammlungen gefunden haben.

Kehren wir zur europäischen Malerei zurück! Spätestens ab dem 16. Jahrhundert beansprucht die Katze ihren Platz auch im grafischen Werk vieler Künstler. Katzenstudien waren eine beliebte Übung, vermutlich, weil der geschmeidige Körperbau und die harmonischen Bewegungen der Katze eine besondere technische Herausforderung darstellten. Außerdem rückte durch das zunehmende Interesse an den Naturwissenschaften die Beschäftigung mit der Tier- und Pflanzenwelt in den Blickpunkt der Betrachtung. Durch neue Techniken erfuhr die Buchillustration zudem einen wesentlichen Aufschwung; aus dem 17. und 18. Jahrhundert sind zahlreiche Tierbücher und Enzyklopädien erhalten, in denen die darin behandelten Tiere in ebenso artgetreuen wie künstlerisch anspruchsvollen Darstellungen festgehalten wurden. Ein herausragendes Beispiel im Bereich der Kunstgrafik ist Albrecht Dürers Kupferstich *Adam und Eva* aus dem Jahr 1504: Im Vordergrund der Darstellung sehen wir zwischen dem Paar am Paradiesapfelbaum eine große Katze sitzen, die eine Maus an sich vorbeilaufen sieht, ohne sie zu verfolgen: Der paradiesische Frieden, der hier zwischen Mann und Frau und zwischen Katz und Maus herrscht, ist noch nicht durch die Erbsünde gestört.

Um zur Malerei zurückzukehren: In Armellino, dem weißen Kater der römischen Dichterin Alessandra Forteguerri, begegnen wir Mitte des 18. Jahrhunderts dem ersten Katzenporträt der Kunstgeschichte. Der große weiße Kater mit dem schmucken Glöckchenhalsband sieht den Betrachter auf einem roten Kissen sitzend mit würdiger Miene an – er ist sich entschieden seines Wertes bewusst. Rechts hinter ihm an einem Vorhang befestigt, ein Blatt, auf dem ein Sonett zu lesen ist

– der Titel: *Sonett über einen Kuss, den eine schöne und hochgestellte Dame einem Kater gab.* Darin heißt es:

Dieser liebenswerte Kater, eingemeißelt in die Leinwand,
kostete den liebevollen Kuss der schönen Göttin.
Und seit ein Porträt von ihm gefertigt wurde,
bewacht man ihn gut und sehr eifersüchtig.

Ob nicht vielmehr der Dichter dieser Zeilen selbst eifersüchtig war?

Ein ähnliches Katzenporträt, das rund fünfzig Jahre später entstanden ist, verdanken wir dem schottischen Maler und Karikaturisten John Kay. *The Favourate Cat and de La Tour, Painter*, eine Aquatinta-Radierung, entstand 1813. Wir wissen nicht, ob der grinsende Maler, der mit dem Zeigefinger auf das Bild eines weißen, bebrillten Katers weist, Maurice Quentin de La Tour ist oder vielmehr John Kay selbst. Jedenfalls scheint es sich um eine seiner eigenen Katzen zu handeln, denn sie trägt eine Kette mit den Initialen *J. K.* Der Gegensatz zwischen dem ernst blickenden Tier, das offenbar tiefen Gedanken nachhängt, und dem grinsenden, mit einer Art Narrenkappe versehenen Maler wirkt frappierend auf den Beschauer. Vielleicht hat John Kay in der Katze sein Alter Ego gesehen, das er unter einer humorvollen Miene zu kaschieren suchte. Auf einem Selbstbildnis von John Kay aus dem Jahre 1786 sehen wir zweifelsfrei ihn selbst – eingerahmt von einer Büste Homers und der auf der Stuhllehne thronenden Lieblingskatze, die die größte Katze Schottlands gewesen sein soll.

Ein außerordentliches Katzenbild schuf auch Bernaert Nicasius, ein flämischer Maler des 17. Jahrhunderts; es ist im Pariser Museum für Jagd und Natur zu besichtigen. Der Maler war ein Spezialist für Stillleben, *nature morte* im Französischen. Derartige optisch effektvoll gestaltete Arrangements von Blumen, Früchten und Ziergegenständen aller Art waren in jener Zeit Ausdruck einer wohl behausten und gesicherten Bürgerlichkeit. Bernaert aber machte aus der üppigen Komposition von Brot, Früchten und kostbarem Silbergeschirr eine sehr lebendige Szene, die von zwei streitenden Katern bestimmt wird – *Combat des chats* nennt er dieses Bild. So unbelebt ist die Natur hier also gar nicht! Die Katzen tauchen auf, und gleich werden die sorgsam arrangierten Tabletts zu Boden stürzen und ihren Inhalt über die Teppiche verteilen, indes eine dritte Katze, vermutlich die Dame, um die dieses riskante Katerduell sich abspielt, dem wilden Treiben unbewegt zuschaut.

Im 18. Jahrhundert entstanden bereits unzählige Gemälde und Kupferstiche, die eine Katze gemeinsam mit Kind oder Frau zeigen. Die Porträtmalerei war ursprünglich weitgehend ein Vorrecht des Adels gewesen, doch mit dem wirtschaftlichen Aufstieg des Bürgertums konnten es sich mehr und mehr Menschen leisten, sich oder ihre Familienmitglieder ins Bild setzen zu lassen. Für die Maler, die sich auf derartige Porträtaufträge spezialisierten, muss es reizvoll gewesen sein, die Katze gleichsam als kontrastierenden Blickfang zu nutzen: kindliche Unschuld und katzenhafte Raffinesse, mädchenhafte Wohlerzogenheit und kätzische Verspieltheit, weiblicher Pfirsichteint und der samtig elektrisierende Pelz der Katze! Jean-Baptiste Greuze zum Beispiel zeigt uns eine junge Schöne, die, ganz sittsame Tochter, mit einer Handarbeit beschäftigt ist, während sich ihre Katze damit vergnügt, ihre Wollfäden zu verwirren. Jean-François Gilles Colson verdanken wir ein unschuldig schlummerndes Mädchen, das an einem Band einen Zeisig festhält – wohl das Symbol ihrer Unschuld –, während sich ihre offenbar räuberisch gesinnte Katze von hinten zum Beutesprung auf den Vogel anschleicht.

Ob auf dem Schoß, in den Armen oder eng an die Brust gedrückt, die Katzen auf den Kinder- und Damenporträts des 18. und 19. Jahrhunderts sind Legion und vielgestaltig. Manchmal wurden die tierischen Requisiten vom Maler vielleicht nur als schmückendes Beiwerk behandelt, doch sobald eine Katze im Spiel ist, geht es immer auch um Ausdruck, um eine Art von intimer Kommunikation. Die Blicke, die die Katze mit ihrer Besitzerin wechselt, sind vielsagend, und auch wenn sie sich einem imaginären Beschauer zuwendet, verrät ihre Miene doch immer, was sie über die Situation denkt, in der sie gerade gefangen ist. Der mächtige Kartäuserkater etwa, den Jean Baptiste Peronneau einer hochmütig wirkenden *Dame mit Katze* 1747 in den Arm gelegt hat, beweist durch seinen Blick, dass er sich seines Wertes nicht weniger bewusst ist als seine Herrin. In solchen Bildern begegnen einander aber auch oft weibliche Anmut und katzenhafte Verspieltheit, ein Gegensatzpaar, das oft zu kleinen lebhaften Szenen ausgearbeitet wird. Auguste Renoir, der berühmte Impressionist, zeigt uns um 1880 eine junge Frau mit Katze: Es handelt sich um seine spätere Gattin Aline Charigot, die ihre Katze dabei beobachtet, wie sie begierig schnuppernd auf den Stamm eines Kamelienbäumchens zu klettern versucht. Gegenüber dem robusten Tier wirkt das Mädchen infolge des raffinierten Lichteinfalls beinahe ätherisch.

Wo es um Kind und Katze geht, wird sehr oft die niedliche Seite des Tieres, eben das „Kätzchenhafte", hervorgestrichen. Eine Ausnahme bilden da etwa die Kupferstiche und Radierungen von William Hogarth, dem es in seinen Bildern immer auch um soziale Anliegen zu tun war. So stellt er im ersten Teil seines Werkes *The Four Stages of Cruelty* (dt. *Die vier Stufen der Grausamkeit*, 1751) drastisch dar, wie Londoner Gassenjungen in gemeinsamer Sache mit Herren höheren Standes Katzen und Hunde quälen und foltern. In einer Serie von Bildern zum Leben der Dirnen hat die Katze ihren Platz als Symbol der Lüsternheit, aber auch als unbehauste Außenseiterin der Gesellschaft.

Im 19. Jahrhundert war die Illustrationskunst das bevorzugte Medium zur Darstellung sozialer Themen mit kritischem Anspruch, wobei sie sich dabei vielfach der Tierwelt bediente. In den Bereich des Düster-Schaurigen führen uns dabei die Katzendarstellungen des großen und unerbittlichen Francisco de Goya. In seinen *Caprichos*, einer Serie von Aquatinta-Radierungen, die 1799 veröffentlicht wurden, stellt er uns in eindringlicher Weise die Schrecken seiner Zeit vor Augen: Revolution, Krieg und das Elend der Armen. Dabei setzt er die Katze und dämonische Wesen von katzenhaftem Aussehen immer wieder zur Darstellung von verborgenen Ängsten und Bedrohungen ein; berühmtestes Beispiel: *El sueño de la razón produce monstruos* (dt. *Der Schlaf der Vernunft gebiert Ungeheuer*). Goyas Bild von der Katze ist offenbar stark von jenen mittelalterlichen Vorstellungen geprägt, in denen sie – vor allem in Spanien, der Heimstätte der Inquisition – als Symbol und Inbegriff alles Bösen galt.

Auch für den Zeichner und Graphiker Grandville wurde die Tierkarikatur zum probaten Mittel, politische und gesellschaftliche Zustände seiner Zeit zu kritisieren – unter den scharfen Augen einer allgegenwärtigen Zensur. Er setzte seinen Zeitgenossen Tierköpfe auf und ließ sie so ihre Rolle in der Gesellschaft spielen. Am besten ist ihm dies in seinen *Scènes de la vie privée et publique des animaux* (dt. *Bilder aus dem privaten und öffentlichen Leben der Tiere*, 1840/1842) gelungen; etwa wenn er einen großspurig auftretenden Kater im Pelzrock mit gezogenem Zylinder einer elegant zurechtgemachten weißen Katze seine Aufwartung machen lässt – zu folgendem bissigen Kommentar: „Seine Manieren waren die eines Katers, der den Hof und die große Welt kennengelernt hat." Berühmt wurden auch Grandvilles Illustrationen zu den Fabeln Äsops und La Fontaines wie *Die Katze, der Hahn und die junge Ratte*, die sich vor dem großspurig krähenden Hahn, dem Wappentier der Grande Nation, fürchtet, aber die anscheinend friedlich vor sich hindösende Katze für harmlos hält. Die Mahnung „Weck niemals die Katze auf, wenn sie schläft" findet sich gleich doppelt illustriert: durch eine fette, auf dem Sofa schlummernde Katze, die von zudringlichen Mäusen umlagert ist, während sich im Hintergrund ein verliebtes Menschenpärchen vorsichtig an einer im Lehnstuhl eingeschlafenen Alten vorbeischleicht.

Als Kritiker gesellschaftlicher Zustände hat sich auch Honoré Daumier einen Namen gemacht. Er war einer der wichtigsten Illustratoren der Pariser Satirezeitschrift *Le Charivari*. Darin entwarf er Serien beißend-ironischer Sittenbilder, die vor allem den Standesdünkel und die Eitelkeit der aufgeblähten Bourgeoisie sowie die Doppelmoral seiner Zeitgenossen aufs Korn nahmen. Daumier traute weder der Menschen- noch der Tierliebe seiner Mitmenschen. In Lithographien wie *Tageslauf eines Junggesellen, abends 9 Uhr* (im Original *La journée du célibataire, neuf heures du soir*, 1839) sind Katze und Hund, in trautem Frieden auf ihrem Herrn in der Bettstatt liegend, der mit geradezu genüsslichem Lächeln das Licht löscht, belebte Requisiten einer von kleinbürgerlicher Selbstzufriedenheit gezeichneten Szene. Der Junggeselle begnügt sich vielleicht auch deshalb mit tierischer Gesellschaft, weil er sich den Aufwand eines Hausstandes mit Frau und Kind ersparen will; jedenfalls kümmert er sich um nicht viel mehr als um seine eigene Ruhe – und Licht aus!

Einen weiteren prominenten „Katzenillustrator" finden wir in Gustave Doré, der sich nicht nur durch seine Illustrationen, unter anderem zu Charles Perraults Märchensammlung, sondern auch durch bissige Zeitsatiren einen Namen gemacht hat. Sein Gestiefelter Kater, *Le Maitre chat*, ist ein draufgängerischer Bursche mit riesigen Stulpenstiefeln, Federhut und einem breiten Ledergurt, an dem als Reiseproviant ein paar erlegte Mäuse baumeln.

Die dämonisch-dunkle Seite der Katze begegnet uns vor allem in Illustrationen zu den Schauerromanen des 19. Jahrhunderts. Der Engländer Aubrey Beardsley, der durch seine düster-sinnlichen Salome- und Herodias-Darstellungen berühmt geworden ist, schuf nach der Vorlage von Edgar Allan Poes *The Black Cat* das beeindruckende Bild eines mit wenigen Strichen gezeichneten Frauenkopfes, die Augen geschlossen, auf dessen üppiger Haarpracht eine mächtige schwarze Katze thront, die den Beschauer mit glühenden Augen zu fixieren scheint. Das Bild ist von einer faszinierenden Doppeldeutigkeit, denn es illustriert nicht nur die Szene, in der die mit der Leiche eingemauerte Katze den Mörder seiner Frau entlarvt, sondern erweckt im Beschauer vielmehr die Vorstellung eines Doppelwesens: Die Frau hat die Katze im Kopf – sie ist gleichsam ihre verborgene zweite Existenz.

Freundlichere Empfindungen löst der Anblick von Édouard Manets Radierung *Die Katze und die Blumen* aus, die er für das Katzenbuch seines Freundes Champfleury geschaffen hatte. Sie ist auf das Eindringlichste der Natur nachempfunden. Wer je beobachtet hat, wie Katzen sich mit gierig gerecktem Hals und geblähten Nüstern an eine Vase mit Blumen heranmachen, wird in Manets Darstellung einen sehr lebhaften Ausdruck dieser ganz und gar ungezügelten, aber für die Katze nicht immer ungefährlichen Begierde, in Blumendüften zu schwelgen, wiederfinden.

Spätestens um die Mitte des 19. Jahrhunderts haben Maler und Illustratoren das Thema Katze voll im Griff, wobei diese nun selbst oft, als Einzeltier oder in der Gruppe, im Mittelpunkt des Interesses steht. Den Künstlern, die sich auf dieses Genre verlegten, ging es dabei im Wesentlichen um die Darstellung von beschaulichen, idyllischen Szenen – etwa die Katzenmutter und ihre Kleinen, oder auch spielende und sich balgende Katzenkinder –, Motive, die auch als gedruckte Postkarten sehr beliebt waren. Die bedeutendsten Künstler der Zeit ließen sich allerdings eher auf die Straßenkatzen, die *gouttières* ein, die ihnen faszinierende Motive in Fülle lieferten. In den großen und kleinen Kunsthandlungen in London und vor allem in Paris fand sich das Thema Katze in vielen Facetten, und nicht selten stolzierte eine leibhaftige Mieze zwischen den Ausstellungsobjekten umher und stahl ihren porträtierten Artgenossen die Schau. Die meisten dieser spezifischen Katzenmaler waren ihrem Objekt natürlich auch in besonderer Weise zugetan, ja manche wurden im Verlauf ihres Lebens mit ihren eigenen Katzen zu wahren Sonderlingen, wie etwa der als „Katzen-Raffael" berühmt gewordene Gottfried Mind. Er war der Überlieferung nach körperlich behindert wie geistig zurückgeblieben und verbrachte den größten Teil seines Lebens in Bern, wo er in der Werkstatt des Genremalers Sigmund Freudenberger arbeitete. Es heißt von ihm, er habe nur eine Fähigkeit besessen, allerdings eine herausragende: Er zeichnete und malte höchst lebendige Porträts von Tieren, vor allem von Katzen. Er besaß ein untrügliches Auge für die Bewegung, aber auch den Ausdruck der von ihm geliebten Tiere. Seine Katzengemälde erlangten Berühmtheit und wurden gleichzeitig zum Vorbild für viele seiner Kollegen. Er selbst vermochte aus seiner Begabung kaum Kapital zu schlagen, dafür sorgte die geschäftstüchtige Witwe seines ehemaligen Meisters, die sich hervorragend darauf verstand, sein Talent für sich selbst zu nutzen.

Als ein Katzenfreund besonderer Art erwies sich der englische Maler Edward Lear, der sich auch als Schriftsteller betätigte und gemeinsam mit Lewis Carrol, dem Autor von *Alice im Wunderland*, ein *Book of Nonsense* herausbrachte, das beim Publikum ebenso großen Anklang fand wie seine Illustrationen. In San Remo, wo Lear, der weite Reisen bis ins ferne Indien unternommen hatte, sich schließlich 1870 niederließ, kam es dann zu der Begegnung, die sein weiteres Leben bestimmen sollte: Es war der getigerte Kater Foss. Als Lear, sich nach einigen Jahren in San Remo eine neue Bleibe am Strand errichten ließ, bestand er darauf, dass diese in allen Stücken seinem alten Domizil glich. Aus einem Brief eines Besuchers erfahren wir, warum:

Mr. Lears Villa war groß und bereits die zweite, die er dort gebaut hat. Sein erstes Haus wurde ihm unerträglich, weil man ein großes Hotel zwischen ihm und dem Meer errichtet hatte. Also suchte er sich für sein neues Heim einen Platz direkt am Meer, wo, wie er sagte, nichts seine Aussicht beeinträchtigen könnte, es sei denn, die Fische würden anfangen zu bauen. Dieses zweite Haus glich in jeder Hinsicht exakt dem vorigen. Mr. Lear erklärte mir, dass dies unerlässlich für seinen Kater Foss gewesen sei, der ein anderes Haus nicht gebilligt hätte.[206]

Edward Lear verbrachte die letzten Jahre seines Lebens beinahe ausschließlich in Gesellschaft von Foss, ohne von der Außenwelt noch Notiz zu nehmen. Er starb wenige Monate, nachdem er seinen alten Kameraden begraben hatte.

Wenig Wert auf den Titel „Katzenmaler" würde wohl Théophile-Alexandre Steinlen gelegt haben, obwohl er vor allem durch seine Katzengemälde und das Plakat für den Musentempel der Bohème, das Cabaret *Le Chat Noir*, berühmt geworden war. Er hat sich für seine Katzenbilder vor allem der Pariser Straßenkatzen angenommen. Sie wurden für ihn zum Sinnbild der damals wie heute tristen Verhältnisse sozial Benachteiligter, seien es nun Menschen oder Tiere. Immer wieder nahm er Straßenkatzen in sein Gartenhaus am Montmartre auf und umhegte sie mit großer Anteilnahme. Das Zusammenleben mit seinen zuweilen mehr als acht Katzen bot ihm reichlich Gelegenheit, die Tiere in all ihren Eigenheiten zu beobachten und sie ebenso realistisch wie meisterhaft in seine Bilder zu bannen. So entstanden seine wundervollen Katzenporträts wie die berühmten *Zwei Katzen*, in denen er einen schwarzen Kater und eine Schildpattkatze in anmutiger Zweisamkeit zeigt. Auf einem anderen seiner Bilder finden wir einen prächtigen Tigerkater lang ausgestreckt auf einem Gartengeländer in der Sonne dösen. Von verblüffender Realistik ist seine 1883 entstandene Szene *Kind mit Katze*: Ein kleines Mädchen schleppt einen aufrecht stehenden schwarzen Kater vor sich her, der beinahe so groß ist wie es selbst und an der Prozedur sichtlich wenig Gefallen findet. Steinlen hat Katzen in allen möglichen Situationen und Positionen gezeichnet und gemalt, und er hat ihr Wesen wie kaum einer seiner Zeitgenossen erfasst. Für ihn waren sie Lebensgefährten und Motivation in einem, und seine Bilder sind der Ausdruck des liebevollen und tiefen Verständnisses, das er für sie empfand.

Das gilt in besonderer Weise auch für den französischen Maler und Grafiker Balthus, Graf Balthazar Kosslowski de Rola. Seine Vorliebe für Katzen entwickelte sich schon in der Kindheit, als er sich mit der Findelkatze Mitsou anfreundete. Ihr Verlust traf den damals Dreizehnjährigen hart, und er versuchte darüber hinwegzukommen, indem er eine Bildgeschichte von vierzig Tuschzeichnungen schuf, die sein Leben mit Mitsou schilderte. In seinen Erinnerungen schrieb er später: „Mitsous Geschichte zu zeichnen, war eine Art, diese Freundschaft für die Ewigkeit zu bewahren, eine Möglichkeit, ihre Augenblicke festzuhalten."[207] Rainer Maria Rilke, ein Freund der Mutter des jungen Balthus, erkannte den künstlerischen Wert der Geschichte und sorgte für deren Veröffentlichung. Das Vorwort, das er dazu beisteuerte, sagt viel über sein eigenes Verhältnis zu Katzen aus. Balthus selbst blieb sein Leben lang ein Katzenfreund; auf seinem Anwesen in Rossiniére tummelten sich zeitweise bis zu dreißig Exemplare. Sie waren für den Maler reizvolle Motive, trotzdem malte er sie meist gemeinsam mit menschlichen Modellen. Einige der Bilder zeigen ihn selbst, einmal als hageren, melancholisch blickenden jungen Mann, der von einem großen Tigerkater umschmeichelt wird, Jahrzehnte später als vereinsamten Alten, dem ein missmutig wirkender Kartäuser Gesellschaft leistet.

Mit Édouard Manets *Olympia* rückt das Thema Katze und weibliche Nacktheit 1863 endgültig in den Mittelpunkt der Betrachtung. Es wurde vor allem im Verlauf des 20. Jahrhunderts in unzähligen Variationen immer wieder aufgenommen – oft auch in gebrochener Form. *Olympia* hat in mehr als einer Hinsicht die Entrüstung der zeitgenössischen Kunstkritik erregt. Zum einen gehörte sie als Malermodell der in bürgerlichen Kreisen höchst anrüchigen Demimonde an. Und dann war da noch dieser schwarze Kater, der katzbuckelnd und mit steil aufgerichtetem Schwanz zu Füßen der nackten Schönen herumstrich. Die Katze galt in diesem Zusammenhang ein für allemal als erotisches Symbol, das weibliche Lüsternheit, die Gier nach sexueller Befriedigung, signalisierte. Kein Zweifel, Manets *Olympia* war in den Augen seiner Zeitgenossen obszön, unanständig, und diese Unanständigkeit wurde durch die Anwesenheit des Katers noch unterstrichen. Doch ungeachtet aller moralischen Entrüstung hatte sich das Motiv, ein weiblicher Akt mit Katze, spätestens um 1900 durchgesetzt. Felix Vallotton etwa schuf, während einer langen Krankheit, scherenschnittartige Bilder in Schwarz-Weiß, *La Paresse* heißt ein berühmtes Beispiel, die Trägheit: Als nackter Frauenleib liegt sie bäuchlings auf einem schwarz gemusterten Bett hingestreckt und streichelt mit verspielter Geste eine weiße Katze am Bettrand.

Auch in der Welt und dem Werk des Impressionisten Lovis Corinth haben Katzen eine nicht unbedeutende Rolle gespielt. Das zeigt sich in Bildern wie *Der Harem* von 1904, auf dem eine Katze zentral im Vordergrund einer Szene von lasziver Erotik mit vier üppigen, nackten Frauen und einem schwarzen Eunuchen zu sehen ist. Das beweist aber auch ein Porträt seiner Frau Charlotte mit zwei Kätzchen, die sie liebevoll an sich gedrückt hält. Ob sich die beiden Opfer ihrer Zärtlichkeit dabei wohl fühlen, ist den Mienen der Katzen nicht zu entnehmen. Charlottes sinnend auf sie gesenkten Augen und ein angedeutetes Lächeln verraten jedenfalls eine tiefe Zuneigung zu den beiden Tieren, die ihr Mann geteilt hat.

Auch die Meister des Expressionismus konnten sich dem Zauber der Katze nicht entziehen. Am nächsten kam ihr dabei wohl Franz Marc, der sie in seinen Werken immer wieder ins Bild setzte. Die Katze war für ihn ein besseres Wesen als der Mensch, sie wurde ihm zum Sinnbild eines verloren gegangenen Weltparadieses. Weil er mit Katzen lebte, hatte er genügend Gelegenheiten, sich mit ihnen zu beschäftigen und ihren Körper wie ihre Bewegungen zu studieren. So entstanden wunderbare Kompositionen wie die *Zwei Katzen, blau und gelb*, deren geschmeidige Leiber einander umkreisen, oder die genüsslich dem Schlaf hingegebene *Weiße Katze*, die er 1912, im Erscheinungsjahr des von ihm gemeinsam mit Wassily Kandinsky herausgebrachten Almanachs *Der Blaue Reiter*, geschaffen hat. Auch in den Werken von Max Beckmann nimmt die Katze eine bemerkenswerte Stellung ein; so in dem 1917 entstandenen *Stilleben mit Katzen*, auf dem das Arrangement von Tischtuch, Tellern mit Brot und Rettichen sowie einer Vase mit Callablüten gleich den Umtrieben zweier schalkhaft blickender Katzen zum Opfer fallen wird. Und Ernst Ludwig Kirchner, Gründungsmitglied der Künstlergruppe *Die Brücke*, porträtierte seinen Kater Boby, ein riesiges rotbraunes Tier, in einem abendlich dämmrigen Garten, knapp vor dem Mondaufgang. Neben Boby finden sich in seinem Œuvre auch Schacky und Flecky und viele andere Katzen dargestellt und in ihren unterschiedlichen Wesenszügen porträtiert.

Was im Zusammenhang mit der Darstellung von Katzen in den diversen Kunstrichtungen des 20. Jahrhunderts auffällt, ist, dass die Katze ungeachtet aller Verfremdungen des Sujets doch immer sie selbst bleibt. Sie ist am typischen Ausdruck ihrer Augen, an den Linien ihrer im Bild festgehaltenen Bewegungen, an ihrer Haltung zu erkennen, selbst dann, wenn ihr Erscheinungsbild von einer Vielzahl anderer Formen überlagert wird. Gewiss, bei Malern wie Oskar Kokoschka wird sie inmitten eines Gewirrs von Strichen und Farben auch schon einmal zum Suchbild, und bei Paul Klee kann sie wie in der Zeichnung *Katze und Vogel* von 1920 gar zu einer Art von abstrakter Formel mutieren – aber etwas von ihrem Wesen bleibt auch darin erhalten. Man glaubt dem Bild, dass es eine Katze darstellt, auch wenn sie darin oft nicht sichtbar zu erkennen ist.

Von besonderer Eindringlichkeit wirken die Katzenbilder des Malers Otto Dix, etwa sein *Mädchenporträt mit Katze II*, in dem der traurige Ausdruck in den Augen des Mädchens sich in den gelben schlitzartigen Pupillen der Katze gleichsam widerspiegelt. Auch die dreieckige Form der Gesichter scheint die Stimmungsverwandtschaft von Kind und Katze zu unterstreichen. Meisterhaft seine *Katze im Mohnfeld*, die, inmitten eines wahren Dschungels hochstieliger Blüten, sich an ein Beutetier anschleicht. Die geweiteten Augen und die ausgefahrenen Krallen an der Tatze zeigen, dass sie knapp vor dem Ziel ist. Sie ruft dem Betrachter nachdrücklich ins Bewusstsein, dass seine Hausgenossin in Wirklichkeit ein kleiner Tiger ist, mit allen Anlagen eines Raubtiers.

Auch Pablo Picasso hielt es mit den Katzen, zumindest zeitweise. In verschiedenen Phasen seines Lebens lebte er mit einigen von ihnen zusammen, und auch unter seinen Werken finden sich etliche, in denen er sich mit dem geheimnisvollen Wesen der Katze auseinandersetzt. Trotzdem spielt sie unter den Tieren, die seine Bilder bevölkern, anders als im Schaffen vieler seiner Kollegen nicht die erste Geige, sondern wird von Stieren, Hunden und Vögeln – man denke an die Taube! – überflügelt. Auf zwei berühmten Bildern, die er kurz nach dem Ende des Spanischen Bürgerkriegs und kurz vor Beginn des Zweiten Weltkriegs schuf – *Katze, die einen Vogel packt* und *Katze, die einen Vogel zerreißt*, beide von 1939 – zeigt er sie als blutrünstiges Monstrum, eine Art Dämon des Kriegs. Für eine Ausgabe von Buffons nicht eben katzenfreundlicher Naturgeschichte schuf er einen kräftig gebauten, frechen Kater, der seinen Betrachtern die Zunge zeigt. Picasso hat auch seine wechselnden Lebensgefährtinnen immer wieder mit einer Katze dargestellt, zuletzt Jacqueline Roque als *Frau mit Katze im Sessel*. Der sinnenstarke Maler scheint für die erotische Ausstrahlung der Katze empfänglich gewesen zu sein, aber eben auch für die Brutalität ihrer Natur. Nirgends wird das deutlicher als auf einem höchst zweifelhaften *Liebesakt auf der Straße*, der eher einer Vergewaltigung gleicht.

Unzählige Namen von Malern, Zeichnern und Grafikern des 20. wie des 21. Jahrhunderts wären zu nennen, die sich in ihren Werken dem Wesen der Katze gewidmet haben. Unser Gang durch die Galerie von Katzenbildern war kurz genug. Aber lassen wir sie ihren Weg durch den Irrgarten der Kunstrichtungen und -stile mit einem Künstler der Pop Art beschließen, der ein passionierter Katzenfreund war und jahrzehntelang mit vielen von ihnen zusammengelebt hat – mit Andy Warhol. Der höchst erfolgreiche und exzentrische Grafiker widmete seinen Freunden 1954 einen wunderschönen signierten Privatdruck *25 Cats Named Sam and One Blue Pussy*. Er verwendete für alle Katzen, die bei ihm und seiner Mutter lebten, denselben Namen: Sam. Sein Katzenbuch, das auf 190 Exemplare beschränkt blieb und heute auf dem Kunstmarkt stolze Preise erzielt, enthält eine ganze Reihe von sehr markanten Katzenporträts, darunter, als Prototyp von Sam, einen großen gestromten Kater mit weißem Schwanz, extravagantem Schnurrbart und herausfordernd blitzenden orangefarbenen Augen. Ein wahres Musterexemplar von einem Kater, schalkhaft und keck, doch auch rätselhaft wie die Sphinx. Eben ganz Katze!

Gibt es etwas Entschlosseneres als
eine Katze auf einem heißen Blechdach?
Tennessee Williams

Kapitel 5

Von Stars und Diven

Es begann in einer deutschen Kinderstube Mitte des 19. Jahrhunderts: Diese hatte Heinrich Hoffmann im Blick, als er in erzieherischer Absicht ein Zeichenbuch schuf, das zu Weltruhm gelangen sollte: den *Struwwelpeter*. Darin findet sich *Die gar traurige Geschichte mit den Zündhölzern*, in dem das neugierige Paulinchen aller Warnungen zum Trotz mit Zündhölzern spielt und in dem Brand, den sie dadurch verursacht, selbst mit zu Tode kommt.

Und Minz und Maunz, die kleinen,
die sitzen da und weinen,
Miau, Mio, Miau, Mio,
wo sind die armen Eltern, wo?
Und ihre Tränen fließen
wie's Bächlein auf den Wiesen.

So beschreibt der Autor den Kummer der beiden Katzen von Paulinchens Familie, die überleben. Eine Katze, dieses selbstbezogene Tier, ausgerechnet eine Katze zeigt hier ihr Mitgefühl für das Unglück ihrer Familie! Hundert Jahre zuvor wäre das noch undenkbar gewesen. Oder die Katze wäre ein Hund gewesen!

Rund zwanzig Jahre später nahm sich Wilhelm Busch in einem

Band mit *Bilderpossen* des Themas an. Wie immer zeichnete Busch darin ein ironisches Bild jener spießbürgerlichen Verhältnisse seiner Zeit, über die er bei unzähligen Gelegenheiten seinen scharfsinnigen Spott ausschüttete. Man sprach damals noch nicht von Comics oder Cartoons, sondern von „Bildgeschichten“, aber der gezeichnete Anteil stand gegenüber dem geschriebenen auch da schon deutlich im Vordergrund. In kurzen Szenen wurden gesellschaftliche Verhältnisse pointiert ins Bild gesetzt und bestimmte Personen oder Typen in karikaturistischer Absicht dargestellt.

Die Geburtsstunde des klassischen Comic schlug 1895 in New York, als der amerikanische Journalist und Verleger Joseph Pulitzer, Herausgeber der *New York World*, seiner Sonntagsausgabe eine humoristische Farbbeilage gab, um den Unterhaltungswert des Blattes auch für jenen Teil der Bevölkerung zu heben, der mit Lesen wenig im Sinn hatte. Der Erfolg dieses Versuchs ließ nicht auf sich warten, und fünf Jahre später wurde die Sprechblase erfunden, die es möglich machte, die Bildgeschichten mit schnellen, knappen Dialogen anzureichern. Oft genügte ein Satz, ja selbst ein Wort, ein Aufschrei etwa oder die verbale Darstellung eines Geräuschs, um dem gezeichneten Vorgang Nachdruck zu verleihen. Es kam, wie es kommen musste: Der enorme Erfolg dieses ersten Comic wurde von anderen aufgegriffen und schwappte schließlich nach Europa zurück. Vor allem die Engländer ließen sich von der Begeisterung der Amerikaner für dieses neue Genre anstecken. Einige Tageszeitungen gingen bald dazu über, täglich eine einfarbige Comic-Kolumne zu drucken, die meist nur aus zwei oder drei Bildern bestand und eine fortlaufende Handlung hatte.

Die ersten Comics kannten nur menschliche Figuren, doch es dauerte nicht lange, und um die Jahrhundertwende kam die Katze ins Spiel. Waren es anfangs humoristische, oft deftige Wildwestszenen, Kinderstreiche und erotische Szenen, die die Inhalte der Comics bildeten, drängten nun zunehmend auch tierische Akteure ins Bild. Der Zeichner George Herriman war der Erste, der eine Katze – und wieder einmal war es eine schwarze – in Szene setzte, wenn auch zunächst als Randfigur. Freilich stahl sie ihren menschlichen Kollegen bald die Show und rückte selbst zur Hauptfigur auf.

Über europäische Einflüsse erfuhr der wegen seines zumeist derben und anstößigen Inhalts auch kritisch beäugte American Comic eine gewisse Steigerung des Niveaus. Künstler wie Lyonel Feininger verliehen Comics, die im Allgemeinen zur Unterhaltung für die breiten Massen dienten, ein künstlerisches Flair. An dieser Entwicklung hatten vor allem Frauenvereine, die in den Vereinigten Staaten um die Wende zum 20. Jahrhundert sehr einflussreich waren, einen wichtigen Anteil. Sie riefen zum Boykott von Zeitungen auf, die, wie sie fanden, das moralische Klima der Gesellschaft durch die Obszönität solcher Unterhaltungsserien schädigten und vor allem einen verderblichen Einfluss auf die Kinder ausübten, die sich – wir kennen das – mit Begeisterung auf die an Situationskomik reichen Bildgeschichten stürzten.

Herrimans schwarze Katze hatte innerhalb eines guten Jahrzehnts Karriere gemacht und sich zu *Krazy Kat* gemausert, einem Kater, der gemeinsam mit der Maus Ignatz eine beträchtliche Fangemeinde um sich scharte. Das ungleiche Duo, zu dem sich auch noch der Polizist Offisa Pupp gesellte, war für viele Geschichten gut: Krazy Kat liebt Ignatz, die Maus, die aber ihrem Bewunderer dauernd Ziegelsteine an den Kopf werfen will, sodass Offisa Pupp alle Hände voll zu tun hat, um für Ruhe und Ordnung zu sorgen. Mit diesem einfachen Handlungsschema, das in Hunderten von Variationen abgewandelt wurde, verstand es Herriman, sein entzücktes Publikum dreißig Jahre lang, bis zu seinem Tod, zu unterhalten.

In den 1920er Jahren erwuchs Krazy Kat mit dem Zeichentrickfilm, einer gleichfalls rasch aufstrebenden Kunstform, eine nicht zu unterschätzende Konkurrenz. In Zusammenarbeit mit dem amerikanischen Trickfilmzeichner Otto Messmer brachte der Filmproduzent Pat Sullivan eine Zeichentrickserie um *Felix the Cat* heraus, die es in der Nachfolge von *Krazy Kat* zu einer beachtlichen und prominenten Fangemeinde brachte. Nicht nur Darsteller aus der großen Zeit des Stummfilms wie Douglas Fairbanks, Mary Pickford und Rudolph Valentino, der Beau jener Epoche, begeisterten sich für ihren tierischen Konkurrenten, auch der prominenteste Komiker seiner Zeit, Charlie Chaplin, und Pablo Picasso waren von ihm entzückt. Felix hatte Charakter und einen unwiderstehlichen Charme, und außerdem hatte er einen Schwanz, der ihm zu allem und jedem diente und den er auch als Stimmungsbarometer einsetzen konnte. Felix ging aufrecht statt auf vier Pfoten und verkörperte ein Bild nachdenklicher Beschaulichkeit, ja Melancholie, die durch die Attacken des quirligen Ignatz immer wieder gestört wurde. Er war eine Ikone und ein Stummfilmstar, das Maskottchen der *New York Yankees*, überquerte mit Charles Lindbergh den Atlantik, aber spätere Versuche, ihm eine Stimme zu geben, zerstörten Einiges von seinem Nimbus, vielleicht auch deshalb, weil sich kein Sprecher fand, dessen Timbre dem markanten Erscheinungsbild der Katze entsprach. In den 1950er Jahren wurde Felix zur Figur einer Fernsehserie, doch an das Original kamen weder sie noch die danach gedruckten Comics heran.

Dennoch, die Katze blieb am Ball. In den 1930er und 1940er Jahren fasste der Katzencomic auch auf englischem Boden Fuß. Dort entstanden neue Comic-Serien, die vor allem das typisch britische Flair zu vermitteln versuchten. *Korky the Cat* hieß einer der Protagonisten, der zuerst im Dezember 1937 in der Erstausgabe des englischen Comic-Journals *The Dandy* auftrat und sich seither und bis in unser Jahrtausend erfolgreich behauptet. Die bekannteste und erfolgreichste Comickatze finden wir freilich in Walt Disneys *Tom and Jerry*. Wie *Felix the Cat* stammte das Duo aus der Filmszene. Zwischen 1940 und 1967 produzierte Walt Disney 161 Trickfilme, die von den Grabenkämpfen zwischen dem faulen Kater Tom und der wendigen Maus Jerry sowie der behäbigen Bulldogge Killer erzählten. Alles kreist um den Dauerkrieg zwischen Kater und Maus, in dem die Letztere oft die Oberhand behält. Für den faulen Tom sind diese Eskapaden häufig recht strapaziös und anstrengend, zumal ihm seine Besitzerin ständig damit droht, ihn aus dem Haus zu entfernen, wenn er die Maus nicht endlich fängt. Der Kleine siegt über den Großen, indem er seinen ganzen Witz aufbringt, um sich immer wieder aus brenzligen Situationen zu retten und es seinem Widersacher bei passender Gelegenheit sogar heimzuzahlen. Möglicherweise hat auch diese sozialkritische Note zu dem enormen Erfolg beigetragen, den sowohl die Film- als auch die Druckversion hatte. Bezeichnenderweise liegen die Sympathien eher bei der Maus, während der Kater mit einer gehörigen Portion Schadenfreude rechnen muss. Neben den *Asterix*-Comics, die für Generationen von Schülern einen spielerischen Zugang zur antiken Geschichte eröffneten, gehört *Tom and Jerry* zu den erfolgreichsten Trickfilm- und Comic-Produktionen aller Zeiten.

Die Ereignisse zwischen 1939 und 1945 wirkten auch in der Geschichte des Comic katastrophal: Comics wurden zu einem beliebten Instrument der mentalen Kriegführung und gingen weitgehend in der Propaganda auf. In Hitlers Zerrbild eines „arischen Deutschen Reichs“ sorgten antisemitische Hetzblätter und Filme dafür, dass Menschen, die der Vorstellung von der germanischen Rasse nicht entsprachen, in Karikaturen als „Ungeziefer und Volksschädlinge“ beschimpft wurden. Es handelt sich dabei natürlich nicht um Comics im engeren Sinn. Vielmehr wurden die Mittel der Karikatur eingesetzt, um Feindbilder zu schaffen und zu festigen, die schließlich den Vorwand für Krieg und Massenvernichtung liefern sollten. Aber auch auf der Gegenseite, bei den Alliierten, wurden comicartige Publikationen zu propagandistischen Zwecken eingesetzt. In den Kriegsjahren, aber auch kurz danach, entstanden vor allem in den USA zahlreiche Bildgeschichten, die die Vorstellung vom „hässlichen Deutschen“ und dessen Gräueltaten vor allem den GIs nachdrücklich ins Bewusstsein rücken sollten. In den 1950er Jahren waren es zunächst die Kommunisten, die durch die „Säuberungsaktionen“ der McCarthy-Ära ins Visier des politischen Comic gerieten, später aber auch die antibürgerliche Lebenshaltung der jungen Hippiegemeinschaft. In deren Umfeld entstand mit *Fritz the Cat* ein politischer Comic, der bald auch zum Trickfilm[208] wurde. Der Erfinder und Schöpfer von Fritz, Robert Crumb, verstand sich hervorragend darauf, die Ablehnung bürgerlicher Konventionen am Beispiel der stark überzeichneten natürlichen Eigenschaften der Katze zu demonstrieren. Fritz zeigt alle Eigenschaften eines Straßenkaters, allerdings ins Plump-Aggressive gekehrt. Er präsentiert sich nicht als Outlaw, weil dies seiner Natur entspricht, sondern weil er für die etablierte Gesellschaft nur Verachtung übrig hat. Er ist arbeitsscheu, süchtig nach Sex und Drogen. Das mag der Katze nicht schmeicheln und überzeichnet sein, aber es ist nicht ganz abwegig etwa wenn wir an Baldrian als „Katzendroge“ denken.

Anders bei Art Spiegelman, der mit der Grafik-Serie *Mouse, A Survivor's Tale* (dt. *Maus, die Geschichte eines Überlebenden*, 1980 bis 1991) der Katze und ihrem Wesen arg Unrecht getan hat. Spiegelman nutzt die Form des Comic, um den Überlebenskampf seines Vaters in Auschwitz darzustellen. Die verfolgten und drangsalierten Juden treten darin als Mäuse auf, die Rolle der zynischen SS-Schergen ist den Katzen zugedacht, die sich in Uniform und in Reih und Glied präsentieren. Ungeachtet der hohen Wertschätzung, die diesem Werk unter politischen Gesichtspunkten zuteil wurde – Spiegelman erhielt 1992 als erster Comic-Autor den Pulitzerpreis –, muss man doch sagen, dass ihm ein krasses Fehlurteil in der Beobachtung und der Bewertung der Katze zugrunde liegt. Was kann den Autor veranlasst haben, ausgerechnet in der Katze die Verkörperung von NS-Schergen zu sehen? Gewiss, Katzen fressen Mäuse, aber sie handeln dabei ihrer Natur gemäß und ohne bewussten Zynismus. Und sie sind dezidierte Einzelgänger und keine fügsamen Herdentiere, die sich hinter einen „Führer" scharen. Sie marschieren nicht im Gleichschritt, sondern gehen ihren eigenen Weg. Nein, die Katze eignet sich nicht als Sinnbild menschlicher Barbarei!

Schon gar nicht diese: Sie ist rot gestromt, fett, faul und ziemlich frech, dazu gut im Milieu gesellschaftlicher Mittelschicht eingebettet – *Garfield*, der in unzähligen Comicfolgen, in Kinofilmen und Fernsehserien Furore machte und sich über eine internationale Fangemeinde freuen kann wie nur je ein Film- und Fernsehstar. Für unzählige rot getigerte Kater ist er weltweit zum Namenspatron geworden. Im Jänner 1978 erblickte er das Licht der Welt, und er hat den Vorzug, dass sein Schöpfer, der Amerikaner Jim Davis, mit fünfundzwanzig Katzen aufgewachsen ist, also genug Gelegenheit hatte, sich mit dem Wesen der Katze ausführlich vertraut zu machen. Tatsächlich ist Garfield ein Kater, der genau die Mischung all jener Eigenschaften zeigt, die ihn zu einem liebenswerten Hausgenossen, aber auch zu einem frechen und vorwitzigen Gesellen machen, der sein bequemes Leben in jeder erdenklichen Weise zu verteidigen weiß.

Einer weiteren Comic-Katze begegnen wir in *Calvin und Hobbes*. Bill Watterson schuf mit der Figur von Hobbes einen Plüschkater, der die Fähigkeit hat, sich im Umgang mit dem sechsjährigen Calvin in eine echte Katze zu verwandeln, wobei er weitgehend die Charakterzüge von Sprite, dem hauseigenen Kater der Wattersons, zeigt:

Hobbes wurde stark von unserer Katze Sprite inspiriert. Die war nicht nur äußerlich sein Vorbild, sondern auch durch ihr Wesen. Er geht zwar aufrecht und spricht, aber ich habe doch versucht, ihn nicht zu sehr zu vermenschlichen.[209]

Der Mensch ist dem Menschen eine Katze? Bill Watterson hat seinem Comic einen philosophischen Aspekt gegeben, indem er Hobbes einerseits das lebendige sprechende Tier sein lässt, als das ihn Calvin sieht, und andererseits den Plüschtiger, als der er für alle anderen Menschen erscheint. Wer bin ich und wenn ja, wie viele?

Einen philosophischen Anspruch finden wir auch in *Le Chat du rabbin* (dt. *Die Katze des Rabbiners*, in Fortsetzungen seit 2001), dem Werk des französisch-jüdischen Comic-Zeichners Joann Sfar. Der namenlose Kater frisst in der ersten Folge, *Die Bar Mizwa* (2001), einen magischen Papagei und gewinnt dadurch die menschliche Fähigkeit zu sprechen, die ihn in die Lage versetzt, mit drei Rabbinern gelehrte Streitgespräche zu führen. Ähnlich wie eine ganze Reihe von Romankatern bewegt sich auch dieser Comic-Kater in einer Art Zwischenwelt von Mensch und Tier.

In den rund hundert Jahren seit der Entstehung der ersten Comics ist die Welt um ein ganzes Heer von sehr unterschiedlichen Helden reicher geworden. Soweit es sich um Katzen handelt, sind die meisten von ihnen witzig, präpotent und frech, wenn sie sich mit ihren menschlichen Kontrahenten herumschlagen, denen sie bei jeder Gelegenheit die Schau stehlen – so wie Herr Paul, der in der Sonntagsbeilage der FAZ im Kampf um den Lieblingssessel seines Besitzers immer als Sieger hervorgeht. Oder wie in der auf Comic-Format verkürzten Künstlergeschichte *Vincent und Van Gogh* des aus Novisad stammenden Zeichners Gradimir Smudja, in der ein Kater die Urheberschaft für die weltberühmten Gemälde des niederländischen Malers beansprucht. Vincent, der stolz von sich behauptet: „Mir liegt diese Begabung eben im Blut“, ist ein Straßenkater par excellence und erinnert in manchen Zügen an T.S. Eliots undurchschaubaren

Macavity. Und auch er bewies nicht zuletzt die Fähigkeit, eine riesige Fangemeinde zu erobern.

Comic und Trickfilm boten Künstlern viele Möglichkeiten, die verschiedenen Wesenszüge der Katze von immer neuen Seiten zu beleuchten und in einer Unzahl von komischen und zugleich hintergründigen Szenen darzustellen. Schwieriger wird es, wenn die Katze in einem normalen Spielfilm auftreten soll. Denn darüber kann kein Zweifel bestehen: Die Katze tut nur das, was sie will und wann sie es will, und es erfordert viel Überredungskunst, sie von etwas zu überzeugen, das sie nicht sowieso akzeptiert hätte. Echte Katzenfilmer haben es schwer. Wie soll man eine Katze dazu bringen, gerade das tun zu wollen, was das Drehbuch vorschreibt? Kann gut sein, dass sie, die es gerade strikt abgelehnt hat, sich an den heiß begehrten Busen einer Filmdiva zu schmiegen, nach Drehschluss ein Plätzchen dort ganz erstrebenswert findet. Oft behilft man sich damit, sie durch verlockende Futterangebote zu verführen. Aber was, wenn sie weder hungrig noch durstig ist und sich nur für die Beine eines Regieassistenten interessiert, den Hauptdarsteller aber mit konsequenter Beharrlichkeit ignoriert? Und dann ist da noch ein weiteres Problem: Für eine größere Rolle braucht man mehrere Exemplare, die natürlich möglichst gleich aussehen sollen. In umfangreichen Filmproduktionen wie etwa bei *Breakfast at Tiffany's* (dt. *Frühstück bei Tiffany*, 1961) waren zeitweise bis zu zwanzig Katzen im Einsatz. Kein Wunder, dass Produzenten wie Walt Disney das Experiment mit lebenden Katzen verweigerten, wenn es sich vermeiden ließ. Der französische Filmemacher François Truffaut hatte große Mühe, eine kleine schwarze Katze nur dazu zu bringen, vor der Kamera eine Schale Milch zu trinken:

Sie wollte einfach nicht hören, verschwand nach links oder rechts, nein, sie wollte keine Milch, lehnte dankend jeden Leckerbissen ab, der ihr geboten wurde, sie wollte nur gestreichelt werden.[210]

Und dann noch der ganze Stress, den man als Filmstar hat! Kein Wunder also, dass es sehr viel mehr Hunde als Katzen in großen Starrollen gibt. Aber immerhin verzeichnet die Filmgeschichte doch eine ganze Reihe von Filmen, in denen sich die Katze sehr erfolgreich in

Szene zu setzen wusste. Erinnern wir uns etwa an Pyewacket, den mysteriösen Siamkater, der 1958 in dem Film *Bell, Book and Candle* (dt. *Meine Braut ist übersinnlich*) von Richard Quine der zwielichtigen Kim Novak das Hexen beibrachte. Der Kater, der seinen Namen von den englischen Zauberkatzen des Mittelalters hatte, ließ es sich in den Armen der gefeierten Blondine entschieden wohl sein, bis diese sich aus Liebe zu James Stewart schließlich das Hexen abgewöhnen wollte, worauf Pyewacket, der dem Geturtel der beiden mit zunehmendem Missbehagen von der Höhe eines Kaminaufsatzes eine Weile zugesehen hatte, mit gesträubtem Fell und empörter Miene das Weite suchte. Immerhin erhielt er für seine Leistungen den „Tier-Oscar", den so genannten Patsy-Award!

Zum Star wurde auch der rot gestromte Kater aus der Verfilmung von Truman Capotes *Breakfast at Tiffany's* in der Regie von Blake Edwards mit der bezaubernden Audrey Hepburn als Holly Golightly. Orangey hat den Patsy-Award sogar zweimal gewonnen! In Hollys Gesellschaft freilich ist der Kater, der ihr eines Tages über den Weg gelaufen ist, namenlos. Wiewohl er bei ihr ein neues Heim findet und im Verlauf der Handlung in vielen Szenen zu sehen ist – auf Hollys Schulter sitzend, in ihrem Bett auf ihr herumturnend –, weigert sie sich zunächst, sich auf ihn einzulassen: „Wir gehören eigentlich gar nicht wirklich zusammen", besteht sie auf ihrem Einzelgängertum. Doch als sie sich von ihm trennt, bereut sie das schon bald wieder: Gemeinsam mit ihrem Wohnungsnachbarn Fred, der unterdessen ihr Partner geworden ist, sucht sie im strömenden Regen nach dem Tier, das sie schließlich zwischen den Mülltonnen eines trostlosen Hinterhofs findet. Dass der Kater danach in den Umarmungen des Liebespaares beinahe erdrückt wird, nimmt er gelassen hin. Hier wie in vielen anderen Beispielen aus der Filmgeschichte ist die Katze eine Symbolfigur für innere Unabhängigkeit, zuweilen freilich auch für eine bedrückende Unbehaustheit.

In dem nach dem Buch von Graham Greene entstandenen Nachkriegskrimi *The Third Man* (dt. *Der Dritte Mann*, 1949) machte Regisseur Carol Reed den Auftritt einer kleinen Katze zu einer Schlüsselszene: Auf der Suche nach seinem undurchsichtigen und vermeintlich toten Freund Harry Lime (Orson Welles) durchstreift ein amerikanischer Journalist, dargestellt von Joseph Cotton, die dunklen, unheimlichen Gassen Wiens. Seine Aufmerksamkeit wird durch eine schwarz-weiß gefleckte Katze angezogen, die zu Füßen eines in einem Torbogen stehenden Mannes sitzt und sich die Pfoten putzt. Als er näher tritt, erkennt der Journalist seinen tot geglaubten Freund. Die Katze wirkt an der ganzen Szene völlig unbeteiligt, nur auf sich selbst bezogen, doch der Film, der zum Teil in der Unterwelt der Kanalisation spielt, gewann mit dieser Episode ein Flair des Mysteriösen. Man weiß nicht, woher sie gekommen ist oder wohin sie verschwinden wird, aber man ahnt, dass das Schicksal für beide, den menschlichen wie den tierischen Außenseiter, nicht viel Gutes im Sinn hat.

Katzen tauchen in Filmen oft dann auf, wenn es darum geht, eine Atmosphäre des Unheimlichen zu schaffen. Katzen, die auf einem nächtlichen Friedhof umherstreifen, Katzen, die unvermutet aus einem Gebüsch auftauchen, Katzen, die als Silhouette auf den Dächern ihr Unwesen treiben – fast immer kündigen sie Unheil an. Das gilt vor allem für Horrorfilme, in denen Katzen nicht selten den Weg eines Vampirs oder dessen Opfers kreuzen. Oft ist es auch nur das Miauen einer Katze, das das Bedrohliche einer Szene unterstreichen soll. In der ersten Generation von Horrorfilmen wurde die mittelalterliche Vorstellung von der Katze als Unheilsbotin und Dämonentier voll übernommen. Die Motive des Grauens stammen fast ausschließlich aus dem Bereich der *Gothic Novel*, sie sind historischen Schauergeschichten entnommen. Ihre Schauplätze sind verfallene Burgen und Schlösser, schaurige Kellerverliese und nächtliche Grüfte. Vielfach begnügten sich die Regisseure damit, die Katze als dunklen Schatten ins Bild treten oder als warnendes Signal künftigen Unheils über eine Treppe huschen zu lassen. Auch in die Filmmusiken mischten sich nicht selten das bedrohliche Fauchen oder die schrillen Schreie einer Katze, die allerdings meist unsichtbar blieb. In einigen Beispielen dieser Gattung wurde der Katze allerdings auch eine Opferrolle aufgezwungen. Die frühe Stummfilmzeit war ja auch die Zeit, in der wissenschaftliche Forschung in großem Umfang auch mit Hilfe der so genannten Vivisektion, des Experiments am lebenden Tier, betrieben wurde. Elemente dieser grausamen Forschungsmethoden wurden, wenn schon nicht real, so doch zumindest optisch recht anschaulich auch dem Horrorfilm beigemischt – und da mussten nicht selten Katzen als Versuchstiere herhalten. In der jüngeren Geschichte des Horrorfilms begegnen wir dem Grauen vor allem in der Gestalt von Monstertieren oder auch in Wesen aus fremden Galaxien.

In *Alien* (dt. *Alien, das unheimliche Wesen aus einer fremden Welt*, 1979, Regie: Ridley Scott) ist ein terrestrisches Raumschiff auf einem fremden Planeten gelandet. An Bord befindet sich auch Kater Jones, der dem einzigen weiblichen Mitglied der Besatzung (Sigourney Weaver) gehört und von dem Ingenieur der Crew überall gesucht wird, nachdem ein Alien in das Raumschiff eingedrungen ist. Der Kater, der zunächst unsichtbar bleibt, reagiert auf das lockende Miauen des Ingenieurs wie ein Echo, das sich allmählich steigert. Der Zuschauer ist darauf vorbereitet, dass etwas passieren wird. Schließlich wagt sich das Tier zögernd aus seinem Versteck, fährt aber fauchend gleich wieder zurück: Es sieht hinter dem vertrauten Gesicht des Ingenieurs die Fratze des Alien auftauchen, das ihn töten wird. In Wirklichkeit machte sich der Regisseur freilich einen Trick zunutze: Die Katze fauchte und scheute zurück, weil am Set plötzlich ein Hund auftauchte.

Natürlich durfte die Katze auch bei Harry Potter nicht fehlen. Die berühmte Jugendbuchserie von Joanne K. Rowling wurde – wen wundert's? – auch ein beliebter Filmstoff. In *Harry Potter and the Philosopher's Stone* (dt. *Harry Potter und der Stein der Weisen*, 2001), dem ersten Teil der Serie, taucht gleich zu Beginn eine schöne Tigerkatze auf, deren Schatten an einer Hauswand sich allmählich in den von Professor McGonagall, einer Lehrerin an der Zauberschule von Hogwarts, verwandelt. Auch im Klassenzimmer kommt es nochmals zu einer solchen Metamorphose: Auf dem Katheder sitzt die Katze anstelle der Lehrerin. Als Harry und dessen Freund mit leichter Verspätung den Raum betreten und eine spitze Bemerkung über „die McGonagall" machen, setzt die Katze, die die beiden fixiert, zu einem Sprung an und verwandelt sich dabei in die menschliche Gestalt zurück.

Wesentlich bequemer hatte es da die weiße Perserkatze, die mit einem Diamanthalsband geschmückt sich in einigen Szenen auf dem Schoß ihres anrüchigen Besitzers, des Erzschurken Mr. Blofeld, in mehreren 007-Filmen räkeln durfte. Der Kontrast zwischen der Katze, die unter seinen streichelnden Händen wohlig schnurrt, und den Mordbefehlen, die er dabei erteilt, wirkt auf den Zuschauer entschieden beklemmend. In *Diamonds Are Forever* (dt. *Diamantenfieber*, 1971) hat die weiße Schönheit allerdings einen richtig dramatischen Auftritt. Sie soll eine Doppelgängerin vertreiben, mit deren Hilfe Sean Connery als James Bond vom richtigen Blofeld abgelenkt werden sollte. Leider ist darüber, wie die Szene zustande kam, nichts Näheres zu erfahren.

Wie in der Literatur spielt die Katze auch in einigen filmischen Beziehungsdramen eine Rolle, ja manchmal steht sie dabei förmlich im Mittelpunkt, zwischen den Fronten, auch wenn sie kaum selbst in Erscheinung tritt. In dem nach Georges Simenons Roman *Le Chat* (dt. *Die Katze*, 1966) gedrehten Film gibt es zu Beginn einige Szenen, die dem Publikum das Zankobjekt, an dem eine Ehe zugrunde gehen soll, auch in natura vor Augen stellen. So kommt es gleich eingangs zu einigen verschmusten Szenen zwischen dem Ehemann Julien (Jean Gabin) und seiner Katze. Er widmet dem kleinen Tier mehr Aufmerksamkeit als seiner eifersüchtigen Frau Clémence (Simone Signoret), was schließlich zu einer Eskalation führt: Clémence erschießt den Kater, was das Leben der beiden Kontrahenten bis zum Tod der Frau zu einer wahren Hölle macht.

Obwohl der große Katzenfreund Raymond Chandler in keinem seiner Romane eine Katze auftreten lässt, wollte Regisseur Robert Altman in seiner Verfilmung von *The Long Goodbye* (dt. *Der Tod kennt keine Wiederkehr*, 1973) auf eine einprägsame Katzenszene nicht verzichten. So nützte er die Gelegenheit, seinen Protagonisten, den umtriebigen Detektiv Marlowe, mitten in der Nacht aufstehen zu lassen, um das Lieblingsfutter seines ungeduldig schreienden Katers zu besorgen. Als ihm das nicht gelingt, versucht er, den Kater zu täuschen, doch das Tier verschwindet beleidigt auf Nimmerwiedersehen.

Einen besonderen Blickwinkel bietet der Film *The Shadow of the Cat* (dt. *Schatten einer Katze*, 1961) von John Gilling. Darin wird eine Katze Zeugin eines Gattenmordes, den sie durch ihr Verhalten aufzuklären hilft. Das Besondere daran ist die Perspektive: Der Zuschauer verfolgt das Geschehen durch einen Trick der Kameraführung buchstäblich mit den Augen der Katze.

Häufig wird der Name der Katze zum Hinweis einer Parallele zwischen menschlichem und kätzischem Verhalten. Eines der prägnantesten Beispiele dieser Art ist zweifellos *Cat on a Hot Tin Roof* (dt. *Die Katze auf dem heißen Blechdach*, 1958, Regie: Richard Brooks), das grandios verfilmte Drama von Tennessee Williams mit Elizabeth Taylor und Paul Newman, in dem Maggie wegen ihrer ausdauernden Charakterstärke mit einer Katze verglichen wird. Anders in der amüsanten Gaunerkomödie *To Catch a Thief* (dt. *Über den Dächern von Nizza*, 1955) von Alfred Hitchcock, in der der „emeritierte" Meisterdieb Cary Grant wegen seiner überragenden Klettertüchtigkeit „die Katze" genannt wird. Doch oft erweisen sich Katzen im Film als Phantome, als Idee einer Katze. Man hört sie miauen, nimmt sie als Schatten wahr, ihre Präsenz kann die gesamte Handlung bestimmen, ohne dass sie einmal in Erscheinung tritt. Wenn sie es aber doch tut, spielen die menschlichen Akteure oft die Nebenrolle. Die Katze beherrscht die Szene selbst dort, wo sie nur einen kurzen Auftritt hat. Der Filmregisseur und Filmproduzent Mack Sennett, der mit Pepper die allererste Hollywood-Katze gefilmt hat, attestierte dieser reizenden „Katzenmiss", ebenso hinreißend gewesen zu sein wie die wunderbare Aktrice Lillian Gish. Pepper arbeitete mit den größten Film-Ikonen ihrer Zeit, und sie meisterte Szenen, die für eine Katze eher sehr ungewöhnlich sind: So fraß sie etwa mit einer Maus gemeinsam aus einer Schüssel. Eines Tages verschwand Pepper spurlos, und Mack Sennett versichert:

Sie war eine mutige Katze. Und sie gab uns eine Lehre, wie man sich auf dem Höhepunkt seines Ruhmes zurückzieht. Ihr Name wird uns in Erinnerung bleiben. Ich werde danach keine andere Katze mehr auftreten lassen. Pepper war unser erster und einziger Katzenstar.[210]

Nun, als Gast-Star ist die Katze danach noch oft und in vielen Filmen aufgetreten, und immer hat sie es verstanden, das Publikum zu erheitern, zu rühren und zu unterhalten. Am besten dann, wenn sie auch auf der Leinwand das sein durfte, was sie ist: Katze – eine Charakterrolle!

Womit wir bei der Fotografie wären! Auch sie hat sich in vielfältiger Weise an der Katze versucht. Dabei könnte man meinen, die Fotografie sei erfunden worden, um die Katze zu ärgern. Selbst die eitelste Katze posiert nur ungern und widerwillig für einen Fotografen. Es scheint, als wäre es ein Eingriff in ihre Privatsphäre, den sie bestenfalls gnädig hinnimmt, wenn sie gut gelaunt ist. Katzen sind Diven, das wohl, aber sie mögen keine Paparazzi, selbst wenn es die Menschen sind, mit denen sie zusammenleben und die sich oft vergeblich anstrengen, ihre Katze in einem besonderen Moment „zu erwischen". Nun ist der Augenblick ja etwas Vergängliches, ein Nichts. Die Katze, die gerade dann, wenn sie stillhalten soll, von Augenblick zu Augenblick ihre Miene und ihre Stellung wechselt, weiß das. Hätte sie eine Vorstellung davon, was der Mensch damit bezweckt, sie zu fotografieren, wäre sie wohl nicht nur höchst verwundert, sondern auch äußerst indigniert. Das gilt vermutlich auch für die höheren Motive der Kunstfotografie.

Etwa ab 1850 gab es erste Versuche, die neue Technik der Fotografie mit künstlerischem Anspruch zu nutzen, und es dauerte nicht lange, da war auch bald die Katze mit im Spiel. Etwa um 1900 präsentierte Eduard Steichen seine in geheimnisvolles Dunkel getauchten, gleichsam verhuschten Katzenstudien, und wenig später erlebte die Katzenfotografie einen wahren Boom. Die Ansichtskartenindustrie, die zuvor mit gezeichneten und gemalten Katzen einen schwunghaften Handel getrieben hatte, entdeckte in der fotografierten Katze ihr ganz besonderes Lieblingsmotiv. Ein gestiefelter Kater als Glücksbringer zum neuen Jahr, eine geschäftige Katzenmutter mit ihren Jungen als Geburtstagsgruß, das traute Tête-à-tête eines niedlichen Katzenpärchens als aufmunterndes Beispiel für die Liebste … Aber auch in der Personenfotografie spielte die Katze bald eine wichtige Rolle. Inhaber vieler Fotostudios, die bald nach der Wende zum 20. Jahrhundert wie die Pilze aus dem Boden schossen, hielten sich eine Katze einzig zu dem Zweck, ihre entzückten Kunden in deren Gesellschaft abzulichten: ein Hochzeits- oder Geburtstagsfoto mit einer hübschen Katze als „Dekorationsstück". In Japan gibt es heute noch so genannte „Katzenstuben“, in denen die Besucher sich mit den dort behausten Katzen fotografieren lassen können.

Schon bald nach dem Ersten Weltkrieg begannen Künstler – Schauspieler, Maler, Musiker, Schriftsteller –, sich mit ihren Katzen oder denen anderer fotogen und wirkungsvoll zu präsentieren. Verwandte Wesen? Bedeutende Fotografen näherten sich ihren prominenten Objekten jedenfalls nicht selten, indem sie ihnen eine Katze zugesellten. Ein herausragendes Beispiel dafür ist der 1906 in Brooklyn geborene Sanford Roth, der durch seine Starporträts in aller Welt bekannt geworden ist. Mit ihm, seinem Herrn, wurde auch Louis XIV. berühmt, ein stattlicher Siamkater, der mit dem einstigen Herrscher von Versailles zwar den Namen teilte, nicht aber sein Geschick. Trotz seines hochtrabenden Namens war er nichts weiter als ein Kater, wenn er es zu seiner Zeit auch zu einem gewissen Ruhm brachte. Sein Meister reiste mit Gattin Bleulah und ihm quer durch Europa, um die Größen seiner Zeit auf kunstvollen Fotos festzuhalten. Sanford Roth lebte längere Zeit in Paris, das in den 1930er Jahren ein wahres Dorado der Kunstfotografie war, und übersiedelte später nach Hollywood. Gestorben ist er allerdings in Rom, wo er mit Fotoarbeiten zu dem Filmepos *Cleopatra* beschäftigt war. Solange er lebte, begleitete ihn bei seinen Fotositzungen der ansehnliche Kater mit dem cremig-rauchfarbenen Pelz und dem unerschrockenen Blick. Sein Besitzer hatte eine besondere Art, mit den Berühmtheiten seiner Zeit umzugehen, indem er ihnen mit Louis XIV. auf den Leib rückte. So entstanden seine berühmtesten Porträts, etwa von Anna Magnani, der ersten italienischen Oscar-Preisträgerin, die eine leidenschaftliche Katzenfreundin war. So wie sie teilten sich viele andere Persönlichkeiten der Zeit die Aufmerksamkeit des Fotografen mit seinem Kater: Colette, Jean Cocteau, Marc Chagall, Georges Braque, Giorgio de Chirico usw. Es heißt, Louis XIV. sei einst sogar über Pablo Picassos Palette stolziert und habe sich dabei schmutzige Pfoten geholt, die ihm der Maler dann eigenhändig gesäubert habe. Als Betrachter all dieser Fotos kann man sich fragen: Wen hat Sanford Roth da eigentlich abgelichtet, diesen oder jenen Star, die Berühmtheiten des Tages – oder Louis XIV., immer wieder Louis XIV.? So entstanden Bilder wie das des Katers, der mit stolz erhobenem Schwanz einige Schritte vor Igor Strawinsky eine Allee abschreitet, als ob er ein Defilee abnähme. Oder Louis XIV., der auf der Schulter von Paul Newman sitzend mit unerschütterlichem Gleichmut durch das Gitter eines Zoogeheges hindurch seine großen Verwandten betrachtet. Oder vor James Dean auf einem lackierten Tischchen posierend, gemeinsam nachdenklich in eine ungewisse Ferne blickend. Auch Dean, den wenig später der Tod ereilen sollte, scheint übrigens eine gewisse Affinität zu Katzen gehabt zu haben. Während der Dreharbeiten zu *Giant* (dt. *Giganten*, 1956, Regie: George Stevens) seinem letzten Film, legte er sich einen kleinen Kater namens Marcus zu, den er mit rührender Aufmerksamkeit umsorgt haben soll. Man erzählt, das Tier sei am Tag des tödlichen Autounfalls am 30. September 1955 verschwunden und nie wieder aufgetaucht.

Die meisten Katzenfotografen teilten auch ihr persönliches Leben mit den Katzen. So hat Henri Cartier-Bresson seinen Kater Ulisse immer wieder porträtiert, den er einst als Streuner bei sich aufnahm, nachdem er ihn in der Auslage einer Wäscheboutique in Lille entdeckt hatte. Dem stämmigen weißen Perserkater scheint sein „Nebenberuf" als Fotomodell nicht schlecht gefallen zu haben, dem selbstzufriedenen Ausdruck nach zu schließen, den er auf einigen seiner Bilder zeigt.

Dies sind nur zwei Beispiele unter vielen für die rasante Entwicklung, welche die Kunstform der Fotografie im Allgemeinen und der Katzenfotografie im Besonderen nahm. Vor allem im Paris der 1930er Jahre spielte die Kunstfotografie eine bedeutende Rolle. Katzenmotive waren lange Zeit so beliebt, dass man sogar von „chatographie" sprach, worunter man auch die einschlägige Amateurfotografie verstand. Freilich haben sich auch einige der Größen ihres Metiers gerade mit ihren Katzenfotos einen Namen gemacht. Eugène Atget etwa oder André Kertész, die nicht zuletzt auch wegen ihrer Porträts von Pariser Straßenkatzen berühmt geworden sind und mit ihren Katzenfotos den Weg in die Sammlungen der großen Museen gefunden haben. Unter ihnen finden sich auch so exzentrische Persönlichkeiten wie Claude Cahun: Leidenschaftliche Kommunistin, Lesbierin, 1944 im Rahmen einer Gestapo-Aktion zum Tod verurteilt und doch mit dem Leben davongekommen, war sie eine der schillerndsten Figuren ihrer Zeit, einer „der (vier oder fünf) kuriosesten Köpfe unserer Zeit", wie der befreundete André Breton meinte. Sie beschäftigte sich in ihrer künstlerischen Arbeit wiederholt mit dem Thema „Selbstporträt mit Katze". Durch raffinierte Lichteffekte scheint ihr Gesicht dabei immer wieder die Züge ihrer Katze anzunehmen. Die italienische Fotografin Wanda Wulz griff diesen Ansatz 1932 auf: In dem Porträt *Io + gatto* (dt. *Ich + Katze*) lässt sie die beiden Gesichter, das ihre und das ihrer Katze, mittels eines fotografischen Tricks der Doppelbelichtung in eines verschmelzen. Berühmt geworden ist auch Claude Cahuns Serie „Katzenweg", für die sie sich mit verbundenen Augen der Führung ihrer Katze anvertraut hat.

Das Thema „Frau und Katze" spielt in der Kunstfotografie keine geringe Rolle, und immer mit demselben fatalen Effekt, gleichgültig ob Porträt- oder Aktaufnahme: Sobald eine Katze im Spiel ist, stiehlt sie selbst der schönsten Frau die Schau. Das musste auch Édouard Boubat im Fall seines Aktes *Liegendes Mädchen mit Katze* hinnehmen: Das Auge des Beschauers ist vor allem auf die Katze fixiert, die es sich auf dem nackten Bauch des wie Olympia auf einem Sofa ruhenden Mädchens bequem gemacht hat. Ob im Bild oder in der Realität, ob Haus- oder Großkatze, es ist eine Art von magischer Anziehung, die den Blick des Betrachters immer wieder auf das Tier lenkt. Dies gilt vor allem für die glücklichen Augenblicke eines „Schnappschusses". Auch in Gesellschaft eines Menschen, gleich ob Mann, Frau oder Kind – die Katze wird dabei stets die Oberhand behalten und alle Aufmerksamkeit auf sich ziehen. Dass dies auch für die prominentesten unter den „Statisten" auf Katzenfotos gilt, beweisen etwa einigen Schnappschüsse, die Sir Winston Churchill beim Streicheln einer Schiffskatze zeigen.

Viele Katzenfotos sind freilich sorgsam inszeniert. So auch ein Bild von Larry Burrows, das den Katzenfreund T.S. Eliot neben einem Plakat für seinen Film *The Elder Statesman* in einem Hauseingang zeigt, wie er einen schwarzen Straßenkater betrachtet, der ihm entgegenkommt. Das gilt vor allem für solche, die in der Plakatwerbung eingesetzt werden, so zum Beispiel in einem Bild von Larry Burrows, das den

Auch Aufnahmen mit einem deutlichen sozialkritischen Aspekt bedienen sich häufig eines „Arrangements mit Katze", um ihr Missfallen an gesellschaftlichen Verhältnissen auszudrücken. Ein gutes Beispiel dafür liefert der amerikanische Fotograf Weegee, der sich in seinen Aufnahmen vorwiegend auf die Elendsviertel von New York konzentriert hat. So auch in der Komposition Ein heißer Tag, die Dächer von New York: Auf einem engen Balkon drängen sich vier spärlich bekleidete Kinder zwischen einigen Wäschestücken aneinander, eines davon hält eine Katze umklammert wie ein „Schlaftier". Ein weiteres Beispiel konfrontiert den Betrachter mit der Ausgeliefertheit und Einsamkeit von Mensch und Tier in den lichtlosen Straßenschluchten der Großstadt: Das Foto stammt von Henri Cartier Bresson aus dem Jahr 1947 und heißt schlicht New York. Am Rand einer engen, von hohen Gebäuden überragten und von Unrat übersäten Gasse kauert ein Mann mit Mantel und Hut und betrachtet eine vor ihm sitzende Katze. Die Szene wirkt so, als ob sich zwei von der Gesellschaft und dem lebhaften Treiben der Stadt ausgeschlossene Kreaturen inmitten einer zur Betonwüste erstarrten Umwelt über ihr Elend austauschten und Trost aneinander fänden.

Neben den Katzenbildern prominenter Kunstfotografen, denen wir in Ausstellungen und Museen begegnen, ist die einschlägige Fotografie natürlich mittlerweile weit verbreitet. Die Katze ist heute eben nicht nur als Haustier und Gesellschafterin beliebt wie kein anderes Tier, sie bringt bei allem Widerwillen und Unverständnis, mit dem sie dem Fotografen begegnet, auch viele Eigenschaften mit, die sie als Fotoobjekt auszeichnet bzw. die viele Fotografen an ihr reizt: ihre Rätselhaftigkeit, ihre Gelassenheit, ihre Eleganz – und vielleicht auch ihre Widerspenstigkeit? Wie auch immer, diese Beliebtheit spiegelt sich wieder in einer Vielzahl von Fotobänden, die sich mit dem Thema auseinandersetzen. Natürlich können hier nur einige Namen genannt werden, stellvertretend für die vielen, die sich mit dem Thema Katze immer wieder neu auseinandergesetzt haben. Der Amerikaner Jules B. Farber hat in seinem Buch *Classic Cats by Great Photographers* (dt. *Die Katzen der Photographen*, 2005) dankenswerter Weise einen umfassenden Überblick zu diesem Thema geschaffen. Auf ihn sei hier verwiesen, selbst wenn auch sein Buch nur ein Beispiel unter vielen ist.

Wenn sie als Buchautoren auftreten, nähern sich Fotografen der Katze fast immer unter einem bestimmten Gesichtspunkt. Einen der originellsten hat der Amerikaner Terry deRoy Gruber gewählt: In seinem Buch *Working Cats* (dt. *Beruf: Katze*, 1979) versammelt er alles, was einem als „Berufstätigkeit" für die Katze einfallen könnte. Vor allem in den angelsächsischen Ländern ist es ja gar nicht so selten, dass die Katze in einer Art von Angestelltenverhältnis steht. Natürlich ist dabei wie seit Anbeginn der gemeinsamen Geschichte von Mensch und Katze vor allem ihre Fähigkeit als Jägerin von Mäusen und Ratten gefragt. Sei dem wie immer, Terry deRoy Gruber hat sie in allen möglichen und unmöglichen „Berufen" und auf den unterschiedlichsten Betätigungsfeldern aufgespürt: Katzen, die in Kaffeehäusern und Restaurants die Honneurs machen, Katzen, die wie lautlose Schatten durch Bibliotheksräume gleiten, die in Büros und Fabriken zuhause sind, auf Schiffen und auch sonst überall, wo gearbeitet wird! Freilich tut auch die berufstätige Katze nichts anderes, als was ihrem Wesen gemäß ist, also eine „Arbeit", zu der sie sich ohnehin berufen fühlt, und die sie ganz nach ihrem Belieben erledigt, wie und wann sie will. Häufiger allerdings fühlt sie sich dem süßen Nichtstun verpflichtet. Wie schrieb der Katzenkenner Erich Kästner so treffend? „Es tut ihnen wohl, wenn andere Leute arbeiten. Da genießen sie ihr eigenes Nichtstun doppelt und dreifach."

Vielleicht ist das auch ein Grund, warum sie, entgegen allen Vorbehalten, Fotografen schließlich doch gewähren lassen. Schließlich ist er es ja, der arbeitet, nicht sie: Sie braucht nichts zu tun, als sie selbst zu sein.

Ein Haus ohne Katze, eine gut gefütterte, verwöhnte und in Ehren gehaltene Katze, mag vielleicht ein Heim sein. Aber wie will es diesen Anspruch beweisen?
Mark Twain

Coda

Die Katzen meines Lebens

Ich war zehn, als ich meine erste Katze bekam – 1941 war das. Sie stammte aus dem Pfarrhof meines Vaters, eines nicht ganz linientreuen katholischen Landgeistlichen, der wegen Feindsender-Hörens und einiger anderer vom NS-Regime nicht tolerierter Verstöße gegen die „Führerdoktrin" kurz zuvor in einem der berüchtigten Konzentrationslager gelandet war. Die ganze Familie zitterte um sein Leben, das buchstäblich an einem seidenen Faden hing. Umso inniger klammerte ich mich an den Kater, der auf den rustikalen Namen Peterle hörte und ungeachtet der Notzeiten, in denen wir uns befanden, ein großes, stattliches Tier war, getigert, mit weißem Gesicht und ebensolchen Stiefeln, und Manns genug, es mit sämtlichen in der Umgebung noch verbliebenen Katzen aufzunehmen. Wir hätten ihn an seinen Ansprüchen gemessen schwerlich mit unseren mageren Rationen durchfüttern können: 150 Gramm Fleisch oder Wurst pro Person und Woche – es war mehr als fraglich, ob Peterle sich damit zufriedengeben würde. Zum Glück wohnten wir in einem alten Haus mit weitläufigem Garten, dessen Erzeugnisse uns nicht nur am Leben, sondern auch bei guter Gesundheit erhielten, und der auch für Peterle genug Mäuse abwarf, zumal uns ein Bauer in der Nachbarschaft verbotener Weise täglich mit einer Kanne Milch versorgte, die wir gegen frisches Gemüse aus unserem Garten eintauschten. Der Bauer hatte dafür keinen Platz auf seinem Grund, auf dem abgesehen von den Futtervorräten für seine Tiere auch noch eine stattliche Fläche zum Anbau seines geliebten Tabaks reserviert war. Dank der Umsicht unseres hochgeschätzten „Führers“ war die deutsche Schattenwirtschaft ohnehin schon längst auf den Status urzeitlichen Tauschhandels zurückgefallen.

Als schließlich der Krieg immer näher rückte und die Kommentatoren des allgegenwärtigen Volksempfängers ihre liebe Not hatten, Rückzugsgefechte als Wegweiser zu einem angeblich sicheren Endsieg zu verklären, hatte Peterle zwar nach wie vor keine Nahrungssorgen, dafür sorgten wir uns umso mehr um ihn. Er war dank seiner Begabung als Mäusejäger keineswegs eine dürre Hungergestalt, sondern vielmehr von einer verführerischen Rundheit, die die ausgehungerten Opfer des Hitlerschen Wahnsinnskriegs an halb vergessene Begriffe wie „Braten“ denken ließ: „Ihr habt da aber einen schönen Dachhasen.“ Je häufiger solche Bemerkungen fielen, desto eifriger sorgten wir dafür, dass Peterle nachts nicht durch die Umgebung streunte, denn in der Nacht sind nicht nur alle Katzen grau, sie waren oft auch Beute noch größerer Jäger. Übrigens hielten wir damals tatsächlich Hasen, in der Hoffnung, dass sie zu gegebener Zeit einen Festtagsbraten abgeben würden, um den abseits der Welt der Lebensmittelmarken unsere Träume kreisten. Dazu kam es freilich nie, denn wir brachten es nicht fertig, Tiere zu essen, die wir kannten. Die Hasen revanchierten sich im Übrigen für unsere böse Absicht, indem sie in unseren Krautgarten einfielen und ihn kahl fraßen.

Eine Frage, in der Peterle mit uns ganz und gar nicht einig war, war die Verdunkelung, die allabendlich wie eine schwarze Wolke über uns hereinbrach. Wenn er schon nicht hinaus durfte in die geheimnisvoll duftende Nacht, wollte er wenigstens hinaussehen. Er verwendete alle Energie darauf, das dicke schwarze Papier abzukratzen, das über unsere Fenster gezogen werden musste, damit kein Lichtstrahl nach draußen fiel, der Feindbombern im Anflug eventuell zur Orientierung dienen konnte. Gelang ihm dies, mussten schleunigst alle Lichter ausgeschaltet werden, ehe ein Luftschutzbeauftragter an der Tür stand und uns wegen Verstoßes gegen die Luftschutzverordnung mit einer Anzeige drohte. Peterle freilich ließen solche Drohungen kalt, und er setzte seine allabendlichen Attacken ungerührt fort. Wie hätte er auch ahnen können, dass er damit seine Familie in Gefahr brachte?

Die Luftschutzsirenen bestimmten immer stärker den Rhythmus unserer Nächte. Dann schreckte Peterle, der es sich meistens in meinem Bett bequem gemacht hatte, mit einem schrillen Schrei aus dem Schlaf und verkroch sich unter dem nächstbesten Möbelstück. Jeder, der ihn dort hervorziehen wollte, um ihn mit in den Keller zu nehmen, der unsere mehr als fragwürdige Zuflucht vor den drohenden Bomben sein sollte, holte sich blutig zerkratzte Hände. Wir gaben es schließlich selbst auf, uns in den Keller zu flüchten. Irgendwie glaubten wir nicht wirklich, dass uns etwas passieren würde. Worunter Peterle allerdings am meisten litt, war die Vernebelung, die im Fall eines Bombenalarms in Bewegung gesetzt wurde. Damit ist nicht etwa die Gehirnwäsche gemeint, die die NS-Propaganda widerspenstigen Köpfen in endlosen Tiraden angedeihen ließ, sondern vielmehr eine Maschine, deren giftige Erzeugnisse eine dichte Nebelschicht über die Gegend legte, die anfliegenden Bombern die Sicht auf ihre Ziele verwehren sollte. Wir bekamen davon tränende Augen, und Peterle flüchtete sich davor, heftig niesend und hustend, in den Keller.

Im Oktober des Jahres 1944 begannen die Sirenen auch während des Tags zu heulen. Da war ich in der Schule, und wir mussten alle in den Stollen, der in den benachbarten Berg gesprengt worden war. In den spärlich beleuchteten Kavernen spürten wir, wie der Berg unter den dröhnenden Einschlägen zitterte, und hatten panische Angst, verschüttet zu werden. Als wir endlich wieder ans Tageslicht kamen, sahen wir, dass der Salzburger Dom keine Kuppel mehr hatte und in unserer Schule ein tiefes Loch klaffte, das uns mehrere unterrichtsfreie Monate verschaffte. Was den Schutz vor den Bomben anging, den der „Führer“ versprochen hatte, war der an den rund 800 Getöteten wirkungslos geblieben! Zuhause war immerhin alles in Ordnung. Das Gartentor stand offen, und Peterle blinzelte mit leicht dösigen Augen in die Sonne, die sich blässlich mühte, den künstlichen Nebel zu durchdringen.

In den folgenden Monaten bekamen wir Flüchtlingseinquartierung aus dem Osten, und Peterle wurde zunehmend zum Wunschbild hungriger Blicke. Es war unverkennbar, welche Assoziationen der wohlgenährte Kater bei ihnen auslöste. Und tatsächlich war Peterle einige Zeit später spurlos verschwunden, während es aus der Parterrewohnung, in der unsere unfreiwilligen Gäste Quartier bezogen hatten, unverkennbar nach Gebratenem roch. Erst als der Krieg zu Ende und unsere Gäste weitergezogen waren, entdeckten wir Peterles Pelz im hintersten Winkel des Dachbodens an einer Wäscheleine. Ich weiß nicht, wie viele zornige Tränen ich vergoss, doch freilich war Peterle dadurch nicht zurückzubringen.

Der Krieg war endlich zu Ende, im kalten Mai des Jahres 1945. Wir begrüßten die Amerikaner, die als unsere Befreier anrollten, mit einem Gemisch von Erleichterung und Angst. Unser Haus lag an der Straße, die zum Militärlager führte, wo unverbesserliche Altnazis umerzogen und von den Vorzügen des demokratischen Prinzips überzeugt werden sollten. Täglich konnten wir da die flotten Amis in ihren Jeeps vorbeiflitzen sehen, gutgelaunt und wohlgenährt. Wenn ich im Garten war, warfen sie mir manchmal eine Tafel Schokolade oder ähnliche Kostbarkeiten über den Zaun. Bei dieser Gelegenheit sah ich zum ersten Mal farbige GIs, wie die Soldaten im Volksmund genannt wurden. Ihre Farbskala reichte von Pechschwarz bis Helloliv, und sie wirkten auf mich keineswegs so, wie die NS-Propaganda sie beschrieben hatte: als bedrohliche Teufelsfratzen. Sehr überrascht war ich, als mir eines Tags aus einem vorüberfahrenden Jeep ein rötlichblondes Fellbündel vor die Füße geworfen wurde. Es stieß ein piepsig erschrecktes Miau aus, ehe es sich auf etwas wacklige Beine stellte und mit angstvollen Augen um sich schaute. Es war ein kleiner Kater, mit rötlich gestromtem, goldblondem Pelz. Seit Peterle hatte es keine Katze mehr in unserem Haushalt gegeben. Ich wendete meine ganze Überzeugungskraft auf, um meiner Familie klarzumachen, dass wir Sam, wie ich ihn kurzerhand genannt hatte, unbedingt behalten müssten. Sam bekräftigte meine Argumente mit seinem Katzencharme, und dank der Care-Pakete, die uns mein zu Kriegsende befreiter und zu seinem Pfarrhof zurückgekehrter Vater zukommen ließ, überlebten wir, gemeinsam mit Sam, den ersten Nachkriegswinter ganz leidlich. Offenbar war Sam der Obhut seiner Katzenmama entrissen worden, noch bevor sie ihn in der Kunst der Mäusejagd unterweisen konnte, und seine Ernährung gestaltete sich einigermaßen schwierig. Zwar entwickelte er eine gewisse Vorliebe für gesalzene Butter und Corned Beef, doch konnte ihm niemand von uns als Lehrmeister für die Jagd dienen. Nicht, dass er kein Jäger gewesen wäre, denn er brachte so ziemlich alles an, was ihm zwischen die Pfoten geriet: Maulwürfe, Eidechsen, Frösche, Vögel und alles, was sonst irgendwie genießbar schien, es aber nicht immer war. Als er erwachsen geworden war, unternahm er weite Streifzüge in die Nachbarschaft, holte sich bei den Kämpfen mit den Nachbarkatzen zerfledderte Ohren und jede Menge anderer Blessuren, die zum Glück von selbst wieder heilten – Geld für den Tierarzt hätten wir damals nicht gehabt. (Übrigens wäre auch mit Geld kaum jemand auf die Idee gekommen, seine Katze kastrieren zu lassen.) Für Sam schlug die Schicksalsstunde, als er sich schließlich an den Kücken des Nachbarbauern verging. Der hatte zwar zunächst einen Fuchs oder ein Wiesel in Verdacht, als er aber den Übeltäter schließlich auf frischer Tat ertappte, griff er wutentbrannt zur Schrotflinte und machte Sams kurzem, aber abenteuerlichem Leben mit einer Ladung Schrot ein Ende.

Die Katzenpopulation, die in den letzten Kriegsmonaten und den Hungerjahren danach drastisch geschrumpft war, begann sich allmählich zu erholen. Es war, als ob die wenigen überlebenden Exemplare gewusst hätten, dass sie dringend für Nachwuchs sorgen mussten, wenn ihre Rasse erhalten bleiben sollte. Mir schien es, als hätten die rolligen Katzen noch nie so nachdrücklich nach einem potenten Kater gejault, und auch diese trieben es in jenen Jahren toller als je. So kam es, dass sich bald nach Sams unrühmlichem Ende als Hühnerdieb eine Katze mit drei Jungen bei uns Quartier nahm: die Mutter dreifarbig und also eine echte Glückskatze, die Jungen schwarz und weiß gescheckt, richtige Streunerkinder eben, die sich unter der fürsorglichen Anleitung der Frau Mama zwischen unseren Holzvorräten häuslich niedergelassen hatten. Unsere Gastfreundschaft beschränkte sich zunächst darauf, ihnen im Keller Futter und Schälchen mit Milch und Wasser hinzustellen. Aber es kam, wie es kommen musste: Dem Charme von vier Katzen konnte bald niemand mehr widerstehen, mit Ausnahme vielleicht des Großvaters, der sich wenig aus Katzen machte. Als es im Spätherbst im Keller ungemütlich zu werden begann, siedelten die vier in die Wohnung der Familie um, deren übrige Mitglieder bald zur willfährigen Dienerschaft des munteren Glückskleeblatts geworden waren. Wenn die dreifarbige Maunz ihre Wünsche kundtat, sprangen alle, um diese nach Möglichkeit zu erfüllen. Selbstverständlich machte unsere quirlige Einquartierung nicht vor unseren Betten Halt, wie sie überhaupt keinen Respekt vor irgendwelchen Verboten kannten. Ich erinnere mich daran, wie sie, in einen wirren Knäuel verstrickt, mir viele Male durch entschiedenes Fauchen zu verstehen gaben, dass sie keine Lust hatten, sich von ihrem behaglichen Schlafquartier vertreiben zu lassen. Was sie einmal als ihnen zustehendes Revier betrachteten, wurde mit Zähnen und Klauen verteidigt.

Maunz erwies sich im Übrigen als eine hervorragende Erzieherin. Sie brachte ihren Sprösslingen mühelos bei, dass es im Hinblick auf das häusliche Zusammenleben von Vorteil sei, für intime Bedürfnisse den eigens dazu aufgestellten Sandkasten zu benützen statt den letzten, aus kargen „Hamsterzeiten" geretteten Teppich dafür zu missbrauchen. Es war beeindruckend zuzuschauen, mit welcher Souveränität Maunz ihren Kleinen eins über die Ohren gab, wenn sie sich allzu heftig gegen die mütterliche Autorität sträubten. Und mit welcher Überredungskunst sie ihren Nachwuchs, der sich zu hoch in unseren das Dach überragenden Spalierbirnbaum verstiegen hatte, schnurrend dazu brachte, sich an den gefürchteten Abstieg zu wagen!

Als der Winter kam, der damals noch lang und schneereich war, flitzten die Jungen munter durch die weiße Pracht und schüttelten dann die Flocken aus ihrem gesträubten Pelz, indes die Mama in wohliger Wärme am Fenster saß und ihre Kleinen, die von Tag zu Tag kugeliger wurden, aufmerksam im Auge behielt. Der Winter in Gesellschaft dieser vier Katzen hat sich meiner Erinnerung als Inbegriff häuslicher Behaglichkeit eingeprägt; es war der letzte, den ich ohne Unterbrechung in meiner Großfamilie verbrachte. Als das Frühjahr kam und Maunz die ersten Anzeichen neuerlicher Rolligkeit zeigte, erwies sie sich als die Zigeunerin, die sie vermutlich von Anfang an gewesen war: Sie folgte einem Kater, der mit mehreren Konkurrenten um das Haus herumgestrichen war, ließ ihre Jungen im Stich und ward nie wieder gesehen!

Die drei blieben uns also erhalten, oder vielmehr, sie wären uns erhalten geblieben, wenn da nicht das beginnende Wirtschaftswunder gewesen wäre, das neben erfreulichen auch durchaus bedrohliche Seiten hatte. Uns hatte es immerhin den ersten Kühlschrank beschert, auf Raten natürlich, denn Bargeld war nach der Währungsreform und einem knapp bemessenen Neuanfang von hundertfünfzig Schilling pro Person nicht eben üppig vorhanden. Die Leute hätten sich wohl sogar mit weniger zufriedengegeben, nur um die verhasste Reichsmark loszuwerden, für die man sich ohnehin nichts Rechtes kaufen konnte. Unsere Katzen jedenfalls fanden das neue Gerät höchst aufregend, nicht zuletzt wegen der verführerischen Düfte, die ihnen daraus in die Nasen stiegen. Minka, Miez und Miro verwendeten viel Aufmerksamkeit darauf herauszufinden, wie sich das viel versprechende Ding öffnen ließ. Es gelang Miro schließlich nach zahlreichen Versuchen, den „Code“ zu knacken: Er lehnte sich mit dem Rücken gegen die Kühlschranktür und stemmte die Vorderpfoten nach oben gegen den Griff, der dann bereitwillig aufschnappte. Die schlauen Biester verstanden sich hervorragend darauf, auf Diebstour zu gehen, wenn niemand in der Küche war. Fatalerweise vergaßen sie dabei oft, die Türe wieder zuzuschlagen, was uns manch unerfreuliche Überraschung bereitete.

Leider brachte das Wirtschaftswunder auch Gefahren für die Stubentiger: Das Auto beanspruchte immer mehr Platz auf den Straßen, und der Geschwindigkeitsrausch, mit dem viele ihrer Besitzer ihre neue Freiheit genossen, führte dazu, dass viele Autofahrer es nicht der Mühe wert fanden, wegen eines über die Straße flitzenden Fellbündels auf die Bremsen zu treten. So kam es, dass Minka und Miez eines schönen Sommermorgens platt gewalzt am Straßenrand ihr trauriges Ende fanden.

Nur Miro, der sich zu einem prächtigen Kater mit sauber gelecktem Pelz gemausert hatte, blieb uns die nächsten zwei Jahre erhalten. In dieser Zeit unternahm er alles, was von einem rechtschaffenen Kater erwartet werde kann: Jährlich zweimal schleppte er eine Braut aus der Nachbarschaft an, mit der er einträchtig durch den Garten strich. Es war drollig anzusehen, wie chevaleresk er sich beim Mäusefang verhielt. Nicht selten legte er seiner Angebeteten eine Maus als Morgengabe zu Füßen, die diese mit Genuss verzehrte, um ihrem

Verehrer danach dankbar den Pelz zu lecken. Weniger rücksichtsvoll verhielt er sich im Frühjahr gegenüber den Tulpen, die die Beete mit ihrer bunten Farbenpracht umrahmten. Es gehörte zu Miros Lieblingsvergnügungen, an ihnen entlang zu streichen und mit einem schnellen, aber kräftigen Schlag seines Schwanzes ihre Köpfe zu knicken. Im dritten Jahr seines unbekümmerten Erdendaseins fand auch er ein trauriges Ende: Er kam einem wildernden Schäferhund in die Quere. Schwer verletzt konnte er sich nur noch in unseren Garten schleppen, wo er in einem Büschel duftender Katzenminze sein Leben aushauchte.

Die Jahre vergingen, ich hatte mein Studium abgeschlossen, meine ersten Bücher geschrieben und den Mann meines Lebens gefunden. Auch war ich umgezogen, näher an die Stadt heran, in ein Parterre-Appartement mit der Aussicht auf den reichen Baumbestand eines öffentlichen Parks. Von meiner Großfamilie hatte sich meine Tante mir angeschlossen; sie nahm sich liebevoll meines Haushalts an, zumal ich in jenen Tagen beruflich viel unterwegs war. Was fehlte, war eigentlich nur eine Katze, und die ereilte mich bei einem abendlichen Spaziergang im Park. Sie saß auf einem Mäuerchen, vom Mondlicht beschienen, eine weiße Schönheit, und beobachtete mich argwöhnisch, als ich mich ihr näherte. Ihre smaragdgrünen Augen leuchteten in der Dunkelheit wie Glühwürmchen. Die Schöne schien mich für passabel zu halten, denn sie machte mich mit einem gedämpften Gruuh auf sich aufmerksam. Das war eine Aufforderung, Bekanntschaft zu schließen. Sie ließ sich, nachdem sie mich ausführlich beschnuppert hatte, willig streicheln und gab noch einige freundliche Gruuh-Laute von sich. Als ich weiterging, beschloss sie, mir zu folgen. An meiner Tür zögerte sie einen Augenblick, schnupperte kurz und entschloss sich dann mitzukommen. In der Küche wartete sie ab, ob ich gastfreundlich genug sein würde, ihr ein Schälchen Milch oder einen Bissen anzubieten, und als dies geschehen war, wanderte sie mit mir schnurstracks in Richtung Schlafzimmer. Meine Tante, der ich den unerwarteten Gast am nächsten Morgen vorstellte, seufzte nur: „Also geht das schon wieder los mit den Katzen!“ Die Weiße, der ich passend zu ihrem luziden Aussehen den Namen Fee gab, fügte sich gekonnt in unseren kleinen Haushalt ein. Sie kam und ging, wie es ihr passte, legte uns gelegentlich einen Mäusefang vor die Füße und benahm sich ganz allgemein gesittet, wie es einer Dame zustand. Im Großen und Ganzen war sie es, die die Rangordnung bestimmte, und darin nahm sie allemal die erste Stelle ein. Das machte sie auch Moro, dem prächtigen Boxer meines Lebenspartners, unmissverständlich klar. Der war ein großer Hundefreund und auf sein Prachtexemplar so stolz, dass er beim bekanntesten Maler der Stadt sein Porträt in Auftrag gab. Als Fee zum ersten Mal dieses bedrohlich wirkenden Tiers ansichtig wurde, brachte sie sich zunächst mit einem gewagten Satz auf einem Schrank in Sicherheit. Moro bellte und machte sich lang, ohne böse Absichten zu haben, denn er war ein außerordentlich gutartiges Tier. Um ihm zu zeigen, wer hier der Herr war, beugte sich Fee von ihrem Hochsitz herunter und gab ihm erst einmal eins mit voller Kralle auf die empfindliche Nase, die sofort ernsthaft zu bluten begann. Moro winselte schmerzlich und verzog sich unter das nächstbeste Möbelstück. Sein Herr erblasste und brauchte auf diesen Schock einen Cognac. Später wurden Fee und Moro übrigens gut Freund miteinander. Der Hund hatte seine Lektion gelernt und begriff, was man einer empfindsamen Katzendame zumuten durfte und was nicht. Nachdem er sich längere Zeit in entsprechenden Demutsgesten geübt hatte, geruhte die Prinzessin, ihn zu akzeptieren. Manchmal fand ich die beiden in trauter Eintracht, Fee zwischen die ausgestreckten Vorderpfoten des Boxers gekuschelt, während er vor sich hindöste und gelegentlich behagliche Schnarchlaute ausstieß. Damals waren wir alle glücklich miteinander …

Moro wurde Jahre später Opfer der damals wenig umweltbewussten winterlichen Streudienste, die tonnenweise Salz auf den Wegen und Straßen verteilten, was Bäumen, Sträuchern und Tieren ernsthaften Schaden zufügte. Obwohl Moros Pfoten nach jedem Ausgang sorgfältig gereinigt wurden, leckte er doch so viel von dem Salz auf, dass er schließlich an einem akuten Nierenversagen zugrunde ging. Fee hatte es da entschieden besser: Sie mied die Wege und betrat, wenn überhaupt, nur klare weiße Schneeflächen, in denen ihr weißer Pelz förmlich versank.

Das Schicksal erweist sich zuweilen großzügiger, als es einem lieb ist. So geschah es, dass ich gleich zweimal in meinem Leben zu einem gemischten „Katzentriumvirat“ kam. Der erste Ansatz dazu überraschte mich in Würzburg, wo ich mich monatelang in einer Art von Arbeitsexil befand. Die Stadt hatte seit den verheerenden Bombenangriffen kurz vor Kriegsende und dem darauf folgenden gesichtslosen Wiederaufbau viel von ihrer ursprünglichen Schönheit verloren, doch ein Flair von barocker Lebendigkeit war ihr geblieben. Man geht dort heute noch nicht nur zum Gesundwerden, sondern auch zum Weintrinken ins Spital, und die Leute sitzen dort zusammen, reden miteinander und genießen die Freude an ihrer Geselligkeit. In dieser Stadt nun überraschte mich eines Abends in der Pension, in der ich Quartier bezogen hatte, auf dem Weg zu meinem Zimmer ein grauer Schatten, der um meine Beine strich. Bei näherer Betrachtung entpuppte er sich als ein Katzentier von durchaus würdevollem Aussehen: rauchgrauer, bläulich schimmernder Seidenpelz und orange glosende Augen, dazu ein Katerkopf, der sich sehen lassen konnte, mit samtigen, rosa schimmernden Ohren. Das Tier hatte offenbar die Orientierung verloren und war vor meinem Zimmer gestrandet. Ich riskierte eine höfliche Einladung einzutreten. Der Graue folgte mir auf dem Fuß, und nachdem er das Zimmer gründlich inspiziert hatte, genehmigte er sich ungefragt ein Schläfchen in meinem Bett. Als ich des anderen Morgens mit ihm im Schlepptau beim Frühstück erschien, genoss er mit sichtlichem Vergnügen seinen großen Auftritt, ließ sich von den Pensionsgästen, seinem entzückten Publikum, Schälchen mit Sahne und Schinkenhäppchen servieren und schnurrte, ohne sich von meiner Seite zu rühren, so laut, dass man es durch den ganzen Frühstücksraum hören konnte.

Die folgenden Tage war ich damit beschäftigt, mittels Inserat die Herkunft des prächtigen Streuners festzustellen, um ihn seinem bisherigen Besitzer wieder zuzuführen. Es meldeten sich wohl Dutzende von Personen, doch meine Bedingung, der Kater sollte seinen Besitzer selbst erkennen, erfüllte keiner. Es war ganz offensichtlich, der schlaue Kartäuser hatte beschlossen, mir erhalten zu bleiben. Also besorgte ich ein passendes Katzengeschirr mit Leine, um ihm in der Stadt ein bisschen Auslauf zu verschaffen. Seppl – so nannte ich ihn aus Protest gegen seine arrogante Miene – war der einzige Kater, der entschieden ein Faible dafür hatte, in einer städtischen Fußgängerzone zu flanieren. War er durstig, sprang er auf die Brüstung eines Brunnens und schlürfte das Wasser aus dem Becken, und wenn er müde wurde, setzte er sich ostentativ vor mich hin und maunzte: „Trag mich gefälligst!“ Im Übrigen war er ein Reisekater par excellence: Ich brauchte nie einen Korb für ihn, vielmehr marschierte er stramm und ohne zu zögern die steilen Stufen der Bahnwaggons hinauf und okkupierte im Abteil ein Fenstertischchen, um eine Weile verträumt in die vorübergleitende Landschaft zu schauen, ehe er es sich schließlich auf meinem Schoß bequem machte. Er war auch der einzige wirklich musikalische Kater, den ich je hatte. Als ich in Freiburg Freunde besuchte, vergnügte er sich nachts mit den Tasten des Klaviers, an dem die Tochter des Hauses tags zuvor ihre Etüden geübt hatte. Da der Deckel offen geblieben war, ertönte plötzlich gegen Mitternacht ein zartes, aber deutliches Ding-Dong durch das Haus. Es war Seppl, der mit vorsichtigen Pfoten von einer Taste zur nächsten schritt, seltsamerweise ohne dabei einen wirklichen Missklang zu erzeugen. Dieses Spiel gefiel ihm so gut, dass er immer wieder darauf zurückkam. Auch später, als wir längst in meinem angestammten Zuhause angekommen waren, stellte ich immer wieder fest, wie sehr er auf Musik reagierte. Als einmal ein russischer Musikstudent mich mit einer Eigenkomposition beglückte, fuhr der Kater bei den ersten Dissonanzen aus dem Schlaf auf und verschwand mit gesträubtem Fell und lauthals protestierend unter dem nächsten Möbelstück. Kein Sinn für die Moderne! Na ja, ohnehin bekam er bei mir eher Barockes oder Klassisches vorgesetzt. Darauf reagierte er im Allgemeinen positiv, vorausgesetzt, die Soprane blieben in einem für seine empfindlichen Ohren erträglichen Bereich.

Keineswegs beglückt reagierte Fee auf den Neuankömmling. Sie ließ ihn bei jeder Gelegenheit merken, dass er ganz und gar nicht ihr Fall war. Annäherungsversuche von seiner Seite beantwortete sie prinzipiell mit Fauchen und gelegentlich mit einem Prankenschlag mit voller Kralle. Seppl, der bei aller persönlichen Eitelkeit doch eher ein friedfertiges Tier war, reagierte darauf mit beleidigtem Unverständnis. Er suchte die Nähe der Menschen, die bald die Seinen waren, und mied den Kontakt mit der ungeselligen Schönheit. Natürlich bestanden die beiden auf getrennten Katzentoiletten und Fressgeschirren – nie wäre es Fee eingefallen, an Seppls Fressnapf auch nur zu schnuppern.

Die Eiszeit in meinem Domizil war erst vorüber, als mit Dido, einer grazilen Münchner Waise, eine weitere Katze bei mir Quartier bezog. Ihr Besitzer war während eines längeren Aufenthalts mein Wohnungsnachbar gewesen und lag nach einem Autounfall im Schwabinger Krankenhaus im Koma, und Dido sollte in ein Tierheim gebracht werden. Sie flüchtete sich vor dem ihr drohenden Schicksal auf meinen Balkon und sah mich aus grünen Augen durchdringend und anklagend an. Natürlich konnte ich diesem Katzenblick nicht widerstehen und beschloss, sie bei meiner nächsten Heimreise mitzunehmen. Sie war wirklich eine Schönheit – sehr dunkel gestromt, mit einem Krönchen aus schwarzen Streifen zwischen den zierlichen Ohren, glich sie in meiner Vorstellung einer nubischen Prinzessin. Ich hatte sie schon früher bewundert, wenn sie, statuesk auf der Schulter ihres Besitzers ruhend, sich von diesem spazieren tragen ließ oder ihm in einem der rauchverqualmten Cafés Gesellschaft leistete, wo die jungen Leute, die die Gesellschaft verändern wollten, damals diskutierten und schwadronierten. Dido pflegte dazu das Geschehen um sie herum mit übergroßen Augen zu betrachten, wenn sie es nicht vorzog, auf ihrem Aussichtsplatz schlichtweg einzuschlafen.

Für die Reise in ihr neues Zuhause hatte ich sie in ihr Ausgehgeschirr gepackt und in den Zug gesetzt. Anders als Seppl, der jede Reise zu einem großen Auftritt gemacht hatte, verkroch sich Dido förmlich hinter mir und machte sich erst, als sie wieder festen Boden unter den Pfoten hatte, bemerkbar: Sie sprang dem nächstbesten männlichen Wesen von hinten auf die Schulter. Der so Überfallene stand ob der unerwarteten Attacke wie erstarrt da, und ich hatte Mühe, unter vielen Entschuldigungen die festgekrallte Katze von seiner Schulter zu lösen. Vermutlich hatte sie ihn mit ihrem bisherigen Besitzer verwechselt.

Natürlich forderte der Neuzugang abermals heftige Proteste bei Fee heraus, die so weit gingen, dass sie in ihrer Entrüstung auf meinen neuesten Sommerhut pinkelte. Seppl hingegen war vom ersten Augenblick an von der Neuen begeistert. Die beiden wurden in der Folge die dicksten Freunde, fraßen aus einer Schüssel und schliefen oft dicht aneinandergeschmiegt, wobei Seppl es nicht versäumte, eine Pfote auf seine Schöne zu legen, um sicher zu gehen, dass sie ihm nicht entschlüpfte. Übrigens, die Liebe der beiden musste platonisch bleiben, sie waren beide sterilisiert. Es war die rührendste Katzenfreundschaft, die ich je erlebt hatte und die auch Fee zu besänftigen schien. Die kleine grazile Dido muss in ihr schließlich so etwas wie Muttergefühle geweckt haben, denn sie versuchte allmählich eher zaghafte Anbiederungsgesten, die von den beiden Unzertrennlichen gelassen hingenommen wurden. Dido war frech genug, sich bei passenden Gelegenheiten spielerisch an Fees Schwanz zu vergreifen oder ihr auch einen Happen vor der Nase wegzuschnappen. Fee nahm's gelassen hin, und manchmal sogar mit einem Funken Humor. Alles in allem herrschte im Haus also Tauwetter, und die Ménage à trois blieb über Jahre hinaus mehr oder weniger friedlich. Das galt auch für uns Menschen, die wir nicht mehr täglich Schlichtungsversuche unternehmen mussten.

Die Jahre vergingen, und die Katzen, von denen es heißt, dass sie sieben Leben haben, waren, von Alter und Krankheit gezeichnet, irgendwann daran, ihr erstes Leben aufzugeben. Seppl war der Erste, den ich, auf seiner Lieblingsdecke geborgen, dem Tod entgegentragen musste, nachdem wir monatelang versucht hatten, ihn am Leben zu erhalten. Später habe ich meinen Tieren diesen letzten traurigen Weg erspart und den Tierarzt zu seiner Verrichtung ins Haus geladen. Nach Seppls Weggang suchte Dido wochenlang nach ihrem Gefährten, und seltsamerweise ließ sich Fee dazu herab, sie zu trösten, indem sie sich ihr mehr und mehr anschloss. Die späten Jahre der beiden „Hinterbliebenen" zeitigten ein friedvolles Nebeneinander. Die beiden bekriegten sich längst nicht mehr, sondern genossen die Sonnenbäder auf der Terrasse, die sie gemeinsam nahmen, wie die Aufmunterung durch zusätzliche Streicheleinheiten ihrer Menschen. Kurz, sie benahmen sich wie ruhig gewordene ältere Damen im Herbst ihres Lebens. Seltsamerweise war es Fee, die Älteste, die am längsten überlebte. Nach ihrem Hinscheiden blieb mein Zuhause etliche Monate katzenfrei.

Von anderen Katzenfreunden höre ich immer wieder, nein, aus Treue zu einer dahingegangenen Katze wollten sie keine mehr bei sich aufnehmen. Ich habe diese Einstellung nie goutiert. Warum sollte man einem lebenden Tier etwas vorenthalten, was dem Gewesenen doch keinen Nutzen mehr bringen kann? Meine Devise war immer: Das beste Heilmittel für den Schmerz der Trauer um eine verstorbene Katze ist eine neue Katze! Und so dauerte es auch diesmal nicht allzu lange, bis sich die Dinge wieder änderten. In der Nachbarschaft waren zwei Esoterikerinnen eingezogen, die ihre seltsame Heilpraxis mit Hilfe von Katzen betrieben. Deren Aufgabe bestand darin, die Übel der Patienten auf sich zu ziehen und sie so davon zu befreien. Ich weiß nicht, was die Katzen davon hielten, jedenfalls konnte es nicht ausbleiben, dass sich die eine oder andere auf meiner Terrasse einfand, wo sie ungestört ein Sonnenbad nehmen und sich von ihren anstrengenden Pflichten und ihren Besitzerinnen erholen konnte.

Den Anfang machte Spatzi, wie sie gerufen wurde. Als sie zum ersten Mal bei mir auftauchte, war sie hoch trächtig. Ich wurde später dazu eingeladen, ihre Nachkommen zu besichtigen. Spatzi war eine langhaarige Mischlingskatze, weiß und getigert. Wenn sie sich aufplusterte, sah sie wie eine Angorakatze aus, nur dass ihr Pelz nicht so weich war, sondern lang und beinahe stichelhaarig. Das Schönste an ihr waren ihre Augen, von einem fast durchsichtigen Kobaltgrün, mit dunklen Rändern an den Pupillen. Sie freundete sich schnell mit mir an, und als ihre Kleinen etwas älter waren, setzte sie ihre Besuche bei mir regelmäßig fort. Nach einiger Zeit überschritt sie dann die magische Schwelle, die sie bisher gemieden hatte, und kam in die Wohnung, besichtigte diese von oben bis unten und ließ sich schließlich auf einem ihr genehmen Platz nieder, mit einem schrägen Seitenblick auf mich, neugierig, wie ich wohl auf diesen Okkupationsversuch reagieren würde. Sie war ein höflicher Gast, blieb eine Weile, verabschiedete sich dann mit einem einprägsamen Grrruh und ging wieder ihrer Wege. Höflich nahm sie auch meine Gastgeschenke, Milch und Futterhäppchen, entgegen und rieb dankbar ihr Köpfchen an meinen Beinen. Kurz, es war eine unverbindliche, aber durchaus harmonische Beziehung, die uns verband.

Nach etlichen Wochen kam sie, mit einem entzückenden Jungtier im Schlepptau, einem Katerchen mit weißer Weste, weißen Pfotenspitzen und einer niedlichen weißen Gesichtsmaske, ansonsten vornehm in einen Pelzmantel von sehr dunklem Braun mit schwarzen Streifen gehüllt. Der Kleine war etwa drei Monate alt, noch ein bisschen tollpatschig, doch die Mama hatte einen Narren an ihm gefressen, bugsierte ihn kurzerhand zur Tür herein und führte, berstend vor Stolz, ihr Prachtstück vor. Sie wollte ganz offensichtlich, dass der Kleine sich heimisch machen sollte. Sie brachte ihn regelmäßig mit, und ich begann, die beiden zu füttern. Mogli, wie ich ihn nannte, war bald drauf und dran, sich seine eigene Welt zu erobern. Es konnte nicht ausbleiben, dass ich irgendwann bei den Esoterikerinnen vorstellig wurde, um zu fragen, ob ich ihn, der sich bei mir sichtlich wohl fühlte, nicht behalten könne. Nach vielem Hin und Her und heiligen Schwüren, dass er niemals seiner Männlichkeit beraubt werden dürfe, war der Pakt geschlossen, und Mogli, der sich zu einem gewaltigen Jäger und Streuner ausgewachsen hatte, zog offiziell bei mir ein. Das Versprechen, dass er nicht „sopranisiert“ werden sollte, war im Übrigen unmöglich zu halten – er wäre sonst der Schrecken aller weiblicher Katzentiere und deren Besitzer in der Umgebung geworden. Im Interesse eines gedeihlichen Zusammenlebens musste also auch er wohl oder übel unters Messer.

Spatzi, Moglis Mutter, kam weiterhin so gut wie jeden Tag zu Besuch. Sie wurde schon bald wieder trächtig. Diesmal war unter ihren Kindern ein prächtiger Langhaarkater, pechschwarz, mit weißen Pfoten und einem schmalen weißen Strich auf dem kecken Näschen. Er blieb als Einziger von diesem Wurf übrig, den Rest hatte sich ein Wiesel einverleibt, das sich in die offen stehende Wohnung geschlichen hatte, während die Mutter auf einem kleinen Erholungsspaziergang war. Worauf sie das verbliebene Kleine kurzerhand ins Maul nahm und zu mir brachte, diesmal in der unmissverständlich geäußerten Absicht, selbst auch bei mir einzuziehen. Es kam, wie es kommen musste: Nach weiteren Verhandlungen mit den Nachbarn, bei denen ich vermutlich schon den Ruf eines regelrechten Katzenklaus hatte, war die Umsiedlung vollzogen, und ich war wieder einmal die glückliche Besitzerin eines Katzentrios. Natürlich musste freilich auch Spatzi, um weitere Nachkommenschaft zu verhindern, sterilisiert werden.

Mogli war zweifellos der aushäusigste Kater, den ich je hatte. Er verschwand regelmäßig nach dem Frühstück und streunte an schönen

Tagen pausenlos durch sein Revier, unterbrochen nur von gelegentlichen Stippvisiten, um irgendein Beutetier, sei es Maus, Maulwurf oder Vogel, abzuliefern. Abends musste ich häufig zu größeren Suchexpeditionen ausrücken, um ihn nachhause zu holen. Dann zog ich, Spatzi und Puschel im Schlepptau, um die Häuser und Gärten und rief lautstark nach Mogli, bis der schließlich geruhte, aus irgendeinem Gebüsch aufzutauchen, sich vor mich hinzusetzen und mit einem kräftigen Gruuh zu fordern: „Ich bin müde, also trag mich gefälligst nachhause." Worauf ich ihn aufnahm und mich mit der ganzen Katzenprozession wieder nachhause bewegte.

Obwohl Katzen im Allgemeinen nachtaktive Tiere sind, ist es mir mit Beharrlichkeit doch gelungen, meine Tiere nachts in der Wohnung zu halten, wobei mich immer wieder überrascht, welchen Zeitsinn sie haben. Schlafzeiten, Fütterungszeiten, Ausgehzeiten, alles scheint bei ihnen nach einer inneren Uhr abzulaufen. Mogli war da eher die Ausnahme, denn wegen der Größe seines Reviers und der weiten Strecken, die er darin zurücklegte, und wohl auch wegen seiner Neugierde geriet er immer wieder in prekäre Situationen, aus denen ich ihn befreien musste. So fand ich ihn einmal kläglich maunzend hinter der vergitterten Fensterluke einer Garage, die zu meinem Leidwesen verschlossen war. Der Arme war zutiefst schockiert, als er merkte, dass ich ihn nicht so ohne Weiteres befreien konnte und erst Hilfe holen musste.

Das höflichste meiner Katzentiere war ohne Zweifel Puschel. War ich unterwegs, erwartete er mich fast immer am Anfang seines Reviers und begleitete mich dann, ganz Kavalier, nachhause. Er war immer gut Freund mit Mogli – so manche Streiche haben die beiden gemeinsam ausgeheckt. So traf ich sie einmal dabei, wie sie ein zur Strecke gebrachtes Jung-Eichhörnchen nach allen Regeln der Kunst zerfledderten. Na ja, Raubtiere halt, Samtpfoten hin, gute Manieren her! Puschl war übrigens auch der Erste aus dem Trio, den ich verlor. Irgendwann kam er von einem Ausflug in die Nachbarschaft nicht mehr heim, und alle Versuche, ihm auf die Spur zu kommen, waren vergebens. Vermutlich war er verschleppt worden. Auch Mogli fand ein mehr oder weniger trauriges Ende. In seinen späteren Jahren erblindete er mehr und mehr. Es war erstaunlich, wie verständig dieses

Tier darauf reagierte, wie er mit zunehmender Sehschwäche seinen Aktionsradius zusehends verkleinerte, bis er schließlich seine Tage zum größten Teil auf der Terrasse verbrachte, wo ihm Spatzi liebevoll Gesellschaft leistete und an ihm eifrig Fellpflege betrieb, um ihn über seine Lage hinwegzutrösten. Sie begriff genau, dass etwas mit ihm nicht stimmte, und kümmerte sich rührend um ihn. Doch schließlich musste er sich einer Operation unterziehen, die leider erfolglos blieb: Er überlebte die Narkose nicht.

Und dann kam Moritz.

Spatzi war, nach Moglis betrüblichem Ende, eine alleinstehende ältere Dame geworden, die es durchaus genoss, die Einzige zu sein. Aber so sollte es nicht bleiben. Mein Tierarzt, der wegen Mogli vermutlich ein schlechtes Gewissen hatte, bot mir Ersatz an, einen kleinen Kater, ähnlich von Aussehen, mit weißem Latz, weißen Pfoten und einem kecken, gleichfalls weißen Dreiecksgesicht unter gestromter Haube. So jung er auch sein mochte, hatte er doch schon Einiges hinter sich. Sein Vorbesitzer wollte ihn wegen eines Beckenbruchs „einschläfern" lassen. Glücklicherweise hatte der Tierarzt eine bessere Idee: Er steckte den quirligen kleinen Kerl in einen engen Käfig und verordnete ihm etliche Wochen Bewegungslosigkeit, damit er sich auskurieren konnte. Als ich ihn kennenlernte, streckte er mir, gleichsam zur Begrüßung, eine schneeweiße Pfote entgegen und sah mich aus großen, grün schillernden Augen prüfend an. Damit war unser Pakt eigentlich schon besiegelt: Nach seiner endgültigen Genesung zog Moritz, inklusive eigenem Fressnapf und Katzentoilette, bei mir ein. Er versuchte, sich schnell bei mir Liebkind zu machen. Wer hätte dem entzückenden Jungtiger auf die Dauer auch widerstehen können? Der Kleine hatte die längsten Ohren und den längsten Tigerschwanz, den ich je bei einer Katze gesehen habe. Zudem war er extrem hochbeinig, ein gestiefelter Kater, wie er im Buche steht.

Soweit es Spatzi betraf, war sie mit dem neuen Hausgenossen allerdings überhaupt nicht einverstanden. Sie sah mich bei jeder Gelegenheit mit vorwurfsvollen Augen an. „Wie konntest du mir den nur antun?", schien sie zu fragen. Moritz tat aber auch sein Bestes, sie zu ärgern: War sie mit Fressen beschäftigt, biss er sie in den Schwanz. Genehmigte sie sich ein Nachmittagsnickerchen, begann er gelangweilt, an ihren Ohren zu knabbern. Strenge Ermahnungen meinerseits nützten da wenig. Er ignorierte sie, sprang auf den nächsten Schrank oder turnte mir an den Vorhängen etwas vor. Es dauerte, bis die beiden Katzen sich einigermaßen miteinander abgefunden hatten. Spatzi ertrug ihn schließlich mit stoischer Geduld, und soweit es den Kater betraf, erinnere ich mich, dass er mehrmals versuchte, ihr eine Maus zum gemeinsamen Spielen mitzubringen. Damals war Spatzi schon zu steif, um noch einen Sprung auf die Wiese zu wagen. Irgendwann im Herbst desselben Jahres war es dann auch mit ihr vorbei – sie verkroch sich in einen stillen Winkel der Wohnung und hörte zu atmen auf.

Ich muss zugeben, es war einigermaßen mühsam, aus dem quirligen Kater, der nur Unfug in seinem hübschen Katzenkopf hatte, so etwas wie einen brauchbaren Hausgenossen zu machen. Er war ein begeisterter Jäger und schleppte alles an, was er an Mäusen, Maulwürfen und leider auch Vögeln nur finden konnte. Auch Schmetterlinge und Libellen verschmähte er nicht, und einmal brachte er gar einen Frosch. Auch in der Wohnung war und ist er ein eifriger Jäger, der jeden Fliegenfänger ersetzt. Glücklicherweise weiß er auch, dass man von Bienen und anderem brummendem Getier besser die Pfoten lässt. Anders allerdings geht er mit seiner bevorzugten Wohnungsbeute, meinen Kugelschreibern, um. Wo immer er einen findet, ruht er nicht eher, als bis er ihn quer im Maul hält und verschleppen kann. Allzu oft versteckt er ihn dann genüsslich unter dem Teppich. Überhaupt benimmt er sich wie ein perfekter Autorenkater. Wo immer er mich mit meiner Arbeit antrifft, ist er mitten drin, wälzt sich auf meinen Schreibunterlagen und verstreut Manuskriptblätter in der ganzen Wohnung.

Zweimal noch brachte ihn sein Vorwitz in üble Situationen. Ein mittelschwerer Autounfall ließ ihn mit gebrochener Pfote einmal in die Hände seines Tierarztes geraten. Es dauerte Wochen, bis er wieder auf den Beinen war. Wenig später eine zweite Katastrophe: Obwohl Moritz kein Streuner ist, verschwand er eines Tages, und alle hektischen Bemühungen, seine Spur wiederzufinden, waren vergeblich. Ich wollte mich schweren Herzens schon mit seinem Verlust abfinden, da erreichte mich während eines Urlaubs in der Steiermark ein Anruf: Ein tätowierter Kater, der Moritz sein könnte, sei am Fuß eines Stadtbergs an einem Abrissbau gefunden worden. Er war es tatsächlich, wie ich nach meiner Rückkehr feststellte, abgemagert, verwahrlost und mit trauriger Miene, die sich allerdings schnell aufhellte, als er die ihm vertraute Umgebung wiedererkannte. Das unfreiwillige Abenteuer, in das er geraten war, zeitigte Folgen: Er wurde der häuslichste Kater, den ich je hatte. Nachdem er mehrere Tage nur mit Fressen zugebracht und seinen zerfledderten Pelz zurechtgezupft hatte, setzte er zwar seine gewohnten Reviergänge wieder fort, aber er blieb nie lange weg. Nach kurzer Zeit war er immer wieder da, gleichsam um sich zu vergewissern, dass sein Zuhause noch vorhanden war.

Wiewohl er nun schon ein gesetzter älterer Herr ist, hat er sich viel von der Schalkhaftigkeit seiner Jugend bewahrt und weiß seinen Willen mit Bravour durchzusetzen. Seit einiger Zeit pflegt er eine allerdings mehr oder weniger platonische Freundschaft mit einer langhaarigen Nachbarkatze. Ich nenne sie nur die Walze. Sie trägt ihren hübschen kakaofarbigen Pelz auf extrem kurzen Beinen, was ihrem Gang wirklich etwas Walzenhaftes verleiht. Beeindruckender noch ist ihr aufgeplusterter Schwanz, den sie wie eine Schleppe über die Wiese zieht. Moritz fand sie offenbar vom ersten Augenblick an interessant, und es dauerte nicht lange, so folgten die ersten gegenseitigen Einladungen zwischen den beiden. Während er andere Katzen zuweilen recht unwirsch in ihre Schranken weist, wenn sie sich seinem Revier nähern, erlaubt er der Freundin sogar, sich aus seinem Fressnapf zu bedienen. Glücklicherweise scheint Walze mit ihrem eigenen Heim so zufrieden zu sein, dass sie sich mit der Rolle des Gastes begnügt und ich nicht befürchten muss, sie könnte am Ende bei Moritz und mir einziehen wollen.

So ist's ein friedliches und zufriedenes Katzenleben, in dem viel geschnurrt wird, auch wenn die Frage offen ist, wie lange es so bleiben wird. Katzen haben es da besser – Zukunft passiert für sie nur in der Gegenwart!

Anmerkungen

TEIL I Die Katze und die Zeiten

Göttin auf vier Pfoten

1 Diodoros, *Bibliotheke* I, 83–87
2 Herodot, *Historien* II, LXVI–LXVII
3 zitiert nach Will Durant, *The History of Civilisation*, Bd. 1, New York 1935
4 **Sistrum**, ägyptisches Musikinstrument. Es bestand aus einem an einem Handgriff befestigten Eisenbogen, an dem vier Metallhaken so angebracht waren, dass sie klapperten, wenn das Instrument geschüttelt wurde.
5 zitiert aus Plutarch, *Moralia*, Bd. 5, Isis und Osiris, Düsseldorf 2003
6 **Luís Vaz de Camões** (um 1525, Coimbra oder Lissabon – um 1580, Lissabon), Soldat, Seemann und Schriftsteller, verfasste das bedeutendste portugiesische Epos *Die Luisiaden*.
7 Diodoros, *Bibliotheke* I, 66–67

Auf den Spuren der Legionen

8 Cicero, Tusculanae Disputationes V, XXII
9 zitiert nach *Griechische Anthologie*, 1. Teil, Epigramm 204–206, Sammlung Tusculum, München 1965
10 **Damocharis**, griechischer Grammatiker, lebte wohl in der 2. Hälfte des 6. Jh. n. Chr.
11 zitiert nach *Griechische Anthologie*, 1. Teil, Epigramm 204–206, Sammlung Tusculum, München 1965

Zwischen Kirchenbank und Gottesacker

12 Pönitenzbücher, Bußbücher, von lat. poenitentia (auch paenitentia) = Reue, Richtlinien für Geistliche zur Verhängung kirchlicher Bußen. Sie enthielten u.a. Kataloge, in denen eine Reihe von auch durchaus deftigen Sünden samt den dazu gehörenden Bußen verzeichnet waren, und sollen im Mittelalter eine beliebte Lektüre gewesen sein.
13 **Book of Lismore**, eine Sammlung von irischen Pergament-Manuskripten aus der 2. Hälfte des 15. Jahrhunderts, benannt nach seinem Entstehungsort Lismore; neben Heiligen-Viten finden sich in dem Konvolut u.a. auch Schilderungen von Kriegen und Schlachten.
14 zitiert nach *Lives of the Saints, From the Book of Lismore*, hg. von W. Stokes, Oxford 1890
15 **Brehons**, die Richter, die gemäß den altirischen Brehon Laws vor der Eroberung Irlands durch die Normannen (1169) ziviles Recht sprachen. Die lange nur mündlich überlieferten Urteile wurden erstmals nach 600 n. Chr. aufgezeichnet.
16 zitiert nach L. Bobis, *Une Histoire du Chat*, Paris 2000
17 zitiert nach L. Bieler, *The Irish Penitentials*, Dublin 1963

18 zitiert nach *Oeconomische Encyclopädie, D. Johann Georg Krünitz,* Berlin, ab 1773
Johann Georg Krünitz (1728, Berlin–1796 ebenda) war Arzt, Naturwissenschaftler und Enzyklopädist. Seine *Oeconomische Encyclopädie* umfasste bis zur Vollendung 1858 schlussendlich 242 Bände und ist noch heute eine wichtige Quelle zu Wirtschaft und Technik der Zeit.
19 zitiert nach Detlef Bluhm, *Katzenspuren*, Bergisch Gladbach 2004
20 frei zitiert nach Robin Flower, *The Irish Tradition*, Oxford 1947. Das Original der Handschrift mit der Hymne an Pangur wird im Kloster St. Paul im Lavanttal aufbewahrt.
21 *Aldhelmi Aenigmata* in *Variae collectiones Aenigmatum Merovingicae Aetatis*, CCSL 133–133A, hg. von F. Glorie, Turnhout 1968
22 **Jacobus de Voragine** (um 1230 in Vorago [heute: Varazze bei Genua]–1298 Genua), Dominikanermönch und Schriftsteller. Seine *legenda aurea* war die im Mittelalter beliebteste und verbreitetste Sammlung von Heiligenlegenden.
23 Johannes Diaconus, *Vita Sancti Gregorii [*auch: *Vita Gregorii Papae]*, in *Patrologia Latina*, t.LXXV, c.40–51
Johannes Diaconus von Rom, genannt **Hymmonides** (um 824 – 882), war möglicherweise Mönch in Montecassino, ab 875 im Umkreis Papst Johannes I.; verfaßte unter anderem Heiligen-Viten.
24 zitiert nach *Katzen*, hg. v. Pol Sarkandt, München 1930
25 **Bruno von Köln** (um 1030 Köln–1101 Kalabrien), war Benediktiner, ehe er mit Gleichgesinnten in einer Einöde nördlich von Grenoble eine Einsiedelei gründete, die zum Mutterkloster des Kartäuserordens wurde.
26 Die angeführten Beispiele sind Detlef Bluhm und seinem wunderbaren Buch *Katzenspuren. Vom Weg der Katze durch die Welt* zu danken.
27 Jean-Louis Hue, Le Chat dans tous ses états, deutsch: *Katzen*, Düsseldorf 1984
28 zitiert nach Frédéric Vitoux, *Dictionnaire amoureux des Chats*, Paris 2008
29 zitiert nach Detlef Bluhm, *Katzenspuren*, Bergisch Gladbach 2004.

Mitbürger und Hausgenossen

30 Mathaeolus, Complainte du nouveau marié, in: Recueil des poésies françaises des V et VI siécles, hg. von A. de Montaiglon, Bd. 1, Paris 1855ff.
31 Konrad von Megenberg, *Buch der Natur*, zitiert nach Detlef Bluhm, *Das große Katzenlexikon*, Frankfurt a.M. 2007
32 Michael Herr, *Gründtlicher vnderricht, warhaffte [...] beschreibung wunderbarlicher seltzamer art, natur, krafft vnd eygenschafft aller vierfüßigen thier,* Straßburg 1546, zitiert nach Detlev Bluhm, *Das große Katzenlexikon*, Frankfurt a.M. 2007
33 Conrad Gesner, *Historia animalium, liber I de quadrupedibus viviparis*, Zürich 1531
34 Boncompagnus de Signa, *Liber de obsidione Anconae,* in: *Rerum italicarum Scriptores* VI, col. 936, hg. von Lodovico Antonio Muratori, Mailand 1723ff.
35 Franco Sacchetti, *Le Novelle II, nov. CLXXXVII*, hg. von O. Gigli, Florenz 1860
36 Ulisse Aldrovandi, *De quadrupedibus digitatis viviparis libri tres*, Bologna 1637
37 Dieses erste Kochbuch in spanischer Sprache erschien unter dem Titel *Libre de Coch* 1520 in Barcelona. Ruperto de Nola verfasste auch andere Kochbücher.
38 Mose Maimonides, *Tractatus de regimine sanitatis*, Augsburg 1518
39 Ambroise Paré, *Œuvres complètes*, hg. von J. Malgaigne, Paris 1849
40 Antonius Guainerius, *De aegritudinibus capitis*, Ferrara um 1575
41 Hildegard von Bingen, *Physica*, in: *Patrologia Latina* CXCVII, Lib. II, cap. XXVI
42 Albertus Magnus, *De animalibus, libri XXVI*, hg. v. Hermann Stadler, Münster 1916ff.

Geheimnisse und Sünden

43 Richard de Fournival, *Le Bestiaire d' amour*, zitiert nach der Ausgabe von C. Segre, Mailand 1957
44 J. G. Th. Grässe, *Die beiden ältesten lateinischen Fabelbücher des Mittelalters*, Tübingen 1880
45 *La Fontaine de toutes sciences du philosophe Sydrac,* hg. von Antoine Vérard, Paris 1494
46 *Bestiaires du Moyen Âge*, hg. von G. Bianciotto, Paris 1980
47 *Poeti del Duecento*, P. II, hg. v. G. Contini, Mailand 1960
48 Thomas Cantimpratensis, *Liber de natura rerum*, Hg. von H. Boese, Berlin/New York 1973
49 Gerolamo Cardano, *De rerum varietate*, Avignon 1558
50 Frédéric Vitoux, *Dictionnaire amoureux des Chats*, Paris 2008

Mohammeds Liebling

51 Abu Bekrasch-Schibli, zitiert nach der Übersetzung von Annemarie Schimmel in *Die Orientalische Katze*, Köln 1983
52 zitiert nach der Übersetzung von Annemarie Schimmel, *Die Orientalische Katze*, Köln 1983
53 zitiert nach René Brunel, *Le monachisme errant dans l' Islam. Sidi Heddi et les Heddawa*, Paris 1955
54 siehe *Encyclopaedia iranica*, Bd. 5, Costa Mesa 1992
55 zitiert nach der Übersetzung von Annemarie Schimmel, *Die Orientalische Katze*, Köln 1983
56 Joseph Pitton de Tournefort, *Relation d'un Voyage de Levante*, Paris 1717
57 zitiert nach der Übersetzung von Annemarie Schimmel in *Die Orientalische Katze*, Köln 1983
58 Pietro della Valle, *Viaggi in Turchia, Persia et India descritti da lui medesimo in 54 lettere famigliari*, Rom 1650–1658
59 zitiert nach der Übersetzung von Annemarie Schimmel, *Die Orientalische Katze*, Köln 1983
60 **Dschinn,** im islamischen Volksglauben gute oder böse Dämonen, auch Feen
61 zitiert nach Obeid Zakani, *Katze und Maus, aus* dem Persischen übertragen und mit einem Nachwort versehen von H.W. Duda, Salzburg 1947
62 zitiert nach der Übersetzung von Annemarie Schimmel, *Die Orientalische Katze*, Köln 1983
63 Die hier zitierten und noch folgenden Beispiele entstammen dem Buch *Die orientalische Katze*, Köln 1983, im Original dem Tierbuch von Amr-ibn-al-Kinani, genannt Jahiz (776–868)
64 *Ethnologisches Jahrbuch 1889*, Band 21

Fernöstliches Zwischenspiel

65 zitiert nach M. Damjan, R.Schilling, *Mau, Mao, Miau. Die Katze durch die Jahrtausende*, Zürich 1969
66 nach Kodansha, *Encyclopedia of Japan*, Bd. 1, 1983
67 siehe Viegas Angela, *Katzen im Kimono*, o.A. 2006
68 zitiert nach Damjan/Schilling, *Mau, Mao, Miau,* Zürich 1969
69 Murasaki Shikibu, *Die Geschichte vom Prinzen Genji*, Frankfurt a.M. 1995

70 Natsumi Sōseki, *Ich, der Kater. Lebensansichten eines Katers*, Frankfurt a.M. 1996

71 zitiert nach Damjan/Schilling, *Mau, Mao, Miau,* Zürich 1969

Im Würgegriff des Bösen

72 Caesarius von Heisterbach, *Dialogus miraculorum*, IV, 33

73 *Acta canonisationis Sancti Dominici*, in: *Monumenta Ord. Fratrum Praedicantorum (OFPR) Historia XVI, fasc. II*

74 Walther Map, *De nugis curialium* I, 30

75 zitiert nach Detlef Bluhm, *Katzenspuren*, Bergisch Gladbach 2004

76 *Les Registres de Grégoire IX*, zitiert nach L. Auvrey, Paris 1890

77 zitiert nach M. de Montaigne, *Essais*, übersetzt von Hans Stilett, Frankfurt a.M. 1998

78 Heinrich Kramer und Jacob Sprenger, *Der Hexenhammer*, Speyer 1486

79 aus der Bulle *Summis desiderantes*, veröffentlicht 1484. Der Verfasser der Bulle war der spätere Autor des *Hexenhammers*, Heinrich Kramer, der den Text Papst Innozenz VIII. zur Unterschrift vorlegte.

80 Diese **Hexensalbe** bestand u.a. aus Katzenfett, das mit bewusstseinsverändernden Drogen wie Bilsenkraut, Stechapfel sowie Krötenblut vermischt gewesen sein und die „Hexen" in eine Art Trance versetzt haben soll.

81 zitiert nach Roger Tabor, *Katzen. Der Siegeszug der Katzen*, Mürlenbach 1996

82 zitiert nach Detlef Bluhm, *Katzenspuren*, Bergisch Gladbach 2004

83 Jacob Burckhardt, *Die Kultur der Renaissance in Italien*, Reclam 1987

84 **Venusberg**, eine Bezeichnung für geheime Eingänge in die Unterwelt, die von den Römern als *mundus* bezeichnet wurden.

85 Jacob Burckhardt, *Die Kultur der Renaissance in Italien*, Reclam 1987

Die Zeiten ändern sich, die Katze nicht

86 zitiert nach Detlef Bluhm, *Katzenspuren*, Bergisch Gladbach 2004

87 frei nach der Inschrift am Katzenskelett im Petrarca-Haus (lat.)

88 Pierre de Ronsard, *Œuvres complètes*, ed. Gustave Cohen, Paris 1936

89 **Hotel-Dieu** nannte man in Frankreich ursprünglich Pilgerherbergen. Nach und nach wurden in diesen Stätten auch Alte und Kranke betreut.

90 François Rabelais, *Gargantua* I, VIII

91 Charles Perrault, *Märchen aus vergangener Zeit*, Würzburg 1972

92 Montaigne, *Essais*, Frankfurt a.M. 1998

93 zitiert nach Frédéric Vitoux, *Dictionnaire amoureux des Chats*, Paris 2008

94 Edward Topsell, *The History of Four-Footed Beasts*, London 1607

95 zitiert nach François-Augustin Paradis de Moncrif, *Les Chats*, Paris 1727

96 zitiert nach Detlef Bluhm, *Katzenspuren*, Bergisch Gladbach 2004

97 zitiert nach dem Porträt *Armellino mit Sonett* von Giovanni Reder, Rom, Mitte des 18. Jahrhunderts

98 **Préciosité**, eine in der 1. Hälfte des 17. Jahrhunderts entstandene und vor allem von Damen der Pariser Aristokratie (sie wurden in weiterer Folge *les précieuses* genannt) angestoßene und getragene kulturelle Bewegung, die auf die Verfeinerung aller Lebensbereiche abzielte und ihren sichtbarsten Ausdruck in der Entstehung der Salons fand, die zum Treffpunkt der kulturellen und gesellschaftlichen Elite der Zeit wurden.

99 François-Augustin Paradis de Moncrif, *Les Chats*, Paris 1727

100 Pietro della Valle, *Reiß-Beschreibung in unterschiedlichen Theile der Welt, nemlich in Türkey, Egypten, Palestina, Persien [...]*, Genf 1674
101 zitiert nach L. Bobis, *Une Histoire du Chat*, Paris 2000
102 Lettres de M. de Voiture, Paris 1654, Nr. 154
103 aus einem anonymen holländischen Druck, zitiert in J. Fürstauer, *Das große Liebesspiel*, Stuttgart 1967
104 zitiert nach L. Bobis, *Une histoire du Chat*, Paris 2000
105 **Deshabillé**, im 18. Jahrhundert ein eleganter Morgenmantel bzw. ein Morgenkleid
106 **Carrousel**, festliche Darbietung zu Pferde, auch mit Musik
107 Louis-Sébastien Mercier, *Mein Bild von Paris*, Leipzig 1979
108 Diderot, d'Alembert, *Encyclopédie*, Abschnitt *Le Chat*
109 Buffon, *Histoire naturelle générale et particulière*, Paris 1749–1788
110 zitiert nach Frédéric Vitoux, *Dictionnaire amoureux*, Paris 2008
111 Buffon, *Histoire naturelle générale et particulière*, Paris 1749–1788
112 zitiert nach Detlef Bluhm, *Das große Katzenlexikon,* Frankfurt, 2007
113 Johann Georg Krünitz, *Oeconomische Encyclopädie*, Berlin, Abschnitt Katze, Bd. 15, 1773ff.

Neue Welt, neue Jagdgründe

114 zitiert nach M. Damjan, R. Schilling, *Mau, Mao, Miau. Die Katze durch die Jahrtausende*, Zürich 1969
115 zitiert nach *Everyone's Mark Twain*, hg. von C. T. Hernsberger, South Brunswick 1972
116 zitiert nach Erhard Oeser, *Katze und Mensch*, Darmstadt 2005
117 zitiert nach Damjan/Schilling, *Mau, Mao, Miau*, Zürich 1964

Die Herrin der Salons

118 M. de Montaigne, *Essais*, übers. von Hans Stilett, Frankfurt a. M. 1998
119 La Belle Dame sans Merci, Titel eines Gedichts von John Keats (1795 London–1821 Rom), einem der bedeutendsten Dichter der englischen Romantik
120 Marie Louis J. A. C. de Martin du Tyrac (comte de Marcellus), *Chateaubriand et son temps*, Paris 1859
121 zitiert nach Erhard Oeser, *Katze und Mensch*, Darmstadt 2005
122 Peter Scheitlin, *Versuch einer vollständigen Thierseelenkunde*, Stuttgart und Tübingen 1840
123 **Christian Ludwig Brehm** (1787 Schönau vor dem Walde–1864 Renthendorf), Pfarrer und Ornithologe, Vater von Alfred Brehm
124 *Brehms Thierleben. Allgemeine Kunde des Thierreichs* von Alfred Brehm, Leipzig 1876 ff.
125 Charles Darwin, *The expression of the emotions in man and animals*, London 1872
126 Charles Darwin, *Das Variieren der Thiere und Pflanzen im Zustande der Domestication*, 1. Band, übersetzt von Victor Carus, Stuttgart 1868
127 E. T. A. Hoffmann, *Gesammelte Schriften*, Bd. 8, Berlin 1857
128 zitiert nach Friedrich Ludwig Zacharias Werner, *Aus Hoffmann's Leben und Nachlass, Viertes Bändchen*, Stuttgart 1831
129 *E. T. A. Hoffmann's gesammelte Schriften*, Band 8, Berlin 1857
130 F. L. Z. Werner, *Aus Hoffmanns Leben und Nachlass*, Stuttgart 1831
131 Theodor Storm, Werke, Bd. 2, Düsseldorf/Zürich 2000
132 Th. Gautier, *Ménagerie intime*, Paris 1869

133 zitiert nach Frédéric Vitoux, *Dictionnaire amoureux des Chats*, Paris 2008
134 Jules Champfleury, *Les Chats*, Paris 1869

Die Katze immer und überall

135 Viktor Klemperer, *Ich will Zeugnis ablegen bis zum Letzten. Tagebücher 1942–1945*, Berlin 1995
136 zitiert nach Clemens Wischermann, *Von Katzen und Menschen*, Konstanz 2007
137 **chats de gouttière**, oft auch nur **gouttières** (gouttière = franz. Dachrinne), Bezeichnung für die Pariser Straßenkatzen
138 *Deutsche Encyclopädie oder Allgemeines Realwörterbuch aller Künste und Wissenschaften*, 1778–1807
139 zitiert nach Frédéric Vitoux, *Dictionnaire amoureux des Chats*, Paris 2008
140 zitiert nach Erhard Oeser, *Katze und Mensch*, Darmstadt 2005

Teil II Die Katze und die Künstler

Fabeltier und Dichterfreund

141 Paul Léautaud, *Literarisches Tagebuch 1893–1956*, Reinbek 1985
142 J. Champfleury, *Les Chats*, Paris 1869
143 zitiert nach Frédéric Vitoux, *Dictionnaire amoureux des Chats*, Paris 2008
144 **tartuffe**, franz. Heuchler
145 **Homilie**, Auslegung der Bibel in Form einer Predigt
146 J.W. von Goethe, *Reineke Fuchs*, Dritter Gesang
147 J.W. von Goethe, *Begünstigte Tiere,* in: *West-östlicher Divan*
148 Moncrifs Buch *Les Chats* enthält nicht nur die 11 Briefe an die Marquise de B***, sondern auch die schon zitierte Totenklage (*èpitaphe*) von Joachim du Bellay auf einen Kater, Fabeln (u.a. von La Fontaine), sowie von Antoinette du Ligier de la Garde Deshoulières einen Briefwechsel zwischen zwei Katzen, einen solchen zwischen einer Katze und einem Hund (namens *Schwein*), sowie als Abschluss die Tragédie *La mort de cochon, chien de M. le Maréchal de Vivonne*, deren Akteure Katzen, einschließlich eines Katzenchores, sowie Amor sind.
149 François-Augustin Paradis de Moncrif, *Les Chats*, Paris 1727
150 E.T.A. Hoffmann, *Gesammelte Schriften*, Band 8, Berlin 1857
151 Peter von Matt, *Der Wilde und die Ordnung*, München 2007
152 E.T.A. Hoffmann, *Gesammelte Schriften*, Band 8, Berlin 1857
153 Gottfried Keller, *Spiegel, das Kätzchen*, Ditzingen 1986
154 R.M. Rilke, *Schwarze Katze*, in: Gesammelte Werke, Frankfurt/M. 2003
155 zitiert nach Jean-Louis-Hue, *Le Chat dans tous ses etats* (dt. *Katzen*, München 1986) aus *Gautier, Portraits et Souvenirs litteraires,* Paris 187
156 zitiert aus Frédéric Vitoux, *Dictionnaire amoureux des Chats*, Paris 2008
157 zitiert nach Erhard Oeser, *Katze und Mensch*, Darmstadt 2005
158 J. Fürstauer, *Sittengeschichte des bürgerlichen Zeitalters*, Stuttgart 1967
159 Heinrich Heine, *Mimi*, Nachgelesene Gedichte 1853 und 1854
160 **Pygmalion**, Bildhauer aus der griechischen Mythologie, der sich – obwohl dem weiblichen Geschlecht abhold – in eine von ihm geschaffene weibliche Statue verliebt und diese auch heiratet, nachdem die Göttin Aphrodite sie zum Leben erweckt hat.
161 zitiert nach Oscar Wilde, Sämtliche Werke in 7 Bänden, Frankfurt/M. 2000
162 zitiert nach Erhard Oeser, *Katze und Mensch*, Darmstadt 2005

163 T.S. Eliot, *Old Possum's Book of Practical Cats*, 1939
164 zitiert nach *Die besten klassischen und modernen Katzengeschichten*, Zürich 1973
165 zitiert nach Frédéric Vitoux, *Dictionnaire amoureux des Chats*, Paris 2008
166 Honoré de Balzac, *Peines de cœur d'une chatte anglaise,* in: *Vie privée et publique des animaux,* Paris 1867
167 zitiert nach *Die besten klassischen und modernen Katzengeschichten*, Zürich 1973
168 zitiert nach *Katzen*, hg. von Pol Sarkandt, München 1930
169 Karel Capek, *Meine Hunde, meine Katzen*, Wien 1960
170 zitiert nach *Katzen*, hg. von Pol Sarkandt, München 1930
171 zitiert nach Frédéric Vitoux, *Bebert, le chat de Louis-Ferdinande Celine*, Paris 1976

Viele Seiten, viele Gesichter

172 zitiert nach Frédéric Vitoux, *Dictionnaire amoureux des Chats*, Paris 2008
173 J. Champfleury, *Les Chats*, Paris 1869
174 zitiert nach Frédéric Vitoux, *Dictionnaire amoureux des Chats*, Paris 2008
175 zitiert nach Jean-Louis Hue, *Le Chat dans tous ses états,* deutsch: *Katzen*, Düsseldorf 1984
176 Cleveland Amory, *Die Katze, die zur Weihnacht kam*, Frankfurt a.M. 2005
177 *Doris Lessings Katzenbuch*, München 1994
178 Marlen Haushofer, *Die Wand*, Berlin 2004
179 Théophile Gautier, *Le Capitaine Fracasse*, Paris 1863
180 George Orwell, *Animal Farm*, London 1945
181 Akif Pirinçci, *Felidae*, München 1989
182 H.P. Lovecraft, *Something about Cats and Other Pieces*, Sauk City, 1949
183 E.A. Poe, *Geschichten des Grauens,* München 1969
184 Ernest Hemingway, *Katze im Regen*, zitiert nach: *Die besten klassischen und modernen Katzengeschichten*, Zürich 1973
185 Tennessee Williams, *Der Fluch*, zitiert nach: *Die besten klassischen und modernen Katzengeschichten*, Zürich 1973
186 Colette, *La chatte*, Paris 1933
187 zitiert nach Detlef Bluhm, *Das große Katzenlexikon*, Frankfurt a.M. 2007
188 zitiert nach Frédéric Vitoux, *Dictionnaire amoureux des Chats*, Paris 2008
189 Théophile Gautier, *Ménagerie intime*, Paris 1869

Katzenmusik

190 Heinrich Heine, *Mimi*, Nachgelesene Gedichte 1853–1854
191 **Glogauer Liederbuch**, eine Sammlung mehrstimmiger spätmittelalterlicher Musikstücke von ca. 1480, benannt nach seinem Entstehungsort, dem schlesischen Glogau
192 Giuseppe Carpani, *Haydn. Sein Leben*, Salzburg 2009
193 François-Augustin Paradis de Moncrif, *Les Chats*, Paris 1727
194 **Bourdon-Saiten** (auch: Bordun), Saiten, deren Tonhöhe nicht verändert werden kann
195 **Baryton**, gambenähnliches Streichinstrument, das sich bis ins 19. Jahrhundert großer Beliebtheit erfreute. Als Besonderheit waren an der Unterseite des Griffbrettes so genannte Resonanz- oder Bourdon-Saiten befestigt, die während des Spiels mit dem Daumen angerissen werden konnten. Joseph Haydn schrieb weit über 100 Baryton-Kompositionen für Fürst Nikolaus Esterházy, der ein begeisterter und ausgezeichneter Baryton-Spieler war.

196 zitiert nach Frédéric Vitoux, *Dictionnaire amoureux des Chats*, Paris 2008

197 **Vaudeville**, ursprünglich eine französische Liedform, später Bezeichnung für eine Art von Singspiel, das sich Anfang des 18. Jahrhunderts entwickelt hatte und schließlich zur *opéra comique* führte.

198 **Brettl-Lieder**, ein Zyklus von acht Liedern, den **Arnold Schönberg** (1874 Wien–1951 Los Angeles) 1901 für das Berliner Kabarett *Überbrettl* komponierte. Die *kohlschwarze Katze* aus dem Lied *Der genügsame Liebhaber* hat hier allerdings nichts Dämonisches an sich; vielmehr ist sie Konkurrentin des *genügsamen Liebhabers*, der gerne ebenso viele Streicheleinheiten erhielte, wie sie seine Freundin ihrer Katze zukommen lässt.

199 Eine umfassende Zusammenstellung zum Thema Katzenmusik ist der Musikbibliothekarin Susanne Klingenberg zu verdanken; Auszüge davon finden sich in Detlef Bluhms *Katzenspuren*, Bergisch Gladbach 2004.

200 zitiert nach dem Booklet zur Aufnahme *L' Enfant et les sortilèges* von 1986 unter Armin Jordan, erschienen bei RCA

201 **Alfredo Arias** (geb. 1944 in Lanús [Buenos Aires]), Schauspieler und Regisseur. Seine Produktion von *Peines de cœur d'une chatte anglaise* in der Bearbeitung von Geneviève Serreau wurde in Paris 1977–1978 gezeigt.

202 H. W. Henze, *Wie die Englische Katze entstand*, Frankfurt a.M. 1997

203 **Anthem**, in England beheimatete englischsprachige geistliche Chormusik, die aber nicht liturgisch ist; das *Verse Anthem* ist eine spezielle Art des Anthems, vergleichbar einer Kantate.

204 übersetzt aus dem englischen Libretto

205 frei nach T. S. Eliot, *Old Possum's Book of Practical Cats*, 1939

Modell und Muse

206 zitiert nach Detlef Bluhm, *Das große Katzenlexikon*, Frankfurt/M. 2007

207 Balthus, *Mitsou*, mit einem Vorwort von Rainer Maria Rilke, Frankfurt a.M. 1995

Von Stars und Diven

208 *Fritz the Cat* wurde 1972 von Ralph Bakshi verfilmt; Robert Crumb, der Schöpfer der Figur, distanzierte sich davon allerdings.

209 zitiert nach Detlef Bluhm, *Das große Katzenlexikon*, Frankfurt/M. 2007

210 zitiert nach Frédéric Vitoux, *Dictionnaire amoureux des Chats*, Paris 2008

Ruth Rybarski (Hg.)
Katze liebt Frau liebt Katze
Literarische
Streicheleinheiten

lesenswert! *Brigitte*

Sie sind konkurrenzlos als schnurrende Wärmeflaschen, ideenreiche Spaßmacher und einfühlsame Mitbewohner. Ihr Geschmack ist unbestechlich, egal ob es um Dosenfutter, Familienzuwachs, Hunde, neue Liebhaber oder potenzielle Ehemänner geht. Und Katzen sind nicht nur von unverwechselbarem Charakter, sie sind außerdem die literarischsten Tiere der Welt.

Davon erzählen in diesem Buch u.a. Ingrid Noll, Kathrin Schmidt, Julia Franck, Ruth Klüger, Lilo Wanders, Eva Menasse und Emmy Werner. Ruth Rybarski hat knapp 30 bisher noch nie veröffentlichte Liebeserklärungen eingesammelt:
Ein Muss für alle Katzenfreundinnen und auch für deren männliche Mitmenschen.

Ruth Rybarski (Hg.)
33 Arten eine Katze zu lieben
Literarisches Schnurren

Ab auf's Sofa damit! *Kleine Zeitung*

Katzen öffnen Kühlschränke und Kästen, apportieren Mäuse und Socken und haben die oft gerühmte Eigenschaft, sich ihre Lebensmenschen Untertan zu machen. Vor allem aber haben sie Schriftsteller und Künstler immer wieder zu Liebeserklärungen und Schwärmereien, hintergründigen Betrachtungen oder launigen Versen animiert.

Dieser Tradition folgen auch die 33 Autorinnen und Autoren in diesem Buch: Friedrich Achleitner, Manfred Deix, Karola Foltyn-Binder, Barbara Frischmuth, René Freund, Marianne Gruber, Sabine Gruber, Elfriede Hammerl, Monika Helfer, Peter Henisch, Wolfgang Hermann, Ludwig Hirsch, Paulus Hochgatterer, Adolf Holl, Ruud Klein, Michael Köhlmeier, Alfred Komarek, Doris Mayer, Günther Nenning, Erika Pluhar, Eva Rossmann, Gerhard Ruiss, Gerhard Roth, Tex Rubinowitz, Robert Schindel, Evelyn Schlag, Burkhard Schmid, Margit Schreiner, Julian Schutting, Norbert Silberbauer, Michael Stavaric, Armin Thurnher und Herbert Völker

Toni Anzenberger (Fotos)
Claudio Honsal (Text)
Pecorino und die Kunst des Pilgerns
Ein Hund geht den Franziskusweg